Odette Casamayor-Cisneros

Utopía, distopía e ingravidez

**Reconfiguraciones cosmológicas
en la narrativa postsoviética cubana**

Para mi hijo y por mis padres

NUEVOS HISPANISMOS

DIRECTOR
Julio Ortega (Brown University)

COMITÉ EDITORIAL
Anke Birkenmaier (Indiana University)
Beatriz Colombi (Universidad de Buenos Aires)
Cecilia Garcia Huidobro (Universidad Diego Portales, Santiago de Chile)
Ángel Gómez Moreno (Universidad Complutense de Madrid)
Dieter Ingenschay (Humboldt Universität Berlin)
Efraín Kristal (University of California, Los Angeles)
Esperanza López Parada (Universidad Complutense de Madrid)
Rafael Olea Franco (El Colegio de México)
Fernando Rodríguez de la Flor (Universidad de Salamanca)
William Rowe (University of London)
Carmen Ruiz Barrionuevo (Universidad de Salamanca)
Víctor Vich (Universidad Católica del Perú, Lima)
Edwin Williamson (Oxford University)

Dedicada a la producción crítica hispanista
a ambos lados del Atlántico, esta serie se propone:

• Acoger prioritariamente a la nueva promoción de hispanistas que, a
comienzos del siglo XXI, hereda y renueva las tradiciones académicas
y críticas, y empieza a forjar, gracias a su vocación dialógica,
un horizonte disciplinario menos autoritario y más democrático.

• Favorecer el espacio plural e inclusivo de trabajos que,
además de calidad analítica, documental y conceptual, demuestren
voluntad innovadora y exploratoria.

• Proponer una biblioteca del pensar literario actual dedicada
al ensayo reflexivo, las lenguas transfronterizas,
los estudios interdisciplinarios y atlánticos, al debate
y a la interpretación, donde una generación de relevo crítico despliegue
su teoría y práctica de la lectura.

Odette Casamayor-Cisneros

UTOPÍA, DISTOPÍA E INGRAVIDEZ
RECONFIGURACIONES COSMOLÓGICAS EN LA NARRATIVA POSTSOVIÉTICA CUBANA

Iberoamericana - Vervuert - 2013

Derechos reservados

© Iberoamericana, 2012
Amor de Dios, 1 – E-28014 Madrid
Tel.: +34 91 429 35 22
Fax: +34 91 429 53 97

© Vervuert, 2012
Elisabethenstr. 3-9 — D-60594 Frankfurt am Main
Tel.: +49 69 597 46 17
Fax: +49 69 597 87 43

info@iberoamericanalibros.com
www.ibero-americana.net

ISBN 978-84-8489-707-1 (Iberoamericana)
ISBN 978-3-86527-758-9 (Vervuert)

Depósito Legal: M-10630-2013

Impreso en España

Diseño de cubierta: Carlos Zamora

Este libro está impreso íntegramente en papel ecológico sin cloro.

ÍNDICE

Agradeciendo 11

Introducción 15

Sección primera: Utopías

Preámbulo 59

Capítulo 1: Utopía, épica y revolución: de los heroísmos canónicos de Alejo Carpentier, José Lezama Lima y Virgilio Piñera a la literatura de la revolución 67
    1.1 Utopía y épica en Alejo Carpentier 72
    1.2 La épica revolucionaria: entre testimonio, violencia y fabulación 82
    1.3 Desde y hacia la Nada y la Imagen: heroísmo trágico en Virgilio Piñera y José Lezama Lima 96
    1.4 El vuelo de los ángeles: la salvación en la Historia, la utopía y la épica 107

Capítulo 2: Perseverancia de la utopía moderna en tiempos postsoviéticos: acercamientos a la narrativa de Leonardo Padura, Abilio Estévez, Senel Paz, Abel E. Prieto, Marilyn Bobes, Antonio José Ponte y Alexis Díaz-Pimienta 115
    2.1 Los espacios heterotópicos de los cubanos cansados de la Historia 121
    2.2 La Habana en sueños y ruinas 135
    2.3 La isla heroica y su diáspora constituyente 147

Sección segunda: Distopías

Preámbulo 183

Capítulo 3: La tradición absurda en la modernidad cubana: Reinaldo Arenas 189

    3.1 Poética absurda en la modernidad cubana 194
    3.2 Desesperación: caída hacia la bestialidad 199

Capítulo 4: Pedro Juan Gutiérrez: mantenerse, cayendo cada vez más 213
    4.1 La progresiva caída hacia el hastío 215
    4.2 Existencia absurda entre las ruinas 225
    4.3 Oscuridades de la isla distópica: caos, raza y nación 235

Sección tercera: Ingravidez

Preámbulo 257

Capítulo 5: La utopía posmoderna 265
    5.1 Modernidad y Posmodernidad: otras derivas de una isla 265

Capítulo 6: Ingravidez postsoviética en la obra de Ena Lucía Portela, Pedro de Jesús, Gerardo Fernández Fe, Yohamna Depestre, Wendy Guerra y Orlando Pardo Lazo 273
    6.1 La suspensión ética 273
    6.2 Cuerpos ingrávidos 293
    6.3 Ciudad flotante 301
    6.4 ¿Cuba? O la cubanía en suspensión... 316

Apuntes del final 321

Bibliografía 327

Índice 345

Agradeciendo

Los primeros gestos de reconocimiento van hacia mi profesor Jacques Leenhardt, cuya tutoría propició la germinación de este libro, tras mi llegada a París en 1995. Él pudo entonces leer lo que ni yo misma sospechaba que escondían mis lecturas. Visionó el camino, dibujó horizontes. Su mirada, aun en la lejanía, guía mi pluma.

Ya en los postreros días de labor, con la lectura precisa del profesor César Salgado se consiguió el buen acabado del manuscrito original. Sabiduría, pasión intelectual, lucidez y justeza definen su magistral crítica. ¡Gracias!

Indispensable ha sido el consistente apoyo del profesor Julio Ortega, director de la colección Nuevos Hispanismos, que acoge este libro. Extiendo los agradecimientos a todo el equipo de Iberoamericana/Vervuert: en particular, a su director, Klaus Vervuert, y a la constante y cuidadosa María Pizarro, a cargo de la edición. Continúo reconociendo aquellas instancias que en la Universidad de Connecticut han apoyado mis investigaciones y su final publicación: el Department of Literatures, Cultures and Languages, el Institute for Puerto Rican and Latino Studies y el Humanities Institute.

En La Habana, pienso en todos los amigos, los lectores, críticos y consejeros cuya generosidad me ha permitido abordar el corpus de escritores aquí examinados, y que dirigieron mi curiosidad hacia algún u otro rincón de la vida y la cultura cubanas. *Utopía, distopía e ingravidez* es el resultado de la conversación intensa y el intercambio epistolario, de la inspiración recibida y las emociones compartidas con Imeldo Álvarez, Arturo Arango, Carmen Berenguer, Yohamna

Depestre, Juan Carlos Flores, Ambrosio Fornet, Víctor Fowler, Pedro Juan Gutiérrez, César López, Mayra *La China* López Gutiérrez, Francisco López Sacha, Lizabel Mónica, Nancy Morejón, Alberto Pedro Díaz, Reina María Rodríguez, José Miguel *Yoss* Sánchez y Roberto Zurbano.

Sin la colaboración, el consejo y aliento intelectual de amigos y colegas en la academia estadounidense tampoco habría llegado este libro a ser lo que hoy es. Lleguen entonces sentidas gracias, particularmente, para Gerard Aching, Jossianna Arroyo, Guillermina de Ferrari, Jorge Duany, Juan Duchesne-Winter, Miguel Gomes, Aníbal González, Guillermo Irizarry, Agustín Lao Montes, Jacqueline Loss, Rachel Price, José Quiroga, Ángel Rivera y Alan West-Durán.

Viene aquí, por el apoyo al llegar a Nueva York en el crudo invierno del 2005, el buen recuerdo de los invaluables Paul Gootenberg y Eric Hershberg, con sus familias respectivas. Entre Brooklyn y Stony Brook, soldaron en mí las energías necesarias para acometer plenamente mis proyectos académicos.

Agradecimientos especiales a quienes en Francia impulsaron mis tempranas investigaciones, ofrecieron su apreciación y consejo: los profesores Paul Estrade, Milagros Ezquerro, Michèle Guicharnaud-Tollis, Christian Lérat, Juan Carlos Mondragón y Carmen Vásquez, así como las editoras Annie Morvan y Anne-Marie Métailié.

A todos aquellos que, durante años, han analizado críticamente mis escritos, se les debe el respectivo agradecimiento. Sus lecturas han ayudado a mejorar mi trabajo.

Tampoco puedo dejar de recordar a mis amigos berlineses, Jens, Rami, Ralf y Ulrike, con quienes aprendí a escuchar la caída de las piedras del Muro, el ruido del polvo en la Potsdamer Platz de los años noventa.

Reconocer además debo a Mariano, que durante mis primeros años entre Brooklyn y West Hartford fue vital presencia.

Todos los amigos, en cualquier esquina del mundo donde estén, reciben profundo agradecimiento a través de este libro. Su cariño y la presencia —incluso velada— mantienen vivo el aliento con que escribo.

Agradeceré siempre a mis padres la sensibilidad aprendida de ellos y el apoyo constante; el saber ancestral de Jesús Morales Contreras, también desde La Habana.

Corresponde en fin reconocer que en cuanto hago está mi hijo, por su excepcional paciencia, ser la inspiración.

NOTA. De mis tempranas investigaciones que han conducido a este libro, versiones de algunas partes han aparecido en artículos como: "Floating in the Void: Ethical Weightlessness in Post-Soviet Cuban narrative", *Bulletin of Latin American Research*. Special Supplement "Rethinking the Cuban Revolution Nationally and Regionally", 31 (Feb 2012): 38-57; "Soñando, cayendo y flotando: itinerarios ontológicos a través de la narrativa cubana postsoviética", *Revista Iberoamericana del Instituto Internacional de Literatura Iberoamericana*, LXXVI/232-233 (July-December 2010): 643-670; "Guanajerías post-soviéticas: apuntes ético-estéticos en torno al humor en la narrativa de Ena Lucía Portela" (Premio 2009 de Ensayo José Juan Arrom), *La Gaceta de Cuba*, 6 (2009): 3-7; e "Incertidumbre resplandeciente. Breve incursión en la narrativa escrita durante la década del 90 en la Isla de Cuba", *Caravelle. Cahiers du monde hispanique et luso-brésilien*, 78 (2002): 179-196.

Introducción

> Están tumbando los muros
> Están cruzando fronteras...
> Están quemando los libros
> Están cortando cabezas...
> Están jugando a la guerra
> Están borrando el pasado...
> Abraza tu fe
> Ahora que los mapas están cambiando de color.
>
> CARLOS VARELA, "Ahora que los mapas están cambiando de color", *Monedas al aire*

En los noventa, tras el derribo del Muro de Berlín, pudo llegar a pensarse que la apocalíptica profecía formulada por Reinaldo Arenas en la novela *El color del verano o nuevo jardín de las delicias* se cumpliría fatalmente: la isla de Cuba, liberada de sus amarres, se iría a la deriva por los mares de Dios... o del Diablo. Han sido tiempos en los que el cubano se ha atormentado con preguntas, que se acumularon, casi siempre sin respuesta. La angustia y la desesperanza no tardaron en imponerse, deviniendo presencia lacerante desde la última década del siglo xx. Ni el sistema político (en crisis), ni la nación (en desequilibrio), ni la moral (conminada a redefiniciones), ni la familia (desmembrada), ni tan siquiera el exilio con su cola de olvidos y nostalgias serían asideros capaces de devolver el equilibrio existencial a los cubanos. La realidad cubana se mantiene desde entonces suspendida en lo incierto, continuamente amenazada por las dificultades económicas.

Caracterizada por la sensación de pérdida de los referentes tradicionales y la desconfianza ante el futuro, la crisis escatológica que en 1989 el colapso del sistema socialista provoca en Cuba es elemento fundamental de este libro. Examino, en la ficción escrita desde entonces dentro de la isla, las estrategias desplegadas por los cubanos para vencer el vacío y la deriva existenciales: ¿Hacia dónde se dirigen la nación y los cubanos cuando los pilares éticos de su existencia se resquebrajan? ¿Qué patria construir? ¿Qué Hombre Nuevo forjar? ¿Cuál enemigo combatir? ¿Qué continuidad puede leerse entre el hoy, el pasado y el futuro en la isla?

Persiguiendo respuestas a estas preguntas, aparecen aquí reunidas las investigaciones que durante más de una década he conducido acerca del quehacer literario en la Cuba postsoviética, analizando sistemáticamente la obra de Marilyn Bobes (1955), Yohamna Depestre (1970), Alexis Díaz-Pimienta (1966), Abilio Estévez (1954), Gerardo Fernández Fe (1971), Wendy Guerra (1970), Pedro Juan Gutiérrez (1950), Pedro de Jesús (1970), Leonardo Padura (1955), Orlando L. Pardo Lazo (1971), Senel Paz (1950), Antonio José Ponte (1964), Ena Lucía Portela (1972) y Abel Prieto (1950). Articulo esta literatura reciente con autores ya canónicos: Alejo Carpentier (1904-1980), José Lezama Lima (1910-1976), Virgilio Piñera (1912-1979) y Reinaldo Arenas (1943-1990). Al relacionarles busco desmitificar el siempre seductor factor generacional y ubicar el presente ético-estético cubano dentro de la totalidad histórica nacional. Similar voluntad explica la utilización en mi libro de autores comprendidos dentro de la llamada "narrativa de la violencia", como Jesús Díaz (1941-2002), Norberto Fuentes (1943), Eduardo Heras León (1940) y Manuel Cofiño (1936-1987); y otros que también durante los primeros años de la revolución publicaron obras de ficción importantes, como Edmundo Desnoes (1930) y Manuel Granados (1931-1998). Haciendo confluir analíticamente creadores de diferentes generaciones, posiciones políticas y tendencias ético-estéticas se exponen además complicados procesos de continuidad y ruptura entre los escritores del pasado y la narrativa postsoviética.

Al internarse en estas páginas el lector descubrirá diferentes modos de pensar y de crear desarrollados dentro de la isla. Muchas de las obras analizadas no han sido publicadas fuera de Cuba o han recibido escaso interés editorial en Europa y Estados Unidos. Aquí, la novela *El vuelo del gato* (1999), que escrita por el entonces ministro de la cultura Abel Prieto ha tenido escasa repercusión fuera de la isla aun cuando vehicula un interesante discurso sobre las transformaciones morales en la sociedad cubana, es analizada no muy lejos de las obras de Pedro Juan Gutiérrez, cuyo acerbo juicio de la actual depauperación habanera le ha valido fuerte respaldo editorial en el mercado literario internacional y, en el ámbito nacional, la desconfianza de las instituciones culturales. También se estudiará la narrativa del bloguero censurado, pero aún residente en Cuba, Orlando Pardo Lazo. Su libro de cuentos *Boring Home* (2009) no circula en las librerías y bibliotecas del país, aunque está disponible en Internet (a la cual, sin embargo, pocos en la isla tienen acceso regular). Asimismo, las "Cuatro Estaciones", saga policíaca en que Leonardo Padura pasea su mirada acusadora sobre los males sociales de una Habana decadente, cohabita aquí con el regodeo en las ruinas dominante en las novelas de un autor muy diferente estilística y éticamente, Abilio Estévez. Se examinan tanto la ambivalente visión sobre la homosexualidad que aparece en el cuento de Senel Paz "El lobo, el bosque y el hombre nuevo" (1991) —célebre gracias al filme *Fresa y chocolate* (Tomás Gutiérrez Alea, 1993)—, donde el homoerotismo es de manera absurda clasificado a partir de la devoción patriótica; como el deseo sexual "injustificado" celebrado por Pedro de Jesús, Gerardo Fernández Fe o Ena Lucía Portela. Coinciden pues en *Utopía, distopía e ingravidez* los premiados y los olvidados, los reconocidos por el régimen junto con los disidentes, autores de ya sólida obra y escritores noveles. Hay machismo y feminismo, variado racismo junto a tímidas reivindicaciones de lo negro, patriotismo enarbolado, disimulado o renegado, nostalgia y exilio soberbio, calmo o doloroso.

Este libro sobrepasa —aun reconociéndolos— los debates más frecuentados sobre la Cuba actual. No busco disertar sobre los aciertos y errores del gobierno revolucionario, su pervivencia o desaparición. Tampoco es mi interés especular sobre la sociedad civil y sus actores, lo que de la política o la economía vendrá o desaparecerá; ni sobre diálogos entre cubanos de adentro y de afuera, la influencia de Washington, Pekín, Caracas o Miami. La cuestión central en *Utopía, distopía e ingravidez* es analizar de qué maneras los cubanos de la isla reorganizan su existencia cuando en los noventa se derrumba el sistema que estructurase la vida nacional desde 1961 (cuando es declarado el carácter socialista de la revolución). La lectura que propongo de los personajes y contextos recreados en la narrativa postsoviética aquí estudiada es, en consecuencia, ética.

Itinerarios teóricos

Lo ético, en mis lecturas, parte de la concepción griega del *êthos*, refiriéndose al conjunto de ideas y afectos que caracterizan a un grupo humano. No examino la determinación del buen o mal comportamiento de los cubanos, sino las formas en que ordenan su conducta como seres humanos. Interesa aquí el desarrollo de cosmologías con las que organizan el universo para convertirlo en mundo, haciendo del caos un cosmos. Una cosmología le permite al ser humano comprender su espacio y su tiempo, otorgándoles un sentido dentro del cual se ubica a sí mismo. Este sentido aporta coherencia a la actividad y el pensamiento del sujeto. Investigo entonces cómo los cubanos reestablecen un orden en la sociedad caótica en la que se hallan inmersos tras el colapso del sistema socialista.

Para seguir el rastro a estas configuraciones cosmológicas en la narrativa cubana postsoviética, al originarse mis investigaciones hallé inspiración en los métodos dialécticos de investigación literaria desplegados por Lucien Goldmann en *Le Dieu caché*. En su estudio, que aplica al análisis del teatro de Racine, a *Les Pensées* de Pascal, a los jansenistas extremistas y a la filosofía crítica de Kant, el sociólogo describe los vínculos entre el texto, el individuo y los grupos sociales a los que pertenece (21).[1] El método goldmaniano, inspirado en las teorías de György Lukàcs, persigue una coherencia esencial entre estos tres elementos de la producción literaria. Tal búsqueda responde a su convicción de que el pensamiento constituye "un aspecto parcial de una realidad menos abstracta: el hombre vivo y entero, quien a su vez es un elemento del conjunto que es el grupo social" ("La pensée n'est qu'un aspect partiel d'une réalité moins abstraite: l'homme vivant et entier; et celui-ci n'est à son tour qu'un élément de l'ensemble qu'est le groupe social", 16). Interpreta Goldmann la obra literaria dentro de tota-

---

[1] Mientras no se precise lo contrario, todas las traducciones de textos originalmente en francés o inglés son mías.

lidades sociales y sugiere entonces la idea de visión del mundo como "instrumento conceptual de trabajo indispensable para comprender las expresiones inmediatas del pensamiento de los individuos" ("un instrument conceptuel de travail indispensable pour comprendre les expressions immédiates de la pensée des individus", 24). Con inevitables reservas que explicaré seguidamente, esta metodología posibilita en mi libro la interpretación de distintas formulaciones cosmológicas en la literatura cubana actual. Trae a un mismo plano de análisis, dentro de la obra literaria, los modos de pensar y actuar del cubano y la situación socio-económica, ideológica y política que afecta a la nación postsoviética.

Para Goldmann, la visión del mundo constituía el conjunto de aspiraciones, sentimientos e ideas que reúne a los miembros de un grupo, en su opinión identificando a la clase social (26). En desacuerdo con este último elemento de su conceptualización, su definición me sirve sin embargo para leer a los narradores cubanos contemporáneos a partir de sus distintas visiones ante la incertidumbre que caracteriza la existencia insular tras el colapso del sistema socialista. Pero no estudio esta literatura como reflejo inmediato y estrictamente dependiente de la socio-economía cubana, sino como parte —no simple reflejo— de la postura ética de sus autores.

La deuda metodológica que sostengo con el concepto de visión del mundo de Goldmann proviene de la génesis de mis estudios graduados, en l'École des Hautes Études en Sciences Sociales de París, bajo la dirección de Jacques Leenhardt, quien es a la vez reconocido heredero y crítico de las teorías goldmannianas.[2] Mis lecturas de Goldmann han sido matizadas no sólo con la crítica de Leenhardt. Influyeron también los seminarios que recibía en l'École a cargo de profesores como Jacques Derrida, mis interpretaciones de los posestructuralistas, desconstructivistas y de los defensores y críticos de la posmodernidad. Todo esto situado bajo una constante sospecha epistemológica propi-

---

[2] En entrevista publicada en 1977 Leenhardt reconoce tanto su deuda como sus desacuerdos teóricos con Goldmann. A un tiempo que define su trabajo como extensión —no mímesis— de los análisis sociológicos de la literatura trazados por Goldmann, se desmarca de éste al criticar la dependencia económica que atribuía al fenómeno cultural, así como su obsesión con una coherencia total, que le impidió incorporar la idea de la multiplicidad (66-67).

ciada por mis orígenes y experiencias cubanas, europeas, norteamericanas. Tales itinerarios han determinado el marco teórico de mi libro. Se parte entonces del análisis de las visiones de mundo que establecen ciertos sentidos lógicos entre las obras, sus autores y la realidad cubana postsoviética en que se ubican. Mas han de entenderse estos sentidos no siguiendo la exigencia de una totalidad coherente y de la unicidad, esencial a las teorías goldmannianas, sino como sentidos intrínsecamente múltiples. Esta conciencia de multiplicidad me condujo a las teorías no esencialistas de reformulación de la ontología occidental presentadas por Alain Badiou.

Desde *L'Être et l'Evénement* (1988) hasta *Logiques des Mondes* (2006), el empeño principal de Badiou ha sido encontrar lógicas que permitan pensar al ser humano no "en tanto que ser", sino como ser dentro de lo que él llama "situación", que en recientes trabajos sustituye por la categoría "mundo". El ser, desde su punto de vista, no es único sino múltiple y por lo tanto carece de estructura (*L'Être*, 31). Dentro de esta visión, es imposible localizar una única relación intrínseca entre el sujeto múltiple y sus mundos y por eso Badiou revela, a través de su concepción de las "lógicas de los mundos", medios racionales que permitan acceder no solamente al ser-múltiple, sino también a su apariencia, que encuentra su propio lugar en un mundo u otro. El sujeto es comprendido a través de su aparición en diversos mundos, no en uno solo. No se trata del sujeto concebido esencialmente como miembro de un grupo o una clase social, como lo interpretaba Goldmann. Asimismo, queda excluida la unicidad de estos mundos para conseguir articular lógicamente su multiplicidad. Escribe Badiou: "'La mundanizacion' de un múltiple [...] es [...] una operación lógica: el acceso a una garantía local de su identidad" ("La 'mondanisation' d'un multiple [...] est en définitive une opération logique: l'accès à une garantie locale de son identité"; *Logiques* 124). En concordancia con estas teorías, sigue mi investigación la huella del ser humano en pleno acontecimiento, actuando dentro de sus "mundos" específicos. Este estudio acerca de la manera en la que los cubanos enfrentan éticamente la crisis postsoviética no apunta hacia la búsqueda de un ser abstracto, sino al sujeto en acción dentro de sus mundos cubano, revolucionario, postsoviético, latinoamericano y de la posguerra fría mundial.

En la multiplicidad de estos mundos y frente al vacío existencial que provoca el resquebrajamiento de los referentes e identidades sostenidos por la revolución hasta el advenimiento de la crisis postsoviética a partir de 1989, los cubanos se enfrentan a cuestiones primigenias: no sólo han de determinar en qué creer, sino —pregunta aún más acuciante— si han de creer en algo. La fe, y no el determinismo socioeconómico privilegiado por Goldmann, se erige entonces como punto de partida de mis disquisiciones éticas. Fe no específicamente religiosa, sino entendida como absoluta creencia en algo o alguien, aun si los fundamentos de la confianza no son comprobables en la realidad. A partir de la presencia o ausencia de fe, y de su orientación hacia el Progreso social o contra éste que adopten los personajes literarios, son en este libro configuradas sus visiones del mundo, su posicionamiento cosmológico. Y es entonces cuando los descubro soñadores, persiguiendo utopías modernas; o bien cayendo en el caos, cuando abandonan toda confianza en el mundo hasta entonces compartido y truecan las tradicionales utopías modernas por sus correspondientes *distopías*. Finalmente están quienes flotan en un mundo que, desde su punto de vista, podría ser descrito con las palabras del novelista checo Milan Kundera en *La insoportable levedad del ser*, un mundo donde "todo está perdonado de antemano y, por tanto, todo cínicamente permitido" (12). Estos personajes cubanos son seres ingrávidos, indiferentes a los ideales y conceptos de la modernidad, dibujan utopías posmodernas.

El mantenimiento de la fe podrá corresponderse con la actitud moderna que en este punto considero bajo las interpretaciones de Michel Foucault. En "Que'est-ce que les Lumières?", aborda el filósofo la modernidad como una actitud ética (también del *êthos* griego, según especifica), en lugar de un período fijado históricamente (871). Esta actitud ética consiste en una forma específica de relacionarse con la realidad, una elección voluntaria del modo de existir, en determinada manera de sentir y pensar (866-867). Foucault examina la significación crucial del presente, reconociendo que lo esencial, para Kant tanto como para Baudelaire, era el hoy, sobre el cual el sujeto debía centrar su acción. Descubre en el sujeto moderno la necesidad de "imaginar [el presente] de una manera diferente, de transformarlo no a través de la destrucción sino captándolo en lo que realmente es" ("Pour l'attitude de la modernité, la haute valeur du présent est indissociable de l'acharnement à l'imaginer… autrement qu'il n'est et à le transformer non pas en le détruisant, mais en le captant dans ce qu'il est"; 869).

El sujeto moderno, como precisa Foucault analizando a Baudelaire, no se deja llevar por la marcha del tiempo, sino que se esfuerza —y la actividad que supone el esfuerzo es aquí fundamental— por asir lo eterno en el fugitivo instante presente (868). Conserva la fe en sí mismo, pues pretende alcanzar la trascendencia a través de su acción presente; y consigue inventar futuros para su existencia, sean éstos de la más diversa naturaleza. Actuando hoy, deviene héroe moderno.

Siguiendo estas teorías, asocio los personajes que frente a la incertidumbre postsoviética —el hoy— imaginan utopías orientadas hacia el Progreso o distopías magnificadoras del caos, con una actitud moderna. Estos personajes conocen el *telos*3 histórico de su existencia, cuya orientación es sin embargo variable. En cambio, la ingravidez que caracteriza a los personajes incapaces de mantener la fe en su presente, quienes no reconocen la trascendencia en la fugacidad del hoy y por lo tanto no confían en la supuesta pertinencia de la acción, manteniéndose indiferentes y "flotando" en su existencia, la considero dentro de la actitud posmoderna que examino bajo el prisma teórico de Fredric Jameson.

Como Foucault, Jameson parte de una crítica a la predominante *periodización* que pretende emplazar lo posmoderno como sucesor o heredero de la modernidad. Prefiere referirse a una "conciencia posmoderna", cuya particularidad fundamental no residiría en su presunta posterioridad a lo moderno, sino en su búsqueda de

> rupturas, trasiegos y cambios irrevocables en la representación de las cosas y en la manera en que estas cambian. Los modernos estaban interesados en los resultados de tales cambios y en su tendencia general: ellos pensaban en la cosa en sí, sustantivamente, de una manera utópica o esencial. El posmodernismo [...] registra las variaciones mismas, y sabe demasiado bien que los contenidos son sólo meras imágenes.

> [T]he postmodern looks [...] for shifts and irrevocable changes in the representations of things and the way they change. The moderns were interested in what was likely to come of such changes and their general tendency: they thought about the thing itself, substantively, in Utopian or

---

[3] Palabra griega que se refiere al final, la meta; en filosofía *telos* constituye el proceso por el cual se alcanza una finalidad u objetivo.

essential fashion. Postmodernism [...] only clocks the variations themselves, and knows only too well that the contents are just more images (*Postmodernism*, ix).

Lo que en mi libro identifico como ingravidez ética porta los rasgos estudiados por Jameson como constitutivos de la posmodernidad: ausencia de *telos* histórico, nueva superficialidad, debilitamiento de los afectos y las profundas relaciones de estos rasgos con las nuevas tecnologías (ibíd. 6). Este último rasgo requiere un tratamiento cauteloso en la producción cultural cubana, pues funciona más bien de manera espectral, como una falta, o vía para alcanzar una proyección internacional que provoque a su vez ciertos efectos nacionales. A pesar de la proliferación de blogs y el uso de redes sociales en Internet, como Twitter y Facebook, el acceso a las innovaciones informáticas globales es en la isla escaso debido a restricciones gubernamentales y también por razones económicas. Mas los otros rasgos presentados por Jameson sí pueden aplicarse directamente al estado de ingravidez ética en Cuba, al que se llega cuando "el sujeto ha perdido su capacidad para extender activamente sus pro-tensiones y re-tensiones a través de la multiplicidad temporal y de organizar su pasado y su futuro en una experiencia coherente" ("the subject has lost its capacity actively to extend its pro-tensions and re-tensions across the temporal manifold and to organize its past and future into coherent experience", 25).

Determinado por la incapacidad del sujeto para colocarse coherentemente dentro de una experiencia escatológica, la ausencia de *telos* histórico no sólo apunta a la indiferencia hacia la Historia, sino también hacia el desprendimiento de cualquier modelo temporalizador. Es la suspensión en el presente que determina la existencia posmoderna. El hoy parece cargado de su propia sustancia y no precisa ser legitimado por el pasado ni incubar la simiente del futuro, de la suerte demarcándose de la historicidad moderna. El ahora se pliega a la lógica del simulacro. Jameson destaca este radical cambio de significación del pasado:

> Lo que en la novela histórica según la definición de Lukàcs fue la genealogía orgánica del proyecto colectivo burgués [...] se ha convertido en una vasta colección de imágenes, en un simulacro fotográfico multitudina-

rio. [...] En estricta conformidad con la teoría lingüística postestructuralista, el pasado como 'referente' es puesto entre paréntesis, luego borrado, dejándonos tan sólo con textos.

[W]hat was once, in the historical novel as Lukács defines it, the organic genealogy of the bourgeois collective Project [...], has meanwhile itself become a vast collection of images, a multitudinous photographic simulacrum [...] In faithful conformity to poststructuralist linguistic theory, the past as 'referent' finds itself gradually bracketed, and then effaced altogether, leaving us with nothing but texts (18).

Vale destacar que, en sí misma, la crisis del *telos* histórico reconocible en el vacío que caracteriza la existencia actual en la isla no conduce forzosamente a la ingravidez ética. Bajo una actitud moderna, tal crisis puede ser solucionada con la reinvención utópica a través de la reescritura de la Historia, o bien en procesos distópicos que encuentran en el pasado explicación al caos presente. La ingravidez sólo aparece cuando se siente indiferencia —no necesidad de reinterpretación— ante la Historia. Cuando este sujeto incapacitado para organizar escatológicamente su existencia no puede producir, como expresa Jameson, algo más que cúmulos de fragmentos, su creación cultural se convierte en una práctica azarosa de lo heterogéneo, lo fragmentario y lo aleatorio (25).

Estas características de lo posmoderno, aplicables a la ingravidez ética del sujeto contemporáneo, son relacionadas en mi análisis con las teorías de Zygmunt Bauman. Desde su punto de vista, que analiza la ruptura moral introducida por la posmodernidad, ser posmoderno es intuir o saber que la verdad reside en el hecho de que "podemos vivir, o aprender a vivir, o lograr vivir en este mundo, aun cuando pocos de nosotros podríamos definir [...] cuáles son los principios rectores" (*Ética*, 41). Bauman continúa refiriéndose a la posmodernidad como "*una modernidad sin ilusiones*", en la que el sujeto se ha convencido de que el desorden del mundo no es transitorio sino que "permanecerá, al margen de lo que hagamos o conozcamos, que los pequeños órdenes y 'sistemas' que elaboramos son frágiles [...] y arbitrarios" (Ibíd., destacado por el autor).

También, continuando con las ideas de Bauman y Jameson, pudiera interpretarse el estado de ingravidez ética como una utopía posmoderna, si se considera que lo posmoderno, al eliminar las ilusiones modernas, inventa otras nuevas, más radicales. Se refiere Bauman a la "perspectiva posmoderna" que posibilitaría la impulsión utópica yacente en el proceso de desconstrucción de las afirmaciones totalizadoras y universalizantes esgrimidas por "los estados-nación, las naciones en busca del estado, las comunidades tradicionales y aquéllas en busca de una tradición, tribus y neotribus, así como sus portavoces y profetas designados y autodesignados" (22). Asimismo, al comparar modernidad y posmodernidad, Bauman destaca el anhelo posmoderno por vivir totalmente la incertidumbre. Opone esta actitud a la intención utópica moderna de vencer la incertidumbre a través de la erección de un mundo perfecto, controlado por el buen pensar y actuar humanos:

> El sentimiento dominante ahora es el sentimiento de un nuevo tipo de incertidumbre [...] Lo novedoso en esta rendición posmoderna a la incertidumbre [...] es que ya no es vista más como una mera molestia que con el debido esfuerzo pueda ser aliviada o eliminada. El mundo posmoderno se esfuerza por vivir bajo una condición de permanente e irreducible incertidumbre.
>
> The dominant sentiment is now the feeling of a new type of uncertainty [...] What is also new about the postmodern rendition of uncertainty [...] is that it is no longer seen as a mere temporary nuisance, which with due effort may be either mollified or altogether overcome. The postmodern world is bracing itself for life under a condition of uncertainty which is permanent and irreducible (*Postmodernity*, 21).

Por su parte, Jameson apuntaba entre sus antinomias posmodernas la pervivencia, en algunos de los argumentos más contundentes que se oponen a las utopías tradicionales, de un impulso utópico que ignora su propio carácter (*Semillas*, 58).

Estructura del libro: utopía, distopía e ingravidez ante la incertidumbre

Leyendo la narrativa cubana contemporánea bajo las interpretaciones éticas de la modernidad y la posmodernidad en Foucault, Jameson y Zygman, el factor que me hace considerar una u otra producción como moderna o posmoderna no dependerá ya de su fecha de realización o de la generación del creador. Tal determinación será en cambio formulada en función de la postura ética presentada en las obras estudiadas.

Utopía y distopía modernas y la ingravidez —como forma de utopía posmoderna— constituyen entonces los conceptos vectores de mi investigación, a partir de los cuales se conforma, en tres secciones correspondientes, la estructura del libro. Introducidos son por una selección de fragmentos de canciones de la Nueva Trova y de la llamada Música Cubana Alternativa que reflejan los aspectos éticos específicamente abordados en cada capítulo.[4] Esto resulta de la adopción de la perspectiva ética, basada en el análisis de la visión del mundo expresada en las obras, por la cual se sobrepasa el análisis exclusivamente literario.

En la Sección Primera son analizados aquellos personajes de Abilio Estévez, Leonardo Padura, Abel Prieto, Senel Paz, Marilyn Bobes, Antonio José Ponte y Alexis Díaz-Pimienta que mantienen la utopía moderna. Dentro del presente postsoviético, alguna ilusión en el Progreso social impulsa sus días. Confían en que el ser humano puede mejorar el presente, y esto tiñe de humanismo su esperanza. Según el Paz de "El lobo, el bosque y el hombre Nuevo", ésta latía en la capacidad del individuo para abstraerse a las presiones ideológicas de la sociedad socialista y fundar un mundo propio regido por la tolerancia y la nostalgia lezamiana. También abre Lezama los caminos para la comprensión del caos contemporáneo en la novela *El vuelo del gato,* de Prieto. Mientras Estévez abriga la utopía nacional, solución a la desintegración y la ruina, el olvido y la penuria, ora en las ruinas de un teatro en *Los palacios distantes,* ora en un misterioso jardín que en *Tuyo es el reino* representa Cuba y La Habana y un barrio o una calle, sitio plagado de alegorías en el que reina el espectro de Virgilio Piñera. Por su

---

[4] La Nueva Trova es un movimiento musical desarrollado en Cuba en la década de 1960, que manifiesta el espíritu de militancia política propio de aquellos primeros años revolucionarios. Silvio Rodríguez y Pablo Milanés son dos de sus figuras emblemáticas (véase Moore). Dentro de la Música Cubana Alternativa (MCA) figuran, entre otros, Carlos Varela, Frank Delgado, Equis Alfonso y las agrupaciones Habana Abierta e Interactivo. Sus obras han servido profusamente de exergo en los capítulos de este libro. El término MCA se usa, según uno de sus críticos más avezados, Borges-Triana, "para designar un fenómeno que ha venido ocurriendo en Cuba desde mediados del decenio de los 80, en cuanto al surgimiento de expresiones no convencionales de lo cultural, ajenas al poder central y que nacen desde los límites de las estructuras institucionales llamadas a legitimar lo nuevo que surge" (11).

parte, Padura otorga al protagonista de su saga de novelas policíacas, el inspector Mario Conde, la facultad de continuar creyendo en los valores morales de la revolución cubana, incluso cuando ésta se vuelve mascarada y la ciudad parece burlarse de la incapacidad del detective para entender la actualidad.

Bajo el manto de la modernidad, las posiciones de estos narradores se comprenden mejor si se recurre a quienes, en la literatura cubana, establecieron sólidas cosmologías en torno al Progreso, la utopía y las revoluciones. Se instaura pues un intenso diálogo entre la narrativa contemporánea y lo que denomino el *heroísmo racional* de Alejo Carpentier, el *heroísmo realista* de la llamada *literatura de la revolución* y el *heroísmo trágico* (en el sentido en que Goldmann explica el pensamiento trágico en *Le Dieu caché*) que domina a mi juicio la narrativa de José Lezama Lima y Virgilio Piñera.

En Carpentier, el héroe es el personaje que reencuentra la fe en la Historia, reconociendo —aunque el presente no le ofrezca razones visibles para ello— que existe un porvenir mejor para el ser humano. Rechazando magias, analiza y al fin comprende, como el Ti-Noel que cierra las páginas de "El reino de este mundo", que le corresponde continuar su acción en el presente para que las generaciones futuras puedan eventualmente acercarse a la perfección utópica.[5] En el buen razonar del personaje carpenteriano yace la esperanza, sosteniendo el heroísmo racionalista del sujeto convencido de que la sabia explicación histórica le permite, justamente, hacer la Historia. Más allá de esa Historia, se esconde en cambio la esperanza en las obras de Piñera y Lezama Lima: en la Nada y la Imagen. Por eso identifico a sus personajes como héroes trágicos. El humanismo viene por la fe que mantienen en el potencial humano para descubrir el sentido oculto de la existencia, el "Dieu caché" descrito por Goldmann, determinando por su parte el carácter trágico.[6] No se le exige al ser humano, en la visión del

---

[5] Birkenmaier sugiere que la "fe" mencionada en el "Prólogo" de la novela se refiere indistintamente al vudú o al catolicismo, "puede ser [...] cualquier religión" (111). Atendiendo a las conclusiones a las que arriba el protagonista Ti-Noel al final del libro, diría que esta fe se extiende más allá de lo religioso. Se transforma en fe en la capacidad del ser humano para ubicar sus actos —aun los de naturaleza supuestamente mágica— dentro de la Historia.

[6] Nótese, en todo mi libro, que utilizo nociones como Dios y fe empleando la perspectiva, que sobrepasa el sentido religioso, presentada por Lucien Goldmann en

mundo que avanzan estos autores, comprender la Historia sino forzar la imaginación y llevarla a trazar caminos hacia la esperanza. En contraste, para los escritores emblemáticos de la revolución la esperanza no es arcano secreto a discernir en la Historia, y mucho menos en la Imagen poética o una Nada esencial. El héroe de la *literatura de la revolución* cubana anula la idea de la utopía porque construye el futuro concretamente en su presente: derroca tiranos, instaura nuevo gobierno, construye la patria nueva (o al menos eso cree). Considero esta actitud como un heroísmo realista. Todo ocurre en la realidad que vive el héroe: cree encarnar en sí mismo el pasado, el presente y el futuro.

Examinados éticamente, pueden seguirse las líneas que van desde estos heroísmos "canónicos" —sean realistas, racionales o trágicos— hasta la perseverancia con la que algunos narradores contemporáneos se obstinan en creer en el Progreso o alguna luminosa futuridad: es su particular salvación existencial.

Por otro lado, caerá aquel que desiste de creer en el Progreso moderno; aunque siga creyendo, pero en el caos. Reconoce el desastre en su presente, mas sabe que no hay nada que hacer para escapar de él o mitigarlo. El protagonista homónimo de Pedro Juan Gutiérrez encarna esta postura distópica, a la que está dedicada la Sección Segunda. En los tempranos años noventa su mundo se desploma como cualquier viejo edificio habanero, como el Muro de Berlín, como las ideologías y el sistema de valores que hasta entonces sostenían su existencia. Sin bases, en lugar de construirse nuevas, desdeña todo esfuerzo como no sea el indispensable para la diaria subsistencia. Su nueva carrera es

---

su *Dieu caché*. En su análisis aclara que comprende Dios como sinónimo del sentido esencial, aportando coherencia total al mundo: "El problema central del pensamiento trágico, que sólo el pensamiento dialectico podrá resolver en el plano tanto científico como moral, es saber si en ese espacio racional que ha definitivamente y sin posibilidad de marcha atrás remplazado el universo aristotélico y tomista, existe todavía alguna esperanza de reintegrar los valores morales supra individuales, si el hombre puede todavía reeencontrar a Dios, o lo que es un sinónimo para nosotros y resulta menos ideológico: la comunidad y el universo" ("Le problème central de la pensée tragique, problème que seule la pensée dialectique pourra résoudre sur le plan en même temps scientifique et moral, est celui de savoir si dans cet espace rationel qui a, définitivement et sans possibilité de retour en arrière, remplacée l'univers aristotélicien et thomiste, il y a encore un moyen, un espoir quelconque de réintégrer les valeurs morales supra individuelles, si l'homme pourra encore retrouver Dieu ou ce qui pour nous est synonyme et moins idéologique: la communauté et l'univers", 45).

hacia atrás, hacia el olvido de todas sus anteriores convicciones, en la construcción de una distopía moderna. Abandonado por su esposa, sin familia, ni empleo ni ilusiones, se deja caer en la ruinosa Centro Habana, cada día más hacia los fondos de la marginalidad.

Los caminos en caída de este descreído también tienen su propia tradición. Podrá entonces seguirse las energías poéticas de la corriente absurda que descubro en la obra de Reinaldo Arenas. Habiendo sucumbido en la angustia y la desesperación, sus caóticos personajes encarnan la postura de quienes perdieron la fe en alcanzar un paraíso, oponiéndose a quienes, por el contrario, encuentran el modo de imaginar positivamente el futuro. Lo absurdo, interpretado aquí a partir de las ideas de Albert Camus, es la imposibilidad de encontrar una solución al caos. El sujeto absurdo ya no lucha por mejorar su condición y el mundo que le rodea. En permanente confrontación con su entorno y consigo mismo, ha hecho del caos su absurda razón existencial. El movimiento sin sentido elimina toda huella de heroísmo tradicional en los personajes absurdos.[7] Su heroísmo será otro, impulsando su lucha por caer en la distopía.

En la Sección Tercera llegan las criaturas que pueblan la narrativa de escritores más jóvenes: Ena Lucía Portela, Pedro de Jesús, Gerardo Fernández Fe, Yohamna Depestre, Orlando Pardo, Wendy Guerra. La ingravidez caracteriza a sus personajes, que flotan solitarios y displicentes por entre una miríada de estructuras, ideologías, posturas políticas y morales. Jamás hallan real acomodo en una comunidad o definición bajo alguna identidad. Toda posibilidad y proyecto les parecen igualmente inútiles pues el sujeto ingrávido carece tanto de visión de futuro como de justificación histórica de su existencia y sus actos. El fin de la era socialista no representa para estos jóvenes nacidos alrededor de los años setenta una catástrofe, ni fin ni principio; sino la suspensión sobre el vacío existencial provocado por la crisis. Apenas alcanzaban veinte años cuando les sacudió el derrumbamien-

---

[7] Tratándose de un análisis ético, interpreto lo absurdo en mi libro exclusivamente a través de la filosofía de Albert Camus. El teatro del absurdo, que puede encontrarse en la creación de Ionesco o Beckett, y es con frecuencia asociado a la producción de Virgilio Piñera, no es aquí analizado. La obra de Piñera se estudia en cambio a partir de la visión —goldmanniana— trágica del mundo. Reconozco, no obstante, lo acertado que desde otras perspectivas puedan resultar los estudios de la literatura de Piñera a partir de lo absurdo. Véase por ejemplo *Everything in its place*, de Thomas Anderson.

to de 1989. No tuvieron tiempo ni oportunidad de forjar una sólida fe en los preceptos ideológicos de la revolución. Para ellos no hay nada que salvar ni que abandonar. No hay que moverse, ni hacia delante ni atrás. Sólo flotar, pretensión que, por estar desvinculada de toda idea de progreso o de regresión, podrá ser calificada como utopía posmoderna.

La pesquisa ética, que se conduce partiendo del análisis cosmológico, permite como se aprecia el establecimiento de inusitadas relaciones entre diferentes autores cubanos. Las distinciones generacionales son atendidas sólo para comprender la conformación de las posturas éticas en uno u otro grupo de autores, pero carecen de valor determinante en el diseño cosmológico que sigue mi investigación. Esto explica por qué no utilizo el término Generación 0, acuñado por jóvenes intelectuales cubanos para designar la literatura publicada después del 2000 (Mónica). Aunque ciertos rasgos de la ingravidez ética son perceptibles en esta nueva creación, resulta difícil identificar a todos sus autores con una única postura. Por ejemplo, de los escritores analizados en la Sección Tercera, sólo Depestre y Pardo son incluidos por Lizabel Mónica dentro de la Generación 0. Como lo generacional, tampoco las diferencias políticas o estilísticas dominan el vínculo que trazo entre varios escritores. En mi libro, las poéticas de Lezama y Piñera, tan diferentes estéticamente, pueden reencontrarse si se las analiza a partir de la visión del mundo trágica que comparten; e incluso acercarse, si se valora el aliento utópico moderno que las anima, a la creación de Alejo Carpentier. Asimismo, mi perspectiva ética es responsable de que se reconozcan como igualmente ingrávidas las situaciones recreadas en los cuentos de Orlando Pardo, quien en blogs contestatarios critica abiertamente al gobierno castrista, tanto como las presentadas en las novelas de Wendy Guerra y Portela, que no han manifestado militancia cívica o política alguna. Finalmente, reconozco que al tomar el contexto existencial creado en Cuba tras el colapso del sistema soviético como punto central de mis investigaciones, he limitado mis lecturas a las obras concebidas dentro de esta situación, aun si sus autores han emigrado después, como ha sido el caso de Ponte y Estévez. Por esta misma razón, no son estudiados en *Utopía, distopía e ingravidez* los escritores contemporáneos de la diáspora cuyas obras no han sido producidas dentro del estado de incertidumbre postsoviética imperante en la isla.

Determinante entonces, la perspectiva ética abre con este libro un espacio diferente para la crítica últimamente enriquecida con numerosos estudios dedicados al análisis de la sociedad cubana actual. El presente interés por la situación en la isla va cargado muchas veces de perplejidad, profético aliento, nostalgia y curiosidad. Es además motivado por una sucesión de acontecimientos: al colapso de Europa del Este se han sumado la aguda crisis económica y política de la revolución, así como las transformaciones sociales suscitadas por la dolarización de la economía, la apertura a la inversión extranjera y el auge del turismo internacional en los noventa. Más recientemente, provocan conmoción y expectativas el creciente descenso del nivel de vida de la población, cierta relativa *desestatalización* económica, la reactivación de la represión política y el retiro de Fidel Castro tras casi medio siglo en el poder.

Se ha estudiado esta época, comúnmente conocida como Período Especial en Tiempos de Paz, desde perspectivas económicas, histórico-políticas, sociales y culturales, o bien focalizando ciertos aspectos de la producción cultural como el cine, la música y las artes plásticas. En cuanto al análisis literario, hay que destacar el volumen de Jorge Fornet dedicado a la nueva narrativa latinoamericana, el libro de Esther Whitfield acerca del impacto de la economía trasnacional en la ficción cubana actual y el trabajo conducido por James Buckwalter-Arias sobre la presencia del grupo Orígenes en la literatura postsoviética. Por su parte, José Quiroga retomó aspectos de la creación literaria de los noventa en *Cuban Palimpsets*, obra en que se navega por los usos de la memoria y la memorialización. Ana Martín Sevillano *mapearía* la situación ideológica, políticas editoriales y tendencias estéticas durante los ochenta y noventa en *Sociedad civil y arte en Cuba*. Mi trabajo se acerca también a estudios culturales desarrollados desde fines de los años ochenta por autores cubanos como Víctor Fowler, Margarita Mateo Palmer, Desidero Navarro, Rafael Rojas e Iván de la Nuez. Estos intelectuales se expresan desde diversas posiciones: Rojas y de la Nuez emigraron hacia México y España en los noventa, mientras Fowler, Navarro y Mateo han mantenido un agudo discurso crítico desde la isla. En conjunto, sus obras configuran un fuerte cuestionamiento alrededor de la nacionalidad, su simbolismo y construcción, el poder, la memoria y el olvido en épocas de auge y decadencia del socialismo en Cuba. En esta órbita de estudios culturales cubanos se ubica *Utopía, distopía e ingravidez*.

Al adoptar una perspectiva ética propongo, como ya he reconocido, examinar el hecho literario dentro de la experiencia cosmológica; a un tiempo que se considera la vida postsoviética insular más allá —aunque no fuera— de sus condicionantes estrictamente políticas, económicas, sociales o ideológicas. No las evito, pero tampoco me detengo en ellas, pues prefiero explorar la situación existencial del cubano contemporáneo. La revolución deviene entonces proyecto escatológico humanístico, más que una mera construcción política e ideológica, como generalmente es interpretada en la literatura crítica sobre Cuba. Su dimensión político-ideológica no es en lo absoluto excluida, pero ha dejado aquí de determinar exclusivamente la apreciación del proyecto revolucionario en que se han formado varias generaciones de cubanos.

La cosmología de la revolución cubana

Más del setenta por ciento de la población actual en la isla —y constituye este un dato importante que explica mi elección de la sociedad actual como objeto de estudio— nació y se educó dentro de lo que llamo la *cosmología de la revolución cubana* ("Censo"). *Utopía, distopía e ingravidez* describe en la literatura postsoviética los avatares de esta cosmología, la cual define al conjunto de ideas y afectos condicionados por la experiencia revolucionaria, que aporta lógica al mundo en que viven los cubanos desde 1959, sustentando racional y emocionalmente su existencia. Adopto la noción de cosmología de la revolución cubana prestando especial atención a la emergencia, en "el fenómeno revolucionario", de "nuevas subjetividades" que, según Rafael Rojas, "al concurrir en la esfera pública, provocaron una politización de la cultura desde abajo" (*La máquina*, 82). La importancia del análisis de lo que llamo cosmología de la revolución cubana podría desprenderse también de las palabras de Rojas: "Es en la intersección de esas dos gravitaciones [la politización desde arriba y desde abajo] donde habría que encontrar el legado más vivo de la cultura cubana contemporánea" (Ibíd.).

Basada en una concepción épica de la existencia, moldeada por el ideal del sacrificio heroico, la resistencia y el enfrentamiento permanentes a enemigos externos e internos, la cosmología de la revolución cubana ha justificado la permanencia del sistema político en vigor, apelando a la liberación del pueblo. La revolución de la suerte se fundamenta en la razón pública —kantiana— y libertaria —arendtiana—. Es razón forjada y puesta en aras de la libertad, es decir, de la posibilidad ofrecida al pueblo de actuar y cambiar su sociedad. Esta libertad, que la revolución proclama haber ganado por y para el pueblo, es ideal absoluto de la modernidad. Enarbolando estas ideas libertarias, sus ideólogos han enfrentado las más contundentes críticas a la revolución como idea. Sus instituciones y acciones son vulnerables, toleran el cuestionamiento al que son a veces sometidas y hasta pueden ser modificadas —un día es ilegal la tenencia de divisas extranjeras y otro se las instituye en oficial moneda de cambio, un día se ensalzan generales y al siguiente se les fusila, entre otras veleidades—, pero el ideal consigue mantenerse en pie, desafiando el tiempo y los derrumbes políticos. La cosmología de la revolución ha determinado también el grado de pertenencia al proyecto político-ideológico prevaleciente en la isla y ha sido utilizada como catalizador oficial de la nacionalidad. A través de su estudio se desvelan continuidades y rupturas del imaginario revolucionario, existente como anhelo antes de 1959, dominante de la vida nacional hasta 1989 y cuestionado ya más abiertamente en la era postsoviética. Inquirir en el presente sin perder de vista los fundamentos ético-históricos del cubano es preocupación permanente en este libro.

La revolución en Cuba necesita ser estudiada desde una perspectiva que sobrepase el determinismo ideológico, comúnmente restringiendo su análisis al condicionamiento marxista. Propongo entonces la comprensión filosófica de las revoluciones desarrollada por Hannah Arendt. Sus teorías, al posibilitar el examen de la problemática existencial que sumerge al sujeto moderno revolucionario, son esenciales en mi investigación. El sujeto examinado en *On Revolution* no es solamente un ser histórico y político, es también estudiado bajo el lente ontológico, pues la filósofa alemana constantemente indaga por qué el ser humano moderno hace —o hacía— las revoluciones. El sujeto revolucionario constituye, para Arendt, un ser arrastrado por el carácter irresistible de la revolución, que es donde el hombre crea, violentamente, lo nuevo (37). Apoyo ofrecen también aquí las ideas de Foucault acerca del *êthos* moderno, pues ayudan a comprender las revoluciones como proyectos escatológicos de la modernidad. Si ser moderno representaba, según el Foucault de "Qu'est-ce que les Lumières?", adoptar una actitud consistente en aprehender lo heroico y la eternidad en el momento presente, si en un proyecto moderno no se ha de soportar la Historia como un fardo sino hacerla a la manera de los héroes tradicionales, resulta entonces comprensible que, cuando es imposible sostener esta actitud porque no quedan rastros ni de heroísmo ni de lo eterno en la realidad, no solamente se ha abandonado un momento histórico, político e ideológico sino también una posición ética determinada.

Se llega a la crisis de la negación anunciada por Badiou, quien ante el estado actual de la sociedad global prefiere aludir a la falla del socialismo, antes que a una crisis del capitalismo:

> Es la crisis de la idea de revolución. Pero detrás de la idea de revolución está la crisis de la idea de otro mundo, o de la posibilidad de [...] organizar de otra manera la sociedad [...] Es la crisis de la negación porque es una crisis de la concepción de la negación como algo creativo [...] si tenemos los medios de negar realmente el orden establecido —en el momento de este tipo de negación— entonces nacería un nuevo orden. Y la parte afirmativa o constructiva del proceso está incluida en la negación.
>
> So it is the crisis of the idea of revolution. But behind the idea of revolution is the crisis of the idea of another world, of the possibility of [...] another organization of society [...] it is a crisis of negation because it is a crisis of a conception of negation which was a creative one [...] if we have the means to really negate the established order —in the moment of that sort of negation— there is the birth of the new order. And so the affirmative part or the constructive part of the process is included in negation ("The Crisis", 234).

El impacto ético de esta imposibilidad de negar lo presente y de imaginar su sustitución por una sociedad mejor es descrito por el filósofo chileno Martin Hopenhayn: "Abandonar la imagen de la revolución posible es [...] una peculiar manera de morir" (18-19). La comprensión de esta "muerte" provocada por el desmoronamiento de la cosmología de la revolución es esencial para el análisis de la expresión postsoviética en Cuba. Supone la pérdida de los ideales de redención y síntesis, cuando la vida es despojada de su tradicional heroísmo. No se está diciendo con esto que la existencia contemporánea esté desprovista de acontecimientos, que siguen produciéndose con su rutinaria puntualidad. Se trata más bien, como señalara Jean Baudrillard en *La ilusión del fin* o *La huelga de los acontecimientos,* de que la Historia y sus acontecimientos han dejado de "emocionar" al hombre y la mujer contemporáneos: "En estos momentos, los acontecimientos políticos ya no poseen suficiente energía autónoma para conmovernos y por lo tanto se desarrollan como en una película muda de la que colectivamente somos irresponsables. La historia ya no llega a sobrepasarse a sí misma, ni a contemplar su propia finalidad" (15). Los propios fundamentos existenciales son amenazados. ¿Qué se es como ser humano si la actividad social es incontrolable? ¿De qué sirve el hoy si ni siquiera se presiente hacia cuál mañana se quiere ir, porque la Historia se ha convertido en un misterio y el presente es mera simulación? Las escaleras tendidas hacia el Progreso han sido retiradas. Los caminos se borraron bajo el polvo de la Historia en derrumbe. La escatología moderna se desvanece. La fe parece imposible en estos tiempos.

Incertidumbre y angustia existencial

Ya en mi artículo "La incertidumbre resplandeciente" (2002) hacía de la incertidumbre la característica común dentro de la narrativa escrita en la isla después de 1989. La incertidumbre constituye pues el factor distintivo de estos creadores para quienes todo se tornaría incierto: no sólo su propia existencia sino la de la nación, la revolución, el socialismo. Pero incertidumbre no es desencanto.

Revisando la reciente actividad crítica, se descubre como la idea del desencanto ha sido privilegiada al analizar la muy diversa producción literaria contemporánea. Todo quizás parte de la interesante y filial polémica levantada por Jorge Fornet al aseverar que los narradores cubanos llegaron "tarde al desencanto", pues ya existía una larga tradición de desencanto en la cultura occidental y, particularmente, en América Latina y Cuba (55). No coincidió en esto el padre del crítico, quien prefería utilizar el término *desencantamiento,* apuntando hacia la posibilidad de reconstruir la utopía aun en los sombríos tiempos del Período Especial. Desde el punto de vista de Ambrosio Fornet, el desencantamiento sería parte de una "crisis de desarrollo" ("La crítica bicéfala", 20). En su formulación no es concebible, por tanto, una interrupción del camino hacia el Progreso. Por eso mismo, la dependencia de la posición de Ambrosio Fornet del "discurso histórico, de un 'deber ser' ideológico" (sic) constituye uno de los elementos a partir de los cuales Waldo Pérez Cino continúa esta polémica. Defendiendo el ensayo de Jorge Fornet, Pérez Cino recalca el desplazamiento operado por Ambrosio, de la discusión literaria propuesta por el hijo hacia el condicionamiento ideológico que trae a la arena el padre (23). En este punto debe notarse que Ambrosio Fornet, desde su entrada en la polémica, prefiere el concepto de desencantamiento porque enfatiza según él lo racional, mientras considera que el desencanto alude a lo irracional, lo emocional. Años más tarde y lejos del contexto inicial de esta polémica, Marta Hernández-Salván retoma el tópico, disintiendo de Jorge Fornet en su afirmación de que el desencanto apareciese en la intelectualidad nacional tras la muerte de Ernesto Guevara en 1968. Hernández encuentra por su parte que "el desencanto postrevolucionario siempre ha existido porque las promesas de la revolución nunca se materializaron" (150). Atribuye entonces un intrínseco carácter melancólico al proyecto revolucionario, persiguiendo la huella de lo que llama "la melancolía del hombre nuevo" en la literatura contemporánea.

Insoslayables por ejemplo en la obra de Abilio Estévez, Leonardo Padura y Pedro Juan Gutiérrez, el desencanto o el desencantamiento, la melancolía y el sentimiento de desheredación son omnipresentes tras 1989. Desencanto de ideales en los que se forjaron, en los que creyeron y que fundamentaron su existencia hasta que el colapso del socialismo les confirió caducidad. Sin embargo, en mi opinión, no son estos términos aplicables a la totalidad de la producción narrativa postsoviética, pues no permiten aprehender la obra que se desentiende de estos estados existenciales. ¿Qué hacer entonces con la creación, por ejemplo, de Ena Lucía Portela, en modo alguno desilusionada con la realidad, pero que tampoco la celebra; y es además carente de "nostalgia regresiva por la magnificencia pre-Castrista" (Loss, 258)? En los personajes de Portela, ilustrativos de una pléyade de seres que pueblan la literatura cubana actual, encontramos sujetos que no se han desencantado porque nunca han tenido ilusiones. Si, parafraseando a medias a Jorge Fornet, a algo han llegado tarde, ha sido al encanto. Y tal vez por ello mismo participan, al contrario, de ese "reencantamiento" con el mundo, que según Zygmunt Bauman es posibilitado por la posmodernidad al darle nueva legitimidad a todo aquello que, bajo la mirada moderna, es considerado como irracional, caótico, incomprensible (*Ética*, 41-42).

Los protagonistas de Portela y otros narradores, como Wendy Guerra, Orlando Pardo, Yohamna Depestre, Pedro de Jesús y Gerardo Fernández Fe, están abandonados a la casualidad. Ni diseñan un futuro mejor ni recuerdan añorantes el pasado.[8] Nacidos en los años setenta, estos escritores fueron formados bajo la cosmología de la revolución. No llegaron, sin embargo, a conocer sus momentos de exaltado heroísmo prevalecientes en los años sesenta y setenta. Esta época estuvo marcada por hechos contundentes como la invasión de Playa Girón, la Crisis de los Misiles, la muerte de Ernesto Guevara en Bolivia, el apoyo militar cubano al gobierno de Maurice Bishop en Granada, el triunfo de la revolución nicaragüense, la presidencia y el asesinato de Salvador Allende en Chile, y las contiendas bélicas en África, donde participaron y murieron miles de cubanos. Para los jóvenes nacidos en los setenta tanto *epos* libertario forma parte de una Historia que ni entienden ni sienten que les pertenece a cabalidad. Del proyecto revolucionario les tocó en suerte experimentar sus etapas burocráticas, ante las que aprendieron desde muy temprano a blandir el cinismo y la incredulidad.

Entonces ¿qué puede resultar común a escritores como Portela y Padura, Abel Prieto y Orlando Pardo, Estévez y Pedro Juan Gutiérrez, Yohamna Depestre y Antonio José Ponte? Es la incertidumbre subyacente a los mundos en los que ha ocurrido su existencia postsoviética en la isla y a los cuales han dado respuesta a través de la creación literaria. Han confrontado todos la crisis ética que Bauman atribuye al sujeto posmoderno, quien vive expuesto, vertiginosamente, a una infinitud de fenómenos inexplicables y a otros sujetos ante quienes carece de normas éticas que regulen la interacción social. Está desprovisto, cuando en la opinión de Bauman son más necesarios, de los instrumentos morales que le permitirían mantener un equilibrio con las situaciones altamente caóticas de la actualidad (*Ética*, 23). El sociólogo polaco endosa en este punto las posiciones de Hans Jonas, quien

---

[8] La postura "disidente" de Orlando Pardo Lazo se centra en la crítica que desde Cuba hace al régimen castrista a través de diferentes blogs, pero no me parece que haya formulado un proyecto social, cívico o político para el futuro de la nación.

aseguraba que "nunca hubo tanto poder aunado a tan poca guía para usarlo [...] Tenemos la mayor necesidad de sabiduría cuando menos creemos en ella" (25). La referencia que Bauman hace a la incertidumbre que amenaza al sujeto contemporáneo —quien ahora sospecha la escasa pertinencia de la moral tradicional— es de importante utilidad teórica en mi estudio. Sin embargo, en el caso cubano más que en un exceso de poder, convendría pensar en su ausencia para el ciudadano común. Mientras los avances tecnológicos han acrecentado, globalmente, el poder de ciertos sectores sociales, no ocurre lo mismo en la isla. Abocados en la construcción de una sociedad mejor, hasta 1989 la mayoría de los cubanos confiaban en que tenían la capacidad de actuar sobre su mundo y cambiarlo. Esta certeza desaparece cuando en la era postsoviética descubren que ni su presente ni su futuro están en sus manos.

Todos los escritores incluidos en *Utopía, distopía e ingravidez* han experimentado la amenaza de la angustia alimentada por el futuro incierto y la desconfianza en la Historia y las ideologías. La angustia existencial, que aquí se concibe a través de las teorías de Søren Kierkegaard en *El concepto de la angustia* y *Tratado de la desesperación*, estaría pautada, para los narradores cubanos, por su condición de sujetos herederos y actores de una sociedad que supuestamente debían perfeccionar y cuyos modelos de repente desaparecen. La razón de existir se tambalea con esta desaparición. Sin embargo, ellos continúan existiendo como seres humanos y a esta existencia ha de hallársele alguna solución hermenéutica. Mientras no la encuentren, la angustia les acucia. Les domina ese vértigo que según Kierkegaard irrumpe cuando la mirada se deja llevar hacia el abismo de la interrogación existencial (*El concepto*, 65). Contra la angustia provocada por la incertidumbre, se recuperan las utopías modernas que les permiten soñar, a la manera de los personajes de Paz, Padura, Estévez o Prieto. O bien se escapan cuesta abajo en la desesperación existencial, como lo muestra la caída del protagonista de Pedro Juan Gutiérrez. La anulación de los modelos orientados hacia el Progreso moderno domina su vida, insertada en un proceso de destrucción permanente. Como también describe Kierkegaard, tal descreimiento es un sufrimiento para el ser absurdo porque éste sabe que existe otro mundo, el de los que creen que se puede mejorar la sociedad. Allí estuvieron los personajes absurdos alguna vez, mas se les ha expulsado de allí o lo han abandonado, al no creer en la existencia de mundos mejores. Pero hay otros seres que, a diferencia de los absurdos, siempre han sido incrédulos. Estos últimos (los personajes de Portela, Fernández Fe, Guerra, Pardo, Depestre y De Jesús) se mantienen en un estado de suspensión garantizado por el hecho de nunca haber abrazado realmente alguna fe. Flotan, sin tomar ninguna dirección: sea hacia el futuro, el pasado, el progreso o el subdesarrollo.

Para estudiar todos estos estados atravesados por la angustia existencial utilizo la "anti-filosofía" que el pensamiento de Kierkegaard representa en la opinión de Alain Badiou (*Logiques*, 447). Esto me permite analizar al sujeto cubano contemporáneo no a través de verdades absolutas —"filosóficas", diría Badiou— y que son contempladas, sino a través del desafío que al menos en las culturas occidentales el hecho de existir lanza a cada ser humano. Reconozco, con Badiou, que con sus teorías en torno a la alternativa o la elección absoluta —que en mi libro se cierra con la pregunta sobre si se debe o no mantener la fe— y la angustia que sobreviene ante la alternativa, Kierkegaard diseñó lógicas a través de las cuales acercarse a la multiplicidad de la existencia humana. (*Logiques*, 448). Y es así como se estudia en *Utopía, distopía e ingravidez* el sujeto cubano contemporáneo: en su viva multiplicidad.

También, al tomar como punto de partida analítico la incertidumbre existencial abierta tras el colapso del sistema socialista, se pueden comprender mejor, desde una perspectiva ética, los parentescos que la narrativa contemporánea cubana traza con sus escritores canónicos, especialmente José Lezama Lima y Virgilio Piñera, o Reinaldo Arenas. Ya en *Ella escribía poscrítica* Margarita Mateo propuso leer a estos autores como "ilustres antecedentes" de lo que ella considera la literatura posmoderna cubana (118-162). La genealogía dibujada en su estudio es predominantemente estilística. Mientras, mi lectura ética persigue las relaciones entre los unos y los otros a través de las maneras en que es abordada la problemática existencial, específicamente la posición que se adopta ante la angustia provocada por la incertidumbre. Esta perspectiva permite además reconocer que el tan polémico desencanto no es en modo alguno un fenómeno reciente en las letras cubanas, pues quienes en la era postsoviética lo recrean se han presentado a sí mismos, en muchas ocasiones, como herederos de una tradición de desencantados con la historia, la nación y la política cubanas. Ahí están, por ejemplo, las novelas *Máscaras* y *Tuyo es el reino*, en cuyas páginas Leonardo Padura y Abilio Estévez respectivamente rinden homenaje a Virgilio Piñera, así como *El vuelo del gato* y "El lobo, el bosque y el hombre nuevo", donde Abel E. Prieto y Senel Paz hacen explícita una intensa relación con la obra de José Lezama Lima.

Isla de corcho

Una isla a la deriva es la imagen que mejor describe el estado que se abre en Cuba tras el derribo del Muro de Berlín. Insisto, derribo. Suele leerse "caída" del Muro de Berlín, como si se tratara de accidentes sísmicos o meteorológicos; pero el Muro y el sistema que simbolizaba fueron tumbados por pueblos —y no sólo el alemán— desesperados bajo el peso de décadas de mal ejercicio del socialismo. Con su desmantelamiento se llegó a creer que desaparecía también, al menos simbólicamente, la división entre capitalismo y socialismo, se pretendió alcanzar el fin de la Guerra Fría... e incluso el deceso de las ideologías. En Cuba, la crisis de 1989 constituye igualmente el resultado del agotamiento de un sistema y del cansancio de sus sujetos. La revolución cubana había pasado de ser la fuerza que derribó un mundo viejo y obsoleto con la intención de crear una sociedad más justa, que la mayoría de los cubanos respaldaba,[9] a convertirse en un sistema burocrático e inerte que en general mantiene una peligrosa incoherencia entre sus actos y preceptos.

¿Cómo se llegó a este estado? Esos postsoviéticos noventa no surgen de la nada. En los ochenta el régimen revolucionario estaba perfectamente instalado y el marxismo-leninismo era la única ideología imperante: los sesenta y setenta habían servido para reafirmar la política del gobierno.[10] Las pautas de la vida intelectual y cultural habían sido esti-

---

[9] Esta frase de Fidel Castro en 1959 expresa el carácter original de la revolución: "¡Nuestra revolución no es capitalista ni comunista! [...] A nosotros, que somos adeptos de una teoría humanista, nos importa sólo el pueblo y movilizamos todas nuestras energías en provecho de la mayoría. Queremos liberar al hombre de cualquier dogma [...] Nuestra revolución no es roja, sino verde oliva. Lleva los colores del ejército rebelde de Sierra Maestra" ("Guía", 48).

[10] Son útiles para comprender las intersecciones de las dinámicas políticas, culturales e ideológicas de la revolución cubana, entre otros libros, *Los juegos de la escritura*, de Alberto Abreu, *Fulguración del espacio*, de Juan Carlos Quintero Herencia, y *Transgression and Conformity*, de Linda S. Howe.

puladas y puestas en práctica en varias ocasiones: en 1961 desaparecía el periódico *Lunes de Revolución,* promotor de múltiples visiones radicales, Fidel Castro pronuncia las *Palabras a los intelectuales*[11] y la Unión de Escritores y Artistas de Cuba (UNEAC) es fundada bajo la dirección del poeta comunista Nicolás Guillén. Prosiguen las controversias y los debates acerca del arte y el creador revolucionarios y la institucionalización de la producción cultural se acelera. Primarán los métodos soviéticos. Numerosos artistas e intelectuales sufrirían amargas experiencias recluidos en los campos de reeducación conocidos como Unidades Militares de Ayuda a la Producción (UMAP); y núcleos literarios como El Puente o publicaciones como *Pensamiento crítico,* a través de los cuales era posible diversificar el pensamiento nacional, serían condenados a la desaparición. En 1965, Ernesto Guevara había retratado en "El socialismo y el hombre en Cuba" la imagen del Hombre Nuevo. También se refería allí al "pecado original" de los intelectuales de aquella época, quienes según él no podrían convertirse jamás en revolucionarios cabales pues habría que esperar la creación del nuevo intelectual dentro de la revolución. Finalmente, el Caso Padilla[12] y el primer congreso nacional de Educación y Cultura, celebrado en 1971, barren toda duda acerca de la rigurosa política cultural cubana. La declaración final de este congreso detalla el rol del intelectual en la sociedad revolucionaria. Estipula por ejemplo que el apoliticismo constituye una posición vergonzosa y reaccionaria, que la prostitución es una actividad delictiva y la homosexualidad, una postura antisocial ("Declaración", 10-16). Se abre la época gris, que Ambrosio Fornet limitó a un quinquenio y otros críticos, como Salvador Redonet, extendieron hasta 1982.[13] La

---

[11] Es en este discurso célebre la frase que no cesa de ser interpretada como primera enunciación pública de la política cultural de la revolución cubana: "¿Cuáles son los derechos de los escritores y artistas revolucionarios o no revolucionarios? Dentro de la revolución todo; contra la revolución, ningún derecho" (11).

[12] El Caso Padilla alcanza su clímax en 1971, cuando el poeta Heberto Padilla es encarcelado y torturado, acusado de conspirar contra la seguridad del Estado. Liberado, se le obliga a hacer una autocrítica pública, con sabor estalinista, donde reconoce sus presuntos errores políticos y la falta de valor artístico de su obra, mientras denuncia la supuesta actitud contrarrevolucionaria de muchos intelectuales prestigiosos.

[13] La denominación propuesta por Fornet en 1987 no deja de incentivar debates entre los intelectuales cubanos. En el 2007, resurge la polémica y el "Período Gris" llega en el entender de muchos hasta la actualidad. Sobre la discusión del término propuesta por Redonet Cook, véase "Para ser lo más breve posible", 11. Los debates actuales

censura y la autocensura forjan la espada de Damocles constante sobre la vida cultural del país; y numerosos creadores, entre los cuales se hallaban poderosas figuras de la literatura latinoamericana como Lezama Lima o Piñera, son relegados a un estado de casi-inexistencia que el escritor Antón Arrufat ha descrito con tino:

> La burocracia de la década nos [...] impuso que muriéramos como escritores y continuáramos viviendo como disciplinados ciudadanos [...] Nuestros nombres dejaron de pronunciarse en conferencias y clases universitarias, se borraron de las antologías y de las historias de la literatura cubana compuestas en esa época funesta. No sólo estábamos muertos en vida: parecíamos no haber nacido ni escrito nunca. Las nuevas generaciones crecieron en el desprecio a cuanto habíamos hecho o en su ignorancia (29).

La frustración se abrió paso sin mucha dificultad entre los cubanos, que descubrieron como el proyecto revolucionario en un principio tan esperanzador se iba pervirtiendo. Para algunos migrar deviene alternativa seductora que la apertura del Puerto del Mariel, en 1980, convierte en realidad. 125 000 cubanos abandonan entonces la isla hacia los Estados Unidos, poniendo al descubierto el descontento que comenzaba a ganar la sociedad cubana, sobre todo en sus grupos marginados. También, la creación en los ochenta manifiesta una gran sed de cambio social. Desiderio Navarro recalcaba que las voces críticas escuchadas entonces vienen de jóvenes nacidos y formados dentro de la revolución, quienes promovieron la creación de nuevos espacios de exhibición, publicación, lectura y discusión, donde encontró lugar "la intervención espontánea no revisada, autorizada y programada" por las autoridades (15). La relativa prosperidad económica de los ochenta en Cuba favorece la aceleración del movimiento cultural y la producción editorial se incrementa. Algunos títulos, que no se ajustaban completamente a los parámetros ideológicos y estéticos del régimen o que revelaban aspectos escondidos de la sociedad revolucionaria, provocarían cierta conmoción. Se trata de obras que relataban historias despegadas de la tradicional épica de la revolución cubana o alejadas

---

están recogidos en el ciclo de conferencias "La política cultural del período revolucionario: memoria y reflexión".

de la manera "violenta" o realista que hasta entonces había sido considerada como la única estética revolucionaria posible. En la narrativa pueden citarse, por ejemplo, *Un rey en el jardín* (1983) de Senel Paz, *Las iniciales de la tierra* (1987) de Jesús Díaz y *Fiebre de caballos* (1988) de Leonardo Padura. Las particularidades de esta nueva escritura han quedado admirablemente resumidas por Victor Fowler, para quien los jóvenes escritores de los ochenta se aliaron

> en una confluencia que nacía del deseo de encontrar la verdad, de analizar a los individuos en los estados límite porque allí se revelarían en lo que realmente son, de la persecución de estrategias de lenguaje que reprodujesen las vivencias íntimas, del colocar en primer plano de la literatura las experiencias de un sentir privado opuesto a la coherencia de la esfera pública. No era la intención desterrar del texto el tratamiento de los problemas sociales, sino evitar que lo individual subjetivo quedase diluido dentro del reflejo de las grandes situaciones de la época (*Historias*, 222-223).

Paralelamente, surgen proyectos alternativos que Rafael Rojas ha llamado "intentos de autonomía de la sociabilidad intelectual" (*Tumbas*, 451), tales como Diáspor(a)s, El Establo y PAIDEIA. Esta irrupción no constituye un fenómeno aislado. Se corresponde con posturas asumidas por numerosos jóvenes plásticos, entre quienes se destacan los miembros de los grupos PURE y ARTECALLE, quienes adoptan actitudes definitivamente provocadoras, cuestionando el poder implícita o explícitamente.[14] En la producción cinematográfica se va del "cine imperfecto" defendido en 1967 por el realizador Julio García Espinosa, hacia el "cine incómodo" postulado por Orlando Rojas en los ochenta.[15] Se trata, en estos tiempos, de acercarse a la vida detrás de

---

[14] Para un detallado acercamiento al carácter contestatario en la producción plástica cubana en los ochenta, véase fundamentalmente Martín, Menéndez y Mosquera.

[15] De un cine que "halla un nuevo destinatario en los que luchan" y encuentra su temática en los problemas de las masas trabajadoras y combativas, en esencial controversia con las prácticas discursivas y estéticas de Hollywood (García Espinosa, 26), se pasa a producciones más despegadas del contrapunteo con el cine comercial, que reivindican la importancia de reflejar la problemática existencial del cubano contemporáneo con el objetivo de reconectar lo privado con lo político. Las nuevas películas abandonan el discurso ideológico prefabricado y ofrecen otras perspectivas, como *Papeles secundarios* (Orlando Rojas, 1989) y *Alicia en el pueblo de las maravillas* (Daniel Díaz Torres, 1991).

las tribunas y las pancartas, pero todavía conectada a ellas. Se reconoce la soledad, la derrota, y se exploran los vericuetos de la interioridad humana. Igualmente, la muy revolucionaria Nueva Trova, en boga en los sesenta y setenta, conoce una revitalización crítica a través de cantautores como Gerardo Alfonso, Frank Delgado y Carlos Varela, entre otros.[16]

Insatisfechos por su escasa participación en la toma de decisiones dentro de la sociedad cubana, la exploración teórica sobre formas diferentes de poder social predominó en muchas acciones críticas emprendidas por los jóvenes hacia fines de los ochenta. En tal sentido fue notable el trabajo del colectivo PAIDEIA entre 1989 y 1990. Fue concebido como "Proyecto de Acción Integral para el Desarrollo de Experiencias de Intercambio Artístico" por un grupo de jóvenes intelectuales —entre quienes figuraban los escritores Reina María Rodríguez, Víctor Fowler, Antonio José Ponte, Marilyn Bobes, Ernesto Hernández Busto, Rafael Rojas, Iván de la Nuez y Jorge Ferrer—. El proyecto, como alude su nombre helenístico *paideia,* se fundamentaba en la creencia de la posibilidad de tejer lo político a partir de lo cultural y recuperaba, según Rojas, el ideal griego de cultura (176). Fue, a la vez que espacio alternativo para la difusión de la creación no respaldada por instituciones estatales, un nicho bullente de ideas sobre la posmodernidad. Adoptaron a Foucault como "filósofo ejemplar", en palabras de Hernández Busto. Éste justifica tal "popularidad" por el tratamiento que Foucault había dado a lo que el exmiembro de PAIDEIA considera la principal preocupación de aquella generación de intelectuales emergentes: "El tema del poder y de sus relaciones con el Estado, por un lado, y con el saber, por otro. Sus tesis eran la coartada perfecta para un malestar político que desbordaba los límites epistemológicos de la filosofía del compromiso, ese omnipresente *engagement* que durante décadas había sido el 'enfoque oficial' de las relaciones entre los intelectuales y el Estado" (37). Sin embargo, tan

---

[16] De Carlos Varela es la composición "Guillermo Tell", que en 1989 irrumpió como una insólita contestación al totalitarismo cubano y ha servido para denominar una generación como "Los hijos de Guillermo Tell". Denuncia "la insatisfacción de los jóvenes veinteañeros de entonces en relación con las posibilidades de participación con que contaban en diferentes esferas de la vida social, en particular en las referidas a la toma de decisiones", como ha destacado Borges-Triana (43).

prometedora búsqueda se difuminó en el tiempo y el espacio de la revolución cubana. Como el propio Hernández Busto reconoce, la idea foucaultiana de que "el poder no se posee sino que se ejerce, sin dejar de tener un gran atractivo intelectual, podía hacernos olvidar que en Cuba el poder político llevaba más de treinta años en las mismas manos" (38). Los jóvenes de PAIDEIA ofrecían, acierta en expresar Jorge Ferrer, buenas respuestas "a las preguntas que nos hacían los tiempos, si éstos nos las hubieran planteado de veras. Pero nadie preguntaba, y los afanes de aquel pelotón [...] no pasaron de ser una escaramuza, a la postre insignificante" ("Una escaramuza").

Conviene considerar los proyectos y manifestaciones críticas de los ochenta en sintonía con la *perestroika* y la *glasnost* soviéticos, como propone Rafael Rojas, y también en la cercanía del llamado "Proceso de rectificación de errores y tendencias negativas". Lanzado en 1986, con esta iniciativa el Partido Comunista cubano pretendía resolver los problemas provocados por la agravación de las desigualdades socioeconómicas, de la corrupción administrativa, la burocracia, el despilfarro y la gestión ineficaz de la economía y la producción. Veinticinco años después de haber declarado el carácter socialista de la revolución, Fidel Castro imponía el eslogan "Ahora sí que vamos a construir el socialismo", para apoyar el proceso de rectificación. Sin embargo, poco después, en agosto de 1990, ha de cambiar de política y proclamar oficialmente la apertura de los peores tiempos que atravesaría la sociedad cubana después de 1959, la crisis que bautizaría "Período Especial en Tiempos de paz" y que significaba básicamente la penuria total y la introducción de importantes restricciones económicas: racionamiento riguroso, cortes eléctricos, refuerzo del trabajo voluntario en la agricultura... Éstos fueron los primeros efectos que en Cuba tuvo el derrumbamiento del Muro de Berlín, cuando los antiguos países "hermanos" decidieron ignorar sus compromisos económicos con la isla. Pero 1989 es además cuando estalla el tristemente célebre Caso Ochoa, resquebrajando la imagen hasta entonces intacta de los militares cubanos. El general más condecorado de la era revolucionaria, Arnaldo Ochoa, el ministro del Interior, José Abrantes, y otros miembros del alto mando militar durante la guerra en Angola son acusados de corrupción, traición, abuso de poder y tráfico de marfil y drogas en África y América Latina. Algunos inculpados son fusilados tras un proceso cuya legitimidad es aún discutida. También en este año se produce el retorno de las tropas cubanas en Angola, marcando el fin de catorce años de presencia militar en el país africano. Y por regresar, regresan también —como visitantes— muchos de aquellos "marielitos" que en 1980 abandonaran la isla por el Puerto del Mariel bajo una lluvia de piedras, huevos y rumbas insultantes. Aquellos cuyo nombre fue preciso en algún momento olvidar vuelven en los noventa a un país empobrecido que prefiere continuar olvidando y borrar de la memoria que se les expulsó con rabia para recibirles ahora, brazos abiertos y bolsillos vacíos. La expresión *gusanos* con la que se les llamaba desaparece de la prensa nacional y el nuevo lenguaje políticamente correcto impone el término *diáspora cubana*.

Es cierto que las identidades política, ideológica, económica y nacional tradicionales ya se desdibujaban antes de que fuese derribado el Muro de Berlín. Sin embargo, sólo entonces comienza la verdadera deriva: Cuba ha de reconocerse de repente sin sostén económico cuando los antiguos países socialistas interrumpen el trato preferencial que mantenían en sus convenios con la isla. A partir de enero de 1989, éstos se realizan en las mismas condiciones y precios que en el mercado internacional. Se estima que entre 1989 y 1993 el PIB se redujo en una tercera parte (Domínguez, 19-20). Al desarticularse el Consejo de Ayuda Mutua Económica (CAME) entre los países socialistas, Cuba queda desprovista de la estabilidad que había caracterizado la situación económica durante los años setenta y ochenta. En los tiempos postsoviéticos la isla quedará sujeta a los vaivenes del mercado mundial, de los que hasta entonces había permanecido resguardada. También, la actual inseguridad es provocada por la casi absoluta dependencia de un fluctuante turismo internacional y de las remesas enviadas por los emigrados cubanos. Aunque resulte difícil establecer con precisión el peso que en la economía interna cubana ha alcanzado este aporte financiero, Pedro Monreal consideraba que en 1996 el flujo de remesas equivalía al 27% de las exportaciones cubanas (50). De repente, los cubanos se ven confrontados a nuevas formas de producción y socialización. La legalización del dólar estadounidense, el auge del turismo y la penuria nacional vienen acompañados del incremento de la prostitución, el tráfico de drogas y la delincuencia, entre otros fenómenos que se pretendía erradicados desde los primeros años de la revolución. Ahora los cubanos, según Jorge Luis Acanda, se iniciaban en una nueva secularización:

Ha sido época de desatanización y de desacralización. Desatanizamos el dólar, al exilio, a la religión y al pasado. Desacralizamos a todos aquellos productos culturales abarcados por ese complejo ideológico que podemos denominar como lo soviético, desde el realismo socialista y los muñequitos rusos hasta la calidad de la tecnología made in URSS y la pretendida omnisapiencia de los líderes del PCUS. Pudimos quitarnos de encima el pesado fardo del fatalismo del dogma de la irreversibilidad del socialismo y comprender que no teníamos ningún contrato con la Historia, y que todo dependía de nosotros (60).

Ante esta situación de pérdida de los fundamentos y referentes sociales, los hombres y mujeres de la isla han debido concentrar sus fuerzas en sobrevivir, no sólo económicamente —a través de la adquisición de cualquier tipo de divisas—, o políticamente —para muchos es esencial encontrar una respuesta a la contundente pregunta de Baudrillard: ¿a qué basurero tirar el marxismo que había precisamente inventado el basurero de la historia? (*La Ilusión*, 45)—, sino también éticamente. Se trata de entender situaciones completamente contradictorias. Capitalismo y socialismo son confrontados cotidianamente. Más expuestos que antes a la forma de vida en otros países, gracias al incremento del turismo y del flujo migratorio, la crisis económica ha inducido, como bien señala Susan Eckstein, importantes cambios en los valores de la sociedad cubana. A través de la posesión de divisas legal o ilegalmente, los cubanos de la isla ya no están conminados a exiliarse para alcanzar cierto poder adquisitivo. Incluso el gobierno se ha integrado a estas nuevas dinámicas que relegan al pasado ciertos preceptos guevarianos esenciales a la cosmología de la revolución, tales como la obligación de trabajar por el bien social antes que por el bien personal. Actualmente el régimen "alienta tácitamente el consumerismo a través de reformas diseñadas para recuperar las divisas informalmente adquiridas por los cubanos". El mismo gobierno que antes de los noventa consideraba ilegal la tenencia de divisas extranjeras abre en la era postsoviética nuevas oportunidades (tiendas, servicios, recreación) para el consumo de todo aquel que posea divisas (Eckstein, 333-334).

Las desigualdades sociales, raciales, regionales se recrudecen y pierden, además, toda relación directa con el estatus educacional o laboral, para depender más bien del nivel de acceso del individuo a fuentes de divisas. Humildes trabajadores de la diáspora logran transferir más dinero a Cuba del que pueden ganar en la isla profesionales altamente calificados. La devaluación de otrora prestigiosas profesiones ha contribuido, en consecuencia, al aumento del desinterés por la educación superior entre los jóvenes (Eckstein, 341). Racialmente, la sociedad también conoce un ahondamiento de la fractura entre diferentes sectores. En su análisis sobre la situación presente de los negros en la isla, Alejandro de la Fuente (319-326) describe cómo la posesión de divisas, habiéndose convertido en determinante capital de la integración, ha provocado que queden económicamente marginados quienes no tienen medios de conseguirlas. Para la mayoría de la población negra cubana esto se torna difícil, al menos dentro de la legalidad. Son menos favorecidos que sus compatriotas blancos con el sistema de remesas —sólo entre el 5-10 % recibe remesas contra el 30 %-40 % de los cubanos blancos (Eckstein 342)—. Esto se explica porque entre los emigrados cubanos —sobre todo aquellos que gozan de una situación económica privilegiada— no predominan los negros.[17] Por otra parte, son también minoritarios y ocupan puestos de menor importancia en las empresas mixtas y extranjeras implantadas en Cuba. En consecuencia, a un considerable número de negros cubanos de esta manera marginados no les queda otra salida que buscar sustento a través del mercado negro, la delincuencia y la prostitución. Se asiste aquí a la puesta en movimiento de la conocida espiral que vincula la pobreza a la marginalidad y a la delincuencia. Tal realidad trae aparejada la exacerbación de los prejuicios raciales y la reactivación de la discusión en torno al negro dentro de la sociedad y la nación cubanas.

Entonces, durante la era postsoviética la moral tradicional cubana y la moral socialista ceden terreno ante los imperativos de la actualidad, signada por el individualismo y la necesidad de echar mano a todo tipo de recursos para conseguir el sustento diario. La realidad de los cubanos está desde los noventa plagada de fenómenos que para la mayoría de ellos, formados en la cosmología de la revolución, resultan

---

[17] En los Estados Unidos se concentra la mayoría de los exiliados cubanos. Las primeras olas migratorias de cubanos hacia este país, en los tempranos años sesenta, estaban conformadas mayoritariamente por individuos pertenecientes a las altas clases sociales. Son ellos quienes fundan el grupo de exiliados acomodados. Los cubanos de clase humilde y baja, donde había más negros, emigrarían a los Estados Unidos fundamentalmente a partir de los ochenta: son por lo general *marielitos* y *balseros*, y su situación económica no es casi nunca lo suficientemente holgada como para poder enviar grandes sumas de dinero a Cuba de manera regular.

inexplicables. Por eso se vuelve para muchos indispensable encontrar soluciones a la crisis ética que les ha alcanzado. Ante la desesperación, aquellos que no encuentran soluciones, sean de índole económica, ideológica o ética, han recurrido en la mayoría de las ocasiones al exilio. Los brotes contestatarios del verano de 1994 en La Habana, que culminaron con "Crisis de los balseros", ilustran el estado de desesperación de una buena parte de la población: 36 900 cubanos abandonaron la isla en todo tipo de embarcaciones —algunas extremadamente precarias— en un éxodo desordenado y muchas veces suicida. Otros estaban saliendo de Cuba mediante vías menos riesgosas y espectaculares: como emigrados de cualquier nación pobre, muchos cubanos utilizaron ofertas de trabajo o de estudios, agrupamiento familiar y matrimonios reales o ficticios. Existe ahora una nueva diáspora cubana, que en su totalidad no se puede describir, como en años anteriores, por su furibunda oposición al sistema político en la isla. El exilio se ha convertido, como reconoce Rafael Rojas, "en una práctica sostenida, [...] una condición de la cultura cubana a partir de 1959" (*Tumbas*, 24), dejando importantes secuelas en la organización y el funcionamiento familiar, laboral y social dentro de la isla. A la cultura producida fuera de la isla se le ha abierto un espacio dentro de la crítica institucional: las principales revistas abren sus páginas —selectivamente— a los creadores de la diáspora y han sido publicadas algunas antologías que retoman esta parte hasta entonces negada de la cultura nacional. Aunque, como reconoce Rojas, se trata de una cuidadosamente elegida "extremaunción nacionalista", que no incluye a todos los escritores del exilio.[18]

---

[18] Rojas resume estas estrategias: "Durante los años 60, 70 y 80, el gobierno de Fidel Castro honró a los intelectuales que murieron del lado revolucionario (Nicolás Guillén, Alejo Carpentier, Juan Marinello...) y denigró a los que desaparecieron en el exilio (Jorge Mañach, Lydia Cabrera...). En los 90, ese mismo gobierno comenzó a honrar a quienes habían muerto o morirían en la isla, aunque no propiamente del lado 'socialista': Fernando Ortiz, José Lezama Lima, Virgilio Piñera, Eliseo Diego, Dulce María Loynaz. En los últimos años, el mismo gobierno [...] ha intentado extender sus honras fúnebres [...] a algunos de los que han muerto fuera de la isla y desde posiciones críticas u opositoras al comunismo cubano: Gastón Baquero, Eugenio Florit, Severo Sarduy [...] Jorge Mañach, Lydia Cabrera". Rojas también reconoce que esta política reconciliadora sin embargo "choca con el rechazo visceral a reconocer el legado literario de opositores públicos [...] como Guillermo Cabrera Infante, Reinaldo Arenas, Heberto Padilla o Jesús Díaz" (*Tumbas*, 16).

Llegado el siglo XXI y tras más de dos décadas de haber sido derrumbado el Muro de Berlín, ¿por qué futuro apostar cuando, ya más recientemente, un enfermo Fidel Castro cede el poder que mantuvo desde 1959 a su hermano Raúl? El pilar simbólico de la revolución ha perdido su acostumbrado brío y se ha incrementado el desasosiego entre los cubanos. Es una situación presente de casi absoluto estancamiento. Un pantano aparentemente inmóvil. Al menos en la superficie, no sólo no se sabe qué rumbo tomará el país, sino qué está incluso ocurriendo en la realidad cotidiana. ¿Se está dirigiendo la nación o ya se la dejó a la deriva, con sus once millones de almas dentro? Habiendo disminuido la afluencia turística en los últimos tiempos y con una economía demasiado depauperada, tras más de cincuenta años de revolución y sobrepasadas dos décadas de era postsoviética, con el liderazgo revolucionario en crisis y la ideología socialista decididamente erosionada, ¿cómo convencerse de la pervivencia o llegada de algún sistema, cualquiera que este fuese, si la isla permanece flotando, como un corcho, en la incertidumbre y a oscuras?

¿Derivas cubanas?

La interpretación no esencialista del sujeto contemporáneo que sustenta el pensamiento de Alain Badiou posibilita la comprensión de la situación cubana actual fuera de la excepcionalidad a la que comúnmente se la restringe. Lejos de considerarla única, mi intención es demostrar que la vida insular puede ser estudiada en contextos más amplios que el propiciado por las inevitables particularidades nacionales, como el castrismo, el bloqueo estadounidense, la influencia soviética, o la relación entre cubanos de la isla y los cubanoamericanos. La cosmología de la revolución y las experiencias de los cubanos postsoviéticos deben ser consideradas dentro del espectro del "socialismo tardío" conceptualizado por Jameson, que es la propuesta de Ariana Hernández-Renguant al presentar su compendio sobre las dinámicas culturales durante el Período Especial (2). En mi libro, la Cuba de hoy aparece entonces debatiéndose en una difícil encrucijada, que es configurada por los llamados Segundo y Tercer Mundos. Se halla entre la experiencia socialista y la del subdesarrollo; entre la extinta constelación geopolítica de Europa Oriental y América Latina.

Me interesa particularmente colocar la producción literaria cubana en el contexto de la cultura del Segundo Mundo, que resalta, por ejemplo, en la descripción que hace Jorge Ferrer de su generación hacia la mitad de los años ochenta: "[A]quellos dorados años en que se bebía cognac de Armenia acompañado de minúsculas cebolletas envasadas en la Albania de Hoxha, [...] y se fabricaban en Pinar del Río teclados para las protocomputadoras socialistas llamadas a mecanografiar contundentes objeciones a Santa Fe II, vieron crecer a una generación de intelectuales alentados por aquella globalización controlada desde el rascacielos de la entonces avenida Kalinin" ("Una escaramuza"). El acercamiento a esta cultura posibilita el descubrimiento de una globalización paralela a la de los países capitalistas. Se puede también con estos análisis comprender cierta alteridad, que no es nacional sino determinada por la pertenencia al sistema socialista. Es una alteridad marcada por los modos de pensar diferentes, que se desarrollaron al vivir en sociedades no regidas por el mercado y el consumo capitalistas. Sólo por esta vía se logra medir cabalmente el desconcierto que embargara a muchos cubanos tras 1989.

Iván de la Nuez, en su libro *El mapa de sal: un postcomunista en el paisaje global,* define estos tiempos como "la cruzada de la sal en la intemperie" (100) y describe el mundo resultante del descalabro socialista en Europa del Este como un espacio rebosante de posibilidades contradictorias. La presunta libertad de la democracia neoliberal deviene súbitamente disponible al sujeto socialista. Mas lo cierto es que tampoco del otro lado del Muro de Berlín y de la ideología comunista se encontrarían las verdades necesarias para forjar una base sólida sobre la cual levantar la existencia en este nuevo contexto. Puede asociarse esta situación con la imagen, la Historia y el proceso urbanístico de Potsdamer Platz. Cuando echaron abajo el Muro, es la planicie de Potsdamer Platz lo que de repente se abrió ante los ojos desorientados del berlinés de la antigua República Democrática Alemana (RDA). Potsdamer Platz, corazón de la vida capitalina en tiempos imperiales, emplazamiento del búnker de Hitler y en plena Guerra Fría yermo circundado por las barreras del Muro, es un perfecto vacío en el que todavía y desde siempre se escribe, borra y reescribe la historia de Berlín. "Un enorme cráter en *Berlin Mitte,* en el centro de Berlín, sobre el vacío", según Andrea Huyssen (199). Entre 1989 y 1998 Potsdamer Platz fue un no-lugar: "[C]asi siete hectáreas de terrenos baldíos [...], un ancho corredor de arena, pasto y restos de pavimento antiguo" (Huyssen, 200). Arena y piedra esperando por una arquitectura posmoderna que habría de desarrollar el "centro perdido".[19]

Potsdamer Platz pretendía emerger del pasado mientras lo evitaba. Utopía posmoderna: dinamitar las bases e inventarse otras nuevas. Reducir la piedra al polvo fácilmente dispersable, que en apariencia desaparece y se olvida, como si las ruinas del pasado, esa historia, nunca hubiesen existido. Las reminiscencias: el trozo de Muro exhibido en un "inocente" remanso urbano-pastoril-museológico en pleno Manhattan[20], como trofeo de guerra. ¿Hubo guerra? Potsdamer Platz es hoy una escena flotante a la que *malls* instalados en torres de arquitectura posmoderna ofrecen nueva identidad. Ya desde 1995 lo predijo tristemente Huyssen: Berlín sería imagen en el vacío.[21] Por eso puede considerarse Potsdamer Platz como imagen cabal de esa obstinada voluntad por devenir en el vacío. Imagen de una fábula *ad libitum* en la que insistentemente se cuenta cómo pasar sobre la Historia, como destruirla, olvidarla y luego, continuar...

Continuar ha sido también una cuestión esencial para el cubano contemporáneo. Y no se trata de la resistencia propuesta oficialmente en lemas como "Socialismo o Muerte" y otras exhortaciones trasnochadas. En *Utopía, distopía e ingravidez*, esta continuidad es de esencia ética. Los cubanos persisten en continuar siendo, a pesar del vacío y la dispersión.

---

[19] Durante nueve años, Potsdamer Platz permaneció como un *no-man's land* que los berlineses bautizarían como su "pradera de la historia" (Huyssen, 200), pues allí yacía la historia de la nación alemana. No era sólo el terror del Muro en sí, sino el de su erección: el del fascismo y el comunismo, pues como reconoce Charity Scribner muchos alemanes aceptaron la división acordada tras los tratados de Londres y París en 1954 y 1955 como un castigo por los crímenes cometidos durante el nazismo (33).

[20] Fragmento del Muro de Berlín "transplantado" en 53rd St., entre Fifth y Madison Avenues, Midtown Manhattan, New York.

[21] "[U]na campaña publicitaria en 1996 [...] cubrió las paredes de los subterráneos y de la ciudad con afiches que rezaban: *Berlin Wird*, 'Berlín será'. Será qué, se preguntará el lector molesto con el agujero de esa formulación elíptica [...] Lo que está en juego no es la ciudad como texto codificado de manera heterogénea que se llena de vida gracias a la praxis cotidiana de sus habitantes. Se trata más bien de la ciudad como imagen y como diseño en aras de la autorrepresentación del poder y del lucro [...] en lugar de vacío nos encontramos con imagen y puesta en escena, imágenes en el vacío —Berlín será—. Berlín será imagen" (Huyssen 207-208).

Siguiendo con el análisis de la realidad cubana ubicada dentro del extinto mundo socialista, considero con Charity Scribner que una plétora de ciudades obreras, del antiguo Karl Marx Stadt —hoy rebautizada Chemnitz— en Alemania Oriental, al habanero Alamar —barrio suburbano creado en los años setenta por la revolución, donde hoy se concentran amplios grupos marginales—, pueden ser vistas como *impasses* dentro de la contemporaneidad posindustrial globalizada. En ellas ha quedado una memoria cultural propia del llamado Segundo Mundo, que en muchos casos hace de estos lugares importantes espacios de reflexión y resistencia. ¿Cómo interpretar si no la emergencia en Alamar de un *hip hop* cubano inconforme y muy crítico con la revolución, y que al mismo tiempo se define a sí mismo como revolucionario? En el desolado Alamar han nacido recientemente interesantes expresiones artísticas como el colectivo *performativo*-poético OMNI Zona Franca.[22] También es este el escenario en que se desarrollan los cuentos de Yohamna Depestre incluidos en *D-21* y algunas de las narraciones de Orlando Pardo Lazo en *Boring Home*. Asimismo, la narradora cubana de origen ruso Anna Lydia Vega Serova (1968) coloca en Alamar buena parte de su narrativa, recreando un escenario inhóspito y abandonado donde sobreviven criaturas al margen de todos los mundos, tanto del capitalismo como del socialismo. Se debe igualmente recordar que un alto porciento de cubanos nacidos después de 1959 estudiaron en la Unión Soviética, como el escritor José Manuel Prieto (1962), quien siguiera viviendo allí incluso después del derribo del Muro y ha desarrollado buena parte de su obra a partir de sus experiencias rusas.[23] Muchos estudiantes fueron obligados a regresar a la isla tras 1989, pero ya les sería imposible adaptarse al socialismo que en Cuba pretendía mantenerse en pie a pesar de la debacle de Europa del Este. Traían el aliento de inconformidad propio de la *perestroika* y la *glasnost*. La Habana, para estos creadores, se convirtió en un sitio irreal, ruinas de un mundo imposible. Varias obras que analizo, sobre todo aquellas que reflejan la ingravidez ética, expresan ese flotar en los detritos que caracteriza a muchos jóvenes cubanos.

---

[22] Estos fenómenos han sido presentados por Sujatha Fernandes y en los documentales *Cuban Hip-hop: Desde el principio*, de Vanessa Díaz, y *East of Havana*, de Jauretsi Saizarbitoria y Emilia Menocal.

[23] Consúltense, sobre la URSS y Cuba, Loss y Prieto, *Caviar and Rum*, y Loss, *Dreaming in Russian*.

Sin embargo, tal inercia no es exclusivamente cubana ni postsoviética. Al analizarla éticamente, no es difícil trazar paralelismos entre esta literatura insular y la creación latinoamericana contemporánea, incluso si ya no puede hablarse de la existencia de una literatura marcadamente latinoamericana. Los narradores cubanos han buscado sobrevivir no sólo al naufragio económico o ideológico provocado por el colapso del socialismo, sino también al vacío existencial atribuido al sujeto posmoderno, al que se hallaron expuestos al desintegrarse la coraza protectora levantada por la Guerra Fría. Esta deriva existencial está también presente en el resto de América Latina y otras partes del mundo, matizada por las particularidades de cada nación. Pues, circunscribiéndonos a Latinoamérica —aun si en otros países no triunfó una revolución socialista como la cubana, aunque el derrumbe del Muro de Berlín no les afectara directamente, ni conocieran la avalancha del capital extranjero en los noventa sino que mucho antes—, una similar sensación de abandono e incertidumbre es perceptible en estas sociedades y es recreada por artistas de todo el continente. El debilitamiento de los afectos y la superficialidad destacados por Jameson son también expresados en la obra de numerosos escritores latinoamericanos contemporáneos. Mientras los autores de *Cuentos con Walkman* (1993) eran presentados por los chilenos Alberto Fuguet y Sergio Gómez como un grupo de jóvenes "enganchados directamente, sin alambres, a la vida interior de cada uno", apolíticos y sin pretender "abarcar todo un espectro social o moral", ni hacer sociología (12-16), para los cubanos de los noventa la auto-referencialidad se convertiría en fórmula enarbolada por autores y críticos. Tras el despliegue de la crítica social durante los años ochenta, cuando problemas silenciados durante los sesenta y los setenta reaparecen en la literatura nacional, los narradores que desde los noventa van en contraste con esta situación prefieren inventarse mundos imaginarios o bien tornarse hacia espacios más íntimos.

Dentro de esta perspectiva global, *no-excepcionalista*, la particularidad cubana sólo puede ser considerada a partir de la visibilidad que en esta sociedad adquieren la crisis del *telos* histórico y de los afectos condicionados por las ideologías y las tradiciones, el derrumbe de los referentes tradicionales y el desvanecimiento de las identidades. En América Latina, Cuba representa el sitio en el que, concretamente, la saga de la revolución —que es la historia de su nacimiento, vida, desfallecimiento... e incluso sus intentos de resurrección— aporta mayor nitidez a estos avatares existenciales. La experiencia socialista y su subsiguiente ruina han determinado la visibilidad de la deriva cubana dentro del contexto general de las Américas.

SECCIÓN PRIMERA

UTOPÍAS

Preámbulo

Una vez, yo soñé que podíamos volar sobre los muros,
los muros que no dejan ver ese sueño que yo tengo de otro amanecer.

Equis Alfonso, "Interrogante", *RevoluXion*

Aparentemente, la del noventa no ha sido década de Grandes Obras. ¿Fin de las utopías? ¿La crisis de los metarrelatos según Lyotard? Para los cubanos, específicamente, el ideal revolucionario contenía la última gran utopía moderna. Desprenderse de la revolución como esencia identificatoria y determinante de su visión del mundo constituye entonces una renuncia radical: reconocer la impotencia que conlleva la imposibilidad de actuar en el presente y diseñar un futuro. Es indudable que la crisis socialista, acaecida tras el derribo del Muro de Berlín en 1989, asesta un duro golpe —¿mortal?— al ideal revolucionario. Mas lo que en realidad desaparece es tan sólo un tipo de utopía, una más entre las que han recorrido, con diferentes trajes, la modernidad. Renovada, se la descubre en la era postsoviética dentro de la prosa de algunos autores cubanos contemporáneos como Abilio Estévez *(Tuyo es el reino, Los palacios distantes)*, Leonardo Padura *(El hombre que amaba los perros, La neblina del ayer, La novela de mi vida, Máscaras)*, Abel Prieto *(El vuelo del gato)*, Senel Paz ("El lobo, el bosque y el hombre nuevo"), Marilyn Bobes *(Alguien tiene que llorar)*, Alexis Díaz-Pimienta *(Maldita danza)*; quienes, como propone el cantautor Equis Alfonso en el exergo escogido para esta sección, pretenden "volar sobre los muros" —o sobre su espectro en el caso de los caídos—.

Las nuevas posibilidades de imaginación utópica propuestas en sus obras, donde los valores éticos de la modernidad conservan su peso a pesar de la crisis de los tiempos postsoviéticos, son estudiadas en esta Sección Primera.

Los protagonistas de sus cuentos y novelas, paladines de la utopía moderna, no se han despegado del heroísmo tradicional. Son nuevos "hombres nuevos" que no rompen completamente con el modelo propuesto por Ernesto Guevara en 1965, como reconoce Marta Hernández-Salván al referirse al desencanto en la literatura cubana contemporánea (150), pero que a la vez se mantienen alejados de la original imagen guevariana. Los identifica la permanencia del humanismo moderno: el hombre hacedor, heroico, confiado en la posibilidad de erigir algún futuro. Del héroe revolucionario tradicional los diferencia, por otro lado, la menos intensa ideologización y la renuncia en muchos casos al castrismo y al socialismo real. Yoss, autor de ciencia ficción, ha conseguido expresar con lucidez este particular posicionamiento frente a lo social: "Se trata de los proyectos éticos, [...] de refugiarse en la integridad del individuo como individuo ante la sociedad. No el individuo como pieza de la gran maquinaria de la sociedad, sino de poder alcanzar la diversidad como individuo que durante mucho tiempo el socialismo negó. Y al mismo tiempo, desde esa diversidad, ser un individuo que sabe lo que quiere".[1]

El humanismo épico moderno es notorio en Alejo Carpentier. El análisis del heroísmo racional que en mi opinión define la posición ética de sus personajes inaugura por este motivo nuestras pesquisas. El sentido heroico de la existencia, sin embargo, alcanzó verdadera concreción social en los años de mayor *epicidad* revolucionaria, durante la década de 1960-1970, para debilitarse a partir de los años ochenta. Su persistencia —en forma de lamentada pérdida o añorada reconstitución— en algunas creaciones de la era postsoviética justifica la inclusión del estudio de la llamada *literatura de la revolución* y específicamente de la narrativa de la violencia en esta sección.

Analizando el tránsito desde uno de los libros paradigmáticos de la literatura de la violencia, *Los años duros*, publicado por Jesús Díaz en 1966, hasta la novela *Las iniciales de la tierra*, del mismo autor y presentada al lector cubano en 1987, es mi intención examinar cómo de la lite-

---

[1] Sánchez, José M. *(Yoss)*. Entrevista personal. La Habana, 6 de marzo del 2000.

ratura de la violencia a las corrientes "fabuladoras" de los años ochenta se mantiene viva en los protagonistas la voluntad de hacer su mundo, expresión del humanismo moderno. En ambas situaciones, los cubanos son presentados en una búsqueda consciente por dominar cierta impotencia. La singularidad de uno y otro caso radica en la localización de tal impotencia. En los tempranos años de la revolución, puede pensarse que estas obras intentan reflejar la "divina violencia" de Walter Benjamin. Es la violencia revolucionaria carente de planificación, en estado puro, responsable del exceso de vitalidad que para Benjamin garantizaba la "dimensión teológica" imprescindible en una revolución triunfante.[2] Así lo confirma Slavoj Zizek, quien también apunta que, lejos de expresar la omnipotencia divina, la divina violencia constituye un signo de la impotencia de Dios (*Violence*, 200-201) —o del orden cosmológico—. Los hombres poseídos por este tipo de violencia se vuelven en cierta manera divinos, porque se piensan capaces de cambiar su mundo. Dicha situación ética va en correspondencia con la filosofía de Badiou, retomada por Zizek al interpretar el heroísmo de Ernesto Guevara: "La única manera de ser realmente humano es excediendo la humanidad ordinaria, tendiendo hacia la dimensión de lo inhumano" ("the only way to be truly human is to exceed ordinary humanity, tending towards the dimension of the inhuman"; *In Defense*, 433). La imposibilidad de alcanzar ese estado, una vez pasados los tiempos de la divina violencia de los primeros años sesenta, favorece la comprensión de las nuevas búsquedas éticas presentadas en *Las iniciales de la tierra*. La impotencia ya no es la de un orden superior, desesperado por actuar; sino la del individuo frente al orden social, el sujeto que progresivamente se ve a sí mismo más solo e incapaz de dominar su propia existencia.

Como se expone en la Introducción, confrontado a la "muerte" ética con que definía Hopenhayn el abandono del ideal moderno re-

---

[2] Zizek estudia el concepto de violencia divina en Benjamin en relación con Robespierre y el Terror revolucionario de 1792-1794. También lo asocia al Terror Rojo de 1919 y en los años noventa con los disturbios en las favelas de Río de Janeiro. Se trata, para Zizek, de la irrupción violenta de "aquellos que están fuera del campo social estructurado" y golpean "a ciegas", exigiendo venganza inmediata. Es una violencia "sin objetivo definido": "Divine violence is an expresión of pure drive, of the undeadness, the excess of life, which strikes at 'bare life' regulated by law. The 'theological' dimensión without which, for Benjamín, revolution cannot win is the very dimension of the excess of drive, of its 'too-muchness'" (*Violence*, 198-199).

volucionario (18), el sujeto postsoviético busca dentro del caos las llaves que le permitan convertirlo en cosmos y trazarse una escatología posible: hallándole justificación a su existencia. Pretende inventarse nuevas cosmologías, cuando la cosmología de la revolución cubana se resquebraja. Es ahí donde el recurrir a los Maestros literarios puede representar más que un gesto oportunista, una voluntad de seguir tendencias a la moda o fórmulas mercantiles, o la obsesión generacional por rearmar una genealogía desde la cual se quiere ser leído, a la que se refiere Jorge Fornet (78-80). Todas estas circunstancias son válidas en algunos casos. Sin embargo, sugiero con mi lectura ética penetrar otras razones que nos permitan comprender, desde un ángulo diferente, el fenómeno al cual Buckwalter-Arias ha denominado "neo-origenismo". Entender entonces por qué Senel Paz, Abilio Estévez, Leonardo Padura, Abel E. Prieto y otros narradores contemporáneos han rendido en sus cuentos y novelas explícito homenaje a sus maestros Virgilio Piñera y José Lezama Lima. Y, nuevamente, estas razones no apuntan hacia una excepcionalidad del caso cubano. No se analiza aquí al cubano postsoviético dentro de una genealogía nacional, sino dentro del panorama existencial del sujeto contemporáneo en Occidente.

Carentes de certezas ante el vacío, desde mi perspectiva algunos cubanos postsoviéticos podrán tal vez encontrar asideros en la poética de quienes se fabricaron utopías despegadas de la realidad ordinaria. Lezama y Piñera, con sus mundos trágicos escondidos detrás de la cotidianidad caótica, ofrecen —si se siguen las teorías de Lucien Goldmann— la posibilidad de continuar creyendo en un futuro mejor. Si ya no es posible sentirse demiurgo poderoso, como fue el caso de los personajes de la literatura de la violencia, se abría al menos para el cubano que mira impotente su realidad la creencia en que un invisible Dios —o sentido— rige la existencia. El pensamiento trágico de estos dos autores permite reinventar el orden cosmológico más allá de la realidad, que no brinda referencias para ello. Hay un mañana esperando al cubano, pueden de tal suerte creer algunos narradores hoy en día, pero habrá que buscarlo detrás de lo real, que ha de ser visto con otros ojos para alcanzar a descubrir en él los indicios de la perfección futura. Por otra parte, aún silenciado por la desconfianza histórica que caracteriza la vida posmoderna, el humanismo racionalista de Alejo Carpentier permanece latente en algunas creaciones contemporáneas. Lo ilustra cierto paralelo que puede trazarse entre el "cansancio histórico" padecido por los personajes de Padura, quienes se sienten traicionados por la Historia (*La neblina*, 199), y aquella fatiga centenaria del haitiano Ti-Noel en "El reino de este mundo".

Los personajes de Carpentier, junto con los de Lezama y Piñera, se mantienen como figuras tutelares de numerosos recorridos habaneros e insulares a los que invita la narrativa postsoviética. Volver a la ciudad y a sus ruinas buscando en ellas posibles vestigios de sus grandes relatos se ha vuelto estrategia común entre los escritores contemporáneos. Abunda su utilización metafórica, por ejemplo, en la obra de Estévez, Paz y Ponte. La ficción, además, es acompañada por un abundante aparato crítico, dentro del cual deben destacarse los aportes del propio Ponte y Emma Álvarez-Tabío. Estudio en esta sección de mi libro tales regodeos narrativos en torno a las ruinas de La Habana, pues a través de ellos se perfilan ciertos gestos destinados a descubrir la utopía dentro de la incertidumbre postsoviética.

Este análisis que propongo no puede acometerse sin tener en cuenta el papel que las autoridades culturales y los discursos nacionalistas —desde una y otra orillas del estrecho de la Florida— han jugado en estos fenómenos de relecturas y canonizaciones postsoviéticas. Resulta así interesante perseguir los vericuetos por los que el Estado ha buscado cierta reconciliación entre la tradición revolucionaria que no cesa de reivindicar y otras tendencias ajenas a lo que hasta entonces había sido ensalzado como patrimonio ideológico nacional. Ejemplifica esta actitud esa situación paradójica, propia de la contemporaneidad, que Baudrillard revelaba en el hecho de que actualmente se vive a la vez en un mundo sin memoria y en un mundo del olvido (*La ilusión*, 113). Por una parte, se evita mencionar un doloroso pasado reciente —los campos de la UMAP, los fusilamientos revolucionarios, etc.— y por otra se incita abiertamente a olvidar antiguos rencores. Estos contradictorios juegos con la memoria nacional alcanzan mayor visibilidad en la producción cultural, como fuera demostrado cuando en 2007 una amnésica televisión nacional homenajease a tres altos funcionarios que en los años setenta fueran responsables de significativos actos de censura.[3] Al mismo tiempo, los artistas entonces censurados comienzan

---

[3] A principios del 2007 se alaba públicamente el trabajo "cultural" de Carlos Pavón Tamayo, presidente del Consejo Nacional de Cultura durante el quinquenio gris (véase la Introducción) y los "comisarios culturales" Armando Quesada y Jorge Serguera.

—con cautela— a ser "rehabilitados" por las autoridades culturales.

Hay hoy cierto reciclaje selectivo, que Rafael Rojas rastrea en *Tumbas sin sosiego,* donde describe cómo "la sensación de supervivencia y duelo" se expresa con impresionante nitidez en la cultura contemporánea (13-16). El conflicto actual de los cubanos, para el autor, vendría a acentuarse en su dimensión simbólica, en una especie de guerra civil en la que los herederos de cada bando (contra y a favor de la revolución, dentro y fuera de la isla) se disputan la reconstrucción del panteón nacional. A través de este proceso de selección histórica, la amnesia actual del Estado cubano dibuja rupturas con su propia política, inventándose vínculos inéditos con fenómenos y hechos que nunca antes había elogiado o incluso reconocido. Cuando las tradicionales estructuras y los mecanismos de ejercicio del poder dejan de suscitar la confianza del pueblo, surge la necesidad de encontrar otras estrategias que permitan perpetuar el orden presente. "Ya no hacemos la historia" —escribe Baudrillard—, "nos hemos reconciliado con ella y la protegemos como una obra de arte en peligro" (*La ilusión,* 19). La propuesta del poder, aceptada incluso por muchos cubanos que se posicionan al margen de la oficialidad, sería vivir el presente estáticamente enajenados ante las urnas de una Historia aderezada para perpetuar el sueño. Como precisa Quiroga en *Cuban Palimpsepts,* "la memorialización de los noventa celebraba y criticaba el pasado con el objetivo de ganar tiempo en el presente" (4), es decir, de mantenerse más que continuar, o bien de continuar en una especie de letargo presuntamente inofensivo. En la Cuba actual se existe reinventando la isla en otro lugar (Ibíd.). El palimpsesto mantiene aunque difusa la insularidad. Hay reinvención, "escritura del texto del presente en una forma que permite traer el pasado al primer plano", continúa Quiroga. Mas su carácter lúdico se entiende mejor cuando se va a la explicación seminal de Gérard Genette, para quien el palimpsesto es bricolaje en el que una función nueva se sobrepone y se enreda con una estructura antigua, un texto se sobrepone a otro sin disimularlo completamente, pero dejando entreverlo por su propia transparencia,

---

Esto motivó respuestas iracundas de muchos intelectuales, seguidas de importantes discusiones sobre el estado general del intelectual y la cultura en la revolución. También se la conoce por "la guerra de los *emilios*", aludiendo al denso y extenso intercambio de correos electrónicos *(e-mails)* que generase. En escasos meses, sin embargo, estos debates se extinguieron lentamente.

mientras la disonancia entre los dos elementos copresentes aporta mayor sabor a la totalidad (451).

En este juego de superposiciones los cubanos siguen utilizando sus cartas tradicionalmente preferidas: la insularidad y la excepcionalidad. Cuba permanece dentro de una operación *palimpsestuosa*. Es isla que encerrándose en el presente memorioso suaviza y hasta hace olvidar las cicatrices que podrían rescatarla del estancamiento temporal. Un pergamino sobre otro, una época encima de la otra, reflejándose, a veces haciendo coincidir rasgos, pero sin llegar a trazar fértil continuidad.

Capítulo 1.

Utopía, épica y revolución: de los heroísmos canónicos de Alejo Carpentier, José Lezama Lima y Virgilio Piñera a la literatura de la revolución

Se impone abrir este capítulo examinando los avatares cubanos de la utopía. Como nación del llamado Nuevo Mundo, la cubana debe mucho a ciertas pulsiones utópicas. Fernando Aínsa ha ubicado la utopía en la raíz misma de las naciones de América Latina. Sus teorías permiten reconocer cómo las primeras comunidades poscolombinas del continente, aquellas que con el tiempo darían nacimiento a las naciones americanas, se forman a partir de las ambiciones, sueños y expectativas del europeo. Es un europeo que se siente frustrado con su realidad en el Viejo Continente y pretende encontrar en América la tierra en la cual reconstruir el mundo. Quiere hacerlo siguiendo el dictamen de su propio deseo y presuntamente al margen de las fuerzas coercitivas, objetivas o subjetivas, que en Europa cercan la vida del hombre apenas abandonando la modernidad temprana. Tal es la idea que desarrolla Aínsa cuando trata de justificar el hecho de que sea precisamente América el sitio donde el pensamiento europeo deposita sus esperanzas de un mundo mejor, convirtiéndose en "escenario experimental de muchas utopías" (9-10).

Por su parte, Aníbal Quijano desplaza la perspectiva e invierte las consideraciones eurocentristas de la modernidad. Más que destacar el papel jugado por el conquistador europeo ansioso de construir utopías, acentúa la presencia de las Américas en el imaginario utópico europeo de los siglos XVI-XVII como fundamento de una "racionalidad histórica" hasta entonces desconocida en Occidente. Según Quijano, el sujeto occidental, a partir de entonces, deja de anhelar el pasado para volcar sus deseos en el futuro, que puede diseñar. Este "nuevo lugar de futuro" constituye para el pensador peruano un elemento esencial, indispensable, de la modernidad occidental (11-12).

Si es aceptado el rol primordial de la utopía en la construcción de las sociedades americanas, debe entonces analizarse su carácter humanista. En la utopía moderna, no hay espera de un milagro, sino construcción imaginaria de futuro: diferencia esencial entre la utopía y otro tipo de ilusiones como El Dorado y los sueños milenaristas, que no colocan la fe en el hombre sino en otras entidades, generalmente divinas. Tampoco la naturaleza es una fuente inagotable de riquezas ni existen héroes inmortales o todopoderosos. Quienes creen en la utopía hasta el punto de desear construirla han de enfrentar, solos, mortales, dubitativos y vulnerables al error, todo tipo de privaciones y obstáculos: "Tienen los defectos y cualidades de su finitud. Son hombres y ello es suficiente" ("Les Utopiens ont les défauts et les qualités de leur finitude. Ce sont des hommes, et cela suffit"; Schaer, 16). La adaptación a un medio adverso es un principio esencial de la utopía; mas esta adaptación no significa ya la idealización de la naturaleza o de la gracia divina, sino la idealización de cierta organización social.

En la historia de Cuba, la utopía ha habitado las voluntades de quienes, a través de los siglos, han persistido en transformar la isla hasta convertirla en nación, de supuestamente cabal ubicación en la civilización occidental. Desde la época colonial hasta el presente los signos de la utopía cubana han sido múltiples. Me detendré en estas páginas, sin embargo, sólo en algunos clásicos de la literatura insular del siglo XX: Alejo Carpentier, José Lezama Lima y Virgilio Piñera, quienes podrían ser comprendidos como figuras canónicas de un *utopianismo* nacional. Los tres escritores, cada uno por distintos caminos determinados por la Razón, la Imagen y la Nada, respectivamente, consiguieron imaginar la trascendencia cubana, incluso cuando su presente apuntaba más hacia la desintegración. Desarrolladas durante los años republicanos, sus obras respondieron al muy consciente empeño de comprender la historia, la sociedad y la vida cubanas con el fin de poder encontrar en ellas los gérmenes de su perdurar en el tiempo y el espacio de la civilización occidental. El heroísmo es esencial en sus obras. Sea el heroísmo racional de Carpentier, o los heroísmos trágicos desarrollados por Lezama y Piñera, estas estrategias para interpretar la existencia de manera épica constituyen modelos desechados o celebrados según el caso por los creadores cubanos contemporáneos. De ahí su percepción, dentro de este libro, como heroísmos canónicos de la literatura nacional. Sólo de este modo puede entenderse el paralelismo que trazo entre sus obras y la llamada *literatura de la revolución*. Heroísmo, utopía y humanismo moderno están presentes en unos y otros.

Desde los tiempos de la génesis criolla, en el siglo XVIII, el nacionalismo cubano ha persistido en promover la imagen de una nación "viril", independiente, encaminada hacia el Progreso. Es la imagen del patriota "útil", ese "sujeto hispano-criollo, blanco, católico, masculino, ilustrado, rico y virtuoso" descrito por Rafael Rojas (*Un banquete*, 44). Esta imagen fue sistemáticamente malograda por el subdesarrollo o la injerencia extranjera (colonialismo ibérico y neo-colonialismo norteamericano). Piñera y Lezama modificaron ligeramente esta imagen, en su afán por salvar existencialmente la nación, por un patriotismo basto y corporal en el caso del primero, oculto e *hipertélico* para el segundo, permeado por la homosexualidad de ambos autores. Con el triunfo de la revolución en 1959, la imagen del patriota viril, letrado, culturalmente eurocéntrico retoma total protagonismo en el *utopianismo* cubano. El discurso nacionalista celebra un supuesto arribo a la madurez cuando la mayoría de los cubanos se entrega a tareas gracias a las cuales creían garantizar la inscripción —al fin— de la nación en las ansiadas regiones del Progreso.

La realidad, empero, es que la revolución cubana, al triunfar, anula la utopía porque hace aparentemente realizable la posibilidad de construir la sociedad soñada. Tal paradoja es comprensible si se vuelve al concepto de utopía. La utopía aparece en el sujeto que, harto de su realidad, encuentra la esperanza necesaria para vivir en su presente a través de la imaginación de una fantasiosa "tierra prometida", revelada sólo a un grupo de elegidos. En 1516 el humanista Thomas More abre su *Utopía* criticando a las sociedades europeas de su tiempo. Tras ellas comienza la descripción de la República de Utopía. Próspero, absolutamente armónico, el modo de vida utópico será eterno. Sin embargo, la utopía es reconocida como un anhelo de imposible realización. Es el sitio de ningún lugar. No existe, sólo son reales el deseo de que exista, la posibilidad de imaginarlo y la voluntad de conjurarlo. "Reconozco que quisiera ver adoptados [aunque difícilmente lo espero] muchos aspectos de la República de Utopía" (113), son estas las últimas frases del libro.

Asimismo, Raymond Trousson, en *Voyage aux pays de nulle part*, verifica cómo el utopista, aunque descontento y crítico con su sociedad, no es un hombre de acción pues no cree en la eficacia de su acción personal. "Es un escéptico, un timorato, incapaz de efectuar una acción concreta y esto agudiza su necesidad de revancha y de compensación. Excluido de la lucha activa, se resguarda en lo abstracto: prefiere borrarse de la realidad para reconstruir en su pensamiento un mundo conforme a sus ideas" ("[I]l est sceptique, ou timoré, ou incasable d'une action concrète. Cette faiblesse aiguise encore un besoin de revancha et de compensation. Exclu de la lutte active, il se retranche dans l'abstrait: il choisit d'effacer le réel pour le reconstruire en pensée, de créer un monde conforme à ses désirs"; 16).

Por su parte, Zygmunt Bauman reconoce que la fuerza conductora de la utopía no es de naturaleza ni práctica ni teórica. Las utopías, desde su punto de vista, no buscan respuestas a preguntas como: "¿Qué puedo saber? ni ¿Qué puedo hacer?", sino a otra bien distinta: "¿Qué puedo esperar?" (*Socialism*, 14). Lo importante en la utopía es la capacidad que ofrece a las sociedades para mantener el deseo de transformar la existencia, elevando la mirada más allá del horizonte de su realidad: se trata del Principio Esperanza de Ernst Bloch, según reconoce el propio Bauman. Pero las utopías, en definitiva, no ofrecen soluciones prácticas e inmediatas a los problemas reales, más bien rompen con la continuidad histórica (13). El utopista por excelencia no puede ser un político ni un guerrillero.

A partir de 1959, entonces, es la épica quien sucede a la utopía impulsora de la revolución cubana. Al triunfar, ya no hay sueño que imaginar, sino tarea cotidiana que realizar. La utopía es disonante con la revolución triunfante, necesitada de teoría y práctica, no de evasiones críticas de la realidad. Los hombres y las mujeres que la hacen no sueñan con mundos mejores porque suponen que a través de su acción construyen, concretamente, ese mundo nuevo que existe ya. El ansia —intrínseca a las revoluciones modernas, según Arendt— por construir una "nueva casa" que estaba totalmente fuera de lugar en la sociedad que se deseaba cambiar se supone que es colmada cuando el gobierno revolucionario toma el poder y comienza a poner en práctica los proyectos esbozados durante los años de lucha. Aunque la política del gobierno de Fidel Castro suscitó gran descontento para muchos, lo cierto es que inmediatamente después del triunfo revolucionario la mayoría de los cubanos se entregó entusiasta a la construcción de aquella nueva, soñada sociedad en la que al fin alcanzaban la libertad, también en el sentido arendtiano, de "hacer" la sociedad.

Edmundo Desnoes entregaría durante los primeros años de la revolución novelas en las que la complejidad existencial de estos momentos es recreada con innegable lucidez. Sus protagonistas son intelectuales que titubean entre la impotencia frente a la realidad y la total incorporación al proceso revolucionario. Les atormenta la angustia hasta que una decisión —si ésta aparece— es tomada a favor de la revolución. Es el caso de Sebastián Soler Powers, protagonista de la novela *No hay problema*, publicada en 1961. Burgués cubanoamericano, periodista que está a punto de casarse con una rica estadounidense, personaje siempre a medio camino entre sus dos identidades, entre su existencia cómoda aunque vacía y el secreto deseo de participar en la lucha contra la dictadura de Fulgencio Batista, Sebastián terminará por abandonar su brillante futuro en los Estados Unidos y volver a Cuba para unirse a las tropas rebeldes. Sus argumentos, más ontológicos que ideológicos, parecen contundentes: "Tengo que hacer algo ahora. Ahora es cuando veo todo claro [...] No puedo seguir siendo dos personas al mismo tiempo. Tengo que ser una cosa o la otra" (220).

De eso se trata precisamente, de actuar, incorporarse a la épica occidental y reencontrar la fe en las fuerzas ilimitadas del hombre a través de la empresa revolucionaria:

> Todavía me siento desgarrado entre una imagen del hombre como una criatura sin sentido, con solo sus placeres y su angustia y su vida cotidiana y la intuición de que el hombre puede ser diferente, puede trascender, de que el hombre nuevo es posible [...] Antes de la revolución el mundo me parecía cerrado, estático, una realidad que se mordía la cola, daba vueltas inútiles sobre sí mismo —y ahora lo veo desde mi punto de vista cubano como parte de un organismo en crecimiento; el hombre puede cambiar su ambiente: si es algo, es una posibilidad constante (Desnoes, "El mundo sobre sus pies", 101-102).

1.1. Utopía y épica en Alejo Carpentier

> Supo la historia de un golpe,
> sintió en su cabeza cristales molidos.
> Y comprendió que la guerra era la paz del futuro.
> [...]
> La última vez lo vi irse entre humo y metralla,
> contento y desnudo.
> Iba matando canallas con su cañón de futuro.
>
> Silvio Rodríguez, "Canción del elegido",
> *Al final de este largo viaje*

Tanto la utopía, sueño impulsor, como la épica a la que se lanza el sujeto revolucionario convencido de la necesidad de hacer realidad la utopía constituyen elementos seminales de la obra de Alejo Carpentier. A pesar de los ataques de ciertos marxistas ortodoxos que lamentaban la ausencia en su prosa de un compromiso político más obvio,[4] Carpentier es en mi opinión el narrador cubano que mejor ha sabido captar el espíritu de la revolución como fenómeno moderno, más allá del condicionamiento ideológico. Justifico mi aseveración con las mismas razones que algunos críticos han podido esgrimir en su contra: lejos de reproducir batallas y logros de la empresa revolucionaria, lo esencial para Carpentier residía en el desafío que para él representaba revelar los movimientos del ser humano dentro de los grandes acontecimientos históricos de la modernidad occidental. La revolución no debe ser entendida únicamente a través de su implementación dentro de la ideología marxista, como expreso en la Introducción. Conviene en consecuencia leer un Carpentier revolucionario sin necesariamente apelar a la autenticidad y las facetas de su militancia comunista.

Hubo en Carpentier un temprano reconocimiento del espíritu caótico de la realidad. De joven, criticaría la tradicional racionalización de la realidad, cuyo carácter absurdo, desde su punto de vista, exigía nuevos modos de comprensión. Lo confía, en 1931, en carta a Jorge Mañach: "Opino que

---

[4] González Echevarría examina en detalle las críticas recibidas por Carpentier en torno a su compromiso político (348, 355-358).

la gran equivocación de los novelistas, ha sido casi siempre la de tratar de ordenar y disciplinar la realidad —imperio del desorden y la incoherencia—. Ya no vivimos en la época de los 'documentos psicológicos': el misterio de la vida cotidiana encierra sugerencias poéticas que la razón no debe ingeniarse en controlar" (Cairo, 400). El surrealismo, que Carpentier subscribe cuando llega a París en 1928,[5] le ofrece soluciones poéticas. Encuentra en lo maravilloso un sentido por el cual apostar en su búsqueda de una coherencia universal ajena al mundo visible. Transición entre lo aparente y lo surreal —ese aspecto superior de la realidad—, lo maravilloso encarna el instante preciso en el que la lucha de contrarios es anulada y se consigue una armonía absoluta. Alcanzar ese punto en el que "la vida y la muerte, lo real y lo imaginario, el pasado y el futuro, lo comunicable y lo incomunicable, lo alto y lo bajo dejarían de ser percibidos contradictoriamente" constituía el móvil esencial de la empresa surrealista ("Tout porte à croire qu'il existe un certain point de l'esprit d'où la vie et la mort, le réel et l'imaginaire, le passé et le futur, le communicable et l'incommunicable, le haut et le bas cessent d'être perçus contradictoirement. Or, c'est en vain qu'on chercherait à l'activité surréaliste un autre mobile que l'espoir de détermination de ce point"), precisaba el "Papa" André Breton en el segundo manifiesto del surrealismo (*Manifestes*, 72-73).

Aunque lo negase, Carpentier jamás se liberaría completamente de la impronta surrealista. Incluso en 1949, cuando desemboca en una crítica acerba del surrealismo en el prólogo de "El reino de este mundo", prevalece la apuesta a favor de lo maravilloso. Escribe entonces: "Lo maravilloso comienza a serlo de manera equívoca cuando surge de una inesperada alteración de la realidad (el milagro), de una revelación privilegiada de la realidad [...] Para empezar, la sensación de lo maravilloso presupone una fe" (*Ensayos*, 77). Retomado en 1964 dentro del libro de ensayos *Tientos y diferencias*, este texto puede resultar inquietante porque evidencia que, aun cuando la filiación marxista del autor era incuestionable, éste se refería a la realidad en términos de fe y milagro. La posición carpenteriana coincide en este momento con la apuesta de sentido que Goldmann expuso como uno de los pilares del pensamiento trágico. Tal apuesta establece una relación, entre el hombre y su mundo,

---

[5] Anke Birkenmaier dedicó su libro *Alejo Carpentier y la cultura de surrealismo en América Latina* a explorar los vínculos entre el surrealismo y la literatura carpenteriana.

basada sobre la fe mas no el total y cabal conocimiento. Goldmann describe un dios (u orden) último, regidor del cosmos, siempre presente pero sin llegar realmente a aparecer (45). Es un orden mudo y escondido, que lanza apenas revelaciones al hombre para mantenerle vivo el sentido escatológico que le permite existir en la modernidad.

Carpentier sobrepasa sin embargo la apuesta de sentido trágica. Frustrado por la experiencia surrealista, buscará en la realidad misma alguna lógica susceptible de barrer el caos que todavía en los años treinta le parecía inexplicable. Lo maravilloso perderá progresivamente su carácter delirante para "racionalizarse" al punto de alcanzar a revelarse "al estado bruto" en la cotidianeidad (*Ensayos*, 77). Mas la diferencia principal entre Breton y sus seguidores y el escritor cubano, en lo concerniente a lo maravilloso, no es finalmente tanto conceptual como metodológica. "Nominal", la llama Birkenmaier (*Alejo*, 20). De la filosofía surrealista Carpentier critica los mecanismos lúdicos, artificiales, de alquimia y simbolismo, que precisaban aquellos artistas para acercarse a lo surreal. Mientras Breton encumbraba el deseo como poder absoluto capaz de transformar el universo, Carpentier por su parte funda cada vez más toda esperanza sobre los preceptos del materialismo dialéctico y dirige su confianza, cuando la cuestión es cómo interpretar diferente y más profundamente los "misterios" de la realidad, hacia el potencial racional del hombre. Por eso ante su narrativa me refiero a un heroísmo racionalista, donde los héroes —los que hacen mundos— razonan los hechos —sobre todo los aparentemente mágicos o insólitos— hallándoles explicación lógica que los coloca dentro de la Historia. Es aquí cuando todo atisbo de pensamiento trágico abandona su obra. La concepción histórica impide que lo maravilloso, que persistente habitará sus ideas, permanezca como elemento trágico, alternativo a la Razón. Entendiéndose el término —desprendido del latín *ratio*— como la facultad humana para razonar; no circunscrito a específicas "razones" europeas: cartesianas, kantianas u otras. Lo que propone el novelista es hallar una lógica barroca, mestiza, que permita interpretar el mundo americano cuando el pensamiento tradicional europeo se le revela ineficaz.[6] Inscribir a Mackandal, el

---

[6] Tras reproducir las palabras en que Carpentier reconoce haber invertido el título *Le discours de la méthode* de Descartes para elaborar su *Recurso del método*, porque "América Latina es el continente menos cartesiano que pueda imaginarse", González

vudú, la santería, los ciclones caribeños tanto como desmanes de dictadores e insólitas revoluciones como elementos lógica —no mágicamente— ubicados en el ascenso humano hacia el Progreso. Éste tampoco es calcado de modelos importados de la Ilustración, mas guarda con éstos el parentesco moderno, esencial, pues supone aún el mejoramiento de la sociedad, aunque al modo "americano", descrito en la totalidad de la obra carpenteriana.

Carpentier incorpora lo maravilloso a la Razón. Descubre que el hombre y su mundo no son extranjeros el uno al otro porque el ser humano puede transformar conscientemente la realidad, pues dispone de un arma inapreciable: la Razón imprimiendo dialéctica al pensamiento, salvándolo del estatismo y la predeterminación divinos. El espíritu dialéctico es lo que hace del pensamiento racionalista de Carpentier una "integración total y una superación rigurosa" de la visión trágica. Según Goldmann, "los pensamientos dialécticos de Hegel y Marx aceptan e integran a su propia sustancia todos los problemas presentados por el pensamiento trágico que les precediese [...] *oponiendo a la apuesta trágica por la eternidad y en la existencia de una Divinidad trascendental,* la apuesta *inmanente por un porvenir histórico y humano*" ("les pensées d'Hegel et de Marx acceptent et intègrent à leur propre substance tous les problèmes posés par la pensée tragique qui les a précédés [...] *opposant seulement au pari tragique sur l'éternité et sur l'existence d'une Divinité transcendante le pari immanent sur l'avenir historique et humain*"; *Le Dieu,* 57, destacado por el autor). Como es en la propia realidad donde Carpentier va a buscar lo maravilloso, no experimenta la necesidad de crear nuevas realidades. Lo surreal está presente ya en la realidad misma. El trabajo del novelista se limita a perseguir la ruta que lo maravilloso —que posteriormente llama "lo insólito"— ilumina. Sin desviar su mirada de la realidad, propondrá observarla de una manera diferente. Es lo real maravilloso, concepto sometido a constantes transformaciones a través de la obra carpenteriana.[7]

Echevarría demuestra cómo *El recurso del método* no sólo mina el legado de Descartes sino que también "apunta hacia la fuente de su inversión: Vico [...] [quien] ofrece la idea de un retorno que no niega la historicidad, sino que la afirma" (328). Estas consideraciones son esenciales para mi comprensión de la concepción histórica en Carpentier.

[7] Leonardo Padura incluso estructura lo real maravilloso en cuatro etapas evolutivas dentro de la obra de Carpentier: "Antecedentes", donde incluye sus primeros textos; "Formulación y reafirmación", referida fundamentalmente a su obra alrededor

En su búsqueda de una coherencia universal, Carpentier se permite experimentar más o menos libremente con las representaciones de la realidad, como lo hace en "El reino de este mundo" (1949), *Concierto barroco* (1974), *Viaje a la semilla* (1978), o *El arpa y la sombra* (1979). De esta voluntad nacen algunas particularidades poéticas de su obra, tales como el juego con el tiempo, el diálogo entre diferentes épocas o la contaminación histórica. Ninguna de estas maniobras, sin embargo, rompe esencialmente con el *telos* histórico moderno. Incluso *Concierto barroco*, una de las novelas más experimentales en este sentido, que narra las peripecias de un acaudalado mexicano y un negro cubano en Venecia, desde 1709 hasta el siglo XX, está como expone González Echevarría "orientada hacia el porvenir", a similitud de *El siglo de las luces* y *El recurso del método* (338). La Historia y la realidad, aunque en des-concierto, evolucionan en un único sentido, siempre hacia el Progreso, hasta que la humanidad alcance su destino final, paradisíaco, ese territorio en el que lo maravilloso —mágico o marxista— reina y concilia toda contradicción. Espacio y tiempo en el que el ser humano ya no está obligado a continuar luchando porque al fin ha accedido a la armonía universal (coherencia mágico-natural o coherencia social expresada por la extinción de la lucha de clases y la igualdad entre los hombres).

El universo haitiano de Ti-Noel en "El reino de este mundo" era maravilloso en la medida en que el autor lo exponía como "una sucesión de hechos extraordinarios" (58): fórmula delatadora de la escenografía racional de lo maravilloso carpentieriano. Existe siempre una escatológica sucesión, explicable e inviolable. Por demás, a los héroes de Carpentier no les está permitido dar la espalda al pasado como tampoco pueden pasar por alto las consecuencias de su acción presente sobre el futuro. Quizás, por ello mismo, el tiempo deviene obsesión en buena parte de su prosa. Así lo explica:

> El presente es adición perpetua. El día de ayer se ha sumado ya al de hoy. El de hoy se está sumando al de mañana. La verdad es que no avanzamos de frente: avanzamos de espaldas, mirando hacia un pasado [...] No somos —en cualquier tránsito de nuestras vidas— sino hechura de nuestro

---

de los años cincuenta; "Épica contextual", que descubre en las novelas de los sesenta; y "Lo insólito cotidiano", volcada en su última narrativa (*Un camino*, 181-392).

pasado [...] Se ha dicho que mis personajes suelen mostrarse pesimistas porque nunca parecen completamente satisfechos de lo realizado, de lo logrado. Pero es que el hombre totalmente satisfecho de lo alcanzado y que no busca algo más allá, se inmoviliza [...] Hay que mejorar lo que es ("Habla", 25).

Siempre los protagonistas de Carpentier se acercan de una manera u otra al mito de Sísifo. Son hombres encerrados en ciclos infinitos y, tras cada derrota, recomienzan su trabajo. Pero en Carpentier, a diferencia del Sísifo de Albert Camus, esta figura no considera eterna la escisión entre el hombre y su mundo. No hay aquí pensamiento absurdo porque este personaje no se resigna a su destino ni a una existencia circular que jamás culmina. El Sísifo de Carpentier es consciente de la banalidad de su vida presente y recomienza infinitamente, en busca de un futuro mejor, pero siempre dentro del "reino de este mundo". A cada vuelta, la montaña bajo los pies del Sísifo moderno, imperceptiblemente, se erosiona. Ninguna ascensión del héroe carpenteriano es idéntica a la anterior, tampoco la montaña, ni la piedra que lleva a sus espaldas. La imagen de este Sísifo, en resumen, está condicionada por la visión histórica del narrador.[8] Sus ciclos no pueden ser exactamente iguales porque se van perfeccionando. La Historia para Carpentier no es mera sucesión de ciclos sino una espiral dirigida hacia la plenitud humana.

El siglo de las luces ilustra esta concepción en espiral de la Historia así como la importancia del trabajo del Sísifo para quien el futuro está por construir. Aquel 2 de mayo de 1808 en que el pueblo madrileño se rebela contra la dominación napoleónica en un torbellino que arrastra a los protagonistas Sofía y Esteban, ebrios de afán libertario, tendrá una influencia positiva en las guerras de independencia latinoamerica-

---

[8] Ante la interpretación de la figura de Sísifo, el surrealismo de Breton y las concepciones de Carpentier vuelven a tener puntos de contacto. Breton, en entrevista en 1946 destacaba sus diferencias con el absurdo de Camus: "Los surrealistas difieren de Camus en que algún que otro día [la piedra de Sísifo] va a romperse, aboliendo como por arte de magia la montaña y el suplicio" (*"Les surréalistes diffèrent de Camus en ce qu'ils croient qu'un jour ou l'autre il va se fendre [le rocher], abolissant comme par enchantement la montage et le supplice"*; *Entretiens*, 251). Nótese, sin embargo, que para Breton habrá de ocurrir gracias a la implementación de modos diferentes de relación del hombre y la naturaleza, mientras Carpentier cifra sus esperanzas en la acción cotidiana del sujeto revolucionario.

nas. También, el regreso a La Habana de Esteban, tras su experiencia frustrante junto a Victor-Hughes durante la revolución francesa, significa en realidad un nuevo comienzo y de ninguna manera una conclusión. Con este regreso, Sofía, su *partenaire* de revoluciones, se da a la fuga, corriendo hacia Victor-Hughes (dios y diablo entrando y saliendo de la pasión de estos jóvenes caribeños). Encuentros y desencuentros circulares que hacen avanzar la historia novelesca y occidental. Esteban encarna por demás cierta renovación en el modelo del Sísifo carpentieriano. González Echevarría explica que, si en "El reino" y *Los pasos perdidos* la posibilidad de un regreso a los orígenes había sido explícitamente invalidada, a partir de *El siglo* los personajes pueden ya regresar al punto de partida para recomenzar su carrera hacia el futuro; aun si el retorno significa ignorar los orígenes e inventar un nuevo comienzo, como en *Concierto* (342). La idea tan cara a Carpentier de que ninguna acción es inútil abandona el estado de abstracción para instalarse de lleno en la realidad a partir de esta novela, significativamente abierta con un exergo de Zohar: "Las palabras no caen en el vacío".

> La búsqueda de los orígenes en la fusión natural de la historia y la conciencia, ocurrida en un pasado utópico, se abandona a favor de una historia política cuyos orígenes se hallan en la diseminación de los textos de la Revolución Francesa a través del Nuevo Mundo. El mito de una utopía en el pasado ha sido sustituido por el mito correlativo del porvenir, cuando todas las versiones de la historia serán por fin una sola, y todos los pasos perdidos serán recuperados (González Echevarría, 264).

El marxismo, como han destacado sus críticos, afina la representación de la Historia en Carpentier, para quien es indiscutible la esencia mítica del telos histórico, encargado de poner en marcha cada ciclo de la espiral. Progresivamente, el escritor hace coincidir el mito de lo real maravilloso que impulsa el movimiento ascendente de la espiral histórica con la lucha de clases, como se demuestra particularmente en *El recurso del método* (1974) y *Concierto barroco*, en cuyas páginas finales el protagonista Filomeno alerta de la necesidad de una revolución hecha por los desposeídos como él. Pero éste no es el Ti-Noel de "El reino". Recalca Leonardo Padura la transformación del personaje negro notando que ya no es "'agente' de lo mágico", sino "el encargado de ofrecer una síntesis cultural" (357). El cambio es innegable, responde a la evolución del concepto de lo real maravilloso; sin embargo, no coincido del todo con esta aseveración. El nuevo negro de Carpentier sí es agente de cierta "magia" porque la síntesis que comunica no es meramente cultural sino cosmológica. Es él quien consigue interpretar los signos de la realidad percibiendo, en el gran caos que recorre las escenas de la novela, la semilla y solución del futuro: la revolución. Se desmarca del Indiano que reconoce que "el futuro es fabuloso", pero desconfía aún de las revoluciones. En los diálogos finales Filomeno se revela poseedor de una sabiduría que el Indiano no alcanza a aprehender. Además de haber comprendido la urgencia de la lucha de clases, es él quien sabe vivir sin sobresaltos el tiempo en palimpsesto impuesto por Carpentier: ayer, mañana y hoy pueden confundirse, como se denota en su despedida del Indiano (70). Advierte también que, más que en el Fin de los Tiempos, conviene pensar en el Comienzo de los Tiempos; mas rechaza la espera del Día de Resurrección propuesta por el Indiano, pues "no [tiene] tiempo para esperar tanto tiempo" (Ibíd.). Lo "mágico" aquí no será esotérico pero sí misterioso, pues sigue siendo presencia razonada aunque invisible —lo maravilloso o insólito— descubierto por ejemplo en "la música terrenal" a la que se abandona Filomeno. Es una fe podría decirse que "terrenal", impulsando la acción, pero no es todavía una realidad concreta. Se esconde detrás de la multiplicidad ensordecedora del gran concierto barroco, en los aires soplados por un Louis Amstrong, cuya actuación parisina se confunde con las horas cantadas por los moros de una Venecia dieciochesca.

Ha echado mano Carpentier a numerosas analogías cristianas para expresar su sentido de la Historia (piénsese en las utilizadas en "El camino de Santiago"). Aunque se serviría también de otras figuras recurrentes, como la del caracol, cuya forma en espiral identifica con la Historia. Carpentier atribuye al caracol el papel de mediador entre lo infinito y lo concreto: "Mediador entre lo evanescente, lo escurrido, la fluidez sin ley ni medida, y la tierra de las cristalizaciones, estructuras y alternancias, donde todo era asible y ponderable [...] Fijación de desarrollos lineales, volutas legisladas, arquitecturas cónicas de una maravillosa precisión, equilibrios de volúmenes, arabescos tangibles que intuían todos los barroquismos por venir" (*El siglo*, 215). Perfilando el futuro, la espiral del tiempo se vuelve lógica dentro del caos. Lógica que Carpentier calificaría con demasiadas prisas de barroca, pero lógica racional al fin y al cabo. Incluso plagada de apocalipsis revolucionarias, de ciclones y carnavales, o erigida mentira tras mentira como demuestra *El arpa y la sombra,* incluso si esta concepción de la Historia parece un torbellino infinito, es en ella donde, según Carpentier, el universo entero encuentra armonía. La revolución, especie de apocalipsis en la que el orden aparente de las cosas es totalmente invertido, recorre toda su obra, conservando siempre aires de Juicio Final. Aparece incluso anunciada por trompetas que, en cada novela, adoptan formas diferentes (Acosta, 130): caracoles antillanos en *El siglo*, trompeta de Armstrong o del negro Filomeno en *Concierto*, tambores sumergidos en la noche haitiana de "El reino". Trompetas míticas, agoreras, pero constantemente a ritmo de carnaval. Porque el carnaval, en toda su facundia y desenfreno sexual —motivo éste bastante frecuente, aunque poco se hable de ello, en la prosa de Carpentier—, traduce el acto del carnero que abre los siete sellos del Libro, las revelaciones de un nuevo orden. El carnaval, como anotase González Echevarría, precede siempre a la Apocalipsis-Revolución, que antecede por su parte a la revelación de una nueva etapa histórica, tiempos mejores, otra vuelta de la espiral (178).

La espiral de Carpentier expresa también la eternidad, aun cuando para Carpentier sólo era posible una existencia, la cotidiana. La resurrección, para el autor, se produce únicamente en la Historia. Ha de preferirse siempre lo terrenal a lo celestial. El personaje carpenteriano adopta la actitud moderna descrita por Foucault: conquista la satisfacción plena a través de su actividad en el presente, gravísimo de tanto heroísmo. La eternidad reside en el trabajo ininterrumpido del hombre en busca de la armonía, lo que ha sido la Historia. Los hombres, pobres mortales, no tienen más que esta vida; pero las ideas son eternas. Fue la revelación conclusiva de Ti-Noel, desahuciado de la revolución haitiana:

> El anciano tuvo un supremo instante de lucidez [...] Se sintió viejo de siglos incontables. Un cansancio cósmico, de planeta cargado de piedras, caía sobre sus hombros descarnados por tantos golpes, sudores y rebeldías. [...] Era un cuerpo de carne transcurrida. Y comprendía, ahora, que el hombre nunca sabe para quién padece y espera. Padece y espera y trabaja para gentes que nunca conocerá, y que a su vez padecerán y esperarán

y trabajarán para otros que tampoco serán felices, pues el hombre ansía siempre una felicidad situada más allá de la porción que le es otorgada. Pero la grandeza del hombre está precisamente en querer mejorar lo que es. Es imponerse Tareas. En el Reino de los Cielos no hay grandeza que conquistar, puesto que allá todo es jerarquía establecida, incógnita despejada, existir sin término, imposibilidad de sacrificio, reposo y deleite. Por ello, agobiado de penas y de Tareas, hermoso dentro de su miseria, capaz de amar en medio de las plagas, el hombre sólo puede hallar su grandeza, su máxima medida en el Reino de este mundo (184-185).

El cansancio de Ti-Noel va al encuentro del que aqueja a todos los hombres sufrientes de explotación y miseria como él. En este punto le llega el llamado, la gran revelación, que lo convierte en sujeto histórico-político. Se yergue aquí el héroe moderno de Carpentier que, como al revolucionario analizado por Hannah Arendt, a través de las revoluciones le es revelada una nueva experiencia: su propia capacidad para crear la novedad (37). El hombre sabe que puede cambiar su mundo gracias a su acción política y deja de esperar milagros. La revolución moderna de Arendt, como las que describe Carpentier, es irresistible. Arrastra a sus actores, quienes "arrebatados por la historia" se convierten en instrumentos de ésta (Arendt, 48). Así es como la vida oscura de Ti-Noel, en el umbral de la muerte, forma parte ya de una luminosidad futura, universal, cuya existencia no había sido sospechada jamás por el antiguo esclavo. El viejo moribundo intuye, fugazmente, la presencia de la eternidad en sí mismo: la Historia.

1.2. La épica revolucionaria: entre testimonio, violencia y fabulación

> Vivamos de corrido, sin hacer poesía.
> Aprendamos palabras de la vida.
> [...]
> Algo nos está pasando.
> Ayer apreté el interruptor de encender la luz,
> y encendí el sol.
>
> Silvio Rodríguez, "Aunque no esté de moda", *Al final de este largo viaje*

En 1978, cuando Carpentier publica *La consagración de la primavera*, el compromiso político del creador dentro de la revolución debía ya ser explícito. Demasiado frescos estaban aún el Caso Padilla y los dictámenes del primer congreso nacional de Educación y Cultura. La "época gris" de la revolución cubana se hallaba en pleno apogeo. No había entonces lugar para indecisiones. Si Carpentier pudo darse el lujo, en 1953, de ofrecer a un irrecuperable Sísifo el rol protagónico en *Los pasos perdidos;* si el Esteban de *El siglo de las luces* tenía aún la posibilidad de dudar de las fuerzas revolucionarias y jugar un poco al intelectual que se pasea escépticamente de una revolución a otra; si el clarividente Filomeno de *Concierto barroco,* tras reconocer la necesidad de la lucha de clases, se marcha —como Monsieur Philomène— a escuchar a Louis Amstrong a París; en *La consagración de la primavera* —considerada por su autor como su gran novela política (*Conferencias,* 173)— una posición definida y definitiva, del lado de la revolución marxista-leninista, se imponía de manera inapelable. "Se es o no se es", una letanía de punta a cabo de esta novela, una pregunta atosigando a sus personajes hasta que al fin éstos se deciden a "ser".

La armonía hasta entonces pensada como utopía conquista la realidad cuando triunfa la revolución. Se hacía necesario que Alejo Carpentier escribiera un texto que lo liberase de toda sospecha de pesimismo, y es así como consigue engendrar esas quinientas páginas, casi veinte años después del triunfo revolucionario. La (¿auto?)exigencia de una absoluta evidencia de optimismo celebratorio es quizás bastante responsable de la pobreza de un texto en el que se buscará en vano la genialidad narrativa del gran escritor cubano.[9] ¿Sería que Carpentier ya no estaba tan convencido de lo que pretendía expresar, ahora que ya no existía ninguna maravilla esperando por el esfuerzo humano para hacerse realidad, porque ya la maravilla se había supuestamente convertido en vida cotidiana para los cubanos? No es mi interés apuntar conjeturas, sino más bien atraer la atención sobre la situación particular de este escritor, quien, habiendo colocado sus esperanzas en revoluciones de todo tipo, se halla finalmente confrontado a la aplicación, en la realidad, de su propia utopía. Se "abre una nueva interrogante que Carpentier no llegó a confrontar: la de escribir, no sobre una revolución que se espera, sino desde dentro de una que ya ha ocurrido", reconoce González Echevarría (283). Como Vera, la bailarina rusa que en *La consagración* ha escapado primero de la revolución en su país natal, luego de la Guerra Civil española y finalmente ya no puede evadir la cubana; Carpentier estaba conminado a dar una respuesta concreta. La hora del verdadero compromiso, suscrito con vida y no con tinta, le había atrapado. La protagonista Vera parece hacerse eco del novelista: "La palabra me ha alcanzado [...] Me rindo. Estoy cansada [...] de huir siempre. Al menos, si no he estado con la Revolución, no he estado contra ella, prefiriendo ignorarla. Pero se terminaron, para mí, los tiempos de la ignorancia" (419).

Mas *La consagración* no llega a convertirse —incluso si ésta fuere la ambición de Carpentier— en paradigma novelesco de la revolución cubana. Sus protagonistas se debaten ante los mismos problemas existenciales del sujeto ante la revolución que recorren la narrativa de Edmundo Desnoes. La diferencia, en modo alguno insignificante, estriba en que el autor de *Memorias del subdesarrollo* (1965) recrea tal situación justo en los primeros años de la revolución; mientras que no es hasta ya avanzados los setenta cuando Carpentier llega a publicar *La consagración*. Lo deseable, al menos para los críticos marxistas ortodoxos, hubiese sido que el gran novelista, evidentemente integrado al proceso revolucionario al mismo tiempo que beneficiario de considerable prestigio internacional, escribiese la "gran novela de la revolución". Éstas eran las predicciones de un José Antonio Portuondo en

---

[9] González Echevarría considera que en parte el fracaso de *La consagración de la primavera* se debe "a que Carpentier ha desoído aquí su propio consejo de no entregarse al melodrama, al 'tango'" (362).

1964 al considerar que "[c]on respecto a la Revolución Cubana, *El siglo de las luces* no tiene más que una simple coincidencia cronológica: nacieron juntas, sin relación causal alguna entre ellas. Carpentier prepara ya su novela de la Revolución" (Pogolotti, 249-250). Y puede que escribir la gran novela de la revolución cubana fuese al menos aparentemente la intención del autor, quien corriendo el año 1979 precisaba en la Universidad de Yale que al novelista latinoamericano se le imponía la tarea de revelar la complejidad de las urbes del continente, escribiendo sobre los grandes acontecimientos que en ellas se estaban produciendo y abrazando por ende la narrativa épica (*Ensayos*, 20-44).

"Esta vez no vivo en el escenario, sino dentro del público [...] Traspuse las fronteras de la ilusión escénica para situarme entre los que miran y juzgan e insertarme en una realidad donde se es o no se es, sin argucias, birlibirloques, fintas ni términos medios. Sí o no..." (419), dice Vera trasmitiendo nuevamente el íntimo anhelo de su autor. Sin embargo, me inclino a pensar que resultaría imposible para Carpentier cumplir este deseo, porque no sabría cómo abandonar la explicación de la revolución como utopía impulsora de la Historia para entrar en la epopeya, pasar de observador —por muy revolucionarios que sean sus pensamientos— a actor. Al defender la dimensión épica de la nueva narrativa latinoamericana, declaraba Carpentier que el novelista "debe [...] colocarse en la primera fila de espectadores" (*Ensayos*, 43). Su papel se centra en el examen del hecho histórico, pero no hace mención a la acción participativa que finalmente arrastra a Vera. La fuerza narrativa de Carpentier residía en la comprensión —no la descripción— del hecho épico como expresión de la participación del espíritu humano en la trascendencia universal. En *El recurso del método*, a través del Estudiante, militante comunista, cabe esperarse que la revolución del proletariado llegue a triunfar un día; pero la novela se detiene en la muerte del viejo dictador, pocos días después de su encuentro —en el recurrente París— con su enemigo El Estudiante. Tampoco se lee al Filomeno de *Concierto* haciendo la revolución; sólo supo razonar debidamente y descubrir el valor de la Historia en la amalgama de su presente. Para Carpentier, "cómo escribir una novela revolucionaria quería decir cómo insertar la Revolución Cubana en la historia del siglo" (González Echevarría, 361). Pero cuando las fuerzas revolucionarias llegan al poder y el pueblo cree haber alcanzado la trascendencia anhelada: ¿Qué sucede con la concepción de la Historia de Carpentier? ¿Ha tocado ésta sus límites? ¿Qué hacer de su personaje fetiche, aquel Sísifo constantemente ocupado en el perfeccionamiento humano?

La mayoría de los jóvenes narradores, durante los primeros años de la revolución, no conocieron esta aporía. Sin reticencias ni titubeos, se movían dentro de la cosmología de la revolución cubana: una visión del mundo humanista y racionalista, pero donde los preceptos marxista-leninistas funcionaban con toda normalidad. A diferencia del heroísmo racionalista de Carpentier, los jóvenes escritores respaldados por la ideología política de la revolución no experimentaron la necesidad de interpretar la realidad de una forma particular, buscando desentrañar esencias reveladoras. La perspectiva maravillada no les pareció jamás una opción interpretativa de la realidad. En verdad, no hicieron gran esfuerzo por comprender su mundo. No lo necesitaban. No dudaban ni de su validez, ni de su unicidad, ni de su coherencia. Vivían, suponían ellos, en el mundo correcto y actuaban correctamente, construyendo la sociedad perfecta. Esta actitud estaba, evidentemente, en consonancia con el mensaje político de los líderes de la revolución. Fidel Castro, en las todavía perturbadoras *Palabras a los intelectuales,* había trazado claramente la distinción entre los actores de la revolución y sus críticos, quienes desde su punto de vista no tenían espacio dentro de la misma. "Por cuanto la Revolución representa los intereses de la Nación entera, nadie puede alegar con razón un derecho contra ella" (11). Dentro de esta convicción de perfección, incapaz de relativizar el presente, no hay cabida para la utopía. Una situación juzgada como absoluta no puede ser cuestionada y, como señala Bauman, sólo a partir de una posición crítica ante la realidad es posible construir la utopía (*Socialism,* 13).

Dentro de la cosmología de la revolución cubana la Historia ya no es caótica ni constituye un peso con el que irremediablemente se carga aun si no se comprende por qué. El *telos* histórico no se esconde tras los mitos ni se enrosca en tortuosas espirales. Muy al contrario, se abre claro en la realidad. La Historia deviene ahora materia manejable que justifica explícitamente el presente y sobre la cual creen los revolucionarios que están actuando, en la preparación del futuro, que por su parte ha dejado de ser imprevisible. No hay músicas ni celestiales ni terrenales, sino ruido de artillería, machete en cañaveral, pico y pala en la construcción. Lo real no es más un fenómeno que hay que interpretar, sino que hay que vivir; y el hombre ya no está obligado a torcerse intelectualmente para comprender su mundo, porque piensa que al fin ha logrado domesticarlo. Lo ilustra aquí Miguel Barnet:

> La historia, a todas luces, venía a llenar un vacío en nuestras vidas, que, desde ese momento, pesaba no como un pájaro de plomo sobre nuestras cabezas, sino como un flujo de gravitaciones esenciales [...] Un fuego prometeico nos abrazó para resucitarnos. [...] En medio de aquel efervescente acontecer, fuimos modelando nuestros sueños personales, que no se daban ya contra una pared de silencio ("La historia", 216).

Este panorama permite explicar el auge que entonces toma la literatura testimonial, respaldada por la política cultural desde los tempranos sesenta. Ya en "Palabras a los intelectuales" Fidel Castro se refería al "privilegio" de los intelectuales que permanecían en la isla, gozando de "la oportunidad de ser más que espectadores, de ser actores de la Revolución". Los creadores de entonces tenían la obligación de escribir sobre la revolución pues las generaciones futuras les exigirían su visión de aquellos tiempos heroicos: "¡[T]eman a las generaciones futuras que serán, al fin y al cabo, las encargadas de decir la última palabra!" (12). Ha de escribirse entonces, para el futuro, que no es imaginario porque supuestamente perdió toda impredicibilidad cuando la revolución al triunfar volvió concreta la utopía. El futuro, dentro de la cosmología de la revolución cubana, está dentro del hoy y cuando el Líder Máximo arenga de esta manera a los intelectuales es tras haber declarado, en el mismo discurso: "Esta Revolución pasará a la posteridad porque es una Revolución para ahora y para los hombres y las mujeres de ahora" (Ibíd.).

Inmerso en estos efervescentes momentos en los que el heroísmo domina la cotidianeidad, el creador cubano de los primeros años revolucionarios se ve a sí mismo en el deber de rendir testimonio de ellos. El estilo directo y conciso es privilegiado, expresión del esfuerzo narrativo por volcar en la literatura, lo más inmediata y fielmente posible, la experiencia vivida. Si la novela histórica, género dentro del cual pueden incluirse las principales obras de Carpentier, utiliza la Historia para inyectar trascendencia a la trama narrativa, la novela-testimonio ofrece trascendencia a la realidad, busca captar la vivencia cotidiana para que perdure literariamente. De eso se trata para un escritor como

Miguel Barnet, quien en 1967 publica una de las piezas más significativas del género, *Biografía de un cimarrón*. Escrito a partir de los recuerdos de Esteban Montejo, esclavo, cimarrón, veterano de las guerras de independencia, trabajador agrícola durante la república y finalmente inquilino de un Hogar de Ancianos durante los primeros años de la revolución, este libro se erige en paradigma de una novelística que pretende retratar más que recrear vida y pensamiento de seres otrora marginalizados. Es ésta en efecto una de las particularidades del género testimonial, erigirse en expresión representativa de las masas populares. Barnet no dudaba en aseverar que con sus obras había contribuido "a ser un resonador de la voz del país, del pueblo, de lo cubano, de la historia" (Delgado, María, 67). Con ello, subrayaba además los aspectos que diferenciaban esta prosa de la picaresca, con la que guarda —al interesarse por modos de vida marginales— una inevitable relación de parentesco. Sin embargo, mientras la picaresca reproduce las imaginarias peripecias de un personaje marginal denunciando al mismo tiempo una situación social determinada, la novela-testimonio que defiende Barnet no hace de la historia de su protagonista, que es verídica, el eje principal de la trama. Es más bien su representatividad de las masas populares el elemento esencial que estructura la novela. Entra aquí a jugar un papel principal la dimensión veraz, esencial a la literatura testimonial: lo cual se comprende mejor al seguir los análisis de John Beverley, quien revela el vínculo entre esta "asunción de la verdad" —totalmente ajena a la picaresca que reivindica al contrario el frenesí fantasioso— y la solicitud de solidaridad que subyace en el testimonio (3).

Según las observaciones de Ambrosio Fornet, la voluntad testimonial a la cual se subscribían la mayoría de los jóvenes narradores de aquella época correspondía con las exigencias de un público ávido de este tipo de literatura: "Lo que todos estaban exigiendo [...] era un fresco multitudinario donde cada uno pudiera reconocerse a sí mismo en los momentos en que se había visto obligado a tomar decisiones, elegir un camino y vivir al máximo de sus posibilidades. [...] Tal vez no era aún el tiempo de las fabulaciones, pero todos aspiraban a reencontrar un buen día en la literatura su propia imagen multiplicada por el espejo innumerable de la épica" (*Las máscaras*, 58). En consonancia, no sólo el deseo por rescatar "la memoria colectiva" como diría Barnet (Delgado, María, 67), sino también de *epicidad*, de pretender participar en la actividad cotidiana de los cubanos a través de la creación literaria, anima la prosa de escritores como Jesús Díaz, Norberto Fuentes y Eduardo Heras León, que desde fines de los sesenta promovieron la llamada *literatura de la violencia*.

Esta vertiente literaria alcanza popularidad con la publicación, en 1966, del volumen de cuentos *Los años duros,* con el cual Jesús Díaz ganase el premio Casa de las Américas. La intimidad que aún resonaría en los textos de Barnet es inexistente en la literatura de la violencia. Por la acción y la épica exacerbadas, se anula la individualidad a favor de lo social. Con ello quedan radicalmente zanjadas las diferencias entre esta narrativa, la picaresca y el *Bildungsroman* (novela de formación o aprendizaje), siendo además resuelto el acuciante "pecado original del intelectual" denunciado por Ernesto Guevara. El prototipo del héroe prevaleciente en este tipo de literatura parece calcado del Hombre Nuevo:[10] "Los dirigentes de la Revolución tienen hijos que en sus primeros balbuceos, no aprenden a nombrar al padre; mujeres que deben ser parte del sacrificio general de su vida para llevar la Revolución a su destino; el marco de los amigos responde estrictamente al marco de los compañeros de la Revolución. No hay vida fuera de ella", se lee en "El socialismo y el hombre en Cuba" (381).

Se trata de una nueva versión del cubano útil que encontraba Rafael Rojas desde los discursos nacionalistas dieciochescos (véase la Introducción). Destaca en tal sentido Ana Serra cómo el ideal del Hombre Nuevo proponía cambios radicales a un tiempo que mantenía suposiciones raciales, clasistas, históricas, de género, nación y cultura predominantes en eras anteriores (3). Así, incluso algunos escritores que llegaron a criticar comportamientos extremistas y estereotipos inútiles defendieron en esencia esta concepción del héroe cubano, valiente, patriota, eurocéntrico, viril, totalmente entregado a la revolución. Ejemplo de ello lo constituye "La Yegua" (1968) de Norberto Fuentes, considerado por el crítico Víctor Fowler como el cuento en el que "la execración de la figura del homosexual alcanza su paroxismo" (*La Maldición,* 35). Aquí Fuentes narra la historia de un joven miliciano que todos consideraban "bragao" (valiente), de quien se llega a sospe-

---

[10] Sobre las recreaciones narrativas del Hombre Nuevo conviene examinar el libro *The "New Man" in Cuba,* de Ana Serra.

char cierta pulsión homosexual. De vergüenza, el protagonista se suicida no sin antes demostrar su masculinidad. El mensaje, por un lado, está claro: no deben los revolucionarios juzgar por las apariencias. Pero al mismo tiempo, el autor no es capaz de quitarle los atributos viriles al héroe revolucionario. Sus compañeros de lucha pueden equivocarse, el revolucionario, en cambio, no podrá ser jamás homosexual.

Con la literatura de la violencia se creyó haber llegado al fin a entonar "el canto del hombre nuevo con la auténtica voz del pueblo", según había ordenado el comandante argentino y se esforzaban en imponer, prestas, las autoridades cubanas. La lucha revolucionaria, la defensa de la nueva sociedad, las tareas de construcción y de renovación socioeconómicas constituyeron los grandes temas de esta narrativa. Ésta no justificaba ya el poder revolucionario a través de la exaltación de sus triunfos y la crítica de un pasado miserable, sino que lo hacía al demostrar cómo el Progreso social que el nuevo régimen supuestamente acarreaba daba legitimidad a la violencia revolucionaria. Pretendiendo además la mayor cercanía posible con estas acciones violentas, el estilo se acomoda brutalmente, la dimensión existencial de los personajes es soslayada y se busca la eliminación de la distancia entre el lector y el narrador. Este último desea expresar su propia participación en la vida cotidiana, perderse en la acción y en el anonimato de la masa, eliminar las huellas de su extrañamiento, es decir, de su "pecado" de no ser auténticamente revolucionario, según Guevara. Protagonista de aquella época, el escritor y cineasta Víctor Casaus señalaba la inmediatez, la necesidad de prescindir del distanciamiento estético, como particularidades del testimonio revolucionario (91). Al autoconsiderarse como representativa del pueblo sacralizado y al seguir sus pasos en su actividad cotidiana, haciendo gala de presuntas naturalidad y ausencia de artificios literarios, esta narrativa se colocaba también como transformadora de la realidad. Se ve a sí misma actuante, desenmascarando las grandes mentiras del período prerrevolucionario, criticando la injusticia y presentando la verdad, participando de lo épico, junto a todo el pueblo.

La literatura de la violencia responde al momento de *epicidad* enaltecida de los sesenta. Signada por la Batalla de Playa Girón en 1961, la Crisis de los Misiles un año después y reiterados ataques contrarrevolucionarios, esta época está enmarcada ideológica y éticamente dentro de una comprensión de la existencia como confrontación, heroísmo y cohesión social. Así lo explica Tzvi Medin, quien reconoce que la alternativa a esta situación de confrontación era "el dilentatismo, la indiferencia, la pasividad y la desintegración causada por la división frente al enemigo, es decir, la traición" ("The alternative in a situation of confrontation is dilettantism, indifference, passivity, disintegration caused by division in the face of the enemy —in a word, betrayal"; 29). Comprendiendo estos elementos de la cosmología de la revolución, no resulta insólito que los representantes de la literatura de la violencia se posicionarían contra otros autores que si bien defendían la coloquialidad, el naturalismo e incluso lo testimonial en la literatura, lo hacían desde posturas menos violentas o inmediatas. Es éste el caso de Barnet, quien reconocía su prosa como una suerte de realismo estético, en oposición al realismo crítico o socialista. Para el escritor, la diferencia estribaba en que su novelística no presentaba soluciones —que en su opinión concernían al dominio de lo político y no de lo literario (Delgado, María, 66)—. Barnet, junto con otros importantes creadores como Nancy Morejón, Belkys Cuzá Malé, Eugenio Hernández Espinosa, José Mario, Rogelio Martínez Furé, Gerardo Fullera León, pertenecía al Grupo El Puente, contra el cual dirigió fuertes críticas Jesús Díaz. Desde su punto de vista, estos poetas no respondían con fidelidad al momento histórico de la revolución, pues encarnaban la "traición" identificada por Medin. "El Puente empollada por la fracción más disoluta y negativa de la generación actuante. Fue un fenómeno erróneo política y estéticamente. Hay que recalcar esto último, en general eran malos como artistas", llega a decir Jesús Díaz poco después de conseguida la disolución del grupo, en 1965 ("Encuesta generacional", 8).

Sin embargo, el apogeo de la narrativa de la violencia pasó cuando se volvió evidente que la "divina violencia" es incompatible con el discurso literario. Hannah Arendt consideraba que una teoría de la revolución sólo podía ocuparse de justificar la violencia en tanto esta justificación constituye la limitación política de la violencia, pero si llegara a glorificarla devendría proyecto antipolítico ("violence itself is incapable of speech, and not merely that speech is helpless when confronted with violence [...] a theory of a revolution [...] can only deal with the justification of violence because this justification constitutes its political limitation; if, instead, it arrives at a glorification or justification of violence as such, it is no longer political but antipolitical"; 9).

Pensada dentro de una visión moderna de lo político, si se siguen estos argumentos, podría considerarse que los defensores de la literatura de la violencia pronto chocaron con los límites anunciados por Arendt. Una vez pasados los momentos críticos de los sesenta, ya entrados los setenta, cuando la institucionalización del régimen socialista se había convertido en la nueva tarea cotidiana: ¿cómo justificar la violencia épica? La violencia pura y sin orden no tenía sentido. En 1971, la revista *Pensamiento Crítico,* cuyo Consejo de Dirección incluía a Jesús Díaz, es suspendida por el gobierno. Animada por un grupo de profesores de filosofía de la Universidad de La Habana, la publicación se presentaba a sí misma como una tribuna de las ideas revolucionarias desde una perspectiva cubana, latinoamericana, "tercermundista". ¿Pretendían forjar una especie de teoría alternativa de la revolución? En mi opinión, la clausura de *Pensamiento Crítico* apunta más que a la arbitrariedad o ceguera de las autoridades, hacia la imposibilidad de asociar una teoría revolucionaria a la realidad cubana de aquella época. ¿Qué es la revolución sino ese instante de subversión total en el que el caos reina? Ya en 1971 la noche trasmutadora había terminado, el carnaval había cesado y con el día, la revolución moría para abrir paso al gobierno institucionalizado, inspirado del socialismo soviético de entonces. La Unión Soviética (URSS) que modelaba conductas en la isla no era el país de los Soviets de Lenin, sino un gigante anquilosado, tan lejos de las revoluciones. Se trataba, según el lúcido análisis de Moshe Lewin, de un régimen absolutista, representante de la jerarquía burocrática, sobre la que se apoyaba. En este sistema, heredero a su vez del modelo burocrático prerrevolucionario, hasta la nueva posición del secretario general guardaba mucho en común con la imagen del "Zar, dueño de la tierra" (381).

Ese mismo afán por retratar la cotidianeidad que animaba a los cultivadores de la literatura de la violencia es lo que representa, a los ojos de los jóvenes narradores de los ochenta, un esfuerzo incompleto. Surge entonces una nueva narrativa donde la recreación de lo cotidiano no excluye, como hicieran sus predecesores, la individualidad del cubano. Al contrario, la vida revolucionaria es presentada a partir de la mirada y el sentimiento de sus personajes, que ya no buscan representar a la masa entera de cubanos. Una plétora de personajes atípicos dentro de la literatura cubana posterior a 1959 protagoniza, tímidamente primero y luego con fuerza, esta nueva tendencia: mujeres, niños, adolescentes, delincuentes, roqueros, frikis, negros, gais, gente pobre, indecisa, traumatizados por las guerras africanas o inadaptados becarios en los países de Europa del Este. Salvador Redonet, uno de los críticos que mejor abordó esta narrativa, consideraba que "[a]unque con resultados estéticos diversos […] predomina[ba] […] el monólogo, el soliloquio (la utilización de la primera persona), ya no para establecer un crudo y violento diálogo directo entre el hombre y la historia, sino entre el personaje y sus recuerdos" ("Para ser", 14).

Estas palabras resumen la transformación vital que se verifica en la narrativa cubana de los ochenta. De la violencia al intimismo, se llega a prestar atención al sujeto, que antes carecía de interés si se le mostraba fuera de la masa. Situaciones hasta entonces ignoradas porque eran consideradas insignificantes frente a la gran tarea épica del hombre revolucionario reaparecen, abordadas a veces con la presunta candidez del niño o la incoherente turbulencia del adolescente. Problemáticas sexuales, genéricas, raciales e incluso ideológicas son retomadas. Ya en 1976 Mirta Yáñez había publicado *Todos los negros tomamos café,* un excelente libro de cuentos en el que se posa una mirada delicada y serena sobre un grupo de estudiantes movilizados en la recogida de café. Son adolescentes urbanos, hijos de pequeño-burgueses, que afrontan con un heroísmo mudo y sencillo, sin bravuras ni grandes elocuencias, la difícil situación que se les presenta: abandonar el hogar y entregarse, sin comodidades, a las labores agrícolas. Allí conocen a negros campesinos de ascendencia haitiana, quienes mantienen sus creencias religiosas a pesar del ateísmo impuesto por el régimen revolucionario. También entran en contacto con simples campesinos que no están del todo convencidos de las ventajas que supuestamente les traería la revolución, pero que terminan por apoyarla. Sin dudas, ninguno de estos personajes se parece al "cubano útil" tradicionalmente presentado como modelo nacional ni a su clon marxista-leninista. El tono, además, pasa de la extrema seriedad a la jocosidad, que en el caso de Yáñez permite cuestionar suavemente la sociedad cubana, desde dentro del sistema revolucionario, como bien demuestra Sara Cooper en su artículo sobre la obra de esta narradora. Sus personajes asumen con humor la imposibilidad de alcanzar los altos niveles de heroísmo exigidos al sujeto revolucionario (34-35).

La transformación literaria que se verifica entonces es descrita con bastante acierto por Leonardo Padura: "Si en los sesenta se reflejó la realidad y en los setenta se alabó la realidad, yo creo que en los ochenta se la interroga" (Epple, 51). Habrá entonces cierto retraimiento en el impulso épico, que no significa su anulación sino llevarlo a lugares y describirlo en personajes ante los cuales la anterior literatura revolucionaria no solía detenerse. La realidad deja de recrearse a través del enfrentamiento entre grupos de hombres y mujeres con diferencias político-ideológicas, para ser escrita en el quehacer cotidiano del individuo. No se pierde con ello el afán heroico: el Hombre Nuevo continúa siendo un paradigma, pero su ejemplaridad ahora sale a la luz cuando logra desentrañar la maleza de sus conflictos personales. Se ubica en cierto modo este personaje en la línea de los de Edmundo Desnoes, pero para los jóvenes creadores de los ochenta la angustia no atenaza de manera tan profunda la existencia de los protagonistas. El conflicto no está en el interior del cubano sino en su relación con el medio circundante, del que todavía se considera dueño, capaz de transformarlo. Ahí, precisamente, reside la continuidad entre la narrativa de la violencia y la de los ochenta, a pesar de las rupturas que ésta incorpora. Persiste un afán de perfeccionamiento que es esencial al pensamiento escatológico moderno. Así, cuando el escritor Arturo Arango critica el esquematismo de la literatura que llama "sinflictiva" (sic), aduce su incapacidad, al negar deliberadamente las imperfecciones y los conflictos de la sociedad, de comprender su potencial de perfectibilidad (*Reincidencias*, 67). Se sigue entonces apuntando hacia el Progreso y se busca aún el acercamiento a la realidad y la comunicación con el lector.

Curiosamente, sería el mismísimo paladín de la literatura de la violencia, Jesús Díaz, quien habría de publicar una importante novela que pone al descubierto estas contradicciones, rupturas y continuidades. Aunque ya existía según el autor una versión de *Las iniciales de la tierra* en 1973, no es hasta 1987 cuando el libro es publicado, desencadenando vivísimos debates. La cuestión sobre el paradigma de la "novela de la revolución cubana" se reanima, así como el del testimonio, evidenciando cómo el apego a la realidad permanecía constante durante todos estos años de creación literaria.

El protagonista de *Las iniciales*, Carlos Pérez Cifredo, ya no representa a la clase obrera ni está libre del pecado original de los intelectuales, pues es de procedencia burguesa. Se obsesiona, sin embargo, con el arquetipo del revolucionario, con el macho marxista-leninista que supuestamente debería ser. Mas la realidad no es necesariamente un texto épico ni se presenta en blanco y negro. En los matices se estancan sus vacilaciones y frustraciones: por un lado, fulgura su deslumbramiento por el heroísmo; por el otro, lo asedian sus posibilidades reales —condicionadas por su propia historia como individuo— de convertirse en héroe. Al final de la novela Jesús Díaz deja abierta la problemática acerca del Hombre Nuevo. ¿Un hombre que había tenido alguna que otra flaqueza en las movilizaciones militares, pero que queda minusválido tras una explosión durante la Crisis de Octubre, podría militar en el Partido Comunista? ¿Un cubano blanco que había sido capaz de perdonarle infidelidades a su mujer mulata, y que volvió a casarse con ella, podría ser considerado como un ejemplo de masculinidad e integridad en la sociedad socialista? Estas y otras preguntas conducen al lector hacia cuestiones más amplias, lo llevan a indagar sobre el modo de juzgar el valor de un revolucionario. Ponen en tela de juicio, además, la unicidad del punto de vista desde el cual pueden ser dirigidas estas interrogantes.

En *Las iniciales*, la verdad ya no es única y el texto no se presenta como su portador. O tal vez sí, pero entonces la verdad reside precisamente en la ambivalencia y en la resistencia del individuo a los estereotipos. En tal sentido, esta novela de Jesús Díaz se mantiene en la línea realista que predominaba en sus obras anteriores, y ese realismo continúa siendo crítico. La intencionalidad del autor parece corresponder con algunas particularidades del testimonio, señaladas por Beverley: "La posición del lector es similar a la de un jurado en una corte [...] por definición, el testimonio promete, primeramente, sinceridad" (32). Esta vocación testimonial tampoco escapa a Ambrosio Fornet, quien, al defender apasionadamente *Las iniciales de la tierra*, llega a definirla como un *Bildungsroman* colectivo (*Las máscaras*, 148). Basaba esta apreciación en la observación de cómo la novela iba definiendo los personajes dentro del contexto revolucionario tal y como la revolución misma se iba definiendo durante esos años: "Se trata al mismo tiempo de un aprendizaje individual y colectivo, de la 'formación' de un personaje y de la 'formación' de todo un pueblo" (71-72). Los argumentos de Ambrosio Fornet revelan igualmente la presencia en la novela de otro factor de continuidad con la narrativa precedente: lo épico. Porque si bien ya no se trata de exaltar a toda costa la acción del héroe tradicional (el protagonista vacila a veces y su comportamiento no responde constantemente con los patrones de la masculinidad heroica occidental), cuando el crítico reconoce que la idea central de la novela es "contar cómo se *hace* un revolucionario, o mejor dicho, cómo se hace revolucionario alguien que no lo era" (72), hay ya una misión transformadora orientada hacia el Progreso, una épica que se está subrayando. Esta posición ética —que coincide con la esbozada más arriba por Arango al criticar el esquematismo literario predominante en los setenta— entra en correspondencia nada sorprendente con ciertos términos manejados asiduamente por aquella época en la vida político-social cubanas: el de la "crítica constructiva", por ejemplo, que se inscribía dentro del Proceso de rectificación de errores y tendencias negativas impulsado por el Partido Comunista en 1986.

No obstante el imborrable trazo de esta continuidad, la ruptura que ya se hace evidente en la narrativa cubana de los ochenta y que se venía gestando desde los setenta se basa en buena medida en la importancia que adquiere la fabulación para los nuevos escritores. Arango recalca esta circunstancia, señalando además relaciones de parentesco con la narrativa cubana de los años cincuenta, de la que su generación —cree— se siente heredera (69). Volverían en efecto Carpentier, Lezama y los escritores del *boom* latinoamericano a llamar la atención de críticos y creadores. Mas esta tendencia no es novedosa sino por lo mayoritaria, pues incluso en los sesenta el joven Reinaldo Arenas había apostado peligrosamente por la más deliberada fabulación y encontró amparo, precisamente, en grandes escritores entonces diabolizados: Lezama, Piñera, Eliseo Diego... Nadie parece negar que los personajes infantiles y adolescentes que inundarían la narrativa nacional en los ochenta tienen un ejemplar antecesor en aquel niño guajiro que en *Celestino antes del alba* (1964) descubre y recrea la pobreza anterior a 1959, la espera de la revolución y la aspiración de un mundo mejor. Con esta primera novela, Arenas desafiaba un ambiente cultural regido por la exigencia de realismo. El autor abogaba por el derecho a rendir testimonio de la realidad a través de una mirada diferente y en su defensa el poeta Eliseo Diego habría de declarar que "pocos libros se [habían] publicado en nuestro país donde las viejas angustias del hombre de campo se nos acerquen tan conmovedoramente, haciendo así de su simple exposición una denuncia mucho más terrible que cualquier protesta deliberada" ("Sobre Celestino", 165).

1.3. Desde y hacia la Nada y la Imagen: heroísmo trágico en Virgilio Piñera y José Lezama Lima

> Los viejos pasan y ríen viendo al muchacho soñar.
> No es que ya nadie confíe.
> Pero es difícil confiar.
>
> Carlos Varela. "El niño, los sueños y el reloj de arena", *Como los peces*

Cuando, como sugiere Martín Hopenhayn, se relaciona la revolución a términos como *acontecimiento, redención* y *comunión* (18-19), puede irse entendiendo en qué sentido las poéticas de autores como José Lezama Lima o Virgilio Piñera eran también humanistas y defendían, en lo esencial, el concepto moderno de revolución. Bajo la lectura ética que caracteriza este libro, ha de entenderse aquí la revolución en tanto proyecto escatológico humanístico, más que político-ideológico, como expreso en la Introducción. Siguiendo esta perspectiva, la interpretación del concepto de revolución en las poéticas de Lezama y Piñera adquiere carácter diferente al comúnmente esbozado en la mayoría de los estudios críticos. En las próximas páginas examinaré en detalle qué "revolución", a mi juicio, latía en sus obras, a pesar de las innegables diferencias político-ideológicas de los dos poetas con el poder revolucionario que en los años sesenta y setenta les censurara. Se trataba de otra revolución, demasiado absoluta para que sea aplaudida tal cual por cualquier poder social, político o religioso: una revolución capaz de subvertir el orden cósmico, reinstaurando la posición del hombre en el universo.

A pesar de las divergencias que caracterizaron sus poéticas respectivas,[11] tanto Lezama como Piñera compartían la misma sensación de hallarse en un universo caótico que precisaba ser ordenado, reconfigurado cosmológicamente, para que el hombre pudiese habitarlo

---

[11] Las diferencias poéticas y los antagonismos personales entre Piñera y Lezama Lima constituyen tópico imposible de evadir por los estudiosos de su obra. Aunque la literatura al respecto es abundante, considero particularmente esclarecedores los trabajos de Lorenzo García Vega *(Los años de Orígenes)* y Duanel Díaz *(Los límites del origenismo)*.

a plenitud. Es a partir de esta convicción como resulta posible comprender sus poéticas en tanto proyectos guiados por pulsiones utópicas y defensores de cierta épica. Son, tanto como en Carpentier y en los narradores de la revolución cubana, poéticas ubicadas dentro del humanismo moderno, pues ofrecen soluciones al caos capaces de llevar al hombre hacia la consecución de un futuro mejor. Proponen un *telos* escatológico. Sin embargo, es la naturaleza de este futuro y de los caminos sugeridos para alcanzarlo lo que determina las diferencias entre unos y otros. Para Carpentier, la Razón dialéctica era capaz de impulsar la Historia a través de la acción cotidiana del hombre sobre su realidad, quien lograría así sobrepasar la apuesta trágica de sentido; pero Lezama y Piñera nunca hallarían energías tales en la realidad cotidiana. Coincidían en ello sus cosmovisiones, a pesar del antagonismo poético. El autor de *Paradiso* había bautizado a Piñera como "la oscura cabeza negadora", según recuerda Arrufat que le refiriese la hermana del poeta, Eloísa Lezama Lima, citándole los versos de "Rapsodia para el mulo" (Lezama, *Poesía completa*, 146) y aconsejándole que se alejase del "más prominente de los adversarios de la poética de Lezama" (Arrufat, 7). Por su parte, Virgilio Piñera había dejado claro que su poema "La isla en peso" representaba "el antilezamismo en persona" y recordaba que "además de ser expulsado de *Espuela de Plata*,[12] de no haberse[l]e permitido publicar en *Nadie parecía*, hasta lleg[ó] a un gracioso cambio de arañazos y mordi[s]cos con Lezama en los salones de la benemérita sociedad Lyceum" ("Cada cosa en su lugar", 11-12). Mas, a pesar de los encontronazos poético-anecdóticos, ambos escritores coincidían en la necesidad ética de ir más allá de lo aparente, buscando esencias. Así fue como hallaron la Imagen y la Nada, actuando desde lo surreal y no en la realidad ordinaria. Los dos rechazaron —antes y después del triunfo revolucionario— el determinismo histórico que según Goldmann permite sobrepasar el pensamiento trágico. Esta circunstancia, sumada al catolicismo supuestamente "raigal", que es enarbolado como característica del grupo Orígenes

---

[12] Una serie de revistas literarias fue el gran legado del grupo Orígenes (integrado por los poetas Lezama, Piñera, Cintio Vitier, Eliseo Diego, Gastón Baquero, Fina García Marruz y José Angel Gaztélu): *Verbum* (1937), *Espuela de Plata* (1939-1941), *Clavileño* y *Poeta* (1942-1943) y *Nadie parecía* (1942-1944); hasta llegar a la fundación de la revista emblemática del grupo de poetas, *Orígenes*, en 1944.

por los poetas Cintio Vitier y Fina García Marruz fundamentalmente, hacen que críticos como Duanel Díaz consideren antimoderno — aunque no posmoderno— su proyecto (*Límites*, 26-43). "Al caos de la modernidad occidental [y] a la desintegración progresiva de la vida cubana durante la República" oponían estos poetas, según Díaz, "integración y orden" (*Límites*, 43). Sin embargo, este orden propuesto no era igualmente compartido por todos los origenistas. No ubico a Lezama y Piñera dentro de proyectos ni anti-modernos ni posmodernos. Considerando la escatología humanista que habita sus poéticas, referida anteriormente, los identifico dentro de la modernidad, al menos desde la perspectiva ética que domina mis investigaciones.

Ambos poetas reconocían que la humanidad marchaba hacia algún sitio, un cosmos que se hallaba más allá del presente en desorden. Pero, aunque otorgaban al hombre la capacidad de hacer real esa marcha, ésta no era provocada, en última instancia, por su propio poder para ordenar la realidad. "El hombre es siempre un prodigio, de ahí que la imagen lo penetre y lo impulse. La hipótesis de la imagen es la posibilidad. Llevamos un tesoro en un vaso de barro, dicen los Evangelios, y ese tesoro es captado por la imagen, su fuerza operante es la posibilidad", escribió Lezama y andaba así expresando el profundo humanismo habitando su sistema poético ("El 26 de Julio", 19). Se trata, según Jorge Luis Arcos, de una "imagen profética", a la que se llega a través de la poesía (107). Así, no son el hombre y su libre albedrío en la vida social quienes determinan el curso del universo. Detrás de las cosas y los fenómenos de lo cotidiano existe una divinidad, el "dios escondido y mudo" de Goldmann. Éste equivaldría a un sentido único, a la vez presente y ausente del mundo, pero cuya existencia no es jamás cuestionada, porque constituye la razón de ser del sujeto trágico: es la prueba de la unidad cósmica (*Le Dieu*, 45-67). Este sentido dictamina lo realmente importante para el espíritu trágico, la verdadera realidad, detrás de la realidad ordinaria. Es decir, la surrealidad. Sobre esta *divinidad* se efectúa la apuesta trágica de sentido. Y es una apuesta porque el sujeto trágico nunca puede conocer completamente los avatares de este sentido de cuya existencia está, sin embargo, convencido. Nunca estará seguro de sus actos o de su salvación, pero siempre tiene que creer. Sebastián en *Pequeñas maniobras*, de Virgilio Piñera, sólo sabe que está llamado a desparecer de la vida social, tornarse invisible, alcanzar el máximo posible de "chatura" ideal. Para ello emprende un largo viaje atípicamente heroico, no va hacia la luz y el reconocimiento sino hacia la Nada, poniendo en práctica lo que Rita Molinero llama "el arte de la fuga" (325). En *Paradiso*, ni Fronesis ni Cemí saben de antemano los vericuetos que tomará su camino —carecen, por ejemplo, de la confianza en la Historia o de una explícita tradición revolucionaria. También desconocen la naturaleza exacta del conocimiento que persiguen y alienta sus vidas: el libro escrito por Oppiano Licario, *Súmula, nunca infusa, de excepciones morfológicas*, desparecido en la vorágine de un ciclón habanero, que César Salgado asocia con la tormenta según Vico originaria de la historia humana (*From Modernism*, 168). El poema remanente de la *Súmula* constituye la única prueba —la poesía— de la existencia del libro recipiente del saber universal. Es un texto sagrado, se apura en recordar la vieja Editabunda, porque se ha perdido y "todo lo perdido busca su vacío primordial" (*Oppiano*, 424). En tanto personajes trágicos, sólo la fe en lo que jamás se revelará enteramente, pero que constante rige su cosmos, les hará continuar su camino.

Rechazo de la realidad entonces, porque los héroes piñerianos y lezamianos, el Sebastián de *Pequeñas maniobras* o el José Cemí de *Paradiso*, sólo andan bien encaminados cuando dejan de interesarse por la acción concreta en lo cotidiano. Sin embargo, es únicamente "conciencia intramundana", siguiendo con Goldmann. Forman parte de un mundo y lo sobrepasan al mismo tiempo (*Le Dieu*, 65): no necesitan retirarse del mundo físico. Siguen viviéndolo y gozándolo tal vez hasta con mayor concentración que sus contemporáneos, pero ya saben que no es en él donde encontrarán las llaves para entender la existencia. Como ha señalado Antón Arrufat, el protagonista de la novela *La Carne de René* termina por convencerse de que puede escapar de todo menos de su propio cuerpo (54). Ahí está la esencialidad del ser humano y no en su vida social. En la narrativa y en la poesía de Piñera, el cuerpo es fundamental en la medida en que se convierte en el texto a través del cual el autor ofrece en lectura la insensatez cotidiana. Mutilados, heridos, torturados, los cuerpos dentro de la narrativa y la poesía de Piñera consiguen trasmitir la unidad cósmica que no parece existir en la experiencia social. Comparto en este punto la interpretación de Alan West, quien reconoce como la ética de Virgilio Piñera parte del cuerpo hacia lo social para regresar al cuerpo, no haciendo de éste un símbolo, un significante privilegiado o punto de origen, sino a través del reconocimiento de su vulnerabilidad (83).

Siendo la sociedad una construcción absurda, sólo los cuerpos serían capaces, según Piñera, de ofrecer un terreno real de comunicación y entera libertad:

> Los cuerpos se tocan [...] Un cuerpo comunica con el otro ya que está hecho de los mismo... Un cuerpo no espera del otro que lo comprenda sino que lo sienta... Pero en cuanto a las almas... No bien comience el concierto espiritual sobrevendrá el desconcierto conceptual y naufragaremos en las aguas revueltas de la incomunicación ("Distancias", CXLV).

Por eso la nacionalidad no puede ser interpretada, desde esta perspectiva, más que como un peso con el que cargan todos los cubanos. La isla no es un fenómeno cultural o ideológico, es sólo un amasijo de tierra, aire, olores, sabores que solamente existen a través de su sensación en el cuerpo. "No hay que ganar el cielo para gozarlo... No queremos potencias celestiales sino presencias terrestres, / que la tierra nos ampare, que nos ampare el deseo", escribe Piñera en "La isla en peso" (49).

Por su parte, al describir la poética lezamiana, Jorge Luis Arcos se expresa en términos de una sabiduría omnicomprensiva sustentadora de una "propuesta cosmovisiva de lo 'maravilloso natural' donde se borr[a]n las fronteras causalistas". Es pues "una sabiduría a la vez abstracta y carnal. Una percepción integradora que pued[e] potenciar [...] los sentidos al uso para mirar desde una nueva racionalidad, desde una nueva criatura" (107). Resulta interesante la idea de lo maravilloso natural esbozada en *Paradiso* —y en "Fragmentos" (1940), nueve años antes de la publicación de "El reino de este mundo" (Vitier, "Notas", 516)—. Esta concepción comporta a un tiempo las cercanías y distancias entre las cosmologías de Carpentier y Lezama. Ambos autores estructuraron sus poéticas en torno a una universal esencia maravillosa y se opusieron, cada uno a través de su particular interpretación de lo maravilloso, al artificio surrealista. Mas el primero, como ya se ha visto, buscaba lo maravilloso en la realidad ordinaria, mientras el segundo lo atribuye a una segunda naturaleza. No se trata de crear a la fuerza un nuevo mundo (literatura de la violencia), sino de saber descubrirlo en la Historia (Carpentier) o en sus arcanos secretos, en la Imagen (Lezama).

La *resurrección*, como "mirada desde otro conocimiento" (Arcos, 108), está encerrada, para Lezama y Piñera, en esencialidades ocultas.

Los mundos en que se desenvuelven sus personajes son regidos por escatologías secretas. La superficialidad cotidiana es intrascendente para ellos, y es esta tal vez la causa de que ambos parezcan disfrutar de los placeres de la vida terrenal con mayor intensidad que la permitida a los personajes ejemplares de la *literatura de la revolución*. Los héroes de Lezama y Piñera disfrutan —o sufren— un suculento almuerzo, del eros, el humo del tabaco, el martirio del cuerpo y una partida de canastas con regocijo casi pueril que les llega de la aparente libertad otorgada por el hecho de no creerse los únicos responsables de la Historia. Sin embargo, el héroe trágico también soporta la piedra a sus espaldas y sobre una montaña marchan sus pies, como Sísifo. Es el espacio cíclico, cerrado en sí mismo, propio de los mundos mitológicos, dominados por lo divino: Nada e Imagen. Repetición incesante que en Piñera no producirá la acumulación trascendental que Carpentier revela en la fatiga centenaria de su personaje Ti-Noel. Repetir, como Tota y Tabo en la pieza *Dos viejos pánicos* o como en los cuentos "El álbum" y "El baile", negando el avance de la Historia. También, el Ouroboros, "la boca que se muerde el ano, la identidad griega. La A es igual a A, en la serpiente egipcia es la igualdad de lo que crea y lo que descrea. El falo *in integrum restitutum* y el reverso está en las migajas carnosas de la boca de la serpiente", según Lezama Lima (*Oppiano*, 97). Los círculos concéntricos que Carpentier lograse hacer avanzar gracias a su idea de la Historia en espiral se corresponden en el sistema poético lezamiano a la esfera perfecta de la "cantidad hechizada". Al Progreso, en perpetuo ascenso —lineal o espirálico—, que domina el pensamiento racionalista, el poeta opone la resurrección posibilitada por la magia que se opera al interior de esta esfera donde se mantienen atrapadas todas las energías vitales del universo y desde el centro de la cual, entronizada, ejerce su poder la Imagen.

La trascendencia es elemento esencial de la existencia trágica. Está agazapada dentro de la realidad como la nadería que persigue Sebastián o la Imagen primigenia que Cemí ha de descubrir en el fondo de todas las cosas. Lo que de la realidad ordinaria rechazan Piñera y Lezama son los principios del Progreso único y del determinismo histórico orquestados por la Razón (el buen razonamiento humano). Pero el sujeto trágico sigue siendo épico, a su manera, y ha de construir algo incluso si no es él quien decide el trazado de ese mundo futuro. Su actividad es orientada hacia el conocimiento de esa verdad que caprichosa se enrosca en su presente y cuyo descubrimiento le abre las puertas del porvenir. La repetición aparentemente inconsecuente en Piñera y la permanencia dentro de la esfera de la cantidad hechizada lezamiana son las estrategias adoptadas por estos héroes para cambiar su mundo.

Paradiso y *Pequeñas maniobras* pueden también ser consideradas *Bildungsromane*, tanto como *La consagración de la primavera* o *Las iniciales de la tierra*. Carpentier piensa que Enrique y Vera tienen que aprender a ser revolucionarios para alcanzar su verdadera humanidad, actuar sobre su mundo. Ya vimos como para Ambrosio Fornet las páginas de *Las iniciales de la tierra* devuelven con muchas de sus contradicciones el proceso de formación de un revolucionario. Pero, mientras en estas dos novelas el proceso formativo de los héroes se construye a medida que los personajes se comprometen con la sociedad, José Cemí y Sebastián se alejan progresivamente de lo social. El uno va penetrando los arcanos de la Imagen mientras cumple "el destino del padre", como ha comprendido Cruz Malavé al comparar *Paradiso* con el *Wilhelm Meister* de Goethe (*El primitivo*, 79-88). Sebastián, por su parte, se aleja de la sociedad porque va volviéndose cada vez más invisible como ser social. Fue Arrufat quien señalara, en el prólogo de *La Carne de René*, las similitudes que acercaban esta obra a *Paradiso* y *El siglo de las luces*. Incluía entonces a las tres novelas dentro del "ilustre linaje de las denominadas novelas de formación o aprendizaje". En el caso de *La Carne de René*, Arrufat fundamentaba sus ideas al describir cómo el protagonista aprendía, a través de la novela, "a participar en el reino de la carne" (52). Descubrir la carne como único recipiente de la esencia humana lo llevaría a comprender el valor esencial de la Nada y con ello la poca significación de la sociedad, la cultura, las ideologías o la poesía venerada por Lezama y sus acólitos origenistas frente al absoluto valor de la mera carne y el puro hecho —que según el propio autor determinaba la "frialdad" de sus *Cuentos fríos* (19).

En las cuatro novelas que en esta sección consideramos como *Bildungsromane* (*Paradiso, Pequeñas Maniobras, La consagración de la primavera y Las iniciales de la tierra*) hay siempre un viaje ético, el partir de un estado existencial para arribar al otro, una lucha constante por mejorarse. "Para llegar a la nueva causalidad, [José Cemí] tiene que atravesar todas las ocurrencias y recurrencias de la noche [...] Todas las posibilidades del sistema poético han sido puestas en marcha, para que Cemí concurra a la cita con Licario, el Ícaro, el nuevo intentador de lo Imposible", reconocería Lezama. ("Confluencias", 421). Sebastián, por su parte, tiene que "resistir a pie firme en espera del asilo o del hospital, [porque] la promesa de esos amables refugios [le] da ánimo para seguir luchando con [las] fieras" (*Pequeñas*, 54). Habrá para todos estos héroes, racionalistas y trágicos, un paraíso esperándoles al final de su marcha: Oppiano Licario o el hospital, la masa revolucionaria o los compañeros del Partido que aceptan, acogen. Y cada acontecimiento en la vida de uno y otro protagonista es un peldaño ganado hacia la meta final. Cada suceso determina etapas de un aprendizaje, como pueden serlo las experiencias amorosas, la travesía del desierto, el viaje de iniciación, el regreso a los orígenes o el exilio en un *Bildungsroman* clásico. Goldmann, en fin de cuentas, señalaría sus disensiones, pero sabía también que el pensamiento dialéctico y el trágico constituían cada uno filosofías de la encarnación, al contar ambos con una orientación escatológica. La diferencia entre ellos estriba en que la dialéctica afirma las posibilidades reales, históricas, de realizar esa encarnación, mientras el pensamiento trágico la saca del mundo para colocarla en la eternidad (*Le Dieu*, 68).

"La historia está hecha, pero hay que hacerla de nuevo", escribía Lezama ("La pintura y la poesía", 85) y con ello desbarata de un golpe toda pretensión de ver en su concepción de la existencia una repetición cíclica y sin fin. La vida para él ya está planeada, es cierto, pero no constituye el simple calco de otras precedentes. Significa que el conjunto de todas las existencias del universo, pasadas, presentes o futuras, se reúnen a perpetuidad en la Imagen. Y nace aquí precisamente otro de los conceptos fundamentales del sistema poético, la vivencia oblicua, la posibilidad de hacer coincidir existencias diferentes en un solo y mismo objeto o fenómeno. Se trata, en otras palabras, de ese principio del pensamiento trágico que Goldmann identifica como la "comunidad del universo", conseguida gracias a la presencia de la divinidad, del sentido esencial que aporta lógica a todos los fenómenos de la realidad, pertrechando a los espíritus trágicos de un orden cósmico. Es una respuesta a la confesión de Pascal en sus *Pensées*: "El silencio eterno de los espacios infinitos me aterra" ("Le silence éternel de ces espaces infinis m'effraie"; 105).

Hay en todos estos creadores, Carpentier, Lezama, Piñera y los narradores de la revolución, un espíritu revolucionario. Como he avanzado antes, pudiera parecer paradójica esta aseveración, considerando la censura sufrida por Piñera y Lezama, y los virulentos ataques que recibieran de aquellos violentos jóvenes escritores, con Jesús Díaz a la cabeza. Este último había declarado tajante: "Nadie piensa en *Paradiso* al hablar de literatura revolucionaria" (Pogolotti, 362). Al ostracismo al que las autoridades les condenaron se le ha llamado "insilio", destacando la extraña posición de quienes, aun permaneciendo en la isla, fueron invisibilizados por el poder, incapacitados de expresar públicamente su actividad intelectual. Pero lo cierto es que en los primeros años de la revolución, para Lezama, el 26 de julio de 1953 había representado "una disposición para llevar la imposibilidad a la asimilación histórica" ("El 26 de Julio", 22) y la revolución abría una nueva era imaginaria, propulsora de las posibilidades infinitas de la nación cubana. Piñera, por su parte, inmediatamente después del triunfo revolucionario exhibe regocijo y da la impresión de sospechar —aun tímidamente— que todavía puede el hombre ejercer algún dominio sobre la realidad cotidiana: "Por fin tenemos algo que conservar y defender", dice el autor de *Pequeñas maniobras* en mayo de 1960 ("Un testimonio", 32).

Rafael Rojas, al remover en *Tumbas sin sosiego* el descanso de estas figuras del canon nacional —y nacionalista—, reconoce también la fascinación que sobre Lezama, Piñera y Fernando Ortiz ejerció la revolución. Considera que tras su celebración de la revolución se esconde un fenómeno de naturaleza religiosa pues los tres, en su opinión, "hablan de la revolución como un hechizo, un conjuro, una revelación o un advenimiento mesiánico" (18). Subscribo hasta cierto punto la interpretación de Rojas, pero encuentro en el "deslumbramiento" que sintieran Lezama Lima y Virgilio Piñera por la revolución más que una actitud de cariz religioso, una posición propia de la modernidad trágica. Creyeron, como cualquier cubano desilusionado con la realidad republicana que conservaba alguna fe —no precisamente religiosa, repito— en el futuro, que la revolución, con su fuerza transmutadora, inauguraría tiempos nuevos para la vida nacional. Mas, a diferencia de quienes concebían, como Carpentier y los narradores de la revolución, que tales cambios ocurrirían solamente en la realidad ordinaria, para Lezama y Piñera, pensadores trágicos, se trataba más bien de la explosión de fuerzas ocultas, de la esencialidad insular. Retomo aquí las ideas avanzadas por César Salgado cuando se opone a considerar a todos los origenistas como miembros de un "grupo de poetas católicos que, por cuestión de fe, suscriben proféticamente la misión transcendental de la Revolución a través de su poesía". Salgado revela un moderno y secular Lezama que, a diferencia de la mitificada figura que Vitier y García Marruz han erigido para propiciar un digerible acercamiento entre el origenismo y la revolución, no es un proselitista católico —ni político por supuesto—, y tampoco predice el socialismo cubano.[13] En la poesía radica la única revolución posible para Lezama. Un poeta, a sus ojos, sería el verdadero revolucionario, aquel que tiene el poder de cambiar la realidad —no sólo cotidiana, aparente—, sino la más importante según el autor de *Paradiso:* aquella, esencial y profunda, que es dominada por la Imagen. Lezama veía "al poeta moderno como un posible mesías de la humanidad y a su obra profana como una fuente de conocimiento y salvación tan legítima como la tradición bíblica" (Salgado, "De *Nadie parecía*").

Al examinar las posiciones de Lezama y Piñera a través del pensamiento trágico, encuentro posible entender, desde una perspectiva proyectada desde más allá de lo político, los mecanismos de recuperación y reciclaje de estas figuras en los tiempos presentes. También puede así evitarse el considerar el actual interés por los autores de *Paradiso* y *Pequeñas maniobras* como un mero efecto de moda —que también lo hay— o justificarlo a través del seductor encanto por lo prohibido. Probablemente el gran acontecimiento de la Feria del Libro de La Habana en 1991 fue la reedición de *Paradiso*, que sólo había sido publicada en la isla en 1966 en cuatro mil ejemplares para enseguida desparecer de todas las librerías y bibliotecas. Para los jóvenes de entonces, se trató de un libro mítico y desconocido, que al fin podíamos leer abiertamente, sobre todo aquel famoso capítulo octavo con sus pródigas descripciones de las proezas sexuales de Farraluque. No puede negarse que, en aquel momento del "descubrimiento" de los grandes cubanos invisibles, todos pertenecimos de alguna manera al club de los "lectores del capítulo ocho", sobre los que ironizaba Lezama (Arcos, 111).

---

[13] "Según [...] Vitier, el origenismo fue un movimiento de poetas creyentes cuyo ideal de redimir la nación a través de la 'pobreza irradiante' —es decir, la adopción ética de la caridad cristiana como el principal estatuto político y económico del país— adquiere su sentido pleno con el advenimiento de la Revolución. De esta manera para Vitier y García Marruz, la principal función histórica de la poesía origenista fue —y sigue siendo— la de zanjar las distancias entre la fe católica y la convicción revolucionaria en el actual proceso cubano" (Salgado, "De *Nadie parecía*").

Sin embargo, y más allá de estas circunstancias reales, considero que la indagación ética en torno a las poéticas de estos escritores ofrece otras explicaciones de su percepción en la actualidad. El hecho de que Carpentier sobrepasara el pensamiento trágico al adoptar una visión dialéctica de la realidad, mientras Lezama y Piñera mantuvieron poéticas trágicas, determina, en mi opinión, el relativo olvido o rechazo experimentado por la obra del primero y el renovado interés de los jóvenes intelectuales cubanos por los dos autores "malditos". Si Carpentier se sentía a sus anchas en el reino de este mundo, aseverando que sólo en él podía el hombre encontrar su salvación y criticando de paso todo intento por escapar de la realidad o la búsqueda de esencialidad artificiosa de los surrealistas, para Lezama y Piñera la verdadera plenitud humana se alcanza únicamente en esos mundos subyacentes a la realidad ordinaria, que sus personajes deben descubrir. Logrando esta tarea expresan su carácter épico: cuando se enfrascan en la búsqueda y lucha por un equilibrio cósmico que consiga subvertir el caos. Hay pues, en estas poéticas, natural y no artificiosa reinvención de la realidad que atrae a los jóvenes creadores en los ochenta. Como bien destaca César Salgado, *Paradiso* constituye la crónica del crecimiento de la *areté* —orgullosa moralidad asociada al heroísmo— en la noble juventud cubana (*From Modernism*, 113).

Será también importante para los creadores de los ochenta la posibilidad abierta a la multiplicidad interpretativa que facilitan estas dos figuras tutelares de la literatura nacional a través de la adopción simultánea "del todo y la nada". Señalado por Goldmann como una particularidad del pensamiento trágico, se apunta aquí el hecho de que ninguna ley o idea humana son consideradas válidas, por carecer de valor absoluto o eterno, cualidades que este tipo de autores sólo atribuye a la esencia cósmica universal, al dios escondido. Con lo cual, no existiría ni verdad verdadera ni justicia justa, todas las leyes humanas serían igualmente malas porque son también igualmente buenas, todo pensamiento humano sería igualmente insuficiente porque no es absolutamente verdadero ("Présentation", 5-6). Todo es reinventable, en un mundo dominado por esencias secretas.

1.4. El vuelo de los ángeles: la salvación en la Historia, la utopía y la épica

> No voy a hablarles de un hombre común.
> Haré la historia de un ser de otro mundo, de un animal de galaxia.
> Es una historia que tiene que ver con el curso de la Vía Láctea.
> Es una historia enterrada, es sobre un ser de la nada.
>
> Silvio Rodríguez, "Canción del elegido",
> *Al final de este largo viaje*

La exclusiva aceptación del todo y la nada por igual, rechazando la gradación que establecería una escala de valores entre un extremo y el otro, puede observarse también en relación con la incapacidad que guardan los héroes trágicos para sufrir la angustia existencial, el vértigo que según Søren Kierkegaard aparece cuando el espíritu persigue la síntesis mientras la libertad, escrutando las profundidades de su propia posibilidad, ase lo finito para apoyarse en él (*El concepto,* 65). Ser libre es contar con la posibilidad de escoger. Pero la elección comporta también el fin de la libertad y el principio de la responsabilidad. Es temblor, expresaría además el filósofo danés, en tanto Jacques Derrida releyéndole confirma: "Tiemblo […] por tener todavía miedo de lo que ya me da miedo y que ni veo ni preveo. Tiemblo ante lo que excede mi ver y mi saber aun cuando ello me afecte en lo más íntimo, en cuerpo y alma, como se suele decir" (66). Es decir que la angustia sería ese temblor que dura un instante, mínimo y eterno a la vez: el que subvendría cuando el ser humano tiene que elegir si se adentra en la libertad absoluta, equivalente a la indefinición y lo infinito, o si permanece atado mas resguardado en las certezas de siempre, aun si no le satisfacen.

Quienes encuentran y confían en un orden cósmico, llegue éste impuesto por la Razón o por el inescrutable —irracional— designio de esencias trágicas, sortean la angustia con acierto. Su confianza conlleva también la muerte de la libertad, que desaparece engullida por el ojo del abismo. "La libertad sucumbe en ese vértigo", precisaba Kierkegaard (*Concepto,* 65). He aquí una circunstancia que afecta a los personajes épicos, a todo aquel que cree tener su camino señalado de antemano y para quien no hay disyuntiva posible: no tomar el sendero trazado por la Historia o por los dioses —escondidos o no— significa la caída irremisible, la exclusión inapelable del paraíso, la inexistencia.

Siendo tal vez el más atormentado de los personajes de Carpentier, ni siquiera el protagonista de *Los pasos perdidos* llega a conocer la angustia existencial. Roza casi la enajenación mientras vive en Nueva York, pero es salvado por el viaje a Sudamérica que le propone un profesor de música. No es el personaje quien se interroga acerca de su propia facultad para intervenir en su existencia: la vida cotidiana, disfrazada en esta novela de incidente casual, logra sacar al hombre enajenado de su abismo. Luego, dentro de la selva y en brazos de Rosario, conoce el paraíso y lo pierde, sale a su mundo y ahí vuelve a caer al precipicio, esta vez irremisiblemente. Mas ninguna de estas acciones es fruto de su decisión. Lo mismo ocurre con los protagonistas del resto de las obras de Carpentier. Ni Ti-Noel en "El reino de este mundo", ni Sofía o Esteban en *El siglo de las luces,* ni tampoco Vera, que se pasó casi toda *La consagración de la primavera* huyendo de la Historia como de la peste, conocieron la angustia existencial. Ti-Noel no elige comprender la importancia de la idea del Progreso pues es su propia experiencia quien, casi a pesar suyo, decide por él. A la convicción revolucionaria llegan Sofía y Esteban transportados por una combinación muy carpenteriana de hechos fortuitos y acontecimientos históricos: la muerte del padre dictatorial, la vida cotidiana convertida repentinamente en un caos total, aquella sutil libertad de la que gozaban, no se hubiera transformado jamás en conciencia revolucionaria si el francés Victor Hughes no hubiese golpeado la puerta de la casona familiar en una noche plagada de misterios. El proceso de madurez de los jóvenes se desencadena bajo la doble influencia de Victor Hughes, cuya constante presencia parece impuesta por el azar, y de las vueltas y revueltas de la Historia, en Europa y América. Esteban llega incluso a experimentar una gran desilusión que le conduce a la desesperanza. Se hastía de tantas revoluciones que no desembocan en la libertad absoluta del hombre. Sofía, en cambio, persiste a pesar de sus amargas experiencias. Para ella la revolución es la "intolerable fiebre" que describe Hannah Arendt al presentar la revolución moderna como un proceso irresistible (38). Sofía creerá que todo es posible para el hombre, a quien le es suficiente con luchar para acercarse a su salvación definitiva. No tiene elección, las circunstancias la lanzan brutalmente en situaciones que sólo en apariencia parecen brotar de su propia decisión. Escapa también de la desesperación y cuando ésta asoma tímidamente, sus ideales la retienen lejos del vacío en el que pudo caer Esteban. Así, al abandonar a Victor Hughes en Cayena, sabe que a pesar de la decepción tiene que continuar luchando:

> "Estoy cansada de vivir entre los muertos" [...] "¿Quieres volver a tu casa?", preguntó Víctor, atónito. "Jamás volveré a una casa de donde me haya ido, en busca de otra mejor". "¿Dónde está la casa mejor que ahora buscas?" "No sé. Donde los hombres vivan de otra manera. Aquí todo huele a cadáver. Quiero volver al mundo de los vivos; de los que creen en algo. Nada espero de quienes nada esperan" (400).

La confianza en el Progreso, al que llega el hombre liberado, es el aliento que agita las alas de Sofía y la arrebata de las garras de la angustia. La joven jamás se detiene ni vuelve atrás, contrariamente al hombre enajenado de *Los pasos perdidos* o a Esteban, marioneta paralizada en su propio hastío. Sofía avanza siempre, pero encadenada, como Sísifo, a su destino revolucionario.

Es cierto, por otra parte, que en *La consagración* la protagonista había sufrido a veces la tentación de dejarse arrastrar por la irresistibilidad de las diferentes revoluciones con las que se tropezó en su vida: la revolución rusa, la guerra civil española, la revolución cubana. Pero siempre antes de interrogarse sobre la utilidad de participar en ellas, había alcanzado a huir, saltando continentes. Sobre esta forma de evadir el torbellino de la angustia había dicho Kierkegaard en su momento: "La causa del fenómeno está tanto en la mirada como en el abismo, pues bastaría con no mirar" (*Concepto*, 65). Vera evita las interrogantes susceptibles de volcarla en situaciones angustiosas dejándose aturdir por lo cotidiano, por muy aburrido que éste sea. Antes de toda elección —siempre peligrosa— existiría para la bailarina rusa la danza donde refugiarse. No obstante, cuando ella termina por unirse a la revolución cubana y hallar confianza en el hombre y su sentido del Progreso, no parece haber sido otra que la Historia quien la empuja a ello. La Historia en las obras de Carpentier es la inundación omnipresente, océano en el que todas las cosas y los fenómenos van sumergidos, flotan o siguen sus mareas con mayor o menor suerte. Sólo quienes persisten en mantenerse fuera de su influjo se pierden en el caos. Aunque ni siquiera ellos sufren la angustia, pues abandonan la existencia. Dentro de la cosmovisión carpenteriana, quienes están fuera de la Historia pierden su humanidad.

Tampoco los protagonistas de las obras de Lezama o de Piñera escogen su camino, que es trazado por circunstancias determinadas por la Imagen o la Nada. Sin que alternativa alguna asome a perturbarles, estos personajes suben o bajan por las escaleras de la existencia con el objetivo de llegar al estado de armónica perfección que debería serles propia, porque ellos son los elegidos, los seres excepcionales que han de alcanzar a conocer la verdad absoluta. Sebastián reconoce la fatalidad de su existencia: "Ninguno se pone en mi lugar y se mete, por un momento, en lo profundo de mi piel de lagarto [...] ¿También pensarán que está en mi mano cambiar el curso de mi vida?" (26). Jamás es sin embargo explicitado cómo tal destino se posó sobre la vida de Sebastián.

Lezama, en cambio, explica minuciosamente de qué manera José Cemí logra colocarse al abrigo de la angustia existencial. Se expande el autor justificando la excepcionalidad de su protagonista. Su predestinación se enraíza en los orígenes familiares, de inmaculada nobleza moral habanera. La genealogía de Cemí, anclada en los más estrictos conceptos de la moralidad, no podía dar por fruto algo diferente a esa vida ejemplar, en el sentido lezamiano. Fronesis y Foción no comparten la excepcionalidad de Cemí, a pesar de estar dotados de extraordinario intelecto. En ambos casos el pasado familiar ha sido hollado por algún acontecimiento oscuro que les impide acceder a la existencia, naturalmente maravillosa, del protagonista principal. En los tres personajes existe siempre un espectro familiar que define el presente. Para Cemí sería la figura poderosa del padre, militar, quien desde la muerte utiliza a la madre, la austera Doña Rialta, para revelar al hijo el camino a seguir en la vida. Lo reconoce orgullosa: "La muerte de tu padre, pudo atolondrarme y destruirme, en el sentido en que me quedé sin respuesta para el resto de mi vida [...] pero siempre he soñado, y esa ensoñación será siempre la raíz de mi vivir, que esa sería la causa profunda de tu testimonio [...] de tu respuesta" (263). Mientras Cemí cuenta con un espectro viril y sólido, rigurosamente conservado por la madre, la espectralidad regidora de las vidas de Foción y Fronesis proviene en cambio de mujeres perversas e infieles, que siembran de ambigüedad la vida cotidiana de los dos jóvenes. Fronesis es hijo natural de una bailarina austríaca que nunca amó a Fronesis padre. Lo criaría la hermana de la madre infiel y alocada, pero, como sentencia el amigo Foción en *Paradiso*: "Su madre [adoptiva] tiene el estilo de la época de María Teresa de Austria, su padre podía haber hablado con Humboldt, el hijo reúne ambas cosas, pero en su sangre está la fugada, la maldición, los hilos que se confunden" (329). Por su parte, Foción no puede saber exactamente quién fue su padre natural. La madre tuvo amores con dos hermanos y resultó no sólo el nacimiento del hijo que creció "viendo lo real, lo inexistente", sino también la muerte del amante y la locura del esposo (366). Hay pues en Foción y Fronesis carencias terribles, incomparables a la ausencia luminosa del padre de José Cemí, quien está sumergido en homérica travesía épica, la trascendental búsqueda moderna de la figura paterna durante la cual adquiere sabiduría e independencia (Salgado, *From Modernism*, 25, 115).

De su vida confusa no son responsables ni Foción ni Fronesis, sino las madres ausentes. Ellos han sido marcados al nacimiento, pero a diferencia de Cemí, de una manera negativa. Fronesis toca levemente el borde del despeñadero de la angustia, del que se sustrae con rapidez para unirse a Cemí en su radiante mundo. Foción, en cambio, se debatirá en el fondo de la desesperación, mucho más allá de la angustia. Obsesionado de amor por Fronesis, en *Paradiso* es condenado a dar vueltas sin descanso en torno a un árbol —símbolo del amante— como los penitentes homosexuales en el *Infierno* de Dante (Canto XV). Su falta es irremisible. El perdón que le acuerda Lezama en *Oppiano Licario*, porque es amor y no simple lujuria el móvil que lo empuja a Fronesis, no es precisamente redención. Si el autor hace que una tormenta destruya el árbol liberando a Foción de su condena, esto ha de verse sólo como una renuncia a castigarle por sus pecados. Perdura, sin embargo, su locura, que es la condena por estar poseído por lo demoníaco. No podrá emprender la trayectoria divina de sus amigos. El propio Foción reconoce lo ineludible de su situación: "Los dos [Fronesis y Cemí] atraviesan esa etapa [...] que entre nosotros es la verdadera consagración de la familia, la etapa de la ruina [...] es la ruina por la frustración de un destino familiar, y, entonces, a buscar otro destino [...] Aunque me agito en el tenebroso Hades, admiro a los nobles que lanzan sus jabalinas en los Campos Elíseos" (*Paradiso*, 334-335). Contrariamente a sus amigos, Foción carecía de abolengo y por la mediocridad de sus orígenes pequeñoburgueses se sabe excluido de la clase "ontológica" a la que pertenecen Fronesis y Cemí.[14] El padre del primero había sido un prestigioso diplomático y el del segundo un coronel de extenso linaje militar. Cuando las carreras de ambos se paralizan, la del uno por su encuentro con la madre de Fronesis —que además no es cubana, es europea— y la del otro por la muerte, viene entonces a los hijos la misión de perpetuar la gloria genealógica interrumpida. Se perfila además aquí un fuerte paralelismo con la situación política que sirve de telón de fondo: la acción novelesca reproduce la frustración que aquejaba a los cubanos tras el fracaso de la revolución de 1933. Huérfana, la nación se siente traicionada por sus líderes y la tradición patriótica y revolucionaria parece interrumpida. Pero Fronesis y Cemí, herederos de los mejores valores —según Lezama— de esa nación, han de trazarse un nuevo camino y establecer una continuidad, abrir senderos hacia el porvenir propio y de sus familias, alegoría del futuro nacional.

Ricardo Fronesis abandona a su padre y viaja a Europa en búsqueda de su madre natural y con la esperanza de encontrar, como Cemí, su auténtica humanidad. Sin el conocimiento de sus orígenes biológicos, toda pesquisa de certeza ontológica parece imposible para Lezama. Pero la acción de Fronesis no es precedida por una elección propia: el joven no conoce el temblor que provoca la angustia existencial. La historia de su familia lo lleva a dar este paso. Luego, sus ambiguas relaciones con Foción, a quien llega a amar de cierto modo, la condena paterna de esta amistad y sus propias dudas sobre su sexualidad desencadenan el viaje iniciático, la huida y rechazo de su realidad. Todas las circunstancias andan de concierto para que Fronesis parta en pos del conocimiento poético, evitando la posibilidad de sufrir la angustia, el suplicio de las múltiples interrogantes que comenzaban a perturbar la armonía cotidiana. La explosión que se anunciaba en el personaje es evacuada por la fuga, don prohibido a los seres verdaderamente angustiados y

---

[14] Describe Lezama los orígenes familiares de Foción: "Celita [madre de Foción], a pesar de las flores que podían transfigurarla, era tan sólo un brote hogareño promedial... Su padre, decisivamente cansado antes de llegar a los cincuenta años, mitad procurador y mitad periodista, en lo único que se había excedido era en las tres cajetillas de la fuma expectorante. Su madre, era la típica cienfueguera venida a La Habana para desempeñar un aula de profesora. Vieron la boda con el mediquillo [Foción padre] como el surgir de la estelar matutina" (*Paradiso*, 362).

desesperados, que son en cambio conminados a permanecer prisioneros de sí mismos. Una vez en Europa, se acerca a Fronesis y Cemí el espíritu de Oppiano Licario, portador de la sabiduría suprema, encarnado en su hermana Ynaca Eco. La muchacha conducirá los pasos de los jóvenes hacia las verdades que buscaban. Así, en las últimas páginas de la novela inconclusa *Oppiano Licario*, la monja Editabunda revela a Fronesis su misión existencial. A partir de las experiencias vividas a lo largo de sus viajes, el joven debe reconstruir *La Súmula* escrita por el difunto Licario: "Lo que no pudieron alcanzar ni el tío Alberto, ni el Coronel, lo alcanzarán Cemí y tú. Los dos alcanzarán al unirse el Eros estelar, interpretar la significación del tiempo, es decir, la penetración tan lenta como fulgurante del hombre en la imagen. Pero también has venido a conocer a tu madre. Pero eso también forma parte de tu vida en la que ya está la de Oppiano Licario" (248).

En definitiva, la angustia existencial no penetra jamás el paraíso lezamiano. Las tentaciones, como aquella que causara la pérdida de Adán, no son pocas en la novela. Pero los personajes sucumben en ellas o las evitan con tino. Nunca, sin embargo, titubean frente a ellas, torturados por la angustia que nace de la alternativa. El destino —la *ananké*[15] lezamiana— dirige sus movimientos. Detrás por supuesto ordena la Imagen. En el cosmos que construye Lezama mueren las contradicciones. Como Lucía o como Sebastián, estos personajes jamás detienen su marcha.

En la *literatura de la revolución*, la angustia existencial tampoco visita con frecuencia —por no decir nunca— al héroe tradicional. Para los revolucionarios convencidos descritos en los sesenta y setenta en las obras de Jesús Díaz, Norberto Fuentes, Heras León y otros "violentos" narradores, el camino a seguir no es ni siquiera disimulado tras lo cotidiano. Les estalla directamente en los ojos y sólo escondiéndose o escapando de la isla pueden evadirlo. Incluso Carlos Pérez Cifredo, que muchos años después vendría en *Las iniciales de la tierra* a introducir los conflictos y las dudas en la estructura monolítica del personaje revolucionario, escapa a la angustia existencial. El protagonista no vacila ante los diferentes caminos que podría tomar su vida. Sólo se está

---

[15] José Lezama Lima emplea con frecuencia en su sistema poético el concepto griego de la *ananke*, referido al destino ineludible. En sus novelas y ensayos, el escritor cubano cambia la ortografía original griega y acentúa la palabra.

ofreciendo el testimonio de una época, el "cuéntametuvida" que permite juzgar lo ya hecho. Y lo hecho no ha sido nunca producto de la genuina elección del personaje, sino de la historia y de la vida social del país. Siempre defendiendo esta novela de Jesús Díaz, el crítico Ambrosio Fornet reconoce la fatalidad de la existencia del protagonista, que identifica además a la de la mayoría de los cubanos de la época:

> El hecho de que [el protagonista] participe en *casi* todo [...] es sólo un trasunto de la más ordinaria realidad para millones de cubanos que tenían entre quince y cincuenta años en esa época y que [...] se habituaron a medir sus pulsaciones cotidianas al compás del tiempo colectivo [...] Se trataba a menudo de un proceso natural y automático, porque si en el 60 ó 61 uno había decidido llegar hasta el final, lo más probable es que se hiciera miliciano, y si se hacía miliciano lo más probable es que caminara los sesenta y dos kilómetros, y si caminaba los sesenta y dos kilómetros aumentaban sus posibilidades de pasar la Escuela de Milicias, y si pasaba la Escuela de Milicias en cualquier momento podía ser movilizado (*Las máscaras del tiempo*, 68).

Kierkegaard explica en *El concepto de la angustia* que si el hombre fuera ángel o bestia, no conocería la angustia. Entonces, ni el protagonista de *Los pasos perdidos* ni Foción, suerte de bestias condenadas a arrastrarse dentro del oscuro espacio de existencias desprovistas de finalidad trascendental, ni tampoco los elegidos, los héroes revolucionarios, Sebastián, Cemí o Sofía, todos esos ángeles en posesión de la clave de la existencia verdadera pueden de ninguna manera retorcerse en la angustia torturante. Tampoco lo harán, por supuesto, quienes ante la incertidumbre postsoviética sepan recuperar las viejas utopías.

Capítulo 2.

Perseverancia de la utopía moderna en tiempos postsoviéticos: acercamientos a la narrativa de Leonardo Padura, Abilio Estévez, Senel Paz, Abel E. Prieto, Marilyn Bobes, Antonio José Ponte y Alexis Díaz-Pimienta

> En vano fue quedarnos solos
> frente a la colina de los tontos,
> viendo pasar el mundo en silencio.
> Mirando como caen las hojas,
> tratando de encontrar a Dios
> Lo que hoy es luz mañana es sombra.
> Lo que fue lluvia, será sol.
>
> Carlos Varela, "Será sol", *Nubes*

Sea en el Dios "escondido y mudo" de pensadores trágicos como Piñera y Lezama, en la Historia avasallante de Carpentier o la revolución que cautivara a muchos narradores cubanos antes de 1989, todos sus personajes creyeron. Con fe lograron atravesar su tiempo, confiados en que de una forma u otra su existencia estaba justificada y alcanzaría resonancias futuras. En el presente postsoviético, cuando la incertidumbre cubre cada intersticio de la vida nacional, creer resulta empresa difícil. Las páginas que siguen muestran cómo los escritores Leonardo Padura, Abilio Estévez, Senel Paz y Abel Prieto, fundamentalmente, se esfuerzan en recuperar la fe cuando la confianza en sí mismos y en la infalibilidad de la cosmología de la revolución cubana se resquebraja tras el derrumbe socialista en los años noventa. También son examinadas obras de Antonio José Ponte, Marilyn Bobes y Alexis Díaz-Pimienta, en las secciones específicamente dedicadas al análisis de la cubanidad, la metaforización de La Habana y de la diáspora.

Nacidos en los años cincuenta, los autores más ampliamente estudiados en esta sección (Paz, Padura, Estévez y Prieto) pertenecen a la primera generación de cubanos educados dentro de la cosmología de la revolución. Comenzaron a publicar hacia fines de los años setenta, colocándose en situación de continuidad y rechazo ante la llamada *literatura de la violencia*. Por eso estas páginas están siguiendo el camino que conduce desde los héroes arendtianos, poseídos por la Historia, hasta los seres desconfiados de esa misma Historia, ya esbozados por autores como Piñera y Lezama en su momento, predominantes en las letras postsoviéticas.

Se trata entonces de comprender dicha transición. La fidelidad con la que se reproducía la realidad había sido preocupación esencial para la mayoría de los creadores de la era revolucionaria. Ni siquiera al buscar desprenderse de los cánones del realismo socialista, de la literatura de la violencia o de la narrativa estrictamente testimonial, los escritores de la isla consiguieron espantar el temor a no mantener una correspondencia directa con la realidad social. Así, cuando a fines de los setenta autores como Arturo Arango, Abel Prieto, Senel Paz, Francisco López-Sacha o Padura Fuentes criticaron la literatura de la violencia promovida en los sesenta, lo que pretendían era proponer otras maneras, a su modo de ver más adecuadas, de acercamiento a la realidad. Defendían, según Padura, una "literatura esencialmente crítica con la realidad actual [que] ha tratado de ir al mismo ritmo que la realidad [y que] ha logrado [...] una comunidad muy eficiente y más auténtica con su público" (Epple, 51-52). Padura tituló *Máscaras* su primera novela dentro de la saga policíaca Las Cuatro Estaciones, donde desenmascarar la sociedad cubana de los noventa y presentar la doble moral de muchos de sus personajes estructuraba la trama. Se quitan las máscaras en busca de una verdad porque para estos autores se hace necesario descubrir algo perdurable mientras el resto de su mundo se desmorona. Es decir, precisan de la certeza —o al menos de la intuición— de que en algún momento la mascarada y lo inconsistente han de parar, cediendo paso a lo auténtico, lo sólido y duradero.

En todas estas obras, además, no sólo se hacen referencias a Piñera y Lezama —privilegiados conjuradores del "cansancio histórico"— y se reorganiza cierto panteón nacionalista a partir de tradiciones relativamente olvidadas, sino que las tramas dejan de centrarse en la acción popular, de la masa en general, para permanecer dentro del individuo. Ya hemos analizado cómo desde fines de los setenta se distinguía la voluntad, en los jóvenes narradores, de ofrecer la realidad a través de la visión de protagonistas menos ejemplares. Tal tendencia a incorporar personajes marginales en la narrativa llega a convertirse en moda, en invasión incluso, traduciendo la necesidad que experimentaban estos narradores de expresar visiones diferentes de la realidad, sin escapar completamente de ella. Se trata de una especie de compromiso, no exento de ambigüedades, que Padura por ejemplo reconocía al defender el género policíaco. Confesaría en 1998 que éste le permitía reproducir la realidad cotidiana sin caer en "la crítica social" (sic) o el discurso político, que prefiere evitar: "Creo que hay una postura política o ideológica en El Conde, aunque no está explícita [...] en mi obra no hay intención expresa de acercamiento a la circunstancia política [...] Es mucho más útil para mi literatura y para su posible circulación dentro de Cuba no cruzar esa barrera hacia lo político" (Díaz, Desirée, "Leonardo Padura", 42). El tacto editorial de Padura resulta productivo, pues la totalidad de su obra ha sido publicada —con éxito crítico y editorial— en la isla. Su personaje Mario Conde, a pesar de la cautela política del escritor, puede leerse como un *alter ego* en el que anida el descontento con la sociedad actual que el narrador se permite exponer. Padura intenta reconciliar el abismo entre el futuro imaginado por su generación y el presente caos en que le toca vivir, como ha demostrado Ana Serra en su análisis sobre la narrativa de Padura (159). Esta voluntad desenmascaradora es patente en *El hombre que amaba los perros* (2009), ambiciosa novela sobre el asesinato en 1940 de León Trotski por Ramón Mercader, agente español, de origen cubano, enviado por Stalin. Sustentado por una minuciosa investigación histórica, el libro describe la omnipotente y transnacional urdimbre criminal desarrollada por Stalin durante la treintena de años que se mantuvo en el poder de la extinta URSS y, más importante aún, los avatares del sueño socialista. El escritor policíaco rastrea la muerte de la "utopía traicionada", como llama un personaje al socialismo (409), desplegando una especie de autopsia de la creencia revolucionaria. A través de sus páginas, parece necesario encontrar un culpable a la desesperanza en que se sumieran no sólo el país de los Soviets sino también la Cuba contemporánea; pues la historia que narra Padura se mezcla con la de Iván Cárdenas, periodista desahuciado, hambriento, solo y psicológicamente deprimido, durante el Período Especial. Iván, quien en los sesenta soñó ser escritor y fue censurado, conoce en los años setenta al asesino Mercader en una playa habanera. Es así como escucha por primera vez la historia de Trotski y los desmanes de Stalin, descubriendo aquella parte borrada de la historia oficial del socialismo.

Se reanima también, en las obras de Padura, Paz y Estévez, el tenaz mito de la Cuba secreta con el que María Zambrano bautizó en 1948 la poesía origenista. El empeño de estos autores contemporáneos parece estar explícita o implícitamente permeado por las maniobras desplegadas por los poetas del grupo Orígenes para comprender la nación en la primera mitad del siglo XX. Era una suerte de cofradía aquella de Lezama y sus amigos. Petendían esquivar, a través de la poesía, una cotidianidad mediocre u opresiva. En ambos casos, antes y ahora, se trata de encontrar soluciones tribales y clandestinas a agudas crisis identitarias. Mientras para Zambrano "Cuba secreta" traducía "el instante en que van a producirse las imágenes que fijan el contorno y el destino de un país" (108), puede pensarse algo semejante de esos mundos que se inventan, para perpetuar la ilusión, estos creadores frustrados y perdidos en medio de la crisis postsoviética cubana.

La tendencia a mirar hacia el pasado en busca de referentes que hagan del presente, discontinuo y anárquico, un tiempo habitable, se corresponde con las respuestas a la desconfianza histórica que Baudrillard identifica en la sociedad occidental contemporánea. Si los acontecimientos políticos y sociales ocurren como si estuvieran colocados dentro de un filme silente ante el cual los hombres se sienten "colectivamente irresponsables" —de la misma manera en que los personajes de Leonardo Padura en *La neblina del ayer* se reconocen impotentes frente a su realidad y su destino—, esto, para Baudrillard, siembra entre los hombres el "síntoma del presentimiento colectivo del fin" (*La ilusión*, 15). Para muchos la solución reside en armarse con toda la memoria artificial, con todos los signos del pasado —continúa

Baudrillard (21-22), cuyas ideas sirven para describir la actitud de los narradores que recurren al arsenal histórico y tradicional cubano buscando elementos de apoyo a la supervivencia presente.

El descubrimiento de heterotopías desarrolladas por los escritores contemporáneos estudiados en este capítulo nos conduce hacia los emplazamientos reales que toman estos espacios, en La Habana, en la isla. Sigo aquí las teorías desarrolladas por Foucault en "Des Espaces autres", donde define las heterotopías como "emplazamientos absolutamente otros". Constituyen sitios, efectivamente localizables en el espacio real aunque fuera de todo tiempo y lugar, en que son ubicadas utopías realizadas. En las heterotopías, los emplazamientos reales que pueden ser encontrados dentro de la cultura son representados, contestados e invertidos. Foucault nombra varios principios regidores de las heterotopías: albergan la "desviación" social, mantienen una pretensión universalista, funcionan a plenitud cuando los hombres se hallan en absoluta ruptura con su tiempo tradicional, poseen un sistema de apertura y de clausura que las aísla a un tiempo que las deja penetrables pues sólo se accede a ellas con permiso y tras haber realizado ciertos gestos, y, finalmente, pueden cumplir dos funciones opuestas: crear un espacio ilusorio que denuncia como aún más ilusorio el espacio real, o bien crean otro espacio perfecto y meticuloso en oposición al caos de la realidad.[1] A través del estudio de las heterotopías en la literatura contemporánea, la ciudad y sus ruinas convertidas en terreno fértil para la utopía son también claro objeto de análisis en este capítulo, que concluye con el estudio de las nuevas interpretaciones de la cubanía y la diáspora.

El exilio, por supuesto, ha sido estudiado recientemente en detalle por numerosos investigadores de una y otra orilla. Resultan particularmente importantes los trabajos, en torno a la literatura, de Ruth Béhar, Román de la Campa, Ambrosio Fornet, Gustavo Pérez Firmat y Eliana Rivero, entre otros. Tales estudios han privilegiado el análisis

---

[1] Siguiendo estas teorías, mi análisis de las heterotopías difiere del de Jorge Fornet, quien al cerrar su análisis de las heterotopías foucaultianas al ejemplo de las cárceles y hospitales psiquiátricos, no encuentra tales modelos en la narrativa cubana contemporánea (121). Foucault, sin embargo, lo extiende a instituciones modernas como los jardines, las bibliotecas, museos, moteles, viajes de luna de miel, etc., siempre y cuando cumplan con los principios que explica en su artículo ("Des espaces").

de las dinámicas del exilio y el exiliado, generalmente a través de la visión del propio exiliado sobre sí mismo y sobre la isla. La isla permanece bajo este enfoque como imán en el centro de todas las pesquisas y argumentaciones. Se vuelve a ella o se la abandona, se la añora o se la olvida. Pero ahí queda. En este capítulo, sin embargo, más que lanzarme a desentrañar los problemas de la diáspora cubana, indago cómo ésta es vista por los escritores de la isla. Es decir, más que analizar a quienes partieron, queda mi objeto de estudio siendo el cubano que desde su isla observa su otra mitad. En sus miradas, descubro una forma de autodefinición que se produce a través de la caracterización del Otro, el que emigró.

2.1. Los espacios heterotópicos de los cubanos cansados de la Historia

> La ciudad está muerta, pero qué más da.
> No jures por la tempestad,
> aunque tu luna se esté apagando.
> Las nubes no se irán,
> sólo se quedan adentro y llorando.
>
> Carlos Varela, "Nubes", *Nubes*

El detective Mario Conde es un personaje arquetípico de quienes perseveran en la apuesta por un futuro mejor, aun en medio de la frustración, la desesperanza y el caos de la era postsoviética. Protagonista de la saga policíaca mantenida desde 1991 por Leonardo Padura, Conde ha devenido con el curso de los años y de la trama novelesca de policía a detective privado, adaptando vida y sueños según cambian los tiempos habaneros. Permanece invariable, no obstante, su celo en denunciar y erradicar los males sociales. La más reciente entrega de esta saga, *La neblina del ayer* (2005), recrea particularmente la crisis existencial sufrida por muchos cubanos. El expolicía, ahora traficante de libros raros, se desplaza por una Habana que desconoce, mientras investiga la desaparición de Violeta del Río, una cantante de los años cincuenta. Pasado lejano (pre-revolucionario) y reciente (revolucionario) se entrelazan en esta historia que destila nostalgia por el ayer, frustración e impotencia ante el presente (postsoviético). La ciudad, ante los ojos perplejos y desilusionados de Conde, es sólo ruinas, suciedad y vicio. Es la ciudad muerta a la cual alude Carlos Varela en el epígrafe de este capítulo. En La Habana recreada por Padura el fantasma del subdesarrollo se vuelve real, provocando reflexiones permeadas de ese tradicional subrepticio racismo cubano: "Mientras el Palomo acordaba con dos negros de aspecto carcelario el precio por el cuidado de su auto, el Conde cruzó la calle, evitando un charco donde flotaba una rata hinchada, y les compró a los chinos cuatro laticas de pomada, […] observó el panorama que lo circundaba y le recordó ciertas imágenes de ciudades africanas vistas en la televisión. Es el regreso a los orígenes, pensó, preparándose para sorpresas mayores" (141).

Cuando Mario Conde no se dedica a la investigación del caso, se reúne con sus amigos de antaño. En sus charlas aflora constante la queja por los tiempos vividos —o mal vividos— en los setenta. Sin embargo, estos personajes atribuyen su frustración a designios y poderes que se les escapan, a una sociedad que ni comprenden ni pueden cambiar. Como Padura, sus protagonistas alcanzaron la juventud en pleno acontecer revolucionario y habían sido educados bajo la idea de que trabajarían para mejorar la sociedad cubana. Vivían imbuidos de humanismo revolucionario moderno. Pero tras el colapso del socialismo descubren amargados el simulacro en que vivieron hasta entonces. Ni alcanzaron a ver al Hombre Nuevo, ni sacaron a Cuba del subdesarrollo. El imperialismo no fue vencido y el socialismo se extinguió. En contraste con ellos, Yoyo *el Palomo,* de veintiocho años, se asombra cuando el Conde recoge un libro de cocina para regalárselo a la madre de uno de sus hambrientos amigos. "¿Para cocinar qué? —le espeta y prosigue confesándole que tanto el Conde como sus amigos le parecen "marcianos". Yoyo *el Palomo* pregunta qué "les metieron en la cabeza para ponerlos así" y el protagonista responde: "Nos hicieron creer que [...] el mundo iba a ser mejor. Que ya era mejor [...] Fue bonito mientras duró" (45-46). Conde y sus amigos sospechan que alguien o algo, por encima de ellos, decidió sobre sus vidas y que no estaban actuando sobre la Historia, porque en realidad no tenían ningún dominio sobre la realidad, como lo atestigua este otro diálogo sostenido entre el detective y sus gastados amigos:

—¿Te acuerdas, Conde, cuando nos cerraron los clubes y los cabarets porque eran antros de perdición y rezagos del pasado? —recordó Carlos.
—Y para compensar nos mandaron a cortar caña en la zafra del setenta...
—A veces me pongo a pensar... ¿Cuántas cosas nos quitaron, nos prohibieron, nos negaron durante años para adelantar el futuro y para que fuéramos mejores? [...]
—¿Y somos mejores? —quiso saber Candito *el Rojo.*
—Somos distintos: [...] Lo peor fue que nos quitaron la posibilidad de vivir al ritmo que vivía la gente en el mundo. [...]
"La vida nos estaba pasando por los lados [...] y para protegernos nos pusieron orejeras, como a los mulos de carga. Nada más debíamos mirar hacia delante y caminar hacia el futuro luminoso que nos esperaba al final de la historia y, claro, no nos podíamos cansar en el camino. [...] Mientras

más avanzábamos, más se empinaba la pendiente y más lejos se ponía el futuro luminoso, que además se fue apagando. Al muy cabrón se le acabó la gasolina" (198, 201).

Las palabras de estos amigos traducen el sentimiento de muchos cubanos cuya desazón postsoviética ha sido recreada, de manera similar a Padura, por Senel Paz, Abel E. Prieto, Abilio Estévez, entre otros. Discursos como éste dan la impresión de que el proyecto socialista de mejoramiento humano, propio de la cosmología de la revolución, les había sido totalmente impuesto y que la idea del Hombre Nuevo les resultaba ajena. Pareciese que alguien siempre "les" puso orejeras, les ordenó ir a trabajar a los campos, y todo esto inútilmente. Ya en plena crisis postsoviética, estos personajes se muestran convencidos de que de tanto actuar sobre la realidad insular el resultado ha sido la enajenación de la verdadera realidad, la que vivía el resto del mundo y ante la cual actualmente permanecen perplejos. No comprenden el mundo nuevo que están viviendo y del que se sienten excluidos, como también se sienten excluidos del paraíso que pensaron construir y al que dedicaron sus mayores esfuerzos. El protagonista de *La neblina del ayer* reconoce la sensación de naufragio que le invade en La Habana actual:

> Miró a su alrededor y tuvo la nerviosa certeza de hallarse extraviado, sin la menor idea de qué rumbo debía tomar para salir del laberinto en que se había convertido su ciudad, y comprendió que él también era un fantasma del pasado, [...] colocado aquella noche de extravíos ante la evidencia del fracaso genético que encarnaban él mismo y su brutal desubicación entre un mundo difuminado y otro en descomposición [...] él mismo era una mentira, porque, en esencia, toda su vida no había sido más que una empecinada pero fallida manipulación de la realidad (205).

También, cuando hace que su personaje tristemente se reconozca a sí mismo como un simulacro, expresa Padura la fatiga causada por haber gastado muchos años en la inútil búsqueda de la verdad. No obstante, la fe en el Progreso permanece aun en tiempos de crisis postsoviética en estos personajes. Enfrentando la delincuencia, el policía Conde describe la marginalidad habanera al tiempo que permanece parapetado tras una posición positiva, alejado del mundo en que se mueve. Puede ver esa existencia marginal, rozarla, incluso llegar a relacionarse con algún que otro delincuente y trenzar amistades en ese ambiente (aunque jamás comparadas con las que mantiene con sus amigos de la adolescencia, una especie de familia colocada en un nivel de pureza bastante inusitada en el contexto cubano actual), pero luchará siempre contra los males sociales. La obra de Padura encarna la posibilidad de mantenerse fiel al realismo estético y conservar cierta confianza en los ideales de la modernidad que pautaron su formación. Su alejamiento del ideal del Hombre Nuevo no es total, como explica Ana Serra cuando muestra, por ejemplo, la masculinidad que acerca sus personajes al prototipo del Hombre Nuevo. La autora califica la serie policíaca de Padura como una celebración de la alianza masculina en lo profesional tanto como a nivel privado. Asimismo, destaca el hecho de que Conde no consiga distanciarse con las ideas de amor y sacrificio aun cuando en su caso este sacrificio se refiere más a solidaridades profesionales que al sacrificio colectivo exigido por Che Guevara en los sesenta (170).

Esta situación se explica porque la ideología de la que se quejan estos personajes no les fue impuesta totalmente en contra de su voluntad, como puede parecer a veces en *La neblina del ayer*. Entre los años sesenta y ochenta, resulta difícil no considerar a Conde y sus amigos como sujetos revolucionarios, convencidos del valor progresista del proyecto marxista-leninista. Hoy, el humanismo moderno no les ha abandonado del todo, a pesar de la rabia y la frustración. Tal vez por eso prefieren hablar de un "cansancio histórico" (199), porque se resisten a quedarse sin certezas. Hay cansancio pero no desprendimiento absoluto de la Historia. Se sienten traicionados por ella, pero no se reconocen desprovistos del *telos* histórico.

Llegados los noventa, patéticos casi resultan cuando descubren acongojados que se han quedado solos y "nadie [los] está cuidando" (201). Hay una culpa y una responsabilidad, pero la sitúan fuera de sí mismos, en la sociedad. Es así como evaden la angustia existencial, escudándose tras la derrota y el cansancio, que según el protagonista es histórico. No es ontológico, lo cual lo hace reparable. Ellos pueden hacer todavía algo, lejos de la Historia y de quienes les han supuestamente traicionado. Por eso no se rinden completamente, a pesar del marasmo de tristeza en el que gastan su presente. Buscan alternativas al imaginar nuevas utopías. Las colocan en el heterotópico espacio que construyen al reunirse regularmente para escapar de las premuras cotidianas. Las reproducen cuando recrean el pasado, a través de la obsesión de Conde en descubrir por qué a la misteriosa Violeta del Río —figura reminiscente de Violeta del Valle, mujer fantasmagórica en *La Habana para un infante difunto*, de Guillermo Cabrera Infante— "se la tragó la historia" (202).

La preocupación de Padura por la Historia es dominante en *El hombre que amaba a los perros,* donde reconcilia sus dotes de periodista y escritor policíaco con su interés por el manejo literario de la Historia, que veo además relacionado con sus aventuras ensayísticas en torno a la obra de Carpentier.[2] El mensaje de esta novela es que el colapso del socialismo, y por extensión la crisis ética actual en que viven sus personajes cubanos, es consecuencia de la mala aplicación de las ideas de los fundadores de la utopía soviética, Lenin y, específicamente en esta novela, Trotski. El líder asesinado por Mercader aparece en el libro como el último creyente puro en el comunismo, postrera imagen de la integridad ética, y contrasta con el "demonio" Stalin y el resto de los comunistas que —a favor o en contra sea de Trotski o de Stalin— fueron perdiendo la fe en el sueño original. Hacia el final de la novela, los agentes que fraguaron el asesinato de Trotski confiesan cómo la creencia en un mundo mejor, que impulsara su adhesión al comunismo, cedió con el tiempo al miedo y al consecuente cinismo esgrimido para sobrevivir al terror implementado por Stalin (518-521, 529-531). En la novela el miedo se extiende hasta el presente. Mina la existencia del experiodista Iván en La Habana actual, que no sabe qué destino darle a toda la información caída en sus manos. La deliberada tergiversación de la Historia y el hecho de que la mayoría de los cubanos ignorasen sucesos capitales del sistema socialista en que han vivido, son también ingredientes que justifican, según Padura, la si-

---

[2] Encuentro una línea de continuidad entre su ensayo *Un camino de medio siglo* y la preocupación histórica en muchas de sus obras, como *La novela de mi vida*, *La neblina del ayer* y *El hombre que amaba a los perros*. En esta última, las relaciones son, en mi opinion, de ambición estilística además. Padura, notable en la narrativa policíaca, se desborda en esta novela en descripciones demasiado elaboradas, "aconsonantadas" según Antonio J. Ponte ("El asesino de Trotski, en una feria de La Habana"). Adelanto una conjetura: ¿*El hombre que amaba a los perros* puede leerse como un intento de Padura por superar lagunas históricas y políticas de *La consagración de la primavera*, que recalcaba ya en su artículo del 2008 "La consagración de la primavera y la Guerra Civil española"?

tuación actual en la isla.³ Nuevamente, estos personajes contemporáneos son mostrados como patéticas marionetas, víctimas de poderes inaccesibles, privados de "la memoria escamoteada" (404-410). Responsable de la defunción de la utopía es sólo la perversidad staliniana, pues Padura —como revela Antonio José Ponte— no explica la residencia en La Habana de los años setenta del asesino Mercader: "Concluida la novela sabemos por qué Trotski se estableció en México, por qué Stalin ordenó matar a Trotski, por qué Mercader hizo de esbirro, pero desconocemos las razones que llevaron a Mercader a Cuba. Y no es que la cuestión no aparezca en varios momentos, sino que aparece como pregunta retórica, que no aguarda respuesta. O más exactamente, como pregunta horrorizada de encontrar respuesta" ("El asesino"). Padura recalca además la opinión despectiva que del socialismo cubano guardaba Moscú. Traza con ello fronteras que dejan del lado soviético el peso de la responsabilidad ante la crisis final del socialismo.⁴

Una vez ofrecidas explicaciones de la derrota, la apuesta por un futuro mejor no resulta una idea descabellada para los protagonistas de Padura. Y esto, aunque el joven Palomo considere que Conde y sus amigos habían sido estafados, y que la realidad cubana carece de solución, como no sea la del enriquecimiento individual (*La neblina*, 46). Incluso hacia el final desolado de *El hombre que amaba a los perros*, los antiguos agentes de Stalin, a su vez denigrados por el poder soviético, creen que existe una solución, la posibilidad de reinventar un socialismo justo en otro sitio (544). Sin embargo, La Habana contemporánea no parece ser ese sitio ideal para Padura, quien escribe esta novela pero hace que su protagonista Iván muera al derrumbarse el

---

³ Rafael Rojas analiza cómo las más radicales ideas soviéticas elaboradas durante la *perestroika* y la *glasnost* fueron sometidas a un "filtro de corrección ideológica", que compara con otras situaciones coloniales. "En Cuba, y en los estudios de los jóvenes cubanos en la Unión Soviética, las ciencias sociales que enseñaban y aprendían eran las que reciclaban los enfoques más ortodoxos del campo socialista" (*El estante*, 69).

⁴ En *El hombre que amaba a los perros* Stalin tiene también, al fomentar luchas internas en el bando republicano y posponer una revolución en España, inmensa responsabilidad en los horrores de la Guerra Civil y en la instauración de la dictadura de Franco, cuyas consecuencias llegan hasta la actualidad. Coincidentemente y para posible provecho promocional de la editorial, Tusquets —una de las más poderosas en lengua hispana, operante desde Barcelona—, estas ideas llegan al lector español en momentos en que la revisión histórica de aquellos sucesos es frecuentemente discutida por intelectuales y artistas.

techo de su apartamento. Le enterrarán con los papeles sobre Ramón Mercader (la Historia) y una vieja cruz (la fe). Los despojos del hombre, la Historia y su fe son todos lanzados hacia el espacio desconocido de la utopía:

> [c]uando cierren el ataúd [...] la cruz del naufragio (de todos nuestros naufragios) y esta caja de cartón, llena de mierda, de odio y de toneladas de frustración y de mucho miedo, se irán con él: al cielo o la podredumbre materialista de la muerte. Quizás a un planeta donde todavía importen las verdades. O a una estrella donde tal vez no haya razones para sufrir temores... A una galaxia donde quizás Iván sepa qué hacer con una cruz [...] y con esta historia, que no es su historia pero en realidad lo es [...] y la de tantísimas gentes que no pedimos estar en ella, pero que no pudimos escapar de ella: se irán tal vez al sitio utópico donde mi amigo sepa [...] qué coño hacer con la verdad, la confianza y la compasión (570).

El hombre que amaba los perros cierra con un aullido lanzado a la utopía, porque aún para estos personajes aplastados por la Historia, la sociedad es perfectible. A veces, la perfección futura podría percibirse en la solidez con que Padura y otros escritores como Abilio Estévez, Senel Paz, Abel E. Prieto pintan los lazos de solidaridad y comprensión mantenidos entre los amigos de la adolescencia y la infancia. Los personajes de Padura, o de Prieto en la novela *El vuelo del gato,* oponen esa solidez tribal —y masculina, como destaca Guillermina de Ferrari— contra la inestabilidad cubana actual ("Embargoed", 95-100). Las nuevas tribus, en estos libros, cuentan con espacios propios: sitios heterotópicos en los que, como explicaba Foucault, se refugia la "desviación social" ("Des espaces"). Pues, si Conde y sus amigos parecían "marcianos" para Palomo, representante del cubano contemporáneo "normal", en La Guarida de "El lobo, el bosque y el hombre nuevo" se esconden varios "desviados" sociales de los severos setenta: el joven revolucionario pero poco violento y amante de la poesía, la prostituta y el homosexual —viriles los tres por reivindicarse patriotas y revolucionarios en primera instancia—. Dentro de este espacio germina la tolerancia, que es el tema central del cuento y cuya acción desearía Senel Paz ver extendida al resto de la sociedad cubana. Publicado en 1989, ganador del premio Juan Rulfo en París y exitosamente adaptado al cine en 1993 por Tomás Gutiérrez Alea y Juan Carlos Tabío bajo el título *Fresa y Chocolate,* este cuento fue uno de los primeros en alzarse abiertamente contra la intransigencia de los "años duros", que llegó a convertirse durante los setenta en un simple esquema que escenificaba la oposición entre revolucionarios y contrarrevolucionarios. Por un lado, como escribe Victor Fowler, Senel Paz "re-escribe la Historia y la Nación fijadas" por la narrativa de la violencia (*La Maldición*, 38). Pero, al mismo tiempo, este cuento cierra "una perspectiva en la cual la revolución (tal como la conocíamos) aparecía como un proyecto viable; fue el canto de cisne de treinta años de narrativa en Cuba" (Fornet, J., 64).

"El lobo" defiende en efecto la cosmología de la revolución cubana. Para sus protagonistas, la revolución acarrea el Progreso, sólo ha de introducírsele pequeños cambios, rectificar algunos errores. Esta idea ha sido bien desarrollada por Emilio Bejel, quien apoyándose en los modelos de crítica cultural propuestos por Jameson interpreta el diálogo entre el homosexual Diego y el poeta David como "dos posiciones oprimidas aspirando a una alianza utópica frente al poder hegemónico del capitalismo" (*Gay*, 160). Bejel demuestra que la unión de ambos personajes posibilita la supervivencia de la revolución cubana, malherida como lo está en cierto momento Nancy, prostituta suicida —pero revolucionaria— introducida como personaje en la versión fílmica del cuento (162). "El lobo", en fin, no es tanto un relato sobre la homosexualidad como una fábula en torno a la tolerancia, como lo han esclarecido repetidas veces tanto Paz, Gutiérrez Alea y como sus mejores críticos. La intención —ha dicho Paz— "era mostrar como un sujeto totalmente heterosexual puede comprender a un personaje gay y su posición dentro de la sociedad cubana" (*Gay*, 161). Una vez más —y como ya había sucedido en la narrativa de la violencia— lo esencial es presentar las proezas, esta vez morales, del héroe revolucionario, porque aunque se le acepte, el homosexual sigue siendo portador de una debilidad —tolerable pero no "normal"— dentro de la cosmología de la revolución.[5] Tal vez sea esta debilidad la que impide que se concretice realmente la amistad entre David y Diego, porque éste al final ha de partir. El abrazo de los personajes, con que termina la película, constituye un símbolo pero no una realidad.

---

[5] Este tópico ha sido exhaustivamente desarrollado por Fowler *(La maldición)*, Jambrina ("Sujetos *queer*") y Alonso Estenoz ("Tema homosexual").

Es en este punto pertinente el análisis de José Quiroga, quien compara el filme de Gutiérrez Alea con *Philadelphia* (Jonathan Demme, 1993). El gesto de Quiroga al trazar paralelos entre la connotación social de la homosexualidad en dos sociedades tan distintas —la cubana y la norteamericana— refuerza además la perspectiva general de mi investigación: demuestra que, al ser analizada bajo un prisma ético, es posible comprender la no excepcionalidad de las problemáticas que se verifican en la Cuba postrevolucionaria. "El lobo" pide para los cubanos que, como el homosexual Diego, "antepone[n] el Deber al Sexo" (Paz, 32), un lugar bajo el sol de los revolucionarios. Y en ello la representación y la "función social" de la homosexualidad son elementos esenciales. En tal sentido observa Quiroga que "como *Philadelphia*, *Fresa y chocolate* depende del asunto de la representación de una manera en que sólo resulta directamente pertinente para quienes no están abiertamente identificados como heterosexuales en el reparto de personajes. Por eso el filme debe ser visto en el contexto de las redes de poder" ("Homosexualities", 139). Así, una muy moralista escala de valores, determinada por "la disposición del sujeto hacia el deber social o la mariconería", es presentada por Diego para justificar su inclusión en el universo de los "héroes y los activistas políticos". Diego es útil, su "sacerdocio es la Cultura nacional" lo redime: éste es su rol social. Las locas y los maricones (sic) no tienen en cambio redención posible según la perspectiva del protagonista: "Tienen todo el tiempo un falo incrustado en el cerebro y sólo actúan por y para él. La perdedera de tiempo es su característica fundamental [...] las odio por fatuas y vacías [...] Provocan y hieren la sensibilidad popular, no tanto por sus amaneramientos como por su zoncera" (32-33).

Diego no discute la posibilidad de la existencia del Hombre Nuevo diseñado por Ernesto Guevara. Solamente, le parece incompleto. Escoge como pieza de experimentación a David, quien hasta entonces admiraba ciegamente el paradigma guevariano e intentaba copiar sus rasgos. David, no obstante, comprende su nuevo rol:

> Yo era su última carta [de Diego], el último que le quedaba antes de decidir que todo era una mierda y que Dios se había equivocado y Carlos Marx mucho más, que eso del hombre nuevo, en quien él depositaba tantas esperanzas, no era más que poesía, una burla, propaganda socialista, porque si había algún hombre nuevo en La Habana no podía ser uno

de esos forzudos y bellísimos de los Comandos Especiales, sino alguien como yo, capaz de hacer el ridículo (26).

Cuando Diego parte a través de La Habana gris a la caza de un Hombre Nuevo tolerante, piensa que la utopía debe continuar. La frustración que le invade no es más fuerte que la convicción de que la reinvención de la nación se impone. Y este mensaje se vuelve vital precisamente en 1989, justo ante la crisis postsoviética. Senel Paz coloca en la caracterización de Diego un proyecto que encuentra eco en las ansias de los jóvenes intelectuales de entonces: construir una nueva nación, tolerante, capaz de incluir a todos los cubanos, incluso si éstos "pecan" por ser intelectuales lezamianos y homosexuales.

En tanto espacio heterotópico, La Guarida rompe con la organización exterior pues, aun situada en La Habana dominada por la cosmología de la revolución cubana, se rige por un peculiar sistema. De La Guarida hizo Senel Paz un pequeño espacio en el cual permanece concentrada, al abrigo del orden histórico que pauta la actividad social, un eterno mundo lezamiano. No sólo se homenajea explícitamente al poeta de la calle Trocadero, sino que además los preceptos de su Sistema poético rigen la existencia de los personajes Diego y David, quienes allí se refugian. Diego dedica su tiempo y lo mejor de sus energías a perseguir, compilar y adorar reliquias de la cultura y de la historia nacionales, pretendiendo parapetarse, de la suerte, contra el caos amenazante de la actualidad. La *hipertelia*, principio mayor en la poética lezamiana que traduce "lo que va siempre más allá de su finalidad venciendo todo determinismo" (Álvarez-Bravo, 62), domina la vida dentro de La Guarida, impidiendo que las cosas desaparezcan en el torbellino del olvido. Para ello, se impone otro torbellino, el del recuerdo.

Si la utopía moderna latía aún en la penumbra de La Guarida o entre los fatigados camaradas que en *La neblina del ayer* se resguardaban mutuamente contra los embates de la vida cotidiana, en *El vuelo del gato*, de Abel E. Prieto, la solución al caos circundante también está encerrada en un espacio heterotópico. La trama de esta novela gira alrededor de "la piña", una reunión de viejos amigos que se reencuentran en pleno apogeo del Período Especial. El consenso que los reúne es la necesidad de imponerse "una parada, una pausa [...] en la carrera febril de los noventa" (235), época en la cual algunos "elegidos", dentro de la generación de los personajes (y la del autor, entonces ministro de Cultura), detentan ya algunas riendas del país, en tanto otros se hunden en la miseria económica y moral. La "piña" se convierte en espacio heterotópico de la novela.

Los personajes de Prieto, a semejanza de los de Padura, se sienten rebasados por los acontecimientos cotidianos. Han tenido que apelar a valores discordantes con los recibidos durante su formación revolucionaria. Se trata hoy de "avanzar", aun sin creer enteramente en el futuro. De todas maneras, son gente que no quiere o no tiene tiempo de detenerse a reflexionar demasiado. Las responsabilidades o las necesidades de la realidad exigen la acción inmediata. Mas la angustia existencial está a punto de alcanzarles. Permanece agazapada tras el debatir de los protagonistas —*in extremis* salvados del vértigo kierkegaardiano— entre la astucia, por un lado, y el estoicismo, por el otro; entre el Atraso y el Progreso, lo malo y lo bueno, lo negro y lo blanco. Ambas posibilidades existenciales son encarnadas en la novela por la marta "de ojos fosforescentes" y el gato "de piel shakesperiana y estrellada". Para ello, Prieto echa mano a una delicada alegoría desarrollada por Lezama Lima en el poema "Universalidad del roce", que le sirve de exergo al libro, y según la cual del cruce del gato y la marta nace el "gato volante" (*Poesía*, 415-416). Es la posibilidad del mestizaje, simbolizada por este animal metamórfico que ahorra a los protagonistas el sufrimiento de la angustia. Cual dios escondido, esencia trágica regidora de un cosmos utópico, el mestizaje que encarna el gato volador trae la solución a quienes, como Marco Aurelio, Freddy Mamoncillo y algunos otros cubanos confrontados a la crisis ética abierta en los noventa, se debatían entre la cosmología de la revolución inculcada en la infancia, por un lado, y por el otro la vida postsoviética que se iba volviendo batalla cada vez más brutal. Marco Aurelio, más cercano del gato que de la marta, agobiado y un poco escéptico con respecto a sus convicciones estoicas, se halla a punto del desespero cuando vuelve a ver a Mamoncillo, el reverso de la medalla, astuto, y perfectamente adaptado a la dinámica de los nuevos tiempos. Mientras Mamoncillo puede ser considerado un triunfador, Marco Aurelio es la viva estampa del perdedor. Cuando estos amigos de la infancia que habían seguido caminos tan disímiles se reencuentran, en una etapa crucial de sus vidas, tienen que descubrir en sí mismos ese gato volante, la tercera vía salvadora, que se les revela en lo que, a pesar de las diferencias, pervive y unifica a ambos personajes: la comunidad de tradiciones, los recuerdos, la amistad, la cubanía. Alcanzarán la unidad y la armonía, no sólo entre ellos dos, sino con sus amigos y con la familia, acercándose sobremanera al ideal de la coral lezamiana: perfecta esfera.

Es pues en ciertas expresiones de un supuesto mestizaje cubano donde los personajes de *El vuelo del gato* se abrazan al mismo tiempo que descubren la esencia existencial gracias a la cual consiguen transformar el caos en cosmos. Entre esas expresiones de lo inefable cubano, se pasea la "Risa Cubana", a la que Prieto dedica algunas páginas:

> La Risa Cubana, (no el relajo ni el choteo) [...] En ella no sólo se mezclan las razas y los colores de la gente y sus creencias y el Atraso y el Adelanto; también se diluyen en su masa gelatinosa los estoicos y los pícaros, los esclavos de lo Ficticio y los que siguen la Doctrina del Desasimiento, los hedonistas empedernidos y los que toman el ron muy aguado, los chupadores, tan hábiles en la succión de frutas y de Cuerpos, y los que no saben chupar, los que han leído *Los Karamazov* y comparten la fe de Aliosha y la duda de Iván y los que viven ajenos por igual a la duda y a la fe y no se acercan al Dimitri repleto de amor, vodka y pasión, sino al viejo Karamazov (146).

Como el autor de *Paradiso*, Abel Prieto propone aquí la fusión trágica, la trasgresión de los conceptos y los valores tradicionales y la creación de un nuevo sistema, de una lógica diferente que conceda sentido y unidad a los elementos más disímiles de la sociedad: al pícaro y al honesto, por ejemplo. Todo es cuestión de acechar el punto esencial en que se anulan las contradicciones cotidianas. Prieto lo descubre en estas expresiones del mestizaje espiritual de la nación, en los misterios del muy fugaz "gato volante".

También en *Tuyo es el reino* de Abilio Estévez la heterotopía es presentada a través de la unidad protectora que puede ofrecer una pequeña comunidad. Es La Isla, sitio misterioso que nunca logramos precisar con certeza: se trata de un jardín —o manigua— que también puede ser una calle, un *solar*[6] o quizás La Habana misma, pero también es posible que tan sólo sea aquella mujer desesperada que en mitad de la novela grita "la isla soy yo" (146). No olvidemos que la heteroto-

---

[6] En Cuba, palacios y edificios otrora lujosos en los que en el presente conviven, en hacinamiento, numerosas familias.

pía, según Foucault, se caracteriza por su capacidad para yuxtaponer en un solo sitio real diversos espacios incompatibles entre sí. Foucault reconoce además al jardín como el más antiguo ejemplo heterotópico: "El jardín es la parcela más pequeña del mundo y también la totalidad del mundo. El jardín es desde la Antigüedad una especie de heterotopía feliz y universalizadora". ("Le jardín c'est la plus petite parcelle du monde et puis c'est la totalité du monde. *Le jardín c'est depuis le fond de l'Antiquité, une sorte d'hétérotopie heureuse et universalisante*"; "Des espaces").

Su carácter inasible, la facultad para provocar el espejismo, son los fijos elementos de la identidad de La Isla. "¿Quién puede decir que la conoce?", queda dicho en alguna parte de *Tuyo* (23). Indefinido pero localizable, a este espacio plagado de árboles y matorrales se entra por una "gran puerta que da a la calle de la Línea, que está en un zona de Marianao" (18). Incluso cerrada dentro del misterio, La Isla de Estévez podría muy bien tener un emplazamiento real en este barrio habanero. Con ello, corresponde con la exigencia de localización con que Foucault diferenciaba las heterotopías de las utopías tradicionales, cuya carencia de ubicación real es una de sus particularidades. También en consonancia con la descripción del filósofo francés se recrea en ella un cosmos perfecto en comparación con el caos exterior. Una vez rebasada la entrada de La Isla, "no importa que allá fuera, en la calle, el calor sea insoportable. El zaguán no tiene que ver con la calle: está fresco y húmedo y resulta agradable deternerse en él para secarse el sudor" (18).

Dentro de La Isla el protagonista Sebastián, niño elegido, se mantiene al amparo de la desesperanza. Las preguntas filosas que despiertan el desarraigo están sin embargo ahí: la soledad insular, la homosexualidad, el mañana impredecible. Sebastián las resuelve sin prisas, de la mano del Maestro, fantasma que es El Herido o Scherezada, a veces la mismísima estampa del San Sebastián de Honthorst o bien Virgilio Piñera en persona, a quien está dedicada *Tuyo es el reino*. La sombra del gran escritor vela sobre los senderos y recodos de La Isla, donde un día las estatuas que servían de referencia se desmoronan, anunciando el fin de un mundo y la amenazadora proximidad del caos. Junto a Piñera, una cohorte de espectros tropiezan y se confunden en el jardín de La Isla, respetando siempre la verja que se cierra frente a la oscuridad y el caos; verja junto a la cual se detienen siempre los pasos del Maestro porque, detrás, sólo hay inconmesurable peligro: "El Maestro indicó la oscuridad sobrecogedora del otro lado. ¿Sabes lo que hay más allá? [...] No, Maestro, cómo voy a saber qué hay allá, ni siquiera sé dónde estoy, ni siquiera sé quién soy [...] Peligro, extremado peligro, significa decir 'Estamos rodeados, vamos bordeando el peligro'" (334).

Justo ante las fronteras de La Isla se detiene la angustia, que la rodea como en el poema "La isla en peso" Piñera describe, en 1943, un agua tenebrosa amenazando a la isla de Cuba y al poeta: "La maldita circunstancia del agua por todas partes / me obliga a sentarme en la mesa del café. / Si no pensara que el agua me rodea como un cáncer / hubiera podido dormir a pierna suelta" (37). En La Isla de Estévez, el tormento que provoca la angustia puede desencadenarse con sólo rozar el hierro de la verja y dejar correr la mirada más allá, hacia lo infinito y lo oscuro. Desde este lado de la verja, el Maestro guarda y protege al joven temeroso y a punto de extraviarse en lo incomprensible.

2.2. La Habana en sueños y ruinas

> Y los años van pasando y miramos con dolor
> como se va derrumbando cada muro de ilusión.
> ¡Habana, Habana, si bastara una canción
> para devolverte todo lo que el tiempo te quitó!
> ¡Habana, mi Habana,
> si supieras el dolor que siento cuando te canto
> y no entiendes que ese llanto es por amor!
>
> CARLOS VARELA, "Habáname", *Como los peces*

La Habana arruinada del presente puede servir de resguardo al sujeto que enfrenta la incertidumbre postsoviética. Abilio Estévez echa así mano a las ruinas de una ciudad en crisis en su segunda novela, *Los palacios distantes*. Se cuentan en este libro las vicisitudes de Victorio, anodino inquilino de una otrora lujosa casona del municipio Centro Habana devenida en la actualidad *solar* a punto de derrumbe. Un día se anuncia la pronta aparición de los demoledores y Victorio se convierte en pordiosero. Vagabundeando encuentra a Isabel, prostituta callejera que sueña con escapar de La Habana y devenir estrella de Hollywood. Se hace llamar Salma, en alusión a su ídolo, la actriz Salma Hayek. Ambos personajes, hartos de su existencia habanera —aun cuando no emprenden ninguna acción concreta por escapar de la ciudad—, terminan por hallar refugio en las ruinas de un viejo teatro: el Pequeño Liceo de La Habana.

Este recinto heterotópico es también la madriguera del payaso Don Fuco, quien abriéndoles las puertas del teatro les permite a Salma y Victorio descubrir otra Habana. El Pequeño Liceo es el palacio que estos personajes siempre soñaron poseer: La Habana que les pertenece. Cuando se hallan dentro del teatro se creen en el corazón mismo de la ciudad, mientras afuera La Habana ordinaria se les torna aún más lejana. Ya de por sí les fue siempre hostil, pero viviendo en sus calles permanecían encadenados a su horror. Ahora, escondidos en el Pequeño Liceo, ni siquiera la necesitan. Encuentran en el teatro todo lo que les interesa de la ciudad, que ha sido recreada y resguardada por Don Fuco, pues atesora en él "las reliquias de la patria". Así ha logrado constituir este rey Utopus, en un proceso similar al emprendido por Diego en "El lobo", una especie de catauro de la cubanía, a partir de los vestigios de la gloria y de la catástrofe insulares. Reúne el Pequeño Liceo las propiedades del teatro y del museo que también destacaba Foucault como heterotopías modernas en las que se pretende concertar la multiplicidad universal, rompiendo con el *telos* histórico que gobierna la vida afuera. El Pequeño Liceo y La Guarida recuerdan asimismo las bibliotecas y museos descritos por Foucault como heterotopías regidas por la voluntad de encerrar todas las épocas, formas y gustos. Es el proyecto, que el filósofo considera moderno, de constituir un lugar para guardar todos los tiempos y que esté a la vez fuera del tiempo; una especie de acumulación perpetua e indefinida de tiempo en un lugar inmutable. ("L'idée de constituer un lieu de tous les temps qui soit lui-même hors du temps, [...] le projet d'organiser ainsi une sorte d'accumulation perpétuelle et indéfinie du temps dans un lieu qui ne bougerait pas"; "Des espaces"). Las "reliquias de la patria" de Don Fuco son objetos que van desde los vestidos de la cantante Rita Montaner y de otros íconos nacionales hasta algunos lienzos de René Portocarrero, pasando por la camisa ensangrentada del héroe revolucionario Julio Antonio Mella. El payaso no descarta la posibilidad de incluir en su colección elementos alegóricos de la desintegración nacional, como "el llanto de algunos de los que se lanzaron al mar de 1994" o las "trágicas despedidas en los aeropuertos" (135). Cantidad hechizada, podría haber declarado Lezama Lima ante el catálogo del payaso. Es decir, la súbita aparición de la esencia, de la "sobrenaturaleza", en la triste y miserable realidad, lo que revela la oculta gravitación de un orden superior, poético, sobre la existencia abrumada del hombre.

A semejanza de los héroes lezamianos, Victorio, Salma y Don Fuco se repliegan en un espacio cerrado y cortan toda relación con el exterior, que sólo puede traerles problemas. Serían la desidia, el asalto, el robo y la denuncia en el caso del homosexual Victorio; y la violencia del Negro Piedad o Sábanasagrada, ora proxeneta de Salma ora policía. Ha de advertirse aquí cierta coincidencia: en *La neblina del ayer* el inspector Conde compara a la ciudad devastada con algunas imágenes de la pobreza en África, mientras en esta novela de Estévez la vulgaridad, insensibilidad y decadencia habaneras son personificadas por un personaje negro, el Negro Piedad, que los protagonistas identifican como la mayor amenaza que ronda su refugio.

Fuera del Pequeño Liceo, la ciudad es una jungla poblada de maldad y peligros, de gente que, a diferencia de los protagonistas —los seres elegidos dentro del mundo recreado por Estévez—, son incapaces de apreciar la magia y el arte, embrutecidos por la sórdida cotidianeidad, la constante necesidad de combatir el hambre. Dentro de las vetustas paredes del teatro, los tres personajes se mantienen al abrigo de la cruenta lucha por la supervivencia que se desarrolla en plena calle. Y todo se debe a la imaginación de Don Fuco. Bajo su influjo, por ejemplo, una mesa pobremente servida puede parecerles rebosante de los más exquisitos manjares en una escena no demasiado lejana de aquélla, en el capítulo VII de *Paradiso*, donde Lezama celebra extensamente las más finas comidas criollas. Imagen mítica de las letras cubanas, "el almuerzo lezamiano" ya había sido recuperado por Senel Paz en "El lobo". Se trata de una recurrencia bastante frecuente en la literatura postsoviética, paradójicamente pues ya se sabe que la penuria característica de la época rinde imposible conseguir los más elementales ingredientes de dicho almuerzo.

Como heterotopía foucaultiana, el Pequeño Liceo, al igual que La Isla de *Tuyo es el reino* y La Guarida[7], tiene un sitio real en la ciudad: en Centro Habana, entre las calles Águila y Galiano precisamente. Como esta parte de la ciudad, se halla en ruinas y ha sido olvidado por los habaneros. En medio de la podredumbre, Estévez erige un espacio heterotópico donde es posible imaginar una vida ordenada, decente e incluso libre de las preocupaciones económicas que rigen la existencia postsoviética cubana. En tal sentido, tanto su Pequeño Liceo como La Isla prefiguran el recorrido de Antonio José Ponte en el documental *Habana: el nuevo arte de hacer ruinas*, de Florian Borchmeyer y Matías Hentschler. En el filme, Ponte se llama a sí mismo "ruinólogo", cuando reconoce que no cesa de buscarle sentido tanto a las ruinas como a la existencia dentro de las mismas.

Ciertamente, el estado de depauperación de la ciudad debe mucho a la crisis económica que se abre entonces. Sin embargo, en ellas ha colocado el cubano contemporáneo algo más que una mera expresión de la carencia. La estetización contemporánea de las ruinas habaneras

---

[7] En la película *Fresa y chocolate* La Guarida es ubicada en calle Concordia No. 418, Centro Habana.

debe ser comprendida a través del valor ético que le conceden sus moradores y visitantes, sumidos en los particulares procesos existenciales motivados por la crisis postsoviética. Como lo ha analizado Ana Dopico, las ruinas habaneras tienden a metaforizar la suspensión temporal, la nostalgia y la decadencia de un sistema, al mismo tiempo que prefiguran o plantean la expectativa de futuridad (451-452).[8] Las ruinas no surgen en la vida insular cuando cae el Muro de Berlín. Materialmente, ya estaban ahí. Lo que sí aparece súbitamente es la mirada nueva que las descubre ya no como vestigio del pasado destinado a desaparecer bajo el avance de un desarrollo al que se marchaba seguros por el camino del socialismo. A las ruinas se aferran ahora algunos habaneros necesitados de asirse a un muro, cualquiera, aun a punto de derrumbe. Los *tugures* de Antonio José Ponte en su cuento "Un arte de hacer ruinas" recuerdan mucho a este habanero. La ciudad imaginaria que estos personajes construyen a partir de las ruinas constituye, como ha observado Esther Whitfield, "una metáfora de la isla en su contexto ideológico" ("Prólogo", 29). Los tugures se reinventan a sí mismos y a su ciudad a partir de la memoria de la ruina. La noción de la reinvención encierra aquí, además, cierta calidad antinostálgica de la interpretación que hace Ponte de las ruinas habaneras. Subsiste en el verbo la pulsión de "volver a ser". Coincido en este punto con Carlos Alonso, quien descubre en las imaginaciones citadinas de Ponte una proyección futura, en oposición a "la stasis" prevaleciente en las percepciones nostálgicas de La Habana ("La escritura", 105). Creo entonces posible el referirse a las ruinas, en estos contextos, como espacios heterotópicos. En ellas se encierran sus habitantes a imaginar una existencia diferente, que contrarreste la decadencia social. Tuguria, como el Pequeño Liceo, es un espacio que de tan luminoso resulta casi enceguecedor, una posibilidad de existir mientras en La Habana real, arri-

---

[8] Algunos autores ponderan los efectos positivos de la ruina de la ciudad, como Ruth Béhar, quien considera que lo que no ha desaparecido tras los derrumbes ha sido preservado gracias a la negligencia. Defiende la preservación —aunque sean ruinas— de lo antiguo frente al avance de la arquitectura moderna. Antes de la revolución arquitectos cubanos formados en Harvard planeaban reemplazar muchos edificios históricos habaneros por elevadas construcciones de acero y vidrio. Las plazas coloniales estaban destinadas a convertirse en aparcamientos. La revolución —en opinión de Béhar— "salvó" a La Habana como espacio urbano, pues ruralizó, pero no demolió, la ciudad ("My Habana").

ba para los tugures o afuera en la novela de Estévez, todo se deshace o permanece estancado.

Valdría aproximar esta connotación ética que reciben las ruinas en la reciente creación literaria con la también utópica fulguración que en ellas descubrieron, en su momento, autores como Carpentier y Lezama, e incluso Piñera. Es Emma Álvarez-Tabío quien traza sugerentes itinerarios literarios en la ciudad y reconoce, leyendo a Carpentier y a Piñera, la posibilidad que pueden ofrecer las ruinas de "situarse más allá del Juicio Final, en un tiempo y un espacio invertidos o negativos [...] En la plaza de la ciudad abandonada el tiempo estaba en suspenso, 'en el aire'. Allí concurrían el tiempo del recuerdo y el tiempo de la espera. Se profetizaba el pasado y se recordaba el porvenir" ("La ciudad", 85). Estas apreciaciones de Álvarez-Tabío guardan cercanía con los análisis que ya expuse de las heterotopías modernas en las obras de Estévez, Paz, Ponte y Padura. Trazan entonces vínculos con sus predecesores Carpentier, Lezama y Piñera. Sus correspondientes interpretaciones son, no obstante, diferentes en tanto responden a sus cosmovisiones particulares. Así, ante el carácter abigarrado e inexplicable de los viejos barrios habaneros, esgrimía Carpentier sus teorías de lo real maravilloso y del "barroco" americano, pretendiendo aportar algún sentido al caos urbanístico. A la ruina, lo sucio y la indolencia podía el autor de *El siglo de las luces* hacerles tal vez un sitio, tras previa desfiguración, en su repertorio de maravillas habaneras: constituían expresión del nebuloso "tercer estilo de las cosas que no tienen estilo" (*Ensayos*, 13), característico según él de las ciudades latinoamericanas. Ya en su libro *La invencion de La Habana*, Álvarez-Tabío presentaba las estrategias carpenterianas como la constatación de una carencia que el escritor llena a través del arborescente nombramiento de sus elementos (185). La ausencia de estilo que Carpentier reconoce en la ciudad latinoamericana desaparece al ser nombrado, traducido al texto de la cultura y la historia occidentales, como ese indefinido "tercer estilo".

Contemporáneos, Carpentier y Lezama compartieron la misma Habana, en la República. Ambos colocaron a sus protagonistas preferiblemente en las partes viejas de la ciudad. Otras barriadas, como El Vedado rutilante o el residencial Miramar, son presentadas en sus obras con menos brío. En el caso de Lezama, nos recuerda Antonio J. Ponte, con abierto desprecio (*Un seguidor*, 31-32). Y es que para los dos autores las "nuevas Habanas" representarían el caos republicano, la "desintegración" cultural, el olvido de las tradiciones cubanas. La vieja villa, denostada por la elite republicana, se vuelve refugio dentro del cual mantenerse a salvo de la vorágine incomprensible de aquellos días. Es la ciudad "eterna e indestructible", que en la obra de los dos escritores con agudeza descubre Álvarez-Tabío (*La invención*, 227). Además de la cuantiosa obra ensayística en la que tanto Carpentier como Lezama se extienden sobre el tema,[9] no otra idea sugieren novelas como *La consagración de la primavera,* cuyos protagonistas Enrique y Vera se instalan en plena Habana Vieja, o *Paradiso*, reafirmando la separación entre el "elegido" Cemí y el "diabólico" Foción, el uno voluntario prisionero de los barrios viejos y el otro un rico residente de Miramar. Así, en un fastuoso y ecléctico palacete del Vedado, del cual Carpentier se esmera en caricaturizar el atiborramiento y el mal gusto, queda la obesa e inculta Condesa, tía de Enrique, atareada en organizar ridículas fiestas donde ostentar su cuantiosa fortuna (como aquel homenaje al dictador Gerardo Machado, celebrado en pleno verano habanero, para el cual la Condesa congela su piscina y hace venir un grupo de patinadoras de Miami). Entretanto, el sobrino de ideas izquierdistas ha escogido la espaciosa azotea de un antiguo palacio colonial, "abierto sobre la entrada del puerto, con vista al Morro y a la Fortaleza de La Cabaña", donde podía entregarse voluptuosamente a la lectura, recibir los amigos, "esperar la famosa brisa de Cojímar que se hacía sentir después del cañonazo de las 9, o asistir a la aparatosa llegada de los grandes buques de turismo": actividades éstas muy diferentes de aquellas que ocupaban a la Condesa de la calle 17. Organizaron además Enrique y Vera su espacio con muebles de segunda mano, "dotados de auténtico estilo, que sus dueños habían trocado, acaso, por horrorosos trastos 'funcionales' de factura norteamericana" (*La consagración*, 203). Aparece aquí detallada la casa ideal para Alejo Carpentier: "barroca" y colonial, que invita a vivir sosegada pero

---

[9] Son en tal sentido notables la serie de estampas de la vida habanera publicadas por José Lezama Lima en el *Diario de la Marina,* entre 1949 y 1950, bajo el título de "Sucesivas o Coordenadas habaneras" *(Tratados en La Habana);* también diversos ensayos de Alejo Carpentier, como "La Ciudad de las columnas" (*Ensayos,* 41-49), "Sobre La Habana (1912-1930)" y "La Habana vista por un turista cubano" (*Conferencias,* 59-89; 181-201).

sensualmente, y no muy distante de la que también admirado describe Lezama en las páginas de *Paradiso*. Mientras, en las modernas casas de Miramar, construidas según modelos importados de los Estados Unidos, coloca el novelista a Foción y a sus amigos, comerciantes y gerentes de bancos que alternan sus días entre La Habana y Nueva York. En las dos novelas, los barrios nuevos y residenciales constituyen el feudo de la nueva burguesía cubana, pro-norteamericana. Y contra ellos alzan aquella otra Habana en ruinas, detentora de las llaves de la futuridad cubana, ajena al injerencismo estadounidense y apegada a las tradiciones nacionales.

Sin embargo, se diferencian ambas visiones de La Habana ancestral como receptáculo de la utopía. Habrá por un lado el "barroco" racional carpenteriano, yuxtaposición de volutas, columnas, estilos. Por el otro, será en Lezama el "barroco" interior, heterotópico. Lo que le importa al poeta originista es imaginar una síntesis posible erigida desde la "sobrenaturaleza" de las cosas y no a partir de la simple enumeración de la realidad. Síntesis que desde su punto de vista sólo la Imagen poética puede convocar: exalta entonces una "cubanidad que no es cosa externa, los cocoteros, las bandurrias o el bailongo, sino tratar de sorprender ese inefable cubano, un airecillo, una ternura, un estar y no estar " (*Cartas*, 181). Busca la universalidad cubana camuflada tras las apariencias y pretende acaso acercarse a la intimidad de las gentes. Sin embargo, serán siempre la intimidad de un cubano y de una familia cubana míticos, porque en el pensamiento del escritor éstos han de diseñar forzosamente las posibilidades infinitas de la nación. La visión que Lezama proyecta sobre la ciudad vieja se halla, además, muy lejos de lamentar su ruina. Al contrario, la ruina, participando en el misterio de la Imagen, propicia la trascendencia de "lo cubano". Sólo en esta parte de la ciudad parece dispuesto el personaje lezamiano a descubrir lo que su autor considera como el secreto de la existencia. Es el iluminado José Cemí, que raramente deja algún día de recorrer la ciudad antigua, esa "región dorada para un hombre que resiste todas las posibilidades del azar con una inmensa sabiduría placentera" (*Paradiso*, 270). El autor enaltece la morada colonial. Se trata, por supuesto, de la misma vivienda cuya arquitectura y decoración son minuciosamente detalladas por Carpentier; pero a los ojos de Lezama interesa sobre todo por el hogar criollo, que según él persiste animado tras sus paredes. Reposa allí, en el hogar que Julio Ortega califica de "axis mundi" de la novela *Paradiso* ("Aproximaciones", 202), la eternidad de la nación. Las tradiciones y cierta liturgia familiar (cenas, fiestas, rutinas hogareñas) son celebradas por Lezama, quien busca fijar a través de estos ritos la síntesis cubana, responsable según su sistema poético de la perennidad de la cultura insular. Como explica Álvarez-Tabío, para Lezama "la permanencia de la ciudad dependía del mantenimiento de ciertas tradiciones que él estaba dispuesto a descubrir o, si era necesario, inventar" (*La invención*, 227). Es en la amplia y hermosa casa colonial, la familia habanera alrededor de una mesa bien dispuesta con los más exquisitos platos criollos, donde parece reafirmarse la identidad nacional. Se comprende así la abundante recurrencia a la vida hogareña habanera en las páginas de *Paradiso*, que como ya he mencionado antes, vuelve hoy en la prosa de autores como Abilio Estévez y Senel Paz. En la actualidad, esta ritualidad doméstica es celebrada dentro de las ruinas.

En la era postsoviética inaugurada con el allanamiento de un muro, precisamente la ciudad "monumental" de Carpentier —como la califica Álvarez-Tabío— resulta menos atrayente que la ritualidad secreta de Lezama. Si las estatuas son depuestas en las ciudades del difunto imperio socialista —y las de La Isla de Estévez se desvanecen inesperadamente—, sin dudas a estos sujetos les conviene más buscarse otro tipo de soportes existenciales. El vacío provocado por la desaparición de la monumentalidad tradicional es constatado por los personajes de *Tuyo es el reino:* "Las estatuas y los caminos eran como la Virgen, un modo de sentir que estábamos protegidos por un orden superior y eterno, algo seguro en medio de la contingencia, algo que nos iba a sobrevivir" (309). La eternidad y trascendencia asociadas a los monumentos abandona a estos personajes, que, para sobrevivir éticamente, deben encontrar otras referencias y sentidos. Los ritos culturales, prevalecientes en la memoria, la práctica y el deseo pueden llenar el vacío dejado por las estatuas desaparecidas, aunando nuevamente a la comunidad diseminada y rota.

Asimismo, la recuperación imaginaria de un idílicamente patricio hogar criollo que en *Los palacios* hacen Don Fuco, Salma y Victorio anula el exilio como solución a los problemas de la sociedad cubana contemporánea. No es ya necesario fugarse hacia otros espacios geográficos, pues en el sitio mágico inventado por Estévez es posible incluso alejarse de La Habana sin abandonarla realmente. La salvación de la ciudad está en sí misma, dentro del teatro que como espacio heterotópico foucaultiano nunca desaparecerá. No en balde exclama satisfecho Don Fuco: "Aquí está todo [...] la Isla entera puede hundirse mañana mismo, lo que no puede desaparecer son las ruinas de este teatro" (264). La estrategia propuesta es resistir, sobrevivir a la barbarie, pertrechados dentro de un mundo mágico, cerrado, regido por otro orden.

En tanto ejercicio utópico, La Habana que Estévez nos presenta está cargada de las posibilidades infinitas ya reveladas por el autor de *Paradiso* en la ciudad antigua. Incluso antes de hallar La Habana perfecta en las ruinas del Pequeño Liceo, Victorio se confesaba impresionado por la capacidad de la ciudad de mostrarse siempre y al mismo tiempo en franca destrucción y en pleno nacimiento: "[D]os impresiones, la de haber sido bombardeada, la de una ciudad que espera el más leve aguacero, la más ligera ráfaga para deshacerse en montón de piedras; y la de ser una ciudad suntuosa y eterna, acabada de construir, elevada como cesión a futuras inmortalidades" (*Los palacios*, 21). Estos comentarios de Victorio ante la caótica Habana de fines del siglo XX nos acercan también a ideas presentes en la obra de Alejo Carpentier; específicamente la interpretación de la hecatombe como una apertura hacia el futuro y del carnaval identificado con el fugaz momento de inversiones que precede a cataclismos y renacimientos. Dentro de *Los palacios* será Don Fuco, el payaso empecinado en subvertir la realidad con sus fantasías, quien oficiará de *maître* de ceremonias, dirigiendo su disparate, pobre y soñador cortejo, armando maravillas en una Habana en sombras, en medio de la indiferencia y el escarnio. Interpreta aquí otro tipo de heterotopía también descrita por Foucault como opuesta a aquellas que persiguen —las bibliotecas y los museos— la acumulación del tiempo. Es la feria, el circo, el carnaval: la heterotopía donde el tiempo se vuelve fútil, pasajero, precario. Don Fuco obra entonces dos tipos contrarios de heterotopía, la del archivista y el cirquero.

A veces, el payaso saca afuera la magia de su teatro e improvisa, con Victorio y Salma, divertimentos callejeros, en un desesperado intento por cambiar en algo las vidas oscuras del habanero asolado por la crisis. Inventa escaramuzas teatrales, tablados... Es todo "barroco", asombro: signos que siguen trazando vínculos entre la prosa de Estévez y la de Carpentier.[10] Mas la distinción con el autor de *El siglo de las luces* se hace patente en la interpretación de la Historia, que para Estévez es más cercana de la perspectiva lezamiana. Defiende la visión de cierta historia oculta, esfera de perfecta confluencia, divergente de la Gran Historia de la Humanidad, línea en espiral ascendente orientada hacia el Progreso. "Amo los grandes temas, los grandes acontecimientos colectivos", confesaría Carpentier (Leante, 69). Para Estévez, a semejanza de Lezama, es otra la historia que precisa ser rescatada. Y se recalca así la importancia de esta historia, menos altisonante, representada por la colección de reliquias de Don Fuco, en oposición a la Historia oficial, responsable según el autor de la decadencia citadina. De tal suerte, La Habana, llamada en la novela "la ciudad de los derrumbes" —aunque también "de las Columnas", según reconoce Estévez aludiendo a Carpentier[11]—, no expresa en sus ruinas —como pueden hacerlo las ruinas clásicas de civilizaciones remotas— "el paso del hombre por la Historia". Se trata de "derrumbes que informan del paso de la Historia sobre el hombre" (64). Para Estévez, lo importante es demostrar la futilidad de esa gran Historia que en un final no ha hecho más que destruir una ciudad y sus habitantes. Por eso, Victorio ha de recordar con tristeza a su padre Robespierre, quien tal y como su nombre sugiere es un gran apasionado por las revoluciones, y que en enero de 1959 le llevara entusiasta a presenciar la entrada de los rebeldes, aquello que él llamaba "el inicio de la Historia". Ahora, el pobre Robespierre, reincidente símbolo, yace olvidado por todos en un mísero apartamento. Victorio, homosexual, vivió siempre temeroso de aquel padre para quien sólo la revolución y la Historia eran importantes. Él, en cambio, podía considerarse uno de los vencidos por aquella Historia. El carácter ilusorio de esa Historia aparece también demos-

---

[10] Hay, en *Los palacios distantes*, ciertas descripciones de la ciudad que continúan la visión carpenteriana del "característico" tercer estilo habanero: "[U]n ecléctico edificio, [...] blanco-gris-azul-amarillento, adornado, atiborrado de peligrosos balcones y ventanas infructuosas. Sucio. Adornado. Habanero. Sumamente habanero el edificio sucio y adornado. Aire París-Barcelona-Cádiz, o sea, habanero. Altas columnas y soportales para defender al infeliz transeúnte de las asperezas y desmesuras de soles y lluvias y calinas desalmadas. La fachada ostenta varias puertas, algunas, la mayoría, no son originales. ¿Qué es original y qué no en esta ciudad?" (251).

[11] Carpentier bautizó a La Habana como "la ciudad de las columnas" en su artículo homónimo, publicado en 1964. Véase *Ensayos*.

trado por Estévez a través de la supuesta inmovilidad de la ciudad. Según su punto de vista, La Habana es inmune a las transformaciones y esto constituye su propia manera de defenderse y perdurar. Con ello se introduce una vez más la idea de que el futuro y la salvación de la ciudad se esconden en los signos de su destrucción, las ruinas.

Los palacios celebra además la sensualidad presente de la ciudad. En ello, el novelista se aparta un poco de Lezama para recibir abiertamente el legado Piñera. Va de los ritos de la familia y la casona, a la desazón y el júbilo del cuerpo en la ciudad. Como el poeta de "La isla en peso", el protagonista de esta novela siente a totalidad, corporalmente, la ciudad que a la vez detesta y ama. Inmerso dentro de un espacio que en el mejor de los casos le ignora, Victorio percibe su cuerpo y sus sensaciones habaneras como la única forma de expresar su existencia, su paso por La Habana. Se detiene a sentir aguaceros, la noche, a observar otros cuerpos y escuchar las conversaciones de los vecinos, a olfatear los olores de la villa y los suyos propios, y hasta se deja llevar —a veces con peligrosa candidez— por el erotismo y el sexo. Está convencido y dictamina que "hay que vivir *aquí y ahora,* porque mañana…" (81). Ya en *Tuyo es el reino,* Abilio Estévez se extendía acerca de la importancia de la corporeidad dentro de la existencia habanera. Como Piñera, presenta Estévez una exégesis de los cuerpos que "se tocan", hallando en ella una búsqueda de la perennidad negada por la ciudad que considera efímera, siempre cambiante: "El encuentro físico, los cuerpos que se tocan, viene a ser el único acto de voluntad propia que puede restituir la conciencia de realidad. En una ciudad siempre desaparecida, la necesidad del encuentro adquiere valor de vida o muerte, o mejor, de aparición o desaparición" (*Tuyo,* 255). En general, el mensaje trasmitido es que La Habana no está condenada para siempre y la solución se halla en sí misma, incluso abatida, tras el derrumbe, en su historia y bajo su piedra. Y es ante esta convicción como se asoman, al final de *Los palacios,* Salma y Victorio, decididos a hacer algo para que algún día su utopía deje de serlo y fructifique en realidad dentro de la ciudad:

> Luego vieron la ciudad que emergía de las sombras como otra sombra o como una reliquia. ¿Crees que nos necesite?, preguntó ella sin dejar de reír y señalando hacia la lejanía de edificios ruinosos y azoteas maltrechas. Victorio sintió como si se liberara del propio peso, de la maldita ley de la gravedad. Salma lo vio erguirse, ridículo y hermoso, con su traje y su re-

pentina alegría. Ahora nos toca a nosotros, respondió él convencido. Y, en efecto, a sus pies, dormida aún bajo la lluvia, se hubiera dicho que La Habana era la única ciudad del mundo preparada para acogerlos. También parecía la única superviviente de cuatro largos siglos de fracasos, plagas y derrumbes (272).

2.3. La isla heroica y su diáspora constituyente

> Rezando a Dios,
> se pierden por el mar.
> Dejándonos,
> hacia ningún lugar
> [...]
> Lejos de Dios,
> sus almas seguirán.
> Buscándonos,
> desde ningún lugar.
>
> Carlos Varela, "Desde ningún lugar", *Nubes*

En páginas anteriores he explicado cómo Abilio Estévez se pasea por entre los símbolos de la cubanía en las páginas de *Tuyo es el reino,* donde son revisitados los más encontrados sentimientos, sensaciones y reflexiones que despierta la isla en sus habitantes. La condicion insular es abiertamente reconocida en esta novela como un posible artificio, una utopía necesaria. Eso trasmiten las palabras de uno de sus personajes: "Esta Isla que habitamos, ¿no será una alucinación de don Cristóbal?, ¿no seremos un engaño para marineros extraviados?, no dudo que seamos sólo un espejismo, que ninguno de nosotros exista en la realidad [...] aun cuando no existamos, lo creemos, y basta la creencia para que de algún modo existamos" (302). Tal estrategia, la de inventarse a partir de la imaginación insular cubanidades resistentes a la pérdida de referentes identitarios, puede considerarse como una de las voluntades esenciales tras las poéticas de los escritores que se estudian en este capítulo.

La identidad nacional ha constituido uno de esos grandes proyectos que suele garantizar unidad entre los cubanos, a través del tiempo y la distancia. Especialmente en momentos de gran frustración política o de fuerte penuria, por la cubanidad alcanzan a tenderse espacios de solidaridad, bases aportando solidez a la sociedad en crisis. Situaciones así se conocieron durante la primera mitad del siglo XX, cuando la condición subdesarrollada y dependiente de la isla deviene realidad ineludible. Lo cubano ha tendido a ser reivindicado entonces como autenticidad y garantía de la pervivencia nacional cuando los grandes ideales de soberanía, enarbolados durante las guerras contra la metrópoli española, desaparecieron bajo el servilismo de los gobernantes republicanos, la dependencia económica, la arrogancia estadounidense. Así, en los años veinte, en su primera novela *¡Écue-Yamba-Ó!*, Carpentier hace de Menegildo y su familia, negros alienados por el sistema de explotación azucarera impuesta por los Estados Unidos y por la importación de mano de obra barata proveniente del resto del Caribe, un bastión de cubanía frente a la pérdida de las tradiciones que acarrea la conversión de Cuba en gran azucarera mundial: "Sólo los negros, Menegildo, Longina, Salomé y su prole conservaban celosamente un carácter y una tradición antillana. ¡El bongó, antídoto de Wall Street! ¡El Espíritu Santo, venerado por los Cué, no admitía salchichas yanquis dentro de sus panecillos votivos...! ¡Nada de hot-dogs con los santos de Mayeya!" (120-121). Años más tarde, Lezama Lima habría de erigir, en *Paradiso*, un mundo de contrastes entre la poderosa cubanidad de la familia de José Cemí, el elegido, amurallada tras las tradiciones hispánicas de la nación, y el afán de modernidad teñido de proamericanismo propio de la familia de Foción, el demoníaco. Para Lezama la isla constituía un territorio cuya bien definida geografía le permitía contrarrestar la confusión política que globalmente acarrearon las guerras mundiales, y para la nación, la inestabilidad republicana. Cuando se difuminaban las fronteras políticas, el poeta se aferraba a las geográficas, como bien señala Álvarez-Tabío (*La invención*, 213).

La nación que por gestos como estos es presentada llega a constituirse en ideal identitario. Aunque es también a través de estos mismos gestos como puede descubrirse la ficcionalidad de la cubanía, el hecho de ser un "artefacto cultural", si utilizamos la terminología de Benedict Anderson (4). La cubanía ha sido y es diseñada para dar significado y justificación al pueblo cubano. A través de ella, todos los cubanos supuestamente deberían reencontrarse en un pasado y un porvenir comunes. Persiste además la tendencia a ver en la identidad nacional una calidad innata, que pesa con imperiosa gravedad sobre todos y cada uno de los cubanos. Leyendo a Ernest Gellner descubrimos que ésta no constituye un fenómeno natural:

> Un hombre debe tener una nacionalidad como tiene una nariz y dos orejas; una deficiencia en cualquiera de estos particulares no es impensable, pero sólo como resultado de algún desastre, y un desastre de un tipo

determinado. Todo eso parece obvio, aunque ¡ay!, no sea cierto. Pero el que haya acabado *pareciendo* tan obviamente cierto es realmente un aspecto, o quizás la misma esencia, del problema del nacionalismo. Tener una nacionalidad no es un atributo inherente al ser humano, pero hoy en día ha llegado a parecerlo [...] Las naciones son los constructos de las convicciones, fidelidades y solidaridades de los hombres (19-20).

Gellner precisa también que la mayoría de los grupos sociales perdurables se fundan a partir de una mezcla de lealtad e identificación (una adhesión voluntaria), así como de incentivos exógenos, positivos o negativos, que inspiran la esperanza o el temor (78). Puede decirse que el caso cubano se inscribe dentro de este tipo de naciones: es el resultado tanto de la voluntad de sus hombres y mujeres como de cierta necesidad —real o imaginaria— de oponer una fuerte cohesión a la realidad externa. De ahí la connotación mítica otorgada, desde los albores mismos de la nacionalidad, a la condición insular de Cuba. La isla es generalmente asociada a la idea, por un lado, de bastión inexpugnable y, por el otro, de un barco solitario, a la deriva.

La idea de nación no debe ser considerada sin embargo como simple artificio, un invento prescindible. El propio Gellner, aun cuando coloca el nacionalismo en el origen de la nación —y no lo contrario, como parece ser el esquema tradicionalmente adoptado—, advierte que es un error considerar el nacionalismo como una invención ideológica artificial. Sabe que el nacionalismo utiliza una proliferación de elementos culturales preexistentes, herencia histórica, incluso si hace de ellas una utilización muy selectiva que trae frecuentemente como consecuencia su transformación radical.

Así, cuando se propone un estudio de la construcción de la nación cubana, al analizar las pretensiones, necesidades, la voluntad y la intención de los hombres y mujeres que la crean y cultivan, se impone el análisis de las condicionantes históricas, objetivas, que los provocan.

Pueden situarse los fundamentos de la construcción del sentimiento emancipador en el seno de la elite criolla. Los primeros ideólogos de la nación, en el siglo XVIII, eran blancos criollos, generalmente ricos propietarios de plantaciones de caña de azúcar. Para ellos se trataba de obtener la autonomía económica y política de España. Exigían el reconocimiento de su diferencia y se autodenominaban "españoles de ultramar". Ya en 1820 uno de los más famosos nacionalistas criollos del momento, Francisco de Arango y Parreño (1765-1837), y sus acólitos expresan un desprecio deliberado por la metrópoli (Bueno, 53). Su orgullo nacional alcanza un punto que les hace negar el pasado de la isla para afirmar que la verdadera historia cubana se iniciaría en los años 1761-1763, correspondientes a la efímera dominación inglesa de La Habana y coincidentes con los del nacimiento de los cubanos de esta generación. Representantes de una burguesía en germen, los patricios del círculo de Arango y Parreño piensan que son los únicos responsables del esplendor económico del que se beneficia Cuba desde finales del siglo XVIII, cuando el país sustituye a Haití como primer productor mundial de azúcar —tras el estallido de la revolución en la isla vecina—. La riqueza de estos hacendados es fastuosamente expuesta a los ojos de los empobrecidos nobles de la metrópoli, como expresión de su propio poder y del incipiente sentimiento separatista (Moreno 109-110).

Colocar los orígenes de la historia nacional en la década de 1760 trasmite el ansia de borrar los vínculos rectores de la metrópoli sobre su colonia. Mas sería el padre Félix Varela Morales (1787-1853), el intelectual más destacado de su época, quien mejor expresaría esta voluntad separatista. Diputado a las Cortes, explícitamente pide la independencia de las colonias sudamericanas y la abolición de la esclavitud, al exponer su proyecto de gobierno autónomo en la isla. Condenado al exilio, mantiene vivos desde los Estados Unidos su prédica moral y el combate contra los males que afligían la sociedad colonial, desarrollando una especie de ética cubana que impregna perseverante el pensamiento nacionalista desde entonces. Tampoco Varela perdió ocasión de manifestarse contra la anexión de la isla a cualquier otra nación. "Yo soy el primero que estoy contra la unión de la Isla a ningún gobierno, y desearía verla tan Isla en política como lo es en naturaleza" (*El Habanero*, 103-104). Sus palabras decretan un poderoso orgullo insular, que marca hasta nuestros días el nacionalismo cubano.

El pensamiento independentista y nacionalista que Varela encarna en lo filosófico encuentra su mejor expresión poética en José María Heredia (1803-1839). También deportado, Heredia es símbolo del cubano sufriente de nostalgia en el exilio. Los versos de "Oda al Niágara" y "El himno del desterrado", escritos en 1824 y 1825 respectivamente, han quedado como paradigma de una supuesta imposibilidad cubana para vivir fuera de la isla. La situación herediana es agravada por el hecho de que persistía en considerarse cubano incluso cuando es hasta fortuito el hecho de que naciese en la isla —sus padres eran de origen dominicano— mientras pasaría la mayor parte de su vida (dieciséis años) en México, donde participó además activamente —más que en Cuba al menos— en la vida política y cultural. El caso de Heredia es tan importante en la historia del nacionalismo cubano que en el 2002 Leonardo Padura publicaría *La novela de mi vida*, donde la enigmática elección del poeta por la cubanía es punto de partida para desarrollar sus postsoviéticas ideas sobre la nación y el exilio, en un momento en que ambas nociones son discutidas.

El determinismo insular es, como se ha visto, uno de los elementos básicos en la construcción de la cubanidad. A éste, el imaginario nacional asocia condiciones hasta el día de hoy inseparables de la historia cubana: el subdesarrollo y la dependencia económica, política, social y cultural. Más allá de la fatalidad secular con la que estos elementos se posan sobre la vida cubana, el nacionalismo tiende a esgrimir aquello que pudiese aportar alguna idea de eternidad a la nación, a un tiempo que expresaría su singularidad. Ha de ser, además, algo que brinde cariz natural, innato e incuestionable, a lo nacional, permitiendo eclipsar el condicionamiento, esencial, que le llega por lo político, lo tecnológico, lo administrativo o lo económico (Hobsbawn, 1-13). Por eso el "alma" nacional constituye desde muy temprano un argumento capital en la construcción identitaria. Si las condiciones objetivas —sean el nacimiento, el exilio o cualquier otra suerte de alienación o marginalización de índole política o social— mantienen al sujeto alejado del espacio nacional, siempre permanecerá el sentimiento, la comunidad espiritual. Es gracias a ella, por ejemplo, como Heredia puede sentirse cubano y justificarlo; y Padura, más de un siglo después, identificarse con la cubanía herediana. Algo permanece inalterable para los personajes de *La novela de mi vida*, confrontados a los vertiginosos cambios sociales de la Cuba de fines de los noventa: es la comunidad espiritual de todos los cubanos, poco importa donde vivan; y la isla, el espacio que termina siempre por acoger, fértil terreno de una sensibilidad común.

La singularidad nacional es descubierta por los ideólogos de la nación en esa inefable alma cubana, imperturbable ante la Historia; como la isla misma, supuestamente inalterable, aunque imprecisa. La cubanía vendría siendo una sustancia secreta pero omnipresente, todopoderosa, colocada en la raíz de esa mística nacional que Rafael Rojas destaca en el nacionalismo inspirado por José Martí.

Considerado Apóstol durante la República y Héroe Nacional tras el triunfo de la revolución, pocos osan acercarse con desenfado a la figura de aquel que es tenido por fundador de la nación moderna cubana. Nación que, sin embargo, ha sido armada, como bien señala Rojas, a partir de imágenes que justamente escapan de la modernidad (*José Martí*, 24). No es plena negación de la modernidad, sino un desplazamiento hacia sus márgenes: movimiento de fuga que respeta los límites del humanismo moderno, pues dentro de sus fronteras permanece. Su ejecución puede explicar, si se quiere, el misticismo que caracteriza al proyecto nacional martiano. Un misticismo moderno siempre subyacente a la concepción de la cubanía y por el cual la nación se vuelve sagrada. A la diosa Patria se la adora y ante su altar se sacrifica todo. Es el único y verdadero hogar para los cubanos. Frente a ella han de olvidarse todas las desavenencias porque lo que realmente importa es conducir la nación por buen camino y para ello es indispensable forjar primero, salvaguardar después, la unidad de los cubanos. Al patriotismo, que representaba para Martí el motor del Progreso nacional, se subordinan las condiciones económicas, raciales, sexuales, sociales. Sólo la filiación nacional resulta válida y de hecho es en ella misma, en la construcción de la Cuba con que sueña, donde piensa Martí que consiguen eliminarse las diferencias y contradicciones entre los cubanos, hasta llegar a alcanzar la armonía, el estado paradisíaco incesantemente perseguido por el ser humano. La esclavitud, por ejemplo, es para Martí un fenómeno exclusivo de la posición de subordinación a España. La revolución la elimina, porque desde su punto de vista los verdaderos cubanos no pueden abrigar sentimientos adversos hacia los negros.[12] El racismo del blanco desaparece en la opinión de Martí en el

---

[12] "Sobre espectáculos del mayor horror brillaba impasible el sol de Cuba antes de la Revolución de 1868. [...] en vano habían pedido los cubanos ilustres la cesación de la esclavitud, que no pidieron jamás los españoles. España, sorda, era la única nación del mundo cristiano que mantenía a los hombres en esclavitud [...] La revolución fue la que devolvió a la humanidad la raza negra, fue la que hizo desaparecer el hecho tremendo [...] ella fue la madre, ella fue la santa, ella fue la que arrebató el látigo al amo, ella fue la que echó a vivir al negro de Cuba, ella la que levantó al negro de su ignominia y lo abrazó, ella, la revolución cubana [...] La revolución, hecha por los dueños de los esclavos, declaró libres a los esclavos. Todo esclavo de entonces, libre hoy, y sus hijos todos,

fragor de la lucha independentista. Los negros, por su parte, sólo ganan un lugar en el cosmos martiano cuando se incorporan a la revolución despojándose de toda individualidad en aras del proyecto nacionalista cubano. Tienen que estar abrazados a la bandera, "como a una madre" ("El plato", 27). Martí no esconde tampoco el hecho de que la revolución constituye un proyecto inicialmente promovido por el patriciado criollo, por los blancos propietarios de esclavos que conceden la libertad a sus siervos; pero en su pensamiento estas circunstancias se anulan a favor de una utópica armonía nacional. El buen cubano ha de ser "más que blanco, más que mulato, más que negro", declara en "Mi raza" (298), porque es sólo espíritu entregado a la adoración nacional. No puede negarse que el cubano tiene un cuerpo, pero para Martí éste sólo cuenta cuando actúa dentro de la épica nacional, es decir, cuando participa de la gesta revolucionaria y aún más si se inmola, completando un símbolo de perfecta entrega. Únicamente entonces, cuando se diluye en la épica nacional, se vuelve importante, se hace cubano.[13] "Patria es humanidad", dictó también El Apóstol, y estaba así definiendo que no existe otra forma de ser, para el cubano, fuera de su devoción nacional. Existe a través de su acción en lo próximo, lo que le rodea, y parece que para Martí este espacio sólo puede ser llenado por la patria. Si no se entrega a ella se deja entonces de ser hombre. ¿Para convertirse en bestia? Yacen aquí los fundamentos de la épica y de la utopía nacionales.

Alcanzar la nación ideal por el gesto épico anima lo esencial de las guerras independentistas. Sin embargo, una vez lograda la liberación del dominio español, tras la intervención norteamericana y cuando se instaura la república en 1902, la utopía nacionalista martiana sigue siendo utopía que, además, no parece ni remotamente realizable. Las primeras décadas del siglo XX cubano se caracterizan por la frustración, la pérdida de la confianza en las fuerzas nacionales que hasta entonces se habían abocado hacia la consecución de la patria libre, de la

---

son hijos de la revolución cubana [...] En la guerra, ante la muerte, descalzos todos y desnudos todos, se igualaron los negros y los blancos: se abrazaron, y no se han vuelto a separar" (Martí, "El Plato de Lentejas", 26-28).

[13] Para profundos análisis sobre la posición de Martí ante el problema racial cubano, cabe remitirse a Ada Ferrer *(Insurgent Cuba)*, Alejandra Bronfman *(Mesures of Equality)* y Alejandro de la Fuente *(A Nation for all)*.

república moderna, de una Cuba instalada en el parnaso del Progreso. Las ideas martianas de una sociedad homogénea y libre ni siquiera sirven de aliento secreto para los cubanos que ven como el país pasa de las manos de una metrópoli a las de otra, mientras sus líderes pretenden con poco éxito camuflar el servilismo tras la demagogia. Para el poeta José Manuel Poveda el concepto mismo de patria se desvanece ante la alienante realidad:

> Nunca me ha parecido mi país tan ajeno a mí mismo, tan otro, tan fuera de mi alcance y de mis previsiones. Ayer mismo sufría los males de la Patria, pero tenía confianza en mi palabra, en mi pluma, en el esfuerzo de la juventud. Hoy no; hoy me siento como si no existiera, y el dolor de Patria que sufro es el de no existir [...] Somos la sombra de un pueblo, el ensueño de una democracia, el ansia de una libertad. No existimos (75, 77).

Algunos intelectuales, resistiéndose a este sentimiento de impotencia, pensaron que si conseguían explicarse las razones de la deriva nacional, podrían actuar, cambiar el destino de la patria, que parecía encaminarse irremisiblemente hacia el subdesarrollo y la dependencia totales. Por eso son conducidos, durante esta primera época republicana, numerosos estudios médicos, sociales y sicológicos que intentan describir la naturaleza del cubano, principalmente los comportamientos juzgados "incivilizados", cuya presencia en la sociedad era generalmente considerada vestigio del orden moral colonial, el sistema esclavista y la plantación.

La cubanidad, en estos tiempos, ya no es modelada en primer lugar con la intención de conseguir una sociedad homogénea. Para los ideólogos de la nación (puede pensarse en Raymundo Cabrera y Ramiro Guerra, intelectuales de prestigio en aquel entonces) resulta más urgente demostrar a los Estados Unidos que Cuba es un país capaz de autogobernarse, de mantener el orden a pesar de las "taras" heredadas del colonialismo español. La isla tiene que mostrarse moderna y civilizada y en modo alguno puede constituir un obstáculo al progreso en la región. Más que ahondar en la ilusoria fusión, el poderoso misticismo, la utopía a la que se iba por los caminos de la honradez y el estoicismo, más valía a las elites intelectuales presentar la capacidad de "civismo y cultura" del cubano. Lo que contrarrestase este nuevo ideal de cubanía sería barrido del concepto de lo nacional. Por eso no hubo de parecer paradójico, para la mayoría de los cubanos de aquella época, que hacia 1900 se publicase el panfleto *El cráneo de Maceo: estudio antropológico*. Tres científicos analizarían el cadáver del general Antonio Maceo, figura principalísima de las guerras de independencia, con el propósito de comprender cómo un mulato había alcanzado tal excepcionalidad (Bronfman, 1-2).

También de otras maneras, como se ha esbozado antes, trató de ser colmado el vacío de la vida republicana. Retomemos la obra de Carpentier, Piñera y Lezama. Mientras lo real maravilloso podía para uno explicar el caos insular garantizando su ubicación dentro de la civilización occidental, según el pensamiento trágico de Piñera y Lezama el sentido, recuérdese, debía buscarse en las esencias ocultas de la nación y de la isla. Por un lado, Carpentier se maravilla y traduce, sin penetrar verdaderamente la ciudad y la nación. Dice al volver a La Habana en 1939: "Ahora, turista en mi propia tierra, aprendo a considerar La Habana con un respeto ajeno a todo sentimiento íntimo y personal de cariño. Me maravillo ante su multiplicidad, [...] ante su pintoresquismo de buena ley, [...] me divierto en hallar analogías auténticas con rincones de Europa que habían retenido mi atención" (*Conferencias*, 182). Piñera y Lezama, al contrario, sintieron la isla en lo más recóndito de sí mismos. Inmersión profunda, siguiendo cada uno el camino propio, trazado por la visión del mundo que se inventan. Para Piñera y Lezama, en la configuración geográfica de la isla se concentran, escondidas, la cubanía y su futuridad. Pero los senderos tomados para acceder a ellas separan las percepciones cubanas de los dos escritores. Lezama interroga la sensibilidad insular al nivel de la *hipertelia* poética y modela así "el mito que nos falta" ("Coloquio", 47). Concibe lo cubano como "un tema hecho en lo invisible" (Reinaldo González, 122), aludiendo a su indefinición presente, su figuración futura. Por su parte, Piñera está obsesionado con la idea de hacer de su isla un objeto muy concreto. Busca sentirla totalmente y juega en el poema "Isla" a imaginarse, justo al umbral de su muerte, transformándose él mismo en isla.

Esta materialización extrema de la condición insular escandaliza a los origenistas, quienes se apresurarían a impugnarla. Gastón Baquero y Cintio Vitier, por ejemplo, criticaron la falta de correspondencia entre la isla recreada por Piñera con lo que ellos consideran la verdadera identidad cubana, criticando su cercanía con la estética surrealista y en especial con la obra de Aimé Césaire.[14] Baquero acusa al autor de "La isla en peso" de mostrar en este poema "una isla de plástica extracubana [...] llena de una vitalidad primitiva que no poseemos, de un colorido que no poseemos, [...] es una isla de una antillanía y una martiniquería que no nos expresan, que no nos pertenecen" (307-309). Al estudiar estas controversias, Enrique Saínz reconoce la necesidad experimentada por los origenistas de precisar cómo se manifestaba la trascendencia cubana (41). Sin embargo, en Piñera, la isla y la cubanía sí poseen una trascendencia y una futuridad, que el creador se esfuerza en encontrar en su propio cuerpo, a través de las sensaciones que la vida nacional deja en él. Así, cuando Witold Gombrowicz le pregunta en Argentina si consideraba cubanos sus recién publicados *Cuentos fríos*, carentes de referencias nacionalistas, Piñera no titubea: "¿Y qué pueden ser sino cubanos? [...] ¿Quieres una justificación más científica? Pues ahí va: cuando estos cuentos fueron escritos, mi cuerpo se movía en lo cubano [...] Un cuerpo que se alimenta con productos cubanos —tanto materiales como síquicos— sólo puede expulsar residuos cubanos" (Espinosa, 186).

Tanto dentro de la búsqueda origenista como en la emprendida por Piñera, tomar estos caminos supone la adopción de una posición heroica. Hacerse cubano, muy similar a como es percibido por los próceres nacionalistas, constituye un acto de naturaleza épica. Los héroes que en las obras de Carpentier, Lezama o Piñera se empeñan en comprender su cubanía luchan por una utopía: la de la identidad nacional. Todos persiguen, cada cual a su modo, esa ilusión doble de la identidad nacional que, según Étienne Balibar,

> [c]onsiste en creer que las generaciones que se suceden durante siglos en un territorio más o menos estable, con una denominación más menos unívoca, se transmiten una sustancia invariable. Consiste también en creer que esta evolución, cuyos aspectos seleccionamos retrospectivamente de forma que nos percibamos a nosotros mismos como su descenlace, era la única posible, representaba un destino. Proyecto y destino son las dos figuras simétricas de la ilusión de la identidad nacional (135-136).

---

[14] Acerca de las críticas origenistas a la poesía de Virgilio Piñera, es interesante la interpretación de Duanel Díaz (*Los límites*, 121-141). Igualmente, además de Enrique Saínz (*La poesía de Virgilio Piñera*), es conveniente acercarse a Alberto Abreu (*Virgilio Piñera*, 20-30).

Cuando en 1959 la revolución declara a los cubanos dueños de su destino y pone en práctica políticas igualitarias tendientes a disminuir la fractura social, parece al fin que la utopía se alcanza. ¿Podría arribarse al estado soñado por Martí de la absoluta fusión, donde estado, territorio y espíritu nacionales se juntan en la isla?

El ideario martiano había sido reivindicado, ciertamente, por los jóvenes rebeldes desde el inicio de sus actividades, al atacar el cuartel Moncada en 1953. Fidel Castro y sus hombres se autoidentificaban como la generación del Centenario del Apóstol. Al llegar al poder, la palabra martiana seguiría pautando el discurso revolucionario. Sin embargo, el Martí de los barbudos en el poder no es el "imaginador como héroe" que veneraba Lezama Lima (Ortega, "Prólogo", XXVIII). Al triunfar la revolución la imaginación cede terreno a la realidad cotidiana. La continuidad, la síntesis, la legitimidad otrora soñadas devienen construcciones posibles. Y es que el artificio nacional, si recordamos a Gellner, es inevitable y necesario. Los revolucionarios se ven a sí mismos como la culminación de una centenaria tradición libertaria a un tiempo que fundamentan también su permanencia en el poder con la responsabilidad que se atribuyen de salvaguardar la soberanía nacional y conducir la barca patriótica hacia buen puerto. Destino y proyecto, las dos componentes de la ilusión identitaria según Balibar, se reúnen en la empresa revolucionaria.

La exacerbación de la confrontación con los Estados Unidos y la multiplicación de los ataques contrarrevolucionarios hacen de la unidad nacional —en el interior de la isla— una premisa esencial del gobierno, que en 1961 reconoce su carácter socialista. Se asocian entonces, automáticamente, revolución, insularidad, socialismo y cubanía. Queda excluido de esta nueva entidad cualquiera que se mantuviese al margen de alguna de estas condiciones. Es así como a los cubanos del exilio se les deja de considerar cubanos. El patriotismo es exclusividad de los revolucionarios, de los cubanos que viven en la isla, quienes profesan abiertamente su adhesión a la doctrina marxista-leninista. Los exiliados, por su parte, también reclaman para sí en estos primeros años de revolución el verdadero patriotismo. Desde esta otra perspectiva, los traidores de la cubanidad quedaron atrás, gritando consignas y destrozando, con pólvora, hachazo y desmemoria, el pasado y la tradición. La Cuba real, consideraba la mayoría de los primeros exiliados, era la que ellos lograron a duras penas sacar de la isla y mantuvieron obstinados en sus hogares de La Pequeña Habana, Coral Gables, Hialeah. Migajas empolvadas que para ellos tenía entonces valor incalculable y les daba razón para vivir. Ambas reacciones, encabritadas reclamaciones de un lado y otro, ratificaban el carácter ficticio de la identidad, construyéndose y deshaciéndose ora en La Habana, ora en Miami.

Al menos dentro de la isla, la cubanía parecía haber dejado de ser en 1959 una abstracción. Abandona su condición de inacabado gesto, airecillo impalpable e indefinición lezamiana, para identificarse con fenómenos y objetos concretos: revolución, isla, la Historia y la tradición reivindicadas y legitimizadas por el gobierno revolucionario. No es posibilidad ni utopía, es realidad. Cuba no necesitaba ahora buscar su lugar en el *continuum* universal porque acababa de hallar, con el triunfo revolucionario, un sitio en la historia y la actualidad planetarias. Sus hombres y mujeres actuaban, irrumpiendo en la épica occidental, creando una sociedad nueva, y pensaban salir del subdesarrollo y vencer la dependencia secular al desprenderse de la hegemonía norteamericana. Por esta acción, la isla hasta entonces insignificante ganaba importancia internacional atrayendo la atención de todos. Los cubanos se sentían crecidos y la tortura por definirse, omnipresente a través de la historia nacional, se aflojaba. La acción sobre el presente determinaba por sí sola el hecho de ser cubano. No se impone entonces volver inteligible la realidad cubana, ni esforzarse en resolver contradicciones que de haber impregnado tanto la vida nacional parecíanle inherentes. La realidad se desnuda bajo el esfuerzo épico del cubano —o al menos eso es lo que se cree—. No hay que hurgar en los fundamentos de la nación, pues se quiere creer que los revolucionarios posibilitaban la continuidad de la cubanía, revitalizando en el presente los símbolos de la Historia que reclaman como exclusivamente propios: la revolución se piensa como una sola, sus orígenes remontan a la guerra independentista de 1868. Tampoco, bajo esta euforia revolucionaria, se hace indispensable demostrar la futuridad nacional, encontrar elementos que atestigüen cómo el pueblo cubano va hacia delante y que su existencia no está condenada ni al olvido ni a la desaparición. Parece bastar con exponer los logros del nuevo sistema.

Dentro de la cosmología de la revolución, en definitiva, la identidad nacional era fácilmente configurada dentro de los contornos insulares, que coincidían además con la definición del estado socialista, antimperialista, es decir, con la revolución cubana. Es pues concebible que, si el colapso del sistema socialista acarrea el resquebrajamiento del ideal revolucionario, las identidades asociadas a este ideal también precisaran una reformulación en la nueva situación de crisis. Asimismo, el auge migratorio de la era postsoviética acelera los debates en torno a la nacionalidad. El mito de la isla aislada en el tiempo, la política, la cultura y la geografía es cuestionado por un presente en el cual los cubanos, por diversas vías, son expuestos a la globalización contemporánea. Luego de haber prescindido de la exigencia de comprenderse como cubanos, durante el apogeo revolucionario que por sí mismo pretende justificar toda existencia en la isla, se reencuentran algunos creadores de la era postsoviética con la vieja necesidad de "reinventar" la cubanía. A semejanza de Lezama y Piñera, quienes encontraron en la reconstrucción de la insularidad cubana el sustento existencial que la política y la ideología de los tiempos republicanos les negaban, los narradores contemporáneos a los que se consagra este capítulo han convertido la isla, como las ruinas habaneras, en tropos recurrentes en los procesos de redefinición identitaria. A partir de ellos consiguen imaginar un proyecto nacional, sustento de la identidad comunitaria.

No resulta entonces sorprendente que Abilio Estévez haya hecho del indefinido territorio que llama La Isla el espacio narrativo de su novela *Tuyo es el reino*. La clausura de este misterioso espacio, a la vez que incita a la partida, la desaconseja. Los signos de una hecatombe inminente provocan el deseo de abandonar La Isla: devastadores aguaceros, desapariciones y apariciones misteriosas, ruidos inusitados, senderos que se enredan. Cuando las estatuas que hasta entonces servían de referencia a sus habitantes se desvanecen, abriendo paso al caos forestal, partir se convierte en un proyecto real. Con algunos maderos, el protagonista Sebastián y sus amigos improvisan una precaria balsa. La vecina Mercedes se les une, aunque para ella no se trata de escapar de las ruinas que poco a poco dominan el espacio de La Isla, porque el suyo es un asunto de "aburrimiento":

> Me voy con ustedes, dice Mercedes, estoy cansada de esperar, de pasar la vida esperando, [...] ¡qué terrible esperar!, esperando que la vida cambie, [...] estoy harta de andar por los mismos senderos, los mismos palmares, el mismo mar, las mismas casas, el mismo calor, siempre, en otoño,

en invierno, primavera ¡calor!, estoy harta de la luz, de tener los ojos ardiendo siempre por la luz, de no ser nadie por culpa de la luz, yo hubiera querido nacer en una tierra donde el tiempo existiera, donde los relojes tuvieran manecillas y las manecillas avanzaran, óiganme, no vivimos en una Isla sino en un velero detenido en calma chicha, [...] huir, huir, lo único que esta Isla propone, huir, parece el verbo mágico, el verbo que con sólo mencionarlo cambia la vida al revés (303).

Agobio, encierro, estancamiento: esta mujer desesperada expone al lector algunos de los elementos de lo que pudiéramos llamar el catálogo del desastre insular. Catálogo que impulsara la pluma de un Piñera en los versos de "La isla en peso". La luz, muy particularmente, duele en la sensibilidad tanto de Piñera como de Estévez. Contrariamente a Lezama, quien ponderaba "nuestra luz, abstracta, melodiosa, universal" (*Cartas a Eloísa*, 356), Virgilio Piñera la estigmatizaba (Alvarez-Tabío, *La invención*, 291), al derramarla en su obra cortante, doliendo sobre el cuerpo. Para él la luz de la alborada, "la hora del terrible", va asociada al sufrimiento corporal: el sudor y el sufrimiento del trabajador en los campos. O, peor aún, denuncia la claridad como entumecedora de conciencias: "Confusamente un pueblo escapa de su propia piel / adormeciéndose con la claridad, / la fulminante droga que puede iniciar un sueño / mortal", rezan los versos de "La isla en peso" (35). Esta luz, "tanática", al decir de Enrique Saínz (43), se halla muy lejos de la claridad rosada y tamizada por vitral, la luz de la siesta tropical representada por los pintores arquetípicos del grupo Orígenes, Amelia Peláez y René Portocarrero.[15]

Resulta interesante el hecho de que Portocarrero recogió también instantes y personajes ante los cuales los mismos poetas origenistas que lo ensalzaban generalmente retrocedían, no habiendo hallado un modo adecuado a su poética de integrarlos a sus obras. Se trata de los elementos de origen africano presentes en algunas piezas de Portocarrero, como los "diablitos" o *íremes* de la tradición abakuá, algunos *orishas* de la santería y el carnaval. Un poco antes ya se reprodujo

---

[15] El crítico Guy Pérez de Cisneros estaba convencido de que el verdadero arte cubano había "filtrado la luz del sol con las frondas del campo; la ha tamizado con las lucetas de las casas. El pulular tropical y frenético no es nuestro de veras. Hemos desnutrido el febril pulular de un tropicalismo africano y no español" ("Luces de Cuba", 223).

aquella sentencia de Lezama condenando la cubanidad que se expresaba a través "del bailongo y el cocotero"; sin embargo, el poeta de Trocadero y sus amigos observarán aquiescentes la recreación que Portocarrero hace de estos elementos. Y es que éste consiguió despojarles de todo ademán amenazante para convertirlos en símbolos mansamente integrados a lo que Guy Pérez de Cisneros y Lezama denominan "lo atlántico". Con este término los origenistas conceden a la pintura de Portocarrero un carácter universal que celebran, pues consideran que sólo por la vertiente occidental de la cultura cubana arribará ésta a expresarse universalmente, es decir, a trascender más allá de sus fronteras geográficas e históricas. No niega Lezama Lima los aportes africanos; mas señala que únicamente "la eticidad resistente de lo hispánico" ("Recuerdos", 282), aquello que de los antecedentes europeos sobrevive al paso de la Historia en la cultura, será capaz de provocar la soñada síntesis entre los diferentes elementos de la nación, aportándole firmeza y eternidad. Asimismo, cuando es el momento de exaltar semejante universalidad en la obra de otra pintora respaldada por los origenistas, Amelia Peláez, Lezama resalta su capacidad para otorgar cartas de nobleza a los simples elementos cubanos de sus cuadros (una fruta, una cornisa, un mantel), al colocarlos "en el horizonte", es decir, en el espacio Atlántico, que según el autor de Paradiso es el verdadero mar de los cubanos ("En la muerte", 170). Privilegian los origenistas el Atlántico al Caribe, "lo atlántico" a lo que consideran "lo antillano", en su opinión más próximo del África, atávico, local y condenado a la no universalidad.[16]

La misma luz suave y adormecedora que fascinaba a Lezama y su cohorte quedaba condenada en la obra de Wifredo Lam, pintor en cambio menos fervorosamente elogiado por los críticos origenistas.[17] Lam con-

---

[16] Sobre las reacciones de Lezama contra el "negrismo" cubano de los años veinte y treinta en relación con las teorías origenistas del insularismo y sus tentativas por concebir lo cubano bajo una perspectiva universalizante, son esclarecedores los argumentos de Cruz Malavé en *El primitivo implorante* (37-39).

[17] Aunque cuatro portadas de la revista *Orígenes* (en 1945, 1947, 1952 y 1954) le son encargadas a Wifredo Lam, jamás aparecería una reseña o un artículo sobre su obra en las páginas de esta publicación. Para un análisis de los encuentros y desencuentros entre la obra pictórica de Portocarrero, Peláez y Lam, presentadas en paralelo con las poéticas de Orígenes y de Virgilio Piñera, cabe remitirse a mi artículo "Piñera y Lam: inusitadas aproximaciones".

sideraba que esa luz habría que interrumpirla violentamente, con un grito. Su intención, confesaría a Max-Pol Fouchet, era pintar el drama de su país sirviéndose del espíritu y de la belleza plástica de las culturas negras. Veía su creación como una especie de "caballo de Troya" de la que emergerían figuras alucinantes, capaces de sorprender y perturbar la tranquilidad de los espíritus aletargados (188-189). En consonancia con esta sensibilidad, sentenciaba Virgilio Piñera que "[t]odo un pueblo puede morir de luz como morir de peste" (35), mientras Estévez, más de medio siglo después, describe los efectos enceguecedores de la mucha luz, que impide "mirar de frente la ciudad", entonces convertida en un "resplandor que surge entre aguas falsas". La isla, continúa el narrador, es "inexistente, inventado y destruido por la luz" (*Tuyo*, 255). Cuba, para Abilio Estévez, en correspondencia con Piñera y Lam, es un letargo donde el sentido del tiempo no es sinónimo de eternidad sino de lo efímero. Encontrarle la trascendencia a lo efímero, vivir y perdurar en él define las búsquedas éticas en las obras tanto de Estévez como de Piñera.

Frente a la luz aniquiladora, entonces, que se abra el verde de la manigua profunda, en los cuadros de Lam, en la isla de Piñera o en el heterotópico espacio de Estévez, allí donde los senderos desaparecen bajo el avance de las lianas, las raíces y las hierbas. Casi puede leerse la descripción novelesca de La Isla conjuntamente con la visualización del lienzo mítico de Lam, *La Jungla* (coincidentemente revelado en 1943, año en que Piñera publica "La isla en peso"... y Portocarrero pinta su *Interior en el Cerro*). Comienza Abilio Estévez su libro presentando La Isla como "un monstruo lleno de árboles", pero también de voces y fantasmas. Hay casas en La Isla, pero los árboles "tienen fuertes raíces y levantan las aceras de las galerías, y los pesos de las casas, y por eso los muebles se mueven, caminan como si tuvieran alma" (*Tuyo*, 17). La jungla opaca, oscura, indescifrable y mutante, inundada de extraños cuerpos que se abrazan, cortan, aplastan, besan, destruyen, "cuerpos que se tocan" como escribió Piñera. Estas controversias y paralelismos entre, por un lado, la vision nocturna, forestal, corporal, de la isla, atribuible a las poéticas de Wifredo Lam, Virgilio Piñera y Abilio Estévez, y, por el otro, la claridad y la ligereza con la que los creadores originistas envolvían la cubanidad coinciden sin embargo en la comprensión, aunque velada, del carácter eterno de la isla. Por eso, como mencionaba más arriba, no debe interpretarse como intrascendente la visión que hace Piñera de la isla agobiante.

Asediados por los mismos demonios que pululan en la escritura de Piñera, los personajes de Estévez viven obsesionados con La Isla e imaginan modos de romper con la fatalidad que los ata a ella. En algún momento piensan que Dios puede hacer algo y le piden "que la Isla deje de serlo" llevándola a Yucatán, La Florida o Venezuela (*Tuyo*, 218). Acto desesperado que remite a la isla a la deriva, roída en su plataforma por los cubanos todos, en las últimas páginas de *El color del verano* de Reinaldo Arenas. Pero, ante el mutismo divino, a los personajes de *Tuyo es el reino* no les queda finalmente otra opción que intentar la huida. Partir, el exilio que se erige como tema fundamental dentro de la narrativa cubana contemporánea.

Me interesa investigar cómo, al describir al sujeto diaspórico, trazan los narradores de la isla una imagen de sí mismos. La cubanía que diseñan se conforma a través de la imagen que guardan del Otro. Ese Otro que no es del todo otro, pero que al observarlo le otorgan alteridad y con ello se autodefinen a sí mismos. Son pertinentes aquí las teorías sobre la alteridad desarrolladas por Emmanuel Lévinas, quien consideraba que: "La alteridad, la heterogeneidad radical de lo Otro, sólo es posible si lo Otro es otro con relación a un término cuya esencia es permanecer en el punto de partida, servir de *entrada* a la relación, ser el Mismo no relativamente, sino absolutamente. *Un término sólo puede permanecer absolutamente en el punto de partida de la relación en tanto que Yo*" (*Totalidad e infinito*, 60, destacado por el autor). El exiliado puede ser considerado como otro sólo porque el que permanece en la isla se ve a sí mismo como el sujeto a partir del cual se estructura la identidad. La condición insular determina la mismicidad, a partir de ella es pensada la identidad cubana. La imagen del cubano insular que promueven Leonardo Padura, Abilio Estévez, Senel Paz, Marilyn Bobes y Alexis Díaz-Pimienta, analizados en este capítulo, es la de un personaje feliz porque vive en "su" tierra. Esta imagen es constantemente presentada en oposición a la del cubano "desdichado", "incompleto", a quien le falta la isla, considerada esencial.

Debe reconocerse que, en la reciente literatura, la figura del cubano estoico y feliz en su tierra adquiere un carácter muy diferente al que ostentaba hasta los años ochenta. Ya no se trata de hacer emular en completa simplicidad la revolución y su contra, exponiendo la parafernalia de estereotipos, tales como el *seguroso* incólume, el miserable *gusano*, el compañero vecino *cederista* siempre afable y cumplidor, el pérfido disidente, el incorruptible miliciano, el desfachatado *marielito*, etc.[18] Aunque no consiguen aún ser diáfanas, las relaciones entre la isla y sus emigrados llevan hoy nuevas características. La diáspora no está únicamente integrada por quienes partieron al triunfar la revolución: también hay balseros y *quedados*[19] esparcidos por todo el mundo y, a veces, pudiendo incluso aliviar posibles nostalgias vuelven frecuentemente a la isla. Iván de la Nuez, quien se esfuerza en revelar la diseminación de "lo cubano" en la globalidad contemporánea, ha expresado al respecto:

> Digan lo que digan los defensores paleoculturales que subordinan la cultura cubana a aquella que se produce exclusivamente en la isla, los cubanos en los últimos cuarenta años han cancelado el contrato entre cultura nacional —sea esto lo que sea— y territorio. Se ha perdido el centro. Y no sólo el centro de la cultura producida en la isla, sino también el centro por excelencia dentro del exilio. Las cosas ya no se reducen a La Habana o Miami (*La balsa*, 28).

Este descentramiento provoca naturalmente fuerte ansiedad. ¿Qué resta al cubano como medio identificatorio? La urgencia identificadora intenta colmar el vacío dejado por la ausencia de centro (La Habana, Miami, la ideología revolucionaria). Al cubano de la isla, en fin de cuentas, durablemente sólo lo define su permanencia territorial, y a ella se aferran quienes no pueden prescindir de la delimitación identitaria. Desde su punto de vista, esta permanencia es una falta para el exiliado. Al presentar su *dossier* sobre el discurso narrativo de la diáspora, Ambrosio Fornet describe al intelectual cubanoamericano "a medio camino entre su país de residencia y su país de origen, pero en realidad mucho más cerca del primero que del segundo" ("Dossier"). El reclamo de esta cercanía a la isla, a un tiempo que favorece el reencuentro de los cubanos de "las dos orillas", permite también, a los de la isla, reconocerse privilegiados porque poseen lo que los otros su-

---

[18] Son estas maneras de referirse popularmente, en Cuba, al agente de la Seguridad del Estado *(seguroso)* o al contrarrevolucionario *(gusano)*. El *cederista* es el militante de los Comités de Defensa de la Revolución (CDR) y el *marielito* es el emigrante que salió de Cuba en 1980 por el puerto habanero del Mariel.

[19] Se conoce como *quedados* aquellos cubanos que, habiendo recibido permiso oficial para salir del país temporalmente, no regresan a la isla.

puestamente anhelan, la permanencia territorial. Prosigue Fornet presentando al cubanoamericano contemporáneo como un ser que "desde el punto de vista emocional [...] ha logrado exorcizar, en gran medida, los demonios del resentimiento y la nostalgia, los dos grandes azotes espirituales del exilio" ("Dossier"). Ideológicamente liberado, según Fornet, este exiliado puede acercarse ya alegremente a la "esencialidad" nacional, patrimonio insular.

Nuevamente la filosofía de Lévinas nos asiste, cuando éste considera que la identidad, constituida a partir de sí mismo, no se produce sin embargo a través de la "monótona tautología: 'Yo es Yo'". Habría entonces que "partir de la relación concreta entre un yo y un mundo":

> [l]a modalidad del Yo contra lo 'otro' del mundo, consiste en *morar;* en *identificarse* existiendo allí *en lo de sí* [...] Habitar es el modo mismo de sostenerse [...] El 'en lo de sí' no es un continente, sino un lugar donde yo *puedo,* [...] Es suficiente caminar, *hacer* para apoderarse de todo, para apresar. Todo, en cierto sentido, está en su lugar, todo está a mi disposición [...] La posibilidad de poseer [...] es la *modalidad* de lo Mismo (*Totalidad e infinito,* 61).

Presentados como el Yo de la identidad nacional, los cubanos insulares "felices" en las obras de Padura, Paz, Estévez, Díaz-Pimienta y Bobes son plenos porque cuentan con "lo suyo". Viven en el sitio en el que permanecen sus memorias, sus muertos, su historia, la presunta raíz de la cubanidad, mientras el sujeto diaspórico tiene que desplazarse hacia la isla para retomar toda esa materialidad, o, en la imposibilidad del retorno, llevarse consigo la isla como doloroso recuerdo o bien en forma de relicario de la patria.[20] Estos personajes insulares

---

[20] Es ésta una tendencia verificable no solamente en la literatura, pues se extiende a la totalidad de la producción cultural postsoviética. En el cine, por ejemplo, el tema del exilio y en especial del regreso a la isla o del reencuentro —o desencuentro— entre cubanos de la isla y de la diáspora se ha vuelto frecuente. Desde que en 1985 fuera presentada la película *Lejanía,* del escritor Jesús Díaz, estas historias se repiten. Resulta notable constatar que más recientemente producciones como *Nada+* (Juan Carlos Cremata Malberti, 2001), *La vida es silbar* (Fernando Pérez, 1998) *Suite Habana* (Fernando Pérez, 2003) y *Páginas del Diario de Mauricio* (Manuel Pérez, 2006) recrean no sólo el dilema de la partida, sino también la tristeza de los que se quedan, que no medra, no obstante, una esencialidad vital que les sostiene a pesar de las dificultades económicas en Cuba. Mientras una película como *Lejanía* refleja, como expone Desirée Díaz, la

también enfrentan la posibilidad de emigrar. Mas la desechan porque prefieren seguir contando con aquello que, desde su punto de vista, falta al exiliado: la solidez de las raíces supuestamente bien plantadas en la isla. Ya no se trata, vale aclarar, de definir quiénes son cubanos ni dónde se alcanza una presunta autenticidad cubana. La cuestión, ahora, a través de estos mecanismos identitarios, es hacer coincidir todas las energías de la cubanidad en un sitio común, original. Esta estrategia permite combatir los efectos de la diseminación global contemporánea. La diáspora puede multiplicarse tanto hasta constituir ese mapa de sal en la intemperie esbozado por Iván de la Nuez, mas permanece la idea de la isla como fatalidad dentro del sujeto cubano.

Mantenerse adentro ha sido el mensaje: en La Guarida, con los amigos del inspector Conde, en La Isla o atrapados entre las ruinas del Pequeño Liceo de La Habana. Sin embargo, en estas obras no deja de reconocerse la constante amenaza o tentación que la partida representa para el cubano de la isla: "El único modo de huir es el mar, vivir en una Isla significa que más tarde o más temprano tienes que enfrentarte con el mar", dictamina el joven Sebastián en *Tuyo* (302). De igual forma, lo ineluctable de esta situación es presentado en "El lobo, el bosque y el hombre nuevo". Diego, el "homosexual patriótico" —como se considera a sí mismo—, se ve obligado a partir, a pesar de su dedicación a la patria:

> Me voy, en el tono en que lo había dicho Diego, tiene entre nosotros una connotación terrible. Quiere decir que abandonas el país para siempre, que te borras de su memoria y lo borras de la tuya, y que, lo quieras o no, asumes la condición de traidor. Desde un principio lo sabes y lo aceptas porque viene incluido en el precio del pasaje. Una vez que lo tengas en la mano no podrás convencer a nadie de que no lo adquiriste con regocijo. Éste no podía ser tu caso Diego. ¿Qué ibas a hacer tú lejos de La Habana [...]? ¿Qué podías hacer en otra ciudad, [...] donde no hubiera nacido Lezama ni Alicia [Alonso] bailara por última vez cada fin de semana; una ciudad sin burócratas ni dogmáticos para criticar? (36).

---

evasión ante la problemática del exilio, pues en ella la huida es presentada como solución ante la situación antagónica que se origina cuando los cubanos de uno y otro lados se reencuentran ("La mirada", 44); en estas más recientes producciones tales conflictos no son anulados por la escapatoria, sino por decisiones ponderadas.

Desde este punto de vista, no hay escapatorias para quien huye, pues quedará para siempre despojado de "lo suyo", todo aquello que, si seguimos a Lévinas, justifica la modalidad de lo Mismo, o del yo contra lo otro. David no puede concebir para Diego, tan consagrado a la cultura de su país, un futuro más tenebroso. Sabe que, al menos en La Habana de 1978, su nuevo amigo será considerado traidor a partir del instante en que deje el país. Quien se exilia —piensa el revolucionario común de los años setenta— simplemente abandona Cuba. No se le ve tampoco como víctima porque la decisión de emigrar ha sido suya. Es además un débil, un ser deleznable que más vale mantener alejado de la revolución. Mas David no quiere acatar esta conclusión drástica ya que conoce a Diego y sabe que no le corresponde la máscara del traidor. La transformación del pensamiento revolucionario, idea vectorial del cuento de Paz, es la imagen que se impone a través de este personaje, quien expresa la necesidad de replantear las concepciones sobre la diáspora, como lo hace sobre la homosexualidad, sobre la cultura cubana y la identidad nacional. La intolerancia, atacada por Senel Paz, incluye también aquella que es erigida contra los cubanos emigrados. Expresión de los tiempos de cambio en los que fue escrito el cuento, reclama para exiliados que, como Diego, han sido víctimas del dogmatismo y que a pesar de todo se siguen considerando revolucionarios, un espacio en la sociedad cubana. Sólo una condición impone el autor a todos los "diferentes" —sean homosexuales, intelectuales, exiliados—, es aquello que según el autor identifica a los cubanos todos: el carácter de revolucionarios y patriotas.

Bajo esta perspectiva, sólo tristeza y dudas acompañan la decisión de partir, incluso cuando ésta es motivada por la imposibilidad de continuar viviendo en la isla, como resultado del repudio social del que se es objeto. Como paliativo a la amputación sufrida por el que parte, no quedan más que retazos materiales de la patria. Diego ha de apertrecharse con discos, libros, un afiche de Fidel con Camilo, una bandera cubana, una foto de Martí en Jamaica y la de Mella con sombrero, las fotos de Alicia en Giselle y una colección de monedas y billetes cubanos (55-56). Vestigios de un heterogéneo inventario de la cubanía, al que se incorporan objetos y figuras que hasta entonces carecían de un sitio en el panteón nacional. No obstante, como todo inventario, el de Paz —aunque busque redefinición y ampliaciones— sigue siendo rígido e insuficiente. No existe tal panteón de la patria, tampoco inventario.

El panteón patriótico erigido en "El lobo", tan similar en espíritu al de Don Fuco en *Los Palacios,* de Estévez, nos recuerda la relación que la obra de ambos autores guarda, en determinados momentos, con la poética de José Lezama Lima. Este tipo de coincidencias también es perceptible en la visión del exilio que Paz y Estévez han desplegado, para cuyos protagonistas el exilio es una catástrofe. En *Paradiso* Foción desarrolla la imagen del exilio como "nuevo Purgatorio": "[E]ra una forma de inocencia, una ausencia de lucidez para la bondad o la maldad, una suspensión en el tiempo" (397). Esta interpretación no parece paradójica en el poeta, "peregrino inmóvil" en su sillón (*La cantidad hechizada,* 30), que sólo en tres ocasiones se mueve fuera del espacio insular.[21] Desde 1937, en "Coloquio con Juan Ramón Jiménez", discutía Lezama cierta amenaza que a su parecer representaba el mar para los pueblos insulares y declaraba que el insular debía vivir hacia adentro, ignorando toda atracción exterior para concentrarse en las fuerzas nacionales, el hogar patrio (44). Discutiendo a Frobenius, desarrolló entonces interesantes ideas sobre la cultura del litoral, que han sido detalladamente examinadas por los estudiosos Arnaldo Cruz Malavé y Rafael Rojas.[22] En su obra posterior, estas disquisiciones no desaparecen, continúa el mar ofreciendo tema de reflexión en *La expresión americana* (1957), mientras en *Paradiso* ha recalcado Julio Ortega la penuria de imágenes marítimas en relación con el peso otorgado al hogar. Se pregunta entonces el crítico: "¿No será que el mar se opone a la imagen del hogar?" ("Aproximaciones", 209).

El catálogo de cubanías es también fundamental en *Tuyo es el reino*. En esta novela, incluso si La Isla desaparece conquistada por la exuberante manigua, quedará en la imaginación de sus habitantes extraviados en la intemperie un abigarrado inventario nacional. Los personajes de este libro se hastiarán de La Isla e intentarán inútilmente abandonarla. Construirán una balsa que no llegarán sin embargo a utilizar, pues ésta es destrozada por un vendaval. No formarán parte entonces del "ejército de mendigos", como se les llama también en esta novela a los balseros. La Crisis de los balseros de 1994, oscuro episodio de la historia nacional, es aludida en la obra de Estévez por otro

---

[21] Lezama sólo sale de Cuba tres veces: de niño, vive corto tiempo con su familia en La Florida en 1918; en 1949 viaja a Mexico y en 1950 visita Jamaica.

[22] Véanse Rojas ("El mar de los desterrados") y Cruz *(El primitivo implorante).*

personaje, La Condesa Descalza, especie de orate que vaticina el horrible suceso situándolo como colofón de la decadencia insular:

> Este aguacero no es más que el inicio, el fin está cerca, [...] muy pronto [...] caerá la desgracia sobre la Isla [...] miles huirán, se lanzarán al mar, nadarán y nadarán hasta dar con tierra firme, [...] nada lograrán, un país es una enfermedad que se padece para siempre, se irán ellos, sí, y algo no los dejará dormir, llorarán por lo que han dejado aunque nada hayan dejado en realidad, que nunca, óiganlo bien, nunca, nadie puede escapar totalmente del sitio en que nació, un hombre que se va del sitio en que nació deja su mitad y sólo lleva la otra mitad que suele ser la más enferma, y cuando allá, a lo lejos, esté donde esté, sienta la falta del brazo o de la pierna o del pulmón, se dice: soy un hombre que padece de nostalgia, y ya está muerto, y este aguacero es el inicio (102-103).

Los augurios de La Condesa Descalza van más allá de la estricta tragedia de los balseros. Describen también la miseria del emigrado en general. Reanima aquí Estévez el espectro del emigrado derrotado por la nostalgia, la imposibilidad de alcanzar satisfacción alguna fuera de Cuba. Por eso, en un final, cuando Sebastián y sus amigos contemplan descorazonados los vestigios de la balsa que no utilizarían, no saben que se han salvado del máximo cataclismo. El autor, hoy residente en España aunque vivía en Cuba al publicar esta novela, pone en boca de Dios sus ideas en torno al exilio: "La huida no es la mejor solución [...] en cambio sí es la que más ilusiones deja, un hombre huye de una catástrofe, no se percata de que la catástrofe va con él, en cambio le queda la candidez de creerse salvado" (308).

Pero si no será la salvación lo que encuentre el emigrante al término de su viaje, tampoco la conocerá quien quede en tierra. En los balseros, percibe la Marta de *Tuyo es el reino* un desaliento profundo; pero se descubre también a sí misma poseída por igual desesperanza. Viendo partir a los balseros, siente que aunque no lleguen a ninguna parte, al menos lo intentan, en tanto que ella permanecía pensativa en la orilla. Ellos posiblemente terminarán ahogados, ella inerte. Es entonces cuando la mujer queda ciega (171-172). ¿Dónde está entonces la salida, si no la encuentra quien abandona la isla pero tampoco quien permanece? Parece que, como anuncia entre sarcásticas carcajadas La Condesa Descalza, la isla es una enfermedad incurable. Nunca se escapa de ella, porque es más que un accidente geográfico (174).

También en tono lástimero de pérdida y fatalidad se extiende *La novela de mi vida,* donde Leonardo Padura entreteje la trama de dos exilios: el del contemporáneo Fernando Terry y el del poeta decimonónico Heredia. Ya en su ensayo *José María Heredia: la patria y la vida,* Padura le ensalzaba como "el primer gran desterrado cubano y el primero de los nacidos en esta isla condenado a morir en el exilio, sin haber encontrado jamás un alivio para esa compacta nostalgia de la patria que también él [...] inaugura entre nosotros" (20). Explicarse por qué este hombre decide que "debía ser cubano", aun cuando vive más tiempo fuera que dentro de la isla y en momentos —además— en los que tan sólo comenzaban a esbozarse las primeras definiciones de la nacionalidad, es la problemática que impulsaría la novela de Padura, como él mismo reconociese en el citado ensayo (8). Heredia encarna entonces un tipo de cubanía enigmática, construida a partir de la ausencia y del desarraigo. Para los dos protagonistas, el poeta y Fernando Terry, el exilio representa un pozo de nostalgia. Para ambos, es también consecuencia de la Historia, que parece manipularles, aunque sobrevuele además la sombra de una traición urdida contra ellos. El exilio de Fernando Terry, específicamente, está marcado por la sospecha de que alguno de los integrantes de su banda de amigos, los Socarrones, le hubiese delatado como cómplice de Enrique, un colega homosexual que intentara infructuosamente abandonar de forma ilegal el país. Nunca sabría quién le denunció y el protagonista, viendo su carrera tronchada, termina por marcharse en 1980 por el puerto del Mariel.

Padura cuenta su regreso, a finales de los noventa. Es el retorno que tanto acuciara todas y cada una de sus horas en el exilio, desde el preciso momento en que la lancha se alejaba del muelle. El poeta del "Himno del desterrado" sentó el precedente y desde entonces nadie parece interesado en brindar otra imagen de la partida. Padura reincide y vuelve sobre la versión herediana del desterrado lanzando lágrimas a las olas que alejan el bergantín de la costa. Terry intuye desde el principio de su exilio que un retorno breve resultaría necesario para "curar la vertiginosa sensación de hallarse descentrado, fuera del tiempo y en otro espacio" (*La novela,* 15). Pues eso es el exilio, según Padura: la inadaptación perpetua, más el rencor contra los que se quedaron, máxime si se sospecha que entre ellos se fraguó la traición. De vuelta ahora, el protagonista se pregunta si era realmente necesario el regreso, al descubrir que La Habana que dejara no existe más y sentirse un extranjero en su propia ciudad. El sentimiento de desarraigo es aún más desagradable, porque se viene del desarraigo mismo, el exilio. No queda alternativa a Terry que buscar salvación en los amigos, a pesar de la traición que los separó.

Sigue entonces la traición interponiéndose entre cubanos de una y otra orilla. Aunque en esta novela la sociedad ya ha cambiado un poco. Los que como Diego y Fernando han debido partir como consecuencia de errores burocráticos, intolerancias y fanatismos, no son considerados traidores por los cubanos de la isla, al menos no explícitamente. A veces, hasta se experimenta cierta culpa por no haber emprendido acciones que hubieran evitado el exilio del amigo. Existe más bien una conmiseración hacia aquel que vive en el exilio, sufriendo, por supuesto. Ninguno de los Socarrones oculta la lástima que les inspira Fernando. Cuando éste les pregunta por qué no se han marchado de Cuba, hay quien le responde que no quiere "equivocarse" como él hiciera, ni verse en su espejo (195). Y Miguel Ángel zanja la cuestión fácilmente: "[A]cuérdate que yo soy negro y donde quiera que llegue voy a ser un negro. Aquí estoy jodido, pero cuando camino por la calle sigo siendo persona" (177). Sus argumentos parecen repetir, más de un siglo después, la convicción martiana —presentada en páginas anteriores— de que el racismo no era un fenómeno propio del verdadero cubano. Para este personaje, no sólo es Cuba el único sitio en que sería humanamente tratado, sino que descarta de forma radical la posibilidad de emigrar. No habría por qué hacerlo, hay que permanecer. Y resistir.

Mas se impone el perdón, de una y otra parte. Los amigos de Fernando han sido capaces de perdonarle su desconfianza y recelo inmerecidos, pues finalmente no fueron ellos quienes le delataran. Todo había sido una maniobra de los servicios de la Seguridad del Estado. Pero incluso el poder "rectifica" sugiriendo que dentro de la revolución todavía es posible un mejoramiento: la Seguridad del Estado termina por levantar el castigo que impusiera a Fernando, devolviéndole —tardíamente pues éste ya se había marchado— su puesto de profesor universitario. Exigen los amigos de Fernando su perdón, la única salida a años de separación y duda. Mas el protagonista, hostigado por el resentimiento, no parece inclinarse al perdón. Según uno de los Socarrones, es un cobarde que prefiere olvidar que perdonar (85).

Y más allá del perdón de los de adentro, hacia el fondo permanece, junto a la lástima, cierto orgullo por haber resistido en la isla a pesar de los duros tiempos. Ellos son representados como "cubanos estoicos". Han sufrido también, pero sus vidas no están consumidas por el odio y la nostalgia. Es como si el exiliado estuviese muerto y el que permaneció, maltrecho, sí, pero vivo. Todavía en *La novela de mi vida*, una señora que perteneciera a la gran burguesía cubana y que en la actualidad regenta un restaurante privado "paladar" en su propia mansión, expresa su orgullo por no haber emigrado: "¿Irnos nosotros? ¿Por qué? Acuérdese de que los Junco, los Ponce de León y los Vélez de la Riva somos cubanos desde hace tres siglos y no siempre hemos tenido dinero, pero hemos seguido viviendo. El que quiera irse, que se vaya, pero por lo menos a mí, que soy cubana por los cuatro costados, tienen que botarme, si no, no me voy a ningún lado" (153).

Burgueses, pobres, blancos y negros, revolucionarios o no, pero en la isla. Al final, además, la decisión de partir es siempre amputada al que se fue. Aun si las circunstancias pareciesen obligarle, ha sido su determinación y por ella ha de pagar. La marca de la traición no ha desaparecido del todo, a pesar de los años escurridos entre la partida de Diego ("El lobo") en los setenta y el regreso de Fernando *(La novela)* en los noventa. Los de adentro aún conservan el monopolio del valor, a los de afuera se les sigue llamando cobardes.

Existe todavía una posibilidad, tal vez postrera, ofrecida al emigrado: el regreso. Fernando termina por corroborar que sus amigos llevaban razón al recomendarle volver. Se da cuenta de que no se había equivocado al cesar de esconderse y al abandonar la estrategia del olvido para regresar a Cuba y enfrentarse a su realidad. "Tenía que volver", dice, "aunque fuera para suicidarme" (211). Es en la isla donde aquel que vaga sin alma la reencontrará, donde se curan heridas, donde se perdona. El protagonista se salva al final, y la imagen de su rescate llega de la mano de Delfina, el gran amor. Porque ni siquiera eso halló en otras tierras, una mujer a la medida de sus sentimientos. "Siempre faltaba algo", reconoce antes de lanzarse en brazos de Delfina, rasgando así una de sus tantas inhibiciones, llenándose sólo entonces del coraje del cual los Socarrones le creen desposeído. En la mujer cubana se da un recuperador "baño de sexo" (sic), que le remite a "un estado anterior a los grandes pesares de su vida, y su subconsciente, necesitado de aquella tregua había bloqueado las evocaciones lacerantes para dejar todo el espacio a la resurrección del amor y quizá —como le reclamara Delfina— hasta de la alegría y la risa" (209).

Queda claro en la novela de Padura que el emigrado no ríe, no tiene amigos, no ama como antes de partir. No fue quien es. Ahora se ha convertido en un extraño en todas las ciudades y ni siquiera se reconoce a sí mismo. Y todo ello, en el caso de Fernando Terry, sin ni siquiera contar la soledad, las penurias económicas, el desprecio sufrido en Miami o en New Jersey, hasta encontrar la estabilidad económica y profesional en Madrid. Pero nunca la satisfacción plena. En la isla, el protagonista incluso volverá a escribir (capacidad también inhibida con el exilio). Esa isla que a menudo es descrita como una cárcel que muchos anhelan abandonar deviene entonces símbolo de la liberación humana, mientras es el exilio el que se vuelve prisión asfixiante. El autor lo ilustra al presentar al poeta Eugenio Florit en Miami, encerrado dentro de una habitación repleta con los objetos de su propio inventario cubano, atado a recuerdos de un mundo desaparecido.

La paz consigo mismo que encuentra Fernando Terry en La Habana y el amor que recibe de Delfina le llevan a concebir el perdón. Es el final feliz que nos propone Padura: el reencuentro de los unos y los otros en el perdón de los errores todos (los del gobierno, de los amigos, de la víctima), la desaparición de la desconfianza. No aparece, no obstante, la redención absoluta, que es negada al exiliado. Tanto para el Diego de "El lobo" como para el Fernando de *La novela*, la Historia ha sido la gran causante del exilio, y el personaje de Padura, aunque lo intente, se reconoce en las últimas páginas de la novela incapaz de rebelarse contra ella. Permanecerá bajo su tiranía, su vida no le pertenece. Abandonar la isla ha sido un hecho irreversible. Huyendo perdió el derecho a dominar su propia existencia:

> ¿Siempre ha sido así?, se pregunta entonces, al recordar las veleidades del destino de José María Heredia, arrastrado por los flujos y reflujos de la historia [...] ¿Es posible rebelarse?, se pregunta después, ya por pura retórica, sólo para abrir más la herida, pues sabe que el acto de la rebeldía es el primero que les ha sido negado [...] Sólo le queda cumplir su *moira*, como Ulises enfrentó la suya, aun a su pesar; o como Heredia asumió la suya, hasta el final (342).

Escapando Fernando Terry entregó su destino a la fatalidad. Pueden los Socarrones y Delfina y su madre y hasta la Seguridad y también

—¿por qué no?— todos los cubanos perdonar su presunta cobardía. Pero el perdón no es redención. Siguiendo esta lógica, el protagonista de *La novela* queda condenado a la desesperación de quien no encuentra jamás lugar cabal ni en el paraíso ni en el infierno de la nacionalidad. Erra Fernando, extraviado en ese limbo irreal y caótico, la "indefinición" tan temida por Alejo Carpentier, que se lanzó en su momento implacable sobre aquellos que no tienen acceso a su hábil solución, el perpetuo tránsito entre el "Aquí" y el "Allá". Aunque Carpentier no contó con la inmovilidad de Lezama Lima, el exilio también constituía para él una sombra que amenazaba la existencia. Infatigable viajero de padre francés y madre rusa, nacido en Suiza y no en la habanera calle Maloja como él quiso que sus lectores creyeran, el novelista es llevado a buscar, en la tensión misma entre el "Aquí" y el "Allá" que domina su obra, una solución a la problemática insular. Opta por desplazarse continuamente entre el "Aquí" y el "Allá", entre el espacio insular y el resto del mundo, tendiendo el "Camino de Palabras" lúcidamente analizado por Antonio Benítez Rojo en *La isla que se repite* (212-234). El ir y venir permanente es la solución que opone a un exilio definitivo del cual, sin embargo, nunca se halló completamente a salvo.[23] Ir y venir, pero jamás permanecer. En 1945, el escritor expresaba su repugnancia por el exilio definitivo: "Me espantaba llegar a parecerme a uno de esos intelectuales americanos que se destierra, y sin lograr nunca ser europeos, dejan también de ser americanos. No quería ser uno de esos productos híbridos que tanto abundan en la historia de nuestras artes" (González Echevarría, 49). Temía a la hibridez del exiliado. En tal sentido, Enrique, protagonista de *La consagración de la primavera*, encarna su imagen del exilio, pues es una vez en su tierra, tras haber recorrido medio mundo, cuando el personaje se reencuentra a sí mismo y halla una razón de ser en la entrega revolucionaria. Aquí se procede además a la identificación de la patria con la revolución, la idea de que sólo a partir de 1959 el cubano, presuntamente dueño de su destino y de su isla, no se ve forzado a emigrar. Quien así lo hace deviene entonces un antipatriota.

---

[23] Al emigrar a Francia en 1928 permanece en París hasta vísperas del estallido de la Segunda Guerra Mundial, cuando vuelve a América acompañado de quien sería su primera esposa, la francesa Ève Fréjaville. Luego, serán largos años viviendo en Venezuela, de donde no retornará hasta el triunfo de la revolución. Y ni siquiera morirá en La Habana sino en París, en 1980, donde fungía como diplomático.

Pero en los noventa los tiempos son otros y no serán ni la intolerancia ni los lentos engranajes burocráticos de los años sesenta y setenta quienes —directamente— harán de personajes como Iluminada Peña una representante de la diáspora postsoviética. Si se quiere, no hubo en su caso circunstancias verdaderamente apremiantes. La joven protagonista de los cuentos "Pregúntaselo a Dios" y "En Florencia, diez años después", de Marilyn Bobes, forma parte de esa nueva ola de emigrados cubanos que tan difícilmente reciben calificación, pues se han marchado de Cuba —presumiblemente, aunque tampoco esto es del todo seguro— por razones económicas. Es además un personaje femenino construido por una escritora residente en la isla. Bobes expresa su interpretación, como mujer cubana, de lo que pudiera representar abandonar la isla para el sujeto femenino. Como podrá verse a continuación, los territorios en los que se ejerce su negociación identitaria son diferentes a los de Fernando Terry.

Puede incluso pensarse que la partida de Iluminada Peña ha sido fruto del azar. La muchacha conoce a Jacques Dupuis una noche de apagón y de hastío de los noventa, en la que su amado Bebo se va a bailar sin ella a los Jardines de la Tropical. El francés se enamora y poco después Iluminada viaja a Toulouse, convertida en su flamante esposa. En Francia la joven habanera conoce la vida que nunca soñó, llena de comodidades. Sin embargo, no es feliz. Ni su esposo logra colmarla sexualmente. Ni ella consigue adaptarse a la vida europea. "Pregúntaselo a Dios", cuento primeramente publicado en una antología de 1995, dibuja los signos de la nostalgia que carcome a Iluminada Peña, emigrada de la "nueva ola" que a diferencia de Diego o de Fernando no se marcha de Cuba consciente de la pérdida, sino alegre de escapar de la penuria económica. Ella cuenta, además, con una suerte desconocida para los dos otros personajes hasta ahora analizados, Fernando Terry y Diego: al no emigrar por motivos políticos, su estatus migratorio le permite volver a Cuba con menos restricciones. De cualquier modo, Iluminada penará. En Francia añora el mundo dejado atrás y ansía el retorno, que depende por supuesto de su marido, ya que ella no cuenta con medios económicos propios. Iluminada, a quien la existencia se le transforma completamente durante las horas en que La Habana está a oscuras, en "apagón", la mulata que encuentra un esposo extranjero, el "regalo" que en vano esperan muchas mujeres en la Cuba actual, recibiendo con ello "la luz" —blanca, por demás— que supuestamente ha de elevarla y sacarla del tenebroso caos de la isla. Será, sin embargo, una iluminada de otra manera: al percatarse de lo inútil de su viaje, cuando sucumba a la pena en su encierro europeo. Será iluminada pues comprenderá su error, aunque tardíamente. Entonces sólo le quedará la resignación, parece decirnos Bobes.

Desde "Tulús", como ella dice, la protagonista envía cartas cada vez más desesperadas a su amiga Yanai, contándole las desventuras de su inadaptación. La insolubilidad de su cubanía en cualquier otro medio se escurre desde cada palabra de la protagonista. Discurso triste y a la vez preñado de un orgullo ancestral, pues lo dejado atrás será siempre para Iluminada lo mejor. Son los europeos quienes se equivocan, quienes llevan una vida incomprensible, quienes son incapaces de amar o abrigar buenos sentimientos. Jamás habrá una frase halagüeña sobre sus costumbres, comidas y mucho menos el clima. Iluminada es incapaz de disfrutar de nada y trasmite su melancolía a la amiga que en Cuba espera casarse con un español y emigrar a Europa.

Al final de "Pregúntaselo a Dios", hay alguna esperanza para Iluminada, pues Jacques la lleva de visita a Cuba. Llega la ansiada oportunidad de volver a "lo suyo". Pero tendrá, sin embargo, que regresar otra vez a Europa. Se despide nuevamente de su Habana, triste y siempre oscura, desde el malecón, barrera última. Ella también, como Diego o Fernando Terry o el mismísimo Heredia, ha de dejarse llevar por las mareas de su destino. Sólo el triste conformismo y ninguna respuesta para comprender su vida. "Pregúntaselo a Dios", canturrean los oscuros borrachines de una ciudad aún oscura frente a un mar también oscuro y junto a Iluminada, con su vestido francés teatralmente situada por Bobes bajo el resplandor del faro del Morro, en el malecón.

En el cuento "En Florencia, diez años después", publicado en el 2001, la autora continúa la historia de Iluminada Peña. Habiendo hallado al fin un modo de acomodarse a su vida en el extranjero, la bella protagonista es ya un ser definitivamente triste. Iluminada precisa ahora que ha perdido completamente "la paciencia y la confianza". Ya su lamento no es tan desesperado, aprendió a sobrevivir —no dice más Tulús sino Toulouse, comprende idiomas extranjeros, visita museos— y se limita a pasear su hastío de una ciudad a otra, de un amante a otro, aunque está aún casada con Jacques, cuya escasa destreza sexual ha dejado de preocuparla. Sabe que nunca la complacerá, aunque tampoco la satisfacen amantes como el chileno Gonzalo. Será siempre el mulato Bebo quien representará para ella el verdadero amor. En Florencia, vuelve el recuerdo del novio cubano con fuerza renovada, cuando compara su cuerpo con el de la estatua del *David* de Miguel Ángel. Recuerda entonces la muchacha la despedida que tuvieron cuando ella le contara, siempre en el malecón, que se casaría con Jacques Dupuis y partiría a Europa. Altanero, Bebo no pidió entonces explicaciones ni tampoco las ofreció como esperaba Iluminada —pues se supone que por su culpa, por no haberla llevado a aquel baile en La Tropical, ella había terminado esa "fatídica noche" (89) en brazos del francés—. Bebo, simplemente, le propuso que gozaran una última vez en el cuartico de la calle San Lázaro. Noche memorable, sin dudas, que no se repetiría diez años más tarde, durante una nueva visita habanera de la muchacha. Entonces, todavía en el malecón —siempre el mismo sitio para encuentros y desencuentros—, una Iluminada desesperada le había propuesto divorciarse y llevarle consigo a Europa. La negativa del joven cubano expresa aquella "felicidad insular" prendada de la literatura escrita en la isla:

> Y, otra vez, el Bebo, disfrazado de David, [...] el cuerpo preparado para la lucha de vida o muerte frente a los enemigos de su gente y tarareaba una canción donde se habla de una mujer perjura, de los tormentos que su infamia le causó, negándose a conducirla una vez más hasta el cuartico de la calle San Lázaro, ahora apuntalado y con las maderas de las ventanas corroídas por el comején, dispuesto a continuar siendo interrogado por la policía que merodeaba insistentemente los accesos de salida de los jardines de La Tropical, seguro de las elementales verdades del salsero de turno (te fuiste y si te fuiste perdiste, yo me quedé y ahora soy el rey), con una decidida, incomprensible, casi diríase que maniática voluntad (95).

La negativa de Bebo —tanto a partir como a procurarle gozo a Iluminada— es más categórica que las aportadas por los personajes de Paz y de Padura. Marilyn Bobes no hace nada por atenuar el orgullo del que se resiste a abandonar la isla, a pesar de las dificultades económicas e incluso del asedio de la policía. Bebo, además, echa mano a la sorna callejera para burlarse de Iluminada, que se creyó salvada y terminó limosneando caricias. Bebo, a su lado, se siente superior. Permaneciendo "estoicamente" en Cuba, él se cree poseedor de fuerzas que a su amiga le faltan.

La suerte de Iluminada Peña pudo haber sido la de La Musicóloga, protagonista de la novela *Maldita danza* de Alexis Díaz-Pimienta. Se narran en este libro, publicado en el 2002, las inverosímiles peripecias de una joven mulata cubana que prepara una maestría en el Conservatorio de Madrid. Desde el inicio, el personaje de Díaz-Pimienta sienta las bases de su posición. Busca oponerse a los estereotipos de "la cubanía", "el mulatismo" (sic) y de otras tantas actitudes que se supone deba adoptar una muchacha que como ella viaja al extranjero desde una Cuba en crisis.

Díaz-Pimienta no le ahorra a su protagonista los sinsabores del cubano que parte de la isla. La estancia en Madrid la coloca en la disyuntiva de volver a Cuba o quedarse en España. Pero la muchacha concluye regresando porque desde los primeros momentos de su viaje la vida se le había teñido de gris nostalgia y terco aburrimiento. Tal vez para defenderse de tal estado de ánimo, La Musicóloga levanta un alto muro entre la sociedad española y ella. No sólo se refugia en los recuerdos cubanos —en extremo pintorescos—, sobre todo los de su barrio de La Timba, sino que preferirá las amistades extranjeras a las españolas. Imperiosa, jurará no hacer el amor con ningún "macho ibérico" (sic). Los sustituirá por amantes de los más diversos orígenes y compartirá el lecho de guineanos, rusos, indios, argelinos, chilenos... a quienes llamará sus "amantes étnicos". Mas ninguno de ellos superará al "macho cubano", cuyo recuerdo permanece dominante y rige sus elecciones y expectativas, su proceder erótico y sexual. Se trata de un caso similar al de Fernando Terry o al de Iluminada Peña, quienes no pueden encontrar el amor en brazos de alguien que no sea cubano.

El macho nacional de La Musicóloga responde al apodo de El Salvaje, típico cubano simpático y gran bailador de ruedas de casino. Es con él con quien tiene sus primeros contactos sexuales, a los veinticinco años. Es él quien opera el "Renacimiento" pero no su "Iniciación" (sic), pues es incapaz de llevarla al orgasmo. Aun así, El Salvaje conservará en la mente de la muchacha un lugar de honor. Está claro, sin embargo, que El Salvaje no es Bebo, pues unos meses después abandona el país casado con una danesa y desaparece de la vida de La Musicóloga. Ella se marcharía también, pero más tarde, y será "iniciada" una y otra vez por sus "amantes étnicos".

Aunque doloroso, vivir en el extranjero no es para La Musicóloga una experiencia tan aniquiladora como lo fue para Iluminanda Peña.

Tal vez porque sabía que iba a regresar a Cuba. Al final de su estancia hasta disfruta de la comida española y del barrio en que vive, Lavapiés, que compara folclóricamente con su vecindario habanero, La Timba: "[L]a más cosmopolita y la más marginal, la más democrática y la menos clasista" (116), en su opinión. Entre ambos barrios se despliega así un juego un tanto lacrimógeno y bastante manido de traslaciones y coincidencias. También conoce La Musicóloga otros cubanos que viven en Madrid. Pero los describe negativamente:

> En el Conservatorio hay dos cubanas más [...] No seremos amigas [...] Nos conocimos, nos saludamos, bebimos café juntas y hablamos trivialidades durante media hora, tiempo en el que cada una de ellas intentó demostrarme su inteligencia musical y mi estatus de recién llegada a Europa [...] Ni una sola vez hablaron como lo que eran: una camagüeyana y una matancera extraviadas en Madrid. Llevaban casi un año en la ciudad y no disimulaban cierto acento español que las hacía más ridículas (52).

Resulta interesante cómo un personaje que se declara enemiga acérrima de los estereotipos exige de estas cubanas de Madrid que muestren de modo explícito la inadaptación que la protagonista da por sentado que sufren. Para La Musicóloga es impensable que algún cubano pueda experimentar otra cosa que nostalgia cuando vive fuera de la isla.

Es imposible, en fin, no detenerse en la situación socioeconómica de La Musicóloga, que seguramente determina su posición paradójica con respecto a los estereotipos culturales y la emigración. Hija de un importante músico, habiendo gozado en Cuba de una vida libre de las privaciones económicas que afectan a la mayoría de la población, La Musicóloga consigue fácilmente —y gracias al influjo de su prestigioso padre— una improbable beca del gobierno cubano para estudiar en Madrid. Será también un catedrático español amigo de su padre quien facilite las gestiones y proporcione vivienda gratis. Para viáticos, cuenta con las cajas de tabacos Cohiba Lanceros que el solícito progenitor le envía regularmente desde La Habana y que ella vende a precios exorbitantes en Madrid. De toda evidencia, esta muchacha carece de grandes preocupaciones económicas, no ha tenido problemas políticos en la isla, viajar al extranjero constituye casi un juego infantil. Aunque Díaz-Pimienta no lo explique, resulta fácil comprender que la excepcionalidad de la protagonista determina sus respuestas llenas de soberbia, pues tiene la posibilidad de elegir, aún. Sin embargo, como ya se ha analizado en las obras de Padura, Bobes, Estévez y Paz, la mayoría de los exiliados carece de alternativa. Totalmente contrario es el caso de La Musicóloga, cual niña malcriada gritando su rebeldía contra estereotipos que ella misma termina por reafirmar. Este personaje trae reminiscencias, aun inconscientes, de la posición ante el exilio mantenida por Carpentier. A semejanza del novelista, coincidentemente obsesionado con la música folclórica y la cubanía —quien había sabido tender un "Camino de Palabras" intentando "comunicar […] a *su* Europa con *su* América en tanto Otredad", para finalmente regresar "como Colón, al punto de partida, a la antesala del laberinto, el lado seguro […] que linda con la senda engañosa [¿la del exilio?] que conduce al caos" (Benítez, 219-220, destacado por el autor)—, La Musicóloga se tambalea entre el "Aquí" y el "Allá", apegada a la vez que critica los estereotipos de la nacionalidad. Sus movimientos, empero, resultan torpes e inacabados. Trazos de una imposibilidad.

SECCIÓN SEGUNDA

DISTOPÍAS

Preámbulo

> Y cerró los ojos
> sólo para comprender
> cuánto aguanta un corazón sin el latido de creer.
>
> Equis Alfonso, "Arenas de soledad", *Habana Blues*

Cuando en *La neblina del ayer* Mario Conde juzga a los jóvenes, les considera predadores en una jungla que el protagonista recusa al mismo tiempo que ésta lo rechaza a él (204). La Habana que descubre no funciona bajo los patrones que acompañaron la infancia y la juventud del expolicía. Se trata de una sociedad que, alcanzando el siglo XXI, lleva algunos años afrontando la difícil situación económica del Período Especial. El asombro ha pasado: los cubanos no ven la penuria ya como una novedad, sino como realidad en la que tienen que sobrevivir. Sobre todo entre los jóvenes reconoce asustado el protagonista de Padura una particular ausencia de ideales y la determinación a mejorar la situación económica personal, el desinterés por el estado y futuro de la sociedad. A través de su amigo Palomo puede acercarse a la mentalidad de una buena parte de la juventud cubana, para quienes la existencia se reduce a la lucha por la subsistencia, específicamente, por conseguir divisas. "El que no tiene billetes verdes [dólares] está fuera del juego", le explica Palomo (45). Al escucharlo, Conde reconoce en su amigo, no sin envidia, "un cinismo esencial y una pragmática sabiduría de la vida que él jamás había poseído y […] jamás llegaría a poseer, a pesar de que aquellas cualidades le parecieran cada vez más necesarias para subsistir en la selva de la vida criolla del tercer milenio" (40-41). Aun así, se le hace difícil considerar que esa existencia regida por la posesión de bienes materiales y euros o dólares sea la realidad. La misma reacción ante la sociedad cubana actual adoptan los protagonistas de Abilio Estévez en *Los palacios*. Tanto Salma como Victorio se sienten repelidos por una ciudad en la que deambulan solos y sin sentido. "¿Dónde están los amigos?", se detiene a pensar Victorio. "Murieron, se marcharon o dejaron de ser amigos. De hecho, el resultado es que las tres cosas significan lo mismo. Una ciudad en la que se ha dejado de tener amigos es una ciudad que te excluye, te olvida y no te concierne" (46). Por eso, sintiéndose abandonados y fuera de lugar, estos personajes se refugian en las heterotopías que se inventan.

Sin embargo, para los "predadores" que pueblan "la jungla" que el Mario Conde de Padura observa desdeñoso, ese mundo despiadado es el único real. Como Palomo o el Negro Piedad, proxeneta y/o policía que en *Los palacios* encarna el delincuente habanero de los nuevos tiempos, no hay alternativa, no hay mundos de ensueño. Mientras Salma, Victorio y Don Fuco participan del hechizo que se han inventado dentro del Pequeño Liceo de La Habana, el Negro Piedad sólo ve la "burda realidad": un teatro en ruinas donde "un viejo muy feo, ataviado con tutú, baila de modo grotesco al son de una música rara" (268).

Éste es el tipo de personajes para quienes la realidad es sólo una, la que se vive en las calles habaneras durante la crisis de la era postsoviética. Ellos predominan en la obra de Pedro Juan Gutiérrez, cuyo protagonista es al comienzo de *Trilogía sucia de La Habana* un hombre tan devastado y desilusionado como el inspector Conde, Victorio o Salma. A principios de los años noventa el Pedro Juan del Ciclo de Centro Habana, como se conoce el conjunto de novelas y cuentos a través de los cuales Gutiérrez ha recreado su visión de la vida habanera, arriba a los cuarenta años, para reconocerse absolutamente solo en una ciudad que no parece reparar en él. Su esposa, sus hijos y amigos se han marchado, ha perdido su empleo como periodista y abandona la vida "decente" en círculos intelectuales y barrios considerados como elegantes o al menos "convenientes", para terminar viviendo en un sucio edificio en ruinas en Centro Habana. Sus vecinos ya no serán intelectuales y gente acomodada, sino desamparados, delincuentes, desempleados, prostitutas: gente situada en los márgenes de la sociedad para quienes los códigos de conducta no son de ninguna manera los mismos que para el antiguo Pedro Juan, periodista, socialmente integrado. Ha buscado ahora refugio en la clase, habitante de los tugurios, que Zizek describe como totalmente opuesta a la "clase simbólica" de los intelectuales, gerentes, etc. (*In Defense,* 425), a la que el protagonista de Gutiérrez pertenecía antes.

El protagonista afronta una severa crisis descrita en las páginas iniciales de *Trilogía*. Uno de los primeros capítulos se titula "El recuerdo de la ternura". Tras el abandono de su esposa, Pedro Juan ha decidido que sentimientos como el amor son parte de su pasado, algo que debe ser superado si desea sobrevivir en La Habana actual (13). Rápido reconoce que prefiere vivir la realidad de los predadores que asustaban a Mario Conde, Salma, Victorio, Don Fuco. Quiere salir "de todos aquellos recuerdos de la felicidad", para "endurecer[se] como una piedra" (19). Contrariamente a los protagonistas de Padura y Estévez, Pedro Juan abraza la existencia despiadada, casi animal, dentro de la cual no tienen sentido los ideales y los patrones de conducta en los que se formó. Alcohol, sexo, drogas y la búsqueda de dinero por medios ilícitos completan su agenda. Por eso identifico su itinerario, ante el vacío postsoviético cubano, como una caída. Se va, de la certidumbre en que se vivió antes de 1989 al descreimiento: "Me estaba acostumbrando a la miseria. A tomarlo todo como viniera. Me entrenaba en abandonar el rigor, o no sobreviviría. Siempre viví carente de algo. Desasosegado, queriendo todo a la vez, luchando rigurosamente por algo más. Estaba aprendiendo a no tenerlo todo a la vez. A vivir casi sin nada. De lo contrario seguiría con mi visión trágica de la vida" (*Trilogía,* 11).

El protagonista de Gutiérrez ha elegido no amar, no pertenecer a nada ni nadie, sea un sistema socio-político, una religión o una persona determinada. Mientras, los de Paz, Padura y Estévez optaron por reinventar la creencia y continuar amándose y conservando la amistad a contracorriente de los acontecimientos de la vida cotidiana. Estos escritores han dedicado sus energías narrativas a mantener la utopía moderna. Gutiérrez, por su parte, recrea una distopía moderna. Cuando el protagonista recuerda su vida anterior, se refiere a una

> época aburrida [...] atrapado con los horarios y la responsabilidad. Nunca sucedía nada. Todos éramos buenos y correctos, obedientes, disciplinados. Ahora es lo contrario: todos somos malos e incorrectos [...] Todos desesperados en una carrera loca y desenfrenada atrás del dólar nuestro

de cada día. Hay que salir adelante como sea y dejar atrás la mierda. Está bien. Me gusta [...] Ahora es la época del caos y el vértigo. Garras y colmillos, al borde del precipicio (*Carne*, 128).

Su acercamiento a la distopía es un acto liberador, una salvación. No se trata de la mera presentación de la otra cara de la sociedad. La presencia de la distopía en la narrativa de Pedro Juan Gutiérrez ha sido destacada por Lori Oxford desde una perspectiva social. Sin embargo, prefiero aquí enfocar la distopía como un proyecto ético. Contra la ascensión social, el Progreso; se extiende al protagonista de Gutiérrez la caída, la involución social. No se trata sólo de la catastrófica situación perceptible en la depauperación socio-económica de la ciudad, es la búsqueda ética del personaje. Alcanzar el infierno, tan no-lugar como el paraíso, es el objetivo del itinerario distópico. La distopía implica la no existencia real de ese abismo absoluto, tal y como su contrario, la utopía, es inexistente en la vida cotidiana de los hombres. La distopía, como la utopía, se configura al anhelar algo imposible. Pero en vez de estar dominado por el orden y la armonía, funciona a través del caos. Hay pues un movimiento, la regresión, el proceso de bestialización que persiguen los personajes principales en los libros de Gutiérrez.

Sin dudas es en los ambientes recreados en la novela *El rey de La Habana* donde la distopía parece más cercana a la vida cotidiana. El protagonista Reynaldo aparenta ser un habanero cualquiera, sólo que en su historia no están presentes las características comúnmente atribuidas a los seres humanos en Occidente —amor, ambición de Progreso, sentido familiar, conciencia social, etc.—. Nadie parece haberlo amado ni haberse preocupado por él en su infancia. Casi accidentalmente, su hermano mayor asesina a la madre, se suicida y provoca la muerte de la abuela. Reynaldo queda solo, acusado de muertes que ni siquiera logra explicar, excluido por la sociedad. No puede dilucidar las causas de lo que le ocurre, pero entiende lo esencial: para sobrevivir a una situación caótica que no comprende tiene que deshacerse del más mínimo indicio de humanidad. Se prohíbe a sí mismo experimentar todo sentimiento ni involucrarse en actividad que conduzca a la reinserción social o un mejoramiento de posición. Reynaldo vive exclusivamente para existir como animal, para satisfacer sus instintos básicos, esencialmente el hambre que le ha fustigado siempre y funciona como único motor de su existencia. Sin embargo, y es ahí donde se verifica el carácter ilusorio del estado distópico que ansía, la bestialidad absoluta tampoco le es acordada. Reynaldo, a pesar de sí mismo, confiesa a veces haber querido a su desaparecida familia y se sorprende amando "bestialmente" a Magda, mujer de su misma naturaleza. Sus vidas, frenéticamente ritmadas por el hambre, llegan al final de la novela casi a alcanzar la distopía. Rey asesina a Magda y deja su cuerpo insepulto durante días. Fornica con el cadáver y convive sin mucho reparo con sus últimos fluidos. Sin embargo, como no ha conseguido ser totalmente bestia, al fin decide enterrarla en un basurero, para que las tiñosas no lo devoren. Sólo que, al intentarlo, las ratas muerden despiadadas tanto al cadáver como a Reynaldo, quien muere solo tras varios días de agonía. Las auras tiñosas sobrevolando al acecho devoran ambos cadáveres. Ni siquiera queda el cuerpo de los dos personajes. Su casa también había desaparecido en un derrumbe. Nadie reparó jamás en ellos. No dejaban nada porque nada tenían. ¿Existieron realmente o fueron una terrorífica invención? Parte de una distopía. Un no-lugar. Una imposibilidad. Sólo las ratas y las aves rapaces hubieran podido en última instancia dar fe del paso de Magda y Reynaldo por La Habana.

Domina lo monstruoso en el mundo distópico de Gutiérrez; tanto como en la Pentagonía de Reinaldo Arenas: *Celestino antes del alba, El palacio de las blanquísimas mofetas, Otra vez el mar, El color del verano* y *El asalto*, serie de cinco novelas que según el propio autor recrean la agonía que es la condición humana.[1] Del atormentado niño obsesionado con las profundidades del pozo en *Celestino antes del alba,* al monstruo que en *El asalto* no descansa hasta traspasar fálicamente a la madre, otro monstruo que identifica con el tirano y consigo mismo; es siempre el deambular disparatado de personajes renegadores de la fe, que no pueden vivir bajo el orden y el Progreso.

Desarrollo en las próximas páginas la línea distópica dentro de la narrativa cubana. En esta tradición, Reinaldo Arenas sienta precedente al haber recreado, desde los años sesenta, mundos literarios donde los cubanos no pretenden escapar del caos. Sus personajes, como los de Gutiérrez en la era postsoviética, viven en él y buscan autoaniqui-

---

[1] "Todas estas novelas son agónicas porque yo creo que el hombre nace para la tragedia [...] El solo hecho de envejecer y morir es una tragedia: naces mortal, o sea, ya te sabes condenado a la muerte", aclara Arenas (Barquet, 70-71).

larse dentro de él. Esta posición es sustentada por una visión del mundo absurda, según la concepción de Albert Camus. Aquí la angustia existencial kierkegaardiana se ha resuelto negativamente, a través de la desesperación.

Capítulo 3.

La tradición absurda en la modernidad cubana: Reinaldo Arenas

> Tristan Tzara jugaba ajedrez con Lenin
> en la misma calle en que nació Dadá.
> A veces presiento que fui un fantasma,
> y que aquel tablero era mi ciudad.
>
> Carlos Varela, "Jaque Mate 1916", *Jalisco Park*

"Lo absurdo nace de [la] confrontación entre el llamamiento humano y el silencio irrazonable del mundo", escribe Albert Camus en *El Mito de Sísifo* (31). Sus disquisiciones filosóficas sostienen la armazón teórica de esta sección, en la que se analiza la distopía literaria cubana, fundamentada por la aceptación del caos existencial. Siguiendo a Camus, se comprende aquí que una postura absurda es generada por la imposibilidad de encontrar una solución al caos. Si dentro de los humanismos trágicos de José Lezama Lima y Virgilio Piñera y racionalista de Alejo Carpentier hay siempre una manera de comprender el mundo y rendirlo manejable, para el sujeto absurdo el caos resulta inexplicable y su tormento nace de esta situación, que le es insoportable vivir. De ahí la deriva constante de los protagonistas de las novelas de Pedro Juan Gutiérrez, poseídos por un estado existencial muy similar al de la Lúgubre Mofeta que recorre la Pentagonía de Reinaldo Arenas. Como

Foción el endemoniado que Lezama coloca en *Paradiso*, estos personajes están encadenados a su angustia, convertida ya en desesperación. Dan infinitamente vueltas dentro del abismo ante el cual Søren Kierkegaard colocaba al sujeto a punto de ser tomado por la angustia existencial. Para Pedro Juan, el abismo en que cae es representado por los subsuelos de la moralidad habanera, que puede ser identificado con la perenne marginalidad de los protagonistas arenianos. Se trata de un abismo del que los personajes absurdos ni siquiera intentan fugarse porque saben, como repiten siempre los personajes de Arenas, que nunca hay escapatorias. La huida que propulsa la existencia de Sebastián en *Pequeñas maniobras* de Virgilio Piñera resulta impensable dentro del mundo del absurdo. Camus lo explica: ser absurdo es comprender que se pertenece al mundo que, al mismo tiempo, decepciona. La decepción de la realidad ordinaria es perceptible tanto en trágicos como en absurdos. Pero el sujeto trágico se crea un refugio en mundos paralelos y en espacios heterotópicos. El absurdo, en cambio, se reconoce dentro del mundo librado al caos, en situación de plena confrontación, divorcio o exilio, como categoriza Camus. El sujeto es extranjero a su propia vida, a la que no encuentra lógica, sin por lo tanto conseguir liberarse de una nostálgica y oscura necesidad de armonía interior:

> Un mundo que se puede explicar hasta con malas razones es un mundo familiar. Pero, por lo contrario, en un universo privado repentinamente de ilusiones y de luces, el hombre se siente extraño. Es un exilio sin remedio, pues está privado de los recuerdos de una patria perdida o de la esperanza de una tierra prometida. Tal divorcio entre el hombre y su vida, entre el actor y su decoración, es propiamente el sentimiento de lo absurdo (*El mito*, 15).

En los primeros libros de la Pentagonía areniana los personajes todavía buscaban angustiados una lógica vital. La realidad, para los protagonistas de *Celestino antes del alba*, *El palacio de las blanquísimas mofetas* y *Otra vez el mar*, puede tal vez yacer detrás del imperio de las pequeñas cosas que conforman lo cotidiano. No es lo útil o las actividades productivas lo que marca el ritmo esencial de sus vidas. Sienten que su comportamiento responde más bien a ciertos rumores y sombras que se agitan en el fondo de la realidad ordinaria. No alcanzan estas sombras a constituir, empero, un cuerpo definido, son anticipación del caos regidor. Piensa la protagonista de *Otra vez el mar:*

> [M]ientras vamos muriendo, todo sigue suspendido en la espera. Y vivimos, es decir, continuamos, hacemos todas las cosas, como si esta vida, como si estas cosas, no fueran realmente la realidad, como si el sentido de la vida, su objetivo, sus mismos movimientos, fuesen otros que no alcanzamos a vislumbrar, pero que de seguro, sospechamos, no es éste [...] Pero, entonces, me digo, ¿cuál es, cuál es? ¿Cuál es el sentido que está detrás de todos estos gestos, de estas acciones (mil veces repetidas, mil veces ineficaces), detrás de toda esta aparente realidad? (128-129).

En las últimas novelas de Arenas ni siquiera tiene sentido preguntarse sobre quién recaen culpas y responsabilidades, ni quién lleva las riendas del destino. La pregunta sería más bien saber si de veras existen esas riendas, si la vida ha sido alguna vez regida por un orden. Ahí radica el vórtice del tormento absurdo. Quienes lo sufren sospechan que existe otra vida, que hay un mundo en el que perduran riendas, sentido, orden. Solamente, este mundo les está vedado y no pueden ni imaginar cómo funciona. Si para algunos es la Razón, la Imagen, la Nada o cualquier otra esencia cósmica el origen y el elemento regulador de todas las cosas, para espíritus como el de Reinaldo Arenas no existe algo semejante. Conscientes de que exterior a su caos subsiste un orden, del cual son excluidos, apagan la nostalgia que pudieran experimentar con un deliberado rechazo hacia ese orden.

Ya ha sido examinado el orden del cual reniegan los protagonistas de Pedro Juan Gutiérrez. Sus predecesores pueden ser hallados en las obras de Arenas. A través de ellos se lee la vida del propio autor. En Celestino es la infancia campesina y pobre, rodeado de mujeres abandonadas por sus hombres, el aislamiento de su familia y la imposibilidad de asistir a la escuela antes de los once años. Llega luego, con el adolescente Fortunato de *El palacio*, el descubrimiento de la homosexualidad y la adhesión al movimiento revolucionario. El descontento ante el sistema implementado a partir de 1959 va in crescendo a partir del tercer volumen de la Pentagonía, *Otra vez el mar*. Publicada tan sólo en 1982, esta novela recrea la persecución de los homosexuales en la Cuba socialista. El protagonista, Gabriel o la Lúgubre Mofeta, no esconde su desacuerdo con la ideología que le es impuesta. Ya entonces su autor había sufrido la censura: se impide la publicación de la novela *El mundo alucinante;* y cuando en 1968 aparece su edición francesa, Arenas pierde su empleo, es acusado de desorden público y encarcelado. Intenta abandonar ilegalmente la isla en varias ocasiones, es capturado y lanzado una vez más a prisión, en 1974. Un expresidiario no encontraba fácilmente trabajo en La Habana de los años setenta. Su reinsersión social se hace difícil. En 1980, cuando el gobierno abre el Puerto del Mariel permitiendo la salida a todo aquel considerado como "escoria" social, Arenas escapa de Cuba. No demora mucho en Miami, donde se queja del carácter reaccionario de los cubanos exiliados, y finalmente se instala en Nueva York. De esta ciudad le agrada la libertad que como intelectual y homosexual encuentra, la posibilidad de "ser anónimo frente a una multitud anónima" (Hasson, 56-60).

Importa recordar estos hechos de la vida de Arenas para comprender el desenvolvimiento existencial del autor y sus protagonistas. En todo momento, se mantienen constantes la soledad, el sentimiento de alienación, la persecución social, la no pertenencia a ningún grupo político o intelectual, como minuciosamente recoge Francisco Soto en sus múltiples estudios sobre Arenas. El novelista fue, como la Lúgubre Mofeta, siempre un sujeto solitario y en lucha contra su entorno. Frente al orden opuso su caos personal, la "monstruosidad" que en la sociedad cubana de los setenta representaba la homosexualidad, y esto, como bien destaca Soto en su libro *Reinaldo Arenas*, es esencial para la comprensión de su escritura. Sólo en la caótica Nueva York de los ochenta Arenas vive abiertamente su homosexualidad, puede publicar sus obras y recibir algún reconocimiento por ello. Su gran lucidez le permitió comprender la naturaleza absurda de su espíritu: la furia alimentando su existencia. Ya al bautizar el conjunto de sus obras mayores como la Pentagonía esbozaba su visión de la vida como perpetua agonía. Esta concepción resulta explícita en su autobiografía *Antes que anochezca,* donde escribe: "Cuando yo llegué del hospital [en 1987] a mi apartamento, me arrastré hasta una foto que tengo en la pared de Virgilio Piñera, muerto en 1979, y le hablé de este modo: 'Óyeme lo que te voy a decir, necesito tres años más de vida para terminar mi obra, que es mi venganza contra casi todo el género humano'" (16). Enfermo de sida, Arenas se suicida tras terminar este libro, en agosto de 1990. La escritura, para Arenas, es una lucha emprendida contra la sociedad y, al mismo tiempo, un modo de ser.

Tanto en Reinaldo Arenas como en Pedro Juan Gutiérrez, la cosmología de la revolución cubana provoca la respuesta absurda presentada en sus obras. Sus protagonistas se yerguen contra los modos de interpretar el mundo promovidos por el sistema político imperante en Cuba tras 1959. Es desde el desencanto de la revolución que sus personajes rechazan la ética prevaleciente en la vida cubana. Arenas describe sus vivencias con amargura: "La mayor parte de nuestra juventud se perdió en cortes de caña, en guardias inútiles, en asistencia a discursos infinitos donde siempre se repetía la misma cantaleta, en tratar de burlar las leyes represivas; en la lucha incesante por conseguir un pantalón pitusa o un par de zapatos" (*Antes que anochezca*, 114). Gutiérrez, varias décadas después, es el sujeto aplastado por aquellas experiencias, que lo hacen rechazar la cosmología de la revolución cubana. El desencanto de ambos —aguzado en el caso de Arenas por la condena social como homosexual— les conduciría hacia una especie de muerte existencial, de la que sólo es posible salvarse, en la opinión de quienes adoptan el pensamiento absurdo, abrazando el caos.

3.1. POÉTICA ABSURDA EN LA MODERNIDAD CUBANA

Lo absurdo en Arenas es aquí analizado más allá del condicionamiento político, aun si éste es determinante en la conformación de su postura ética. No se le descarta, pero prefiero no limitar mi estudio a su clara posición anticastrista, recordando que de todas maneras nunca encontró un sistema político satisfactorio. Ninguna realidad le pareció valedera, a todas las juzgaba hipócritas y degradantes para el ser humano (Soto, "Conversación", 56), y se inventó sus mundos literarios, en los que prevalece el caos.

Es el rechazo de los códigos morales de la modernidad el elemento unificador de las obras tanto de Arenas como de Gutiérrez. Tal rechazo, empero, no significa que sus poéticas absurdas se encuentren fuera del espectro ético de la modernidad. La subversión moral y estilística que proponen puede parecer posmoderna. Es comprensible, por ejemplo, la caracterización de la escritura de Arenas como "nebulizante", que efectúa Eduardo Béjar al describir su abandono de los procesos lógicos tradicionales y la descentralización del relato (32-33). En similar órbita se incluyen los argumentos de Ileana Zéndegui, quien distingue una "arquitectura posmoderna" en la obra areniana, aludiendo al reencuentro que en ésta se produce de "aparentes disociaciones y dicotomías" (3). Sin embargo, en mi análisis ético, al considerar el caos como la lógica interna de la visión areniana del mundo, ya se está postulando este caos, la subversión constante y desordenada, como orden regidor de la existencia. Arenas cree en el caos. Lo opone al orden. Y es el acto de creer en algo lo que lo incluye dentro de una actitud moderna, según es ésta interpretada en mi libro a partir de las teorías de Foucault. Si estas teorías se retoman bajo la perspectiva ética que presenté en la Introducción, las posiciones de los dos escritores siguen siendo modernas porque encierran una voluntad de cambio del ser humano, quien a través de lo absurdo se enfrenta a su mundo. El sujeto absurdo sabe lo que es la fe en el Progreso y se eleva contra ésta, oponiéndole la fe en el caos. Explicaba Camus: "Puedo negar todo de esta parte de mí mismo que vive de nostalgias inciertas, salvo ese deseo de unidad, esa apetencia de solución, esa exigencia de claridad y cohesión. Puedo refutar todo en este mundo que me rodea, me hiere o me transporta, salvo ese caos, ese azar rey y esa divina equivalencia que nace de la anarquía" (*El mito*, 47).

En el caos reside para este sujeto la verdad del mundo. Mientras para unos era indispensable la conservación de la utopía, para los personajes absurdos toda acción es encaminada hacia la consecución de la distopía. Quiere decir, en la permanencia o la fabricación de un mundo descontrolado y ajeno al poder. Toda sociedad, explicaba Arenas, "le pide al ser humano la renuncia a la libertad y por tanto a la vitalidad" (Soto, "Conversación", 56). El novelista desearía encontrar lo imposible, una sociedad absolutamente libre; es decir, caótica. No sorprende entonces que Emilio Bejel, al estudiar el tratamiento de la homosexualidad en la novelística de Arenas, apuntase que la búsqueda del protagonista de *Antes que anochezca* consistía en alcanzar una utopía en la cual el deseo pudiera expresarse ilimitadamente (*Gay*, 142). Pero es ésta una utopía "negativa" o distopía, que propone el alcance de la solución de los problemas de la sociedad real a través de la implementación de lo que ésta precisamente considera caótico y monstruoso. Es una solución irresoluta, porque se fundamenta en el caos.

Los cinco libros de la Pentagonía comienzan todos dentro de una situación caótica: desde Celestino persiguiendo a su madre que anuncia tirarse al pozo, para al llegar a éste sólo verse reflejado él mismo en sus aguas; hasta la Lúgubre Mofeta que se abalanza a matar a su madre en *El asalto*. La trama, en todas estas novelas, es desencadenada por una interrupción del orden, que se vuelve constante, propulsando las historias narradas. En *El color del verano,* por ejemplo, el caos emerge cuando la poetisa Gertrudis Gómez de Avellaneda (1814-1873), resucitada por Fifo (Castro) para celebrar su cincuentenario en el poder, se fuga en una lancha hacia la Florida. La ordenada y falsamente unánime celebración de la revolución cubana es rota por este incidente, pues la Avellaneda es considerada como un pilar de la devoción patriótica. A partir de su fuga la insubordinación y el carnaval se aceleran. La isla, que estaba siendo roída por sus habitantes, termina por perder su base e irse a la deriva, justo cuando uno de sus poetas mayores y censurado por el régimen, Virgilio Piñera, es sepultado. El caos llega a tal punto que la novela culmina cuando la isla desaparece:

> Esta es la historia de una isla cuyos hijos nunca pudieron encontrar sosiego. Más que una isla parecía un incesante campo de batalla, de intrigas, de atropellos y de sucesivos espantos y de chanchullos sin fin [...] De manera que sus habitantes, no pudiendo soportar aquella isla pero tampoco

vivir fuera de ella, decidieron arrancar la isla de su sitio y salir libres y a la deriva [...] Pero mientras iban al garete no lograban ponerse de acuerdo sobre cuál mar elegir para finalmente encallar y allí sobrevivir [...] A medida que la isla avanzaba, el alboroto y las protestas de todos sus habitantes se iban intensificando en medio de grandes saltos, injurias y pataletas. Finalmente, aquel pataleo con el que todos se manifestaban se hizo tan poderoso que la isla, que carecía de plataforma, se hundió en el mar entre el fragor de gritos de protesta, de insultos, de maldiciones, de glugluteos y de ahogados susurros (*El color*, 442).

Esta imagen final de *El color del verano* es representativa del principal dilema existencial abordado en la totalidad de la obra areniana. Los espacios en los que el escritor coloca sus historias son siempre campos de batalla. La lucha del hombre consigo mismo y contra su entorno va constantemente creciendo hasta provocar la autodestrucción del sujeto: la isla se hunde, los protagonistas absurdos —Celestino, Fortunato, Héctor, Gabriel o la Lúgubre Mofeta—, de una forma u otra, todos se suicidan. Pero esta desaparición constituye el triunfo, el aniquilamiento al que se arriba cuando la disensión caótica llega al paroxismo. Concuerdo con Soto cuando analiza las novelas de la Pentagonía como *Bildungsromane* —que él circunscribe al "desarrollo del siempre cambiante protagonista desde la infancia y la adolescencia hasta la adultez, a través de su complicada búsqueda de una identidad sexual" (*Reinaldo*, 36), pero que yo extiendo aquí a la *eticidad* total del sujeto— y como *Kunstlërromane*, describiendo el proceso de formación del protagonista como escritor (Ibíd.).[1] En todo caso, se trata de la construcción de sujetos y universos descentrados, absolutamente caóticos. Aunque delimitado a la identidad sexual, así lo constata Soto en la Pentagonía, destacando como el deseo homoerótico no es nunca la base para la formación de la identidad de los personajes, sino "el flujo libidinal de deseo que vehementemente resiste todos los intentos de ser controlado y reprimido por la autoridad" (37).

Como para los racionalistas y trágicos, dentro del pensamiento absurdo el sujeto puede también, en última instancia, vencer su pro-

---

[1] Emir Rodríguez Monegal había ya calificado *Celestino* como punto inaugural de un *Bildungsroman* desarrollado a través de las novelas de Arenas ("El mundo laberíntico", 9).

pia circunstancia. Se construye en unos casos la utopía y en otros la distopía, según los hombres prefieran adoptar una fe constructiva o destructiva. Así, toda la monstruosidad con que puedan ser descritos no evita que se piense en los protagonistas de Pedro Juan Gutiérrez como en verdaderos luchadores dentro de la adversidad. A la crisis de la sociedad cubana postsoviética ellos responden con la deshumanización. Luchan contra la sociedad y contra sí mismos. Son héroes absurdos. ¿Cómo no extender la concepción heroica también al protagonista siempre hambriento, perseguido, marginado por su condición homosexual, desilusionado con la revolución, en la Pentagonía areniana? Alcanzar la bestialidad, autoaniquilarse, suicidarse, es una manera de vencer la fatalidad de sus vidas. Solamente que al encaminarse este "humanismo" absurdo hacia la deshumanización —si se aplica el término de modo convencional— del sujeto, propone la muerte como solución irrevocable. El héroe absurdo hubiera querido cambiar su entorno... para destruirlo.

Ha de entenderse que sus esfuerzos no pretenden conseguir adeptos, fundar ejércitos. Para alcanzar la bestialización, se impone el abandono de toda comunión: es el proceso de la anulación total del ser dentro de una comunidad. Los personajes absurdos destrozan los mitos, un poco a la manera de los protagonistas de Virgilio Piñera dedicados a desmantelar el mito. Sin embargo, mientras el Sebastián de *Pequeñas maniobras* perseguía la desnudez del mito fundacional, la Nada, los héroes absurdos por su parte proponen la destrucción del mito a través de su confrontación múltiple y absoluta. Así, Rodríguez Monegal destaca como en el *Celestino* de Arenas "[l]as cosas suceden y no suceden... los personajes mueren y no mueren; la realidad es y no es... no hay alternativas: todas son posibles (o imposibles) al mismo tiempo" (10).

Como el racionalismo, lo absurdo rebasa también al pensamiento trágico, pero no a través de la vía dialéctica sintetizadora sino, por el contrario, gracias a la fragmentación y dispersión inherentes al caos. A un tiempo que el ser absurdo reconoce la inutilidad de la realidad ordinaria, no realiza ningún esfuerzo por perfeccionarla, renunciando a toda esperanza por hallar alguna coherencia cósmica y existencial. El hombre absurdo, escribía Camus, es aquel que "sin negarlo, no hace nada por lo eterno" (*El mito*, 58). En *El hombre rebelde,* identificaría este estado como una rebelión absoluta. Sin embargo, a través del reconocimiento de su carácter estrictamente individual expresa la imposibilidad para el espíritu absurdo de participar en un movimiento revolucionario, como lo fue el cubano (25).

El sujeto absurdo no puede compartir nada con aquellos que le rodean. Mucho menos su propio sufrimiento, que ni siquiera consigue hacer comprensible. Ha reconocido el propio Arenas que sus personajes parece que hablan, pero en realidad están solamente contando su tragedia personal, en monólogos aislados: "Están tan enajenados por su propio dolor que toda posibilidad de diálogo queda excluida" (Ronzencvaig, 47-48). No obstante, su protagonista absurdo es siempre capaz de reconocer el sufrimiento ajeno, que alcanza a sentir como propio. Su rebelión es la revolución constante e improductiva, desprovista de toda dirección y lógica, que se pierde a sí misma en estallidos ininterrumpidos. Se reconoce la necesidad de destruir el viejo orden, pero en ningún caso un sujeto absurdo será capaz de imaginar un mundo mejorado. Por esto, aun si en los universos literarios de Arenas y Gutiérrez puede percibirse cierta energía de rebelión, ésta no se corresponde con la de las revoluciones modernas descritas por Hannah Arendt, en las que necesariamente se abocaba a la creación de un mundo nuevo y mejor.

3.2. Desesperación: caída hacia la bestialidad

Como fue explicado en la Sección Primera, los que mantienen abierta la esperanza y son capaces de construir la utopía quedan al amparo de la angustia. En cambio, los escritores descreídos, que han perdido la creencia en la perfectibilidad del futuro, no consiguen evitar la angustia existencial de la misma manera. Llegan a sobrepasarla, es cierto, pero es para entonces caer en los territorios de la desesperación, también descritos por Søren Kierkegaard —a quien Camus consideraba el filósofo más interesante entre quienes estudiaron a fondo el pensamiento absurdo, por el hecho de haber vivido él mismo la experiencia absurda (*El mito*, 29).

La desesperación descrita por Kierkegaard sirve para comprender la rabia de los monstruos en las obras de Arenas y Gutiérrez. Ya ellos cayeron en el desespero, que exacerba y perpetúa las contradicciones surgidas en el acto mismo de elegir, cuando aparece la angustia existencial. Les aqueja una frustración mayúscula: la certeza de no poder disponer de su propia vida, que es en fin de cuentas la única certeza que poseen. Consciente de su incapacidad para elegir absolutamente nada, el ser absurdo no puede ni siquiera escoger su propia muerte. El desesperado se ahoga en el vértigo que en él cava la angustia existencial. Constituye ésta su única manera de morir, que es además la más tormentosa: muere existiendo. No en balde Kierkegaard calificaba la desesperación como la "enfermedad mortal":

> Ese suplicio contradictorio, esa enfermedad del yo: morir eternamente, morir sin poder morir sin embargo, morir la muerte. Pues morir quiere decir que todo ha terminado, pero morir la muerte significa vivir la propia muerte; y vivirla un solo instante, es vivirla eternamente. Para que uno muera de desesperación como de una enfermedad, lo que hay de eterno en nosotros, en el yo, debería poder morir, como hace el cuerpo, de enfermedad. ¡Quimera! En la desesperación el morir transformándose constantemente en vivir. Quien desespera no puede morir [...] nunca la desesperación, gusano inmortal, inextinguible fuego, no devora la eternidad del yo, que es su propio soporte. Pero esta destrucción de sí misma que es la desesperación, es impotente y no llega a sus fines. Su voluntad propia está en destruirse, pero no puede hacerlo, y esta impotencia misma es una segunda forma de destruirse a sí misma, en la cual la desesperación no logra por segunda vez su finalidad, la destrucción del yo; por el contrario, es una acumulación de

ser o la ley misma de esa acumulación. Es ella el ácido, la gangrena de la desesperación, el suplicio cuya punta, dirigida hacia el interior, nos hunde cada vez más en una autodestrucción impotente. Lejos de consolar al desesperado, el fracaso de su desesperación para destruirse es, por el contrario, una tortura que reaviva su rencor, su ojeriza; pues acumulando incesantemente en la actualidad la desesperación pasada, desespera de no poder devorarse ni de deshacerse de su yo, ni de aniquilarse (*Tratado*, 30-31).

En este mundo del cual el desesperado no consigue evadirse, todo acto tiene explicación, aunque él no la encuentre. Nada es gratuito. Su propia muerte correspondería a una situación problemática que el espíritu absurdo no puede ni expresar debidamente. El desesperado, contra sí mismo, es responsable a pesar de todo de su propia vida; incluso si no la estima, si está convencido de que no le pertenece, porque sospecha que algo eterno y todopoderoso vigila su propia existencia. Quiere morir, pero no puede. Es como si, con todas sus contradicciones insolubles, él estuviese también asesinando la posibilidad misma de la muerte. Matar la muerte y, al mismo tiempo, vivir su propia muerte es vivir el gesto incompleto hacia la síntesis imposible. Desesperar es sentir plenamente cómo el hombre ha estado y sigue cayendo desde su expulsión de los jardines divinos, del cosmos original. "Para el ser humano profundo hay una extrañeza de algo que nos falta, hay una nostalgia de algo que no perdimos sino que nunca hemos tenido", apuntaba Reinaldo Arenas (Barquet, 71). Experimenta en sí mismo la incompatibilidad de lo eterno con lo concreto. No se trata ahora de dudar ante su improbable reconciliación, en el reino de este mundo o en el más allá regido por la Imagen o la Nada, sino de vagar ante las puertas de lo imposible.

La angustia domina la existencia de Celestino, que ignora si tiene razón en oponerse a la autoridad del abuelo tirano, dudando entre aceptar las miserias familiares o intentar lo imposible, que es perderse en la campiña soñando un universo mágico y componiendo versos sobre los troncos de los árboles:

> CORO DE PRIMOS MUERTOS: Le he preguntado a Celestino por qué no se revira contra la familia. Le he dicho que, si quiere, yo podría sacarle la estaca que el abuelo le clavó en mitad del pecho [...] Pero él me ha contestado que no siente ningún dolor, y que no se va a revirar.
> UNA VOZ: [...] Pero, si tiene la razón, ¿por qué no te rebelas?
> OTRA VOZ: Es que no estoy tan seguro de tener la razón.

UNA VOZ: Pero tú eres inocente...
OTRA VOZ: No lo sé.
UNA VOZ: Entonces, ¿son ellos los que no están locos?...
OTRA VOZ: Es posible.
UNA VOZ: ¿Y por qué si son ellos los que tienen la razón no les pides perdón y te les unes?
OTRA VOZ: Porque no puedo (*Celestino*, 213-214).

Estas frases capturan la esencia del estado angustioso dominante en *Celestino antes del alba*. Ni rebelde ni quejoso, el protagonista es incapaz de defenderse porque no sabe todavía qué vida desea para sí. No ha escogido y mientras no lo haga permanece prisionero de la angustia. El niño confundido reconoce su doble en Celestino, pero todavía titubea entre identificarse totalmente con él, lo que podría abrirle las perspectivas hacia otras existencias, o permanecer en su actual situación. El niño se agota entonces en el ir y venir constante de la casa familiar, la realidad ordinaria, al bosque habitado por la fantasía y la poesía. Pero entre la libertad de la manigua y el aburrimiento y la opresión cotidianos está el patio. Y en el patio, reina el pozo. Adentro, en sus aguas oscuras, encuentra el protagonista la angustia. Allí le esperan sus titubeos: la imagen de Celestino, que es la libertad, y la imagen de la madre, quien representa las tradiciones en lo cotidiano. Junto a estas imágenes está su propio reflejo. Todas las imágenes lo llaman y se burlan del protagonista, que no sabe qué hacer. ¿Quién lleva la razón? ¿Celestino o la madre? Y el niño sucumbe a las fuerzas centrífugas del pozo que lo atraen día y noche, en vértigo.

El sujeto absurdo permanece atormentado frente a su propia muerte existencial, no dentro de ella, porque aún teme, sufre, sospecha. Al borde del pozo. Esta posición es el infierno del espíritu absurdo: "El infierno es saber que contamos con toda la eternidad para vigilar nuestra muerte", dice Fortunato, ya difunto, en *El palacio*. Es, prosigue, lo que no se puede rechazar porque está ahí, salir de una habitación cerrada para entrar en ella misma porque es la única que existe. Sabe el personaje que el infierno no es circular ni candente, sino que es un presente instantáneo (117). Es decir, que de veras no hay escapatorias: ni físicamente muerto se salva, pero espera... aún...

El mar ofrece una alternativa a los protagonistas de *Otra vez el mar*. En ésta, la tercera novela de la Pentagonía, Arenas hace coincidir diversos tipos de angustia. Cuando sus personajes expresan el descontento existencial y el deseo de cambiar sus vidas, se entremezclan interrogación ética, sexual, ideológica, económica. Un hombre y una mujer en la Cuba de los años setenta, desilusionados del proceso revolucionario, sobreviven entre tinieblas. El protagonista, Héctor, se retuerce en el tormento de una homosexualidad que debe esconder a los otros y a sí mismo. La esposa y madre de su hijo, por su parte, se pregunta si ése ha de ser su destino como mujer. Los dos son conscientes de llevar una vida sin sentido y se cuestionan dónde se esconde la verdad. Son estas las páginas tal vez más angustiosas de toda la Pentagonía. Atmósfera siempre espesa en una estación balnearia que sirve de telón de fondo a sus terribles angustias y que sólo ofrece, a tanto desamparo, el calor y la luz de un sol agobiante. La mediocridad impera, devorando las horas y el sueño. No hay espacio para la esperanza, sólo el insomnio y la pesadilla. A veces, sin embargo, aparece el océano, para recordar con el invariable cántico de sus mareas que cierta infinidad es también posible. Pero esa posibilidad abierta atiza la angustia:

> A un costado de la carretera se ve el mar; del otro, un gran cartel con letras inmensas. ESTÁ USTED ENTRANDO EN EL PLAN MONUMENTAL DEL CORDÓN DE LA HABANA. A un costado de la carretera, el mar; al otro, una valla gigantesca. ¡OCHENTA MIL HABANERAS AL COGOLLO! A un costado de la carretera, el mar; al otro, un cartel. ¡YA LLEGAMOS A LAS CIEN MIL POSTURAS DE CAFÉ! [...] Pero oye, pero oye, pero mira, pero atiéndeme: A un costado de la carretera se sigue viendo el mar, el mar, terso. El mar fluyendo sin tiempo (33-34).

Como dolorosa alternativa a la realidad estancada e incongruente que en este fragmento representan los carteles revolucionarios, está el mar: expresión de un tiempo situado más allá de la acción humana. Desde la eternidad. Aunque también pudiera pensarse que la mar se burla de los hombres, pues permite imaginar que hay otros tiempos posibles mientras éstos se mantienen esclavos de la vida gris en la realidad ordinaria. Porque para Héctor, sobre el mar, está la luna. Desde *El palacio*, la luna llegaba al protagonista Fortunato para recordarle, como la imagen de la madre en *Celestino*, el omnipresente peso de las tradiciones y la moral.[2] El adolescente Fortunato pretendió escapar, esconderse de la sociedad, retirarse del mundo e inventarse otra realidad cósmica. Sin embargo, en su huida, sentiría encima el juicio acusador de la luna, vigilante:

> Una luna extraña y distante, brillando en el cielo, precisamente en ese momento en que él salía a la calle con la maleta y los 17 pesos en el bolsillo... La luna es la versión del nuevo espanto que te aguarda, si huyes. Su resplandor humillante e inevitable te habrá de desnudar, te habrá de perseguir, habrá de proyectar tu silueta en los incesantes parajes de la soledad, de la miseria, de las nuevas ofensas. ¿Qué hacer? La luna llena, suntuosa, horrible, sin tiempo, lo ilumina, lo proyecta ya sobre una explanada inmóvil. Su milenario rostro de puta abofeteada decía: ¿Qué puedes hacer tú solo debajo de mi resplandor? Entonces, él dejó de caminar (*El Palacio*, 207-208).

Fortunato reconoce que le será imposible sustraerse a la dominación moral de su sociedad, simbolizada por la fría luna. Asimismo, para Héctor todo escape a la crisis existencial que provoca la imposibilidad de asumir abiertamente su homosexualidad es anulada por la presencia de la luna. En *Otra vez el mar* la alegoría es minuciosamente desarrollada. La noche en que Héctor al fin sigue al joven que debería ser su amante, éste lo hace escalar un abrupto promontorio junto al mar. Vigilando la ascensión está la luna, en quien Héctor reconoce la misma mueca reprobatoria de su niñez y adolescencia. Aquella que persiguió a Fortunato en su fuga. En la luna, halla el narrador sucesivamente el rostro de una "mujer menopáusica enemiga de todo gesto vital", una lloriqueante mujer fatal, "papuda cual puta retirada que ahora es jefa de vigilancia". La ve "matronal, enardecida y pendenciera [...] tiesa con el rostro resquebrajado y contraído de una campesina terca [...] luna de cara ensangrentada y cavernosa como mujer en menstruación difícil" (308-312). En contrapunto, abajo, está el mar, animando a los amantes a alcanzar la cima del promontorio, donde se abrazarán: "Allá abajo, el mar lanza a veces un ramalazo de espumas que llega hasta nosotros convertido sólo en una sensación de salitre y

---

[2] Arenas reconoció la significación de la luna en sus novelas como "madre omnisciente" (Soto, *Conversación*, 46).

frescura [...] Me lanzo sobre él, [...] abrazándolo [...] Así, mientras somos los dos uno solo, levanto mi cabeza sobre su espalda [...] La veo a ella, allá arriba" (314). El promontorio de rocas representa el abismo en que va a caer el protagonista. Héctor descubre que su amante le había hecho subir por la parte más escarpada del promontorio. El mensaje parece ser que acceder a sí mismo, gesto heroico, es un camino difícil. Sin embargo, contrariamente a los héroes tradicionales, no se alcanza la paz al llegar a la cima del camino propuesto por el sujeto absurdo, sino la exacerbación de su tormento. La ascensión del héroe absurdo provoca el vértigo que puede identificarse con la experimentación de la angustia, tal y como es descrita por Kierkegaard. Una vez arriba, Héctor queda más expuesto a la condena de la luna y a los peligros que conllevará la realización de su deseo. Entre el resplandor blanco de la luna y el oscuro bramido del océano, el protagonista eligió el impulso marino y terminó abrazando su condición homosexual. Pero no puede hacerlo sin culpas, la luna le espía y juzga. Justo en la cúspide del placer, en lo alto del promontorio, cuando los deseos y miedos de Héctor se unen a los de su amante, arribando a la única comunión posible, el protagonista alza los ojos para descubrirse vigilado por "una luna fija y distante mirándome —haciéndome ver— y todo ello con una mueca adolorida espantada y avergonzada: completamente maternal" (314). Entonces, cuando el personaje siente sobre sí todo el peso moral de la sociedad —las tradiciones que le llegan de la madre, la fría acusación de la luna—, de un salto se retira del cuerpo del amante y comienza a enjuiciarlo, criticarlo, gritarle incluso entre burlas su monstruosidad. Así le deja, desciende el promontorio y vuelve a su vida de esposo y padre. Abandonando al muchacho lo empuja al suicidio y Héctor también, de regreso a La Habana, se quitará la vida.

En el vaivén entre el bosque y la casa, el mar y la luna, entre lo prohibido y el agobio cotidiano, se fue ahondando la angustia, que termina por convertirse en desesperación si el sujeto se deja caer dentro de su torbellino. El ser absurdo tiene que elegir entre el Bien y el Mal. Entre ambos, va incesante del uno al otro. Los personajes racionales y trágicos no tuvieron que escoger porque eran ángeles, seres ya elegidos. Sólo tenían que mantener una creencia que los elevaría, salvándolos de la angustia sin necesidad de decidirse por un camino u otro. Ni siquiera Foción tuvo que elegir su suerte, pues su oscura raigambre familiar determinó su destino infernal. Fue siempre bestia y no luchó contra ello. Las mismas causas de su naturaleza demoníaca, sumadas a las buenas acciones y sentimientos que caracterizan al personaje, acarrean que en la novela Lezama Lima llegue a perdonar su homosexualidad (que es su monstruosidad). Los personajes absurdos de Arenas, en cambio, nunca serán perdonados. Ellos eligen conscientemente el mal. No están empujados a él a pesar de sí mismos ni por insondables fuerzas ocultas. Pudieron conformarse con la realidad ordinaria o con la aceptación de alguna utopía, pero prefirieron la monstruosidad, el caos, la distopía. Foción reconocía el espíritu superior de los elegidos Fronesis y Cemí, y a pesar de estar poseído por lo demoníaco ayuda a Fronesis a cumplir con su destino. En contraste, el sujeto absurdo carece de fe en un orden armonizante. Por ello, el niño Celestino no cree totalmente en la poesía del bosque, y en *El color del verano*, Gabriel, Reinaldo, Lúgubre Mofeta va y viene de La Habana a Holguín, visitando a su madre pero incapaz de permanecer con ella, que sería el Bien. No llega a ser bestia; y, recordemos a Kierkegaard, sólo si se es bestia o ángel se escapa de la angustia. Debatiéndose entre lo bestial y lo angelical, sufre la angustia.

Es fija su movilidad constante. El infinito errar que acaba consumiendo las fuerzas del personaje absurdo. Lo demoníaco entonces surge, pues como comprendió Kierkegaard, éste sólo aparece cuando el mal entra en contacto con el Bien que proviene de más allá de las fronteras de la desesperación (*Concepto de la angustia*, 132). Lo demoníaco se forma a partir del desarraigo que embarga al hombre al observar el cosmos del cual es excluido, es la constatación de la derrota. Es la herida revivida por la impotencia, el sufrimiento de la Lúgubre Mofeta cada vez que visitaba a su madre en Holguín. Llegar al pueblo natal significaba para el protagonista confrontar la imagen de la madre escoba en mano, incapaz de resignarse al polvo y la basura, aun sabiendo "que nunca acabaría con ellos, que jamás limpiaría la calle" (*El color*, 114-115). Pero la madre persistía barriendo y con ello ofrecía el buen ejemplo: aquel de quien, en lugar de rebelarse contra el mundo y apelar a lo demoníaco, combate el caos con su trabajo, en la vida cotidiana, lenta y sin perder la esperanza incluso si ésta es inútil. La madre encarna el Bien, la continuidad y la fe inaccesibles para el atormentado que es la Lúgubre Mofeta. Ella representa el orden que el sujeto absurdo niega y le muestra su error sin palabras, sólo a través de la acción, barriendo la entrada de la casa. Ante el Bien, la madre, lo demoníaco no puede esconderse en lo profundo del hombre desarraigado, dentro del hijo. Lo demoníaco deja entonces caer sus múltiples máscaras y aparece desnudo, espantando a las buenas almas. En esta escena de *El color del verano* el escándalo provocado por lo demoníaco es identificado con la homosexualidad del personaje. Mas, a los gritos de la Lúgubre Mofeta, de repente transformada en Gabriel, padre de familia que disimula dolorosamente su homosexualidad para presentarse ante ella, la madre responde con su monótono barrido.

La madre, frente al caos, cuenta con su escoba. Tiene al menos algo a lo que agarrarse. Por eso el hijo, ante la parsimonia de la madre, se revuelve: "Tú tienes una escoba, yo no tengo más que la desesperación" (114-115). La madre se agarra a su rutina, el protagonista no posee más que con su propio caos. La furia se apodera de él cuando descubre que no hay nadie para recibir su avalancha de justificaciones. Ni siquiera la madre puede comprender su desesperación. Llega a culparla de su homosexualidad, pero al fin se da cuenta de su propia insensatez y culmina su discurso con una frase que resume toda la incoherencia de su espíritu absurdo: "Yo soy el culpable. Además, en esto no existe la culpa" (114).

El desesperado, asediado secretamente por el sentimiento de culpa que no le abandona, experimenta una ineludible necesidad de justificarse ante el Bien. No le está dado, sin embargo, explicarse. El sujeto desesperado no puede integrar su caos a un discurso. Está poseído por lo demoníaco, que es el concepto a través del cual Kierkegaard definía la situación del espíritu cerrado sobre sí mismo, incapaz de hallar un sentido superior a su propia existencia. Lo demoníaco es lo *súbito*, seguía explicando Kierkegaard (*El concepto*, 139). Por eso de la boca de los monstruos absurdos de Arenas no pueden salir palabras ni frases inteligibles, sólo gritos enfurecidos, murmullos de bestia acorralada. No hay *continuum* que acoja al sujeto absurdo. Pueden estos personajes en cierto momento entrar en la corriente de la Historia. Se les encuentra a veces dentro del mismo océano en que se bañan los héroes de Alejo Carpentier, por ejemplo. Fortunato se hace guerrillero y Héctor es revolucionario activo. Sin embargo, estos personajes no entran totalmente en la Historia. Su presencia en ella es instantánea, súbita. Dan sólo saltillos que no influyen en nada la marcha épica de la sociedad. Es esto algo que el sujeto absurdo reconoce con tristeza, exacerbando su desasosiego y el despego de la realidad.

En medio de su soledad y el agobio, el adolescente Fortunato posee un desborde de imaginación que le inclina a percibir sobremanera las angustias ajenas. Se llama a sí mismo intérprete, escudriñador, vocero de los otros, pero también clama por un tiempo para poder él insertar su aullido personal:

> Él golpeando, danzando, vomitando en el baño, abofeteándose la frente [...] Él sin tiempo, tanteando, él padeciendo por todos y, solo, arriesgándose; él, sin poder soportar, destruyéndose por los otros [...] ¿Era eso él mismo? ¿Su verdadero yo que había venido para trasfigurarse y padecer, para rebelarse, siempre, solo? ¿Para qué? Sabiendo que no había respuesta, que no hay recompensa. Renegando por el puro, justificado, acto de renegar. Fue entonces —o quizás antes, quizás siempre, quizás un poco después— que comprendió que ése era el sentido de estar [...] que sólo en la violencia y en las transfiguraciones encontraría su autenticidad [...] Qué agradable entonces empezar a saltar de una a otra loseta, trasladar, entregar, renunciar, y, brincando en un solo dedo del pie llegar al sitio por donde todos pasan, rápidos, indiferentes, alegres a veces, y dedicarse sencillamente a mirarlos llorando, o empezar a degollar en la sombra todos esos animales tibios, invisibles, e inclasificables, que era él mismo, o, indolente, tirarse sobre el sofá [...] y graznar, graznar (*El palacio*, 243).

Fortunato, ante el movimiento organizado de los otros, cree que no le queda otra opción que observar su entorno y graznar. Sus graznidos son inaudibles, lamentos de bestia, súbitos e incomprensibles como el discurso inútilmente apologético de la Lúgubre Mofeta ante su madre. Como el héroe trágico, el sujeto absurdo dominado por lo demoníaco se ha retirado del mundo. Pero a diferencia de los seres trágicos no dispone del más mínimo sustento existencial fuera de sí mismo (Kierkegaard, *Concepto*, 133). Se dice Fortunato que lo esencial es no enloquecer. "Tener el suficiente coraje para tolerar sin (auténticamente) tolerar, para aparentemente aceptar sin aceptar. Tener el suficiente valor para (aparentemente) hacer el juego sin traicionarse, sin perder el juicio" (*El palacio*, 239). Fortunato intuye que hay una razón superior más allá "del espanto que el vivir cotidiano impone, por encima de todos aquellos ruidos inútiles" (239). Presiente que más allá de lo que le rodea está "el revuelo casi metálico de las bestias, también, como él, sudadas y apestosas, también como él, aullando; rechinantes, amargadas, como él" (240). Se reafirma "sin Dios", pero reconoce que persiste una certeza, porque a veces siente un llamado, un silencio, una calma, una plenitud (241). Mas, con el graznido, llega lo demoníaco, pues empieza a dejar literalmente en manos del diablo todo lo que le estorba, especialmente su cuerpo y su vida cotidiana. También "al diablo hasta las propias contradicciones que lo hacían saltar de terror en terror, decidirse por todos, padecerlos a todos, y seguir [...] las variadas definiciones del espanto, las infinitas interpretaciones, las especulaciones". Queda entonces como solución únicamente el "dejarse desprender, sencillamente no buscar más aquel hilo quizás inexistente" (244).

Lo *súbito*, siguiendo la teorización de Kierkegaard presentada anteriormente, no sólo rompe con el tiempo ordinario de la Historia, sino con toda concepción de evolución temporal. Lo *súbito* expresa el detenimiento en la marcha hacia al Progreso, y constituye al mismo tiempo el incesante y caótico movimiento del sujeto absurdo. Así lo ilustra la imagen del trompo sin parar girando sobre su punta, hasta el agotamiento, aportada por Kierkegaard. En la narrativa absurda de Arenas, lo *súbito* puede ser identificado con el espíritu carnavalesco. En sus obras, el mundo se ha detenido en un carnaval infinito, elemento que como recurso expresivo de la subversión ha sido también profundamente analizado, bajo las teorías de Bakhtin, por Soto (*Reinaldo*, 59-63). El carnaval es lo eterno. Lo que hoy existe mañana ha de desaparecer, quizás ni a mañana llegue. Sólo el vértigo trepidante del carnaval permanece y detrás del desenfreno puede adivinarse el inmovilismo. Únicamente puede seguirse el carnaval, que es el único modo de vivir, o sobrevivir. Mas no es este un carnaval tradicional, pues el carnaval de los absurdos no muere con el alba, como ocurre en esas noches ciclónicas de *El siglo de las luces*, *Concierto barroco* o *Paradiso*, al término de las cuales otro golpe de la espiral histórica se ha desencadenado (Carpentier) y la esfera ha completado otra era imaginaria (Lezama). Ése sería un carnaval "revolucionario", dotado de sentido escatológico, mientras el carnaval de Arenas es fijo y perpetuo y con ello lo real y lo aparente no coexisten, sino que terminan intercambiando identidades al punto en que ya no puede saberse qué es lo verídico y qué es lo ficticio.

En *El palacio* no hay ni baile ni mascarada. Fortunato no interpreta como un actor las pasiones ajenas. Vive —o muere— las angustias de los otros: "[Q]uizá —porque él tenía más imaginación, porque él iba más allá— al ser ellos había sufrido más que ellos mismos dentro de su autenticidad, dentro de su propio terror, invariable, y les había otorgado una voz, un modo de expresar el estupor, una dimensión del espanto que, quizás, seguramente, ellos mismos jamás llegarían ni a padecer" (*El palacio*, 242). Fortunato sufre más que los otros las vidas ajenas. No baila sino salta. No es arlequín o payaso sino monstruo. Como Fortunato, los personajes carnavalescos de *El color del verano* se entregan al juego infinito de las transfiguraciones —que ya Fortunato había reconocido como su razón de existir—. *El color del verano o nuevo "Jardín de las delicias"* es el más carnavalesco libro de Arenas. Trepidante homenaje a Jêrome Bosch, pintor del desastre apocalíptico, en esta novela el protagonista será tres personajes diferentes: Reinaldo, Gabriel y la Lúgubre Mofeta. Tres nombres para tres avatares de su vida. No son máscaras, son la monstruosa diversidad de un único ser que vagabundea dentro del caos de la isla con sus contradictorias vidas a cuestas. La totalidad de la obra de Arenas puede concebirse como una gran polifonía disonante de los monstruos personales del autor. Soliloquios vomitados, llorados, gritados o a veces susurrados en la oscuridad de baños públicos, bajo la sombra de los árboles del jardín de *Celestino*, debajo de la mesa en que se esconde obstinado Fortunato, en *El palacio*. "Graznar, graznar..." En la playa frente al mar, el océano inconmensurable ante el hombre, tan pequeño. El ser absurdo no puede dialogar porque nunca obtiene respuestas a sus preguntas: sea porque no las recibe, nadie las emite, porque se extravían en el vacío o, simplemente, porque es incapaz de escucharlas. Su existencia se resume en el salto de un avatar al otro, recorriendo la realidad cotidiana bajo múltiples rostros, una mueca tras la otra, el gesto siempre torcido amenazando al ciudadano común. Aturdimiento en la noria de su propio tormento y así, no ver, no sentir, no sufrir. Anulación de los sentidos y del ser. Suicidio.

El suicidio no es sólo físico, como el del propio Reinaldo Arenas y el de muchos de sus personajes; es fundamentalmente ético. Los personajes se agitan en las tinieblas. Si hay sol en sus mundos, será enceguecedor. Y es mejor así: no ver, no sentir, no oír ni siquiera los rumores de la verdadera vida que sospechan detrás de lo cotidiano. En *El color del verano*, saben que sólo pueden reafirmarse como seres humanos dentro del equívoco y la aniquilación:

> Pero no hay más que cuerpos que se retuercen, se enlazan y se engarzan en medio de un carnaval sin sombras, donde cada cual se ajusta la

máscara que más le conviene y la traición y el meneo forman parte de la trama oficial y de nuestra tradición fundamental [...] Seremos ese montón de huesos abandonados pudriéndose al sol en un yerbazal. Un montón de huesos calcinados por el tedio y la certeza sin concesiones de que no hay escapatorias. Porque es imposible escapar al color del verano; porque ese color, esa tristeza, esa fuga petrificada, esa tragedia centelleante —ese conocimiento— somos nosotros mismos (410).

Muy diferente es la interpretación del cuerpo realizada por Arenas en este fragmento, de aquellas que, en las obras de Virgilio Piñera y Abilio Estévez, celebraban el cuerpo y sus sensaciones como vía para alcanzar la existencia total. Dentro de la poética areniana el cuerpo es aniquilado; así como la luz y el calor de la isla no ofrecen un nuevo conocimiento, pues simplemente destruyen todo sin dejar vestigios. No hay para el sujeto absurdo energías ni trascendencia que esperar de la existencia de los cuerpos. Piñera veía en el cuerpo desnudo de moral, desprovisto de palabras, el único sitio en que podría encontrarse la Nada, esencia humana. Sólo a través del cuerpo los seres humanos podían, según la perspectiva piñeriana, alcanzar la comunión. Pero en el mundo absurdo de Arenas el cuerpo al contrario desaparece en la muerte y en la monstruosidad, a través de las trasfiguraciones sucesivas. Los cuerpos, como escribe Arenas, son huesos calcinados bajo el sol o retorcidas figuras monstruosas chillando el horror.

Es interesante que el fin de la isla en *El color del verano*, su definitivo desasimiento de la base, el naufragio y su consiguiente hundimiento ocurre en el preciso momento en que Virgilio Piñera va a ser sepultado. Mientras el cadáver iba camino a hacerse uno con la tierra, la nación completa el destino que para ella imagina Reinaldo Arenas. Así, no es a la tierra adonde va a parar el féretro, sino al agua. "Evidentemente, no podía hablarse de un entierro [...] al oír el murmullo de aquella agua que corría a unos dos o tres metros de profundidad, todos comprendieron que la isla había sido al fin separada de su plataforma y que aquel chapuzón fúnebre era el aviso de una liberación total" (432). El cuerpo de un gran poeta —que en la novela es asesinado por esbirros de Fifo— muere y es así como la isla puede también morir. Es además el cuerpo de aquel que en versos se imaginase a sí mismo renaciendo en isla. Sin embargo, en *El color del verano* va a parar al agua.

Bajo la concepción absurda del mundo propia de Reinaldo Arenas, no hay posibilidad de abrazar la nación ni siquiera a través de la esencialidad corporal. Nada en la isla —ni los cuerpos (vivos o muertos)— es imperecedero.

Capítulo 4.
Pedro Juan Gutiérrez: mantenerse, cayendo cada vez más

> De muchacho soñaba con irme a estudiar pa' La Habana
> la carrera de canto que siempre en mi vida soñé.
> Con el tiempo aprendí que por mucho mango que vendiera,
> el dinero no daba pa'l próximo pueblo en el tren [...]
> Vendí flores, pepinos, tomates, vino de ciruela.
> De las clases de canto no me hablen, que yo me olvidé.
> Soy bandolero [...]
> El río está hondo
> Me tiro y no llego al fondo.
>
> Francis del Río, "Soy bandolero", *Sentimiento*

Dentro del torbellino de lo absurdo, ofreciéndole continuidad a los vagabundeos, saltos y graznidos de los personajes de Arenas están la desesperación, luego el hastío, en la obra de Pedro Juan Gutiérrez. Aunque con sus contemporáneos Padura, Paz, Prieto y Estévez compartió la cosmología de la revolución cubana, en este autor se hace patente el rechazo a la idea del Progreso que estos escritores aún defienden. Gutiérrez también construye una saga literaria, que ya no es policíaca como la de Leonardo Padura y termina por desprenderse incluso del elemento agónico característico de la de Arenas. En la narrativa de Pedro Juan Gutiérrez no tiene sentido desenmascarar la sociedad, pues sus males no yacen escondidos tras máscaras ni constituyen obstáculos para el desenvolvimiento vital del protagonista. Han devenido fundamento del caos en que el protagonista escoge vivir. "Todo es mentira" —se asume en *El rey de La Habana*— "¿Por qué yo voy a decir la verdad?" (22). Además, según se desarrolla la historia de Pedro Juan, va dejando de ser importante que se muestre el tormento humano, ni esencial que se le exacerbe. La desesperanza y la furia arenianas son dejadas atrás a medida que corren estas novelas y cuentos. Se avanza a un punto donde llega incluso a sobrepasarse el desorden que lleva al aniquilamiento corporal en que se consumen los personajes de la Pentagonía.

Aparece al final el hastío existencial, que en la narrativa de Pedro Juan Gutiérrez se reconoce en el rechazo al desenfreno vivido en los barrios marginales de La Habana del Centro. Las últimas peripecias de su protagonista son ambientadas en zonas también marginales de La Habana, pero ya más sosegadas.

4.1. LA PROGRESIVA CAÍDA HACIA EL HASTÍO

En el Ciclo de Centro Habana, desde *Trilogía sucia* hasta *Carne de Perro* progresiva —o regresivamente— se va perfilando la posibilidad de vivir mientras se cae en el fondo del abismo kierkegaardiano. Los primeros estadíos de esta "involución" describen el descenso del personaje absurdo: de periodista, cubano ideológicamente adepto a la revolución y padre de familia, el protagonista pasa a convertirse en desempleado, delincuente, desideologizado hombre solitario entregado al desenfreno y la inmoralidad. El mismo Pedro Juan identifica su vida con una caída: "No me gusta hablar de las etapas de mi vida porque se remueve el dolor. Pero es así. Uno vive por capítulos. Y hay que aceptarlo. Mucha gente a mi alrededor estuvo inyectando rencor y odio en mi corazón. El final era previsible: ingresar al caos, seguir hacia abajo y no parar hasta el infierno" (*Trilogía*, 204).

Esta primera etapa de Pedro Juan, personificada como totalidad trepidante por Reynaldo en *El rey*, recrea la caída y el frenesí similares a los de la Lúgubre Mofeta. Se verifican tanto en los personajes de Arenas como en Reynaldo o en el primer Pedro Juan de *Trilogía*, ese vivo rencor que según Kierkegaard, como se ha visto en páginas anteriores, caracteriza al sujeto dominado por la desesperación. Los protagonistas de Gutiérrez se afanan en mantenerse alejados del Bien, la moral tradicional, que para ellos representan la fuente de todos los problemas. Desde el primer cuento de *Trilogía*, el protagonista declara convencido que "ahora [se] entrenaba para no tomar nada en serio. Un hombre puede cometer muchos errores pequeños. Y no tiene importancia. Pero si los errores son grandes y pesan sobre su vida, lo único que puede hacer es no tomarse en serio. Sólo así evita sufrir. El sufrimiento prolongado puede ser mortal" (9). Cada relato muestra cómo el protagonista se deshace, una por una, de sus antiguas convicciones. Es embriagarse de cinismo y sepultar los recuerdos de una cada vez más lejana felicidad. Caer en los bajos fondos es sobrevivir.

La existencia se restringe a aprovechar al máximo toda oportunidad que se le presenta de disfrutar los más elementales placeres. Se trata de una particular filosofía de la vida, que según el autor caracteriza a los habitantes de los barrios populares de La Habana:

Cuarterías con miles de personas hacinadas como cucarachas. Personas delgadas, mal alimentadas, sucias, sin empleo, tomando ron a todas horas, fumando mariguana, tocando tambor, reproduciéndose como conejos. Gente sin perspectiva, con un horizonte demasiado corto. Y riéndose de todo. ¿De qué se ríen? De todo. Nadie anda triste o quiere el suicidio o se aterra porque piense que los escombros pueden precipitarse abajo y enterrarlos en vida. No. Todo lo contrario. En medio de la debacle la gente ríe, sobrevive, intenta pasarlo lo mejor posible y aguza sus sentidos y su olfato, [...] Ya que nacieron en las ruinas, se trata entonces de jamás abandonar o permitir que los golpeen tanto que al fin tengan que tirar la toalla y levantar los brazos. Todo es posible, todo es válido, menos la derrota (*Trilogía*, 296).

A este mundo se aferra el protagonista, pues cree encontrar aquí una salvación que, de algún modo, recuerda ciertas ideas avanzadas por Zizek en *In Defense,* cuando reconoce que, aun si debe resistirse la fácil tentación de idealizar a los habitantes de los tugurios como una nueva clase revolucionaria, pueden sus emplazamientos considerarse como "*evental sites*" —categoría que toma de Badiou— de la sociedad contemporánea. Caracteriza a estos habitantes como sujetos que "son 'parte de ninguna parte', el elemento 'supernumerario' de la sociedad excluido de los beneficios de la ciudadanía, los desarraigados y desposeídos [...] un inmenso colectivo de personas forzosamente lanzadas en conjunto [...] a una situación donde tienen que encontrar alguna manera de convivir, aun carentes de todo apoyo proveniente de tradiciones o de heredadas formas de vida religiosa o étnica ("[t]he slum-dwellers are [...] a collection of those who are the 'part of no-part', the 'supernumerary' element of the society, excluded from the benefits of citizenship, the uprooted and dispossessed... they are a large collective, forcibly thrown together, 'thrown' into a situation where they have to invent some mode of being-together, and simultaneously deprived of any support in traditional ways of life, in inherited religious or ethnic life forms", 425).[1]

---

[1] Se reconocerá en las descripciones de Gutiérrez que ciertos elementos tradicionales y religiosos son presentes en la vida en los tugurios. Sin embargo, éstos carecen de la homogeinización e institucionalización que pueden encontrarse en otros sitios. Más bien destaca el autor la caótica profusión de religiones, prácticas y creencias dentro de las que se pierden los personajes y se deja caer el protagonista.

El carácter forzoso de este "lanzamiento" es destacado por Zizek en su discursar. Vale hacerlo notar aquí, en tanto Pedro Juan no es lanzado a los tugurios. Escoge voluntariamente vivir en ellos, renunciando a su antigua vida para "limpiarse" de una moralidad que en el presente le parece inútil. Los *solares* de Centro Habana constituyen el hábitat adecuado para quien no desea preocuparse por ninguna otra cosa que no sea encontrar cómo sobrevivir materialmente, mientras anestesia con rones el alma, despojándose de lazos sentimentales, inútiles desde el punto de vista del narrador. En "Anclado en tierra de nadie", capítulo de *Trilogía*, lo expresa claramente: "Sólo puedo adelantar que los sueños son una gran mierda. Los seres humanos deberíamos extirparnos los sueños [...] yo tenía que anclarme en la tierra y echar a un lado la ternura y la necesidad de alguien a quien amar y todo eso. No. Yo estaba duro, fabricándome una coraza" (67).

Por su parte, por La Habana andaba Reynaldo indiferente y sin rumbo. Le daba igual estar preso que libre, pues no le encontraba razón a la vida. "Aquí afuera no tengo nada que hacer y allá dentro [en la prisión] tampoco. ¿Para qué nace la gente? ¿Para morirse después? Si no hay nada que hacer" (*El Rey*, 25), confiesa al comienzo de sus aventuras. No tiene un sitio propio al cual volver, ni parientes o amigos a quienes aferrarse. Asume la existencia sin preocupaciones. Sin embargo, Reynaldo se sorprende en ocasiones recordando a su familia y la infancia aun si ésta fue miserable. Mas sacude estos momentos de "debilidad" porque, al igual que Pedro Juan, quiere endurecerse:

> Allí estaba su azotea. Aún no se había derrumbado. El corazón le latió con más fuerza y casi se le sale del pecho. Todos los recuerdos le llegaron juntos: su madre estúpida; pero era su madre y la quiso a pesar de todo [...] Un torrente incontenible de lágrimas. Por primera vez en su vida se sintió desamparado. Y le dio mucha rabia. Se le acabaron las lágrimas. Y se entró a golpes por la cabeza y la cara. Autoagresivo. No quiere recordar nada. No puede permitírselo [...] Y no había nada que hacer. Nada. Sólo seguir viviendo, hasta que le tocara su turno (36-38).

Es entonces cuando el caos se vuelve razón existencial para el protagonista de *El Rey*. Su comportamiento es expresión del intrínseco rechazo a hallar un modo de escapar a la pobreza y la marginalidad. En varias ocasiones le son propuestos trabajos o negocios ventajosos, aperturas hacia un futuro mejor. Constante, el personaje se aleja de estas posibilidades. Cuando le sugieren casarse con una extranjera, Reynaldo no parece interesado: "[Y]o le tengo miedo a los aviones y nunca he salido ni de La Habana. Ni me hace falta. Lo mío es aquí", responde (112). Reynaldo no pretende nunca detener su caída, al contrario, parece desear acelerarla al lanzarse gustoso dentro de torbellinos mortales: la delincuencia, la pobreza, el anhelo de bestialidad. Abandona a Daysi, la amante madura que le alberga y mantiene económicamente, menos por la diferencia de edades que por el hecho de que la vida limpia y ordenada que ella le ofrecía iba contra sus principios existenciales de desorden y decadencia. Daysi, cartomántica, le propone que se haga una "limpieza" espiritual, lo cual le permitiría según ella avanzar en la vida. Pero la pobre mujer nunca entendió que a su muchacho no le interesaba el Progreso, porque ni se imaginaba qué podría ser. En una ocasión, harto de las sugerencias de Daysi, Reynaldo le responde furioso: "Dios no existe ni un cojón. [...] ¡Yo no creo en nada! ¡No creo ni en mí!" (181).

En el desasimiento persistente del Bien, en definitiva, reside la esperanza de los protagonistas de Pedro Juan Gutiérrez. Es ésa la base de su oscura, sórdida distopía que se correspondería al "pecado por desesperar de su propio pecado" kierkegaardiano:

> Pecar es separarse del bien, pero desesperar del pecado es una segunda separación que exprime del pecado, como de un fruto, las últimas fuerzas demoníacas; entonces, en este empedernimiento o entorpecimiento infernal, tomado en su propia consecuencia, uno se obliga a considerar estéril y vano no sólo todo lo que tiene por nombre arrepentimiento y gracia, sino también a ver en ello un peligro, contra el cual uno se arma ante todo, exactamente como hace el hombre de bien contra la tentación (*Tratado*, 172).

Siguiendo las ideas de Kierkegaard, se explican las reacciones antirreligiosas de personajes como Reynaldo, quien además se confiesa ignorante en materia de religión. Dice que ni su madre ni su abuela le inculcaron jamás un sentimiento religioso. Con ello, nos recuerda a Zizek cuando destacaba, entre las características de la vida en los tugurios, la ausencia de apoyo religioso, étnico o tradicional capaces de fomentar comunidades (*In Defense*, 425). Reynaldo quisiera saber qué hacen los creyentes en sus sitios de culto. Los observa entrar en ellos y se pregunta para qué se afanan tanto, mientras su vida —según el narrador— trascurría lenta. (*El rey*, 29). Esta lentitud es determinada por la certeza de la muerte inevitable, de la oscura comprensión de la insensatez del mundo. ¿Qué sentido puede tener apresurarse? Confirmaba Reynaldo: "Horas esperando, sin hacer nada. Días, semanas, meses. El tiempo pasando poco a poco. Por suerte, él no pensaba mucho. Se quedaba observando a su alrededor, sobre todo a las mujeres. No tenía nada que pensar" (29).

Para los protagonistas de Pedro Juan Gutiérrez el tiempo está únicamente marcado por el hambre en las tripas. No por azar Ena Lucía Portela titula "Con hambre y sin dinero" el artículo que dedica a *El rey de La Habana*. Y es también del reconocimiento del peso que en la poética de Gutiérrez tiene el hambre sufrida por los cubanos en los noventa del que parten los análisis de De Ferrari (*Vulnerable*, 187-210), Ludmer (365-366) y Whitfield (108-120). Estas autoras concuerdan en enfatizar el vínculo entre el mundo postsoviético recreado por Gutiérrez y la vida animal, dominada por necesidades estrictamente corporales e inundada de fluidos y excrecencias. Tales análisis hacen corresponder, en primera instancia, el estado socio-político y económico de los cubanos bajo el Período Especial con la creación de Gutiérrez. Pero esta bestialización también puede examinarse bajo el absurdo de Camus. Como ya se ha analizado, la característica esencial del absurdo, según el filósofo francés, es la confrontación entre la irracionalidad de la vida del hombre y la inevitable, casi inconsciente espera de una lógica que no consigue llegar. Esta inútil espera provoca que, "en el mundo absurdo, el valor de una noción o de una vida se mide por su infecundidad" (*El mito*, 60). La "inhumanidad" de los protagonistas de Gutiérrez se reconoce sobre todo en la carencia de proyección futura de sus acciones, marcadas por el hambre y otras pulsiones irracionales. Los actos se circunscriben al momento en que suceden, provocando esa sensación de lentitud existencial revelada por Reynaldo, ilustrativa de las palabras de Camus: "El tiempo hará vivir al tiempo y la vida servirá a la vida" (Ibíd., 59).

Asimismo, ni Reynaldo ni Pedro Juan pretendían ser comprendidos por los otros porque ellos se comprendieron perfectamente a sí mismos —comprendieron que eran incomprensibles— y con eso les bastaba para continuar en su desesperación cotidiana. En este punto el absurdo de Gutiérrez sobrepasa lo absurdo en Arenas. Sus personajes no necesitan espetarle su soledad a nadie, como se cansaba de hacerlo la Lúgubre Mofeta al mar, a la luna, a Fidel Castro, a su madre. El Reynaldo postsoviético repite que no hay nada que hacer. Sin embargo, adentro queda el yo, lacerando inmortal. Ya mencionaba Kierkegaard que la desesperación no logra devorar "la eternidad del yo". Se desenvuelve infinita, aniquilando tal vez el cuerpo del sujeto a quien domina, pero sin conseguir derrotar completamente su desazón interna. Es la confrontación esencial del absurdo. Muere entonces el cuerpo, no la angustia que lo posee. A pesar de sí mismo, Reynaldo tiene que admitir con rabia que no logra endurecerse tanto como pretendía, que no es bestia total, porque ama a Magda: "[L]es apenaba sentir tanto amor. La sutileza del amor es un lujo" (75). El amor, sin embargo, está en ellos, impidiendo el arribo a la total bestialización, provocando al final la muerte de los protagonistas. Pues es porque se aman por lo que los personajes se alejan y regresan constantemente, no pueden abandonarse del todo, terminan por soñar... Los sorprende juntos el derrumbe del edificio de Magda, juntos sobreviven a la tormenta que arrasa con La Habana, se ayudan y agreden mutuamente, se aman en medio de la pudrición y hasta comienzan a imaginar tener hijos juntos e incluso construyen una casita de madera entre los escombros. Pero Magda es incontrolable y Rey es celoso: un día la golpea hasta matarla. Poco tiempo después, él también muere sepultando el cadáver de Magda bajo una montaña de basura. Como personaje absurdo, su vida queda inconclusa en mitad de la caída existencial, su cuerpo arrebatado por las verdaderas bestias, las ratas y auras tiñosas.

A Pedro Juan se le acuerda mejor suerte. Como Reynaldo, el protagonista del Ciclo de Centro Habana tampoco puede deshacerse completamente de los sentimientos y la esperanza. Afloran éstos inesperadamente, a pesar de sus esfuerzos por mantenerse alejado del mundo afectivo. Así, cierta ternura tiñe su discurso ante Dalia, una anciana "a punto de morirse pero que no se daba cuenta", quien vive sola en el mismo edificio en ruinas de Pedro Juan y que en medio de la pobreza y el desaliento circundantes confía en que los tiempos mejorarán. Vende algunas joyas y adornos de porcelana para comprarse ropa para pasear. El derrumbe del edificio es inminente y Dalia es muy vieja, pero ella insiste en que "la esperanza es lo último que se pierde". Cuando Dalia, a quien se le caen paredes en su cuarto, pierde toda fe y se deja morir, Pedro Juan, respondiendo a su lógica absurda, decide no darle importancia al asunto. Dalia es sólo una anciana muerta. Sin embargo, confiesa: "Ojalá que yo llegue a los ochenta y tres años con alguna ilusión. Aunque sea con la ilusión boba de encontrarme una novia y casarme pensando que el amor es posible y que la miseria y el hambre van a pasar" (*Trilogía*, 68-70). El protagonista practica el desasimiento total del Bien pero quisiera, al mismo tiempo, llegar a octogenario y haber sido capaz de abrigar alguna ilusión. No llegará al suicidio, que no constituye un fin último y se muestra más bien como remedio ineficaz. Reynaldo y Magda, por ejemplo, murieron en su tormento e imposibilidad de ser. Pero Pedro Juan presiente los límites de su propio absurdo y quiere sobrepasarlo. La posición que adopta coincide con el estado existencial que traduce, según Kierkegaard, la tentativa por mantenerse mientras se cae cada vez más (*Tratado de la desesperación*, 172).

Poco a poco se desvanece en este personaje la aspiración al autoaniquilamiento. Si no existe premura por vivir, tampoco tiene que haberla por morir. La caída no se detiene, pero pierde aceleración. Se convierte en un simple dejarse ir. En algún momento, Pedro Juan prefiere, en lo posible, evitar la rabia. De cierta manera, consiguió hallarle una lógica al caos en que vive y eso le impide sufrir al saber que gasta su existencia dando vueltas infinitas, sin centro. Logró hacer de lo demoníaco una esencia cósmica, no considerarlo como algo negativo, opuesto al Bien que aún para la Lúgubre Mofeta, por ejemplo, encarnaba ora la luna ora la madre. Cuando en *Carne de Perro* el protagonista visita a su madre en El Calvario, barrio semirrural, en las afueras de La Habana, la posibilidad de una confrontación moral entre los dos es inminente. Diríase que a punto está de explotar una escena similar a la de Gabriel cada vez que veía a su madre en Holguín (*El color del verano*). Sin embargo, el personaje de Gutiérrez, aunque es consciente de las barreras morales que separan su concepción del mundo de la de su madre, las invisibiliza en su comportamiento. Dice que regresa al vientre materno cada vez que está atormentado y va a visitar a la madre en busca de aislamiento. Pero una vez junto a ella prefiere evitar todo diálogo serio. Decide no juzgar la actitud maternal, que él considera demasiado seria y temerosa. Tampoco experimenta la necesidad de justificar su vida ante ella, ni de implorar su comprensión. La madre le reprocha la brevedad de sus visitas. Él responde que no tiene mucho de qué hablar y le sugiere que, a su vez, ella hable menos: "Me miró desde su soledad y sentí que me decía: 'Quédate un rato más'. Pero no.

Le di un beso y me fui" (*Carne*, 135). Pedro Juan toma lo demoníaco entre sus manos, no sólo alejándose del Bien, que según Kierkegaard está destinado a acusar su mal, evitando así el contrapunteo con la madre, sino, peor aún, soportándolo sin consecuencias. Es aquí reflejo del hombre absurdo de Camus, que no es tan pueril como para recomendar el crimen, pero "restituye al remordimiento su inutilidad" (*El mito*, 59). Si se quiere, ya no se trata de esperar o anhelar la muerte, sino de aceptar su dominio dentro de la existencia cotidiana. Vivir la muerte. En tal sentido, el barrio de El Calvario expresa esta contradictoria situación. El protagonista mismo, escuchando las historias de los vecinos de su madre, reconoce que el barrio, como su nombre lo indica, es un calvario. A esta idea contribuye no sólo la pobreza de sus habitantes, sino también la inmoralidad y la desolación del paisaje, que satisfacen las necesidades éticas de Pedro Juan.

El endurecimiento considerado por Pedro Juan como camino existencial en *Trilogía* es llevado en obras posteriores más allá de sus fronteras. Abandonar toda moral puede resultar una tarea titánica, pues, constituyendo al fin y al cabo cierta ética —ética del absurdo— consume las energías de Gutiérrez. *Animal tropical*, su tercer libro dentro de esta serie, es la historia de un nuevo cansancio. Hastío renovado, no de la cosmología de la revolución mantenida hasta los noventa, sino de la decisión resultante de aquel primer rechazo de esta cosmología. Ya en plena degeneración moral, el protagonista se reconoce prisionero de un torbellino que le aniquila lentamente. De todas maneras, han transcurrido varios años de crisis sobre la ciudad, sin que la situación evolucione verdaderamente —ni la de los habaneros ni la de Pedro Juan—. El mismo edificio derruido, el barrio igualmente estancado en la miseria, aburrimiento hasta del sexo y los rones baratos. El protagonista, quien esquivara hasta entonces toda reflexión, siente la necesidad de volver a ella, con el fin de encontrar el modo de salir de su atolladero. Su apuesta por lo absurdo no es definitiva. Quedará a medio camino hacia la desintegración porque, lo que le interesa, en un final, es sobrevivir.

En este empeño, habrá una ligera desviación de itinerario. Para sobrevivir se hace necesario un momento de descanso en medio de la vorágine arrasadora de la existencia marginal. Dicha transición es ilustrada en *Animal tropical*. El narrador cree entonces que debe imponer pausas al desatino: un viaje a Suecia se perfila como una eficaz manera de tranquilizarse, reflexionar y por supuesto ganar dinero. No conseguirá tanto dinero como esperase, pero tendrá efectivamente tiempo de sobra para reflexionar, hasta el aburrimiento. Habrá, por supuesto, momentos de duda entre la existencia acomodada y libre de complicaciones en Estocolmo y la dura vida habanera. Al cabo de algunos titubeos, se percata que no es huyendo de Cuba como solucionará sus problemas; incluso sabiendo que no resistirá tampoco el modo de vida que llevaba en La Habana. Aun así, regresa a la isla, donde le esperan sus mujeres ardientes, la calle en ininterrumpido trajín, el paisaje arruinado y los escandalosos vecinos. Necesita todavía esta barahúnda para sentirse vivo, aunque no le satisfaga enteramente. Intuye que entre la excesiva calma de Estocolmo y el desenfreno de La Habana del Centro debe existir alguna salida, un punto medio.

En novela posterior, *Carne de perro,* el hartazgo de la vida trepidante en el centro de La Habana es ya definitivo. Ha dejado atrás el momento de la transición reflejado en *Animal tropical.* En este volumen de relatos, el deambular en pos de un sosiego amargo lleva los pasos de Gutiérrez hacia las afueras de la ciudad. A la turbulencia de la vida urbana prefiere la tranquilidad que puede encontrarse en las playas o el campo. No se trata, sin embargo, de escapar de la miseria: el protagonista continúa apartándose del camino hacia el Progreso y evita las zonas turísticas, promisorias de abundancia. Entra en contacto con formas de miseria en algún modo diferentes a las que conoce en Centro Habana; pero, consecuente con su nuevo hastío, busca mantenerse a distancia de la existencia vertiginosa y ni siquiera se entrega como antes al desenfreno sexual. Oportunidades no parecen faltar, mas el protagonista persigue otra cosa: paz y reflexión. Dice que evita, siempre que puede, el alcohol; pesca, juega al billar, pasea en bicicleta, lee e intenta con dificultad escribir una novela (*Carne,* 107). Es un hombre solo, su última esposa ha desaparecido de su vida, aniquilada por el alcoholismo. Mantiene únicamente esporádicas relaciones con una mujer casada que vive también en un barrio alejado, en Guanabacoa. Rehúye, por demás, cualquier relación complicada y parece regodearse en su propia soledad. La transformación del protagonista, más concentrado ahora en observar el mundo que le rodea que en gozar de él a plenitud, es evidente. En este estado de su existencia absurda el hastío existencial es aún más denso. Se traduce en un persistente desdén por casi todas las cosas, los sucesos y hasta las personas. El tono cada vez más apagado. La voluntad de abandono ha madurado en comparación con los primeros tiempos, los noventa de *Trilogía*. La cuestión entonces era despojarse de la moral y hundirse en la marginalidad sísmica. Una vez hastiado de esta elección, quiere deshacerse de más profundas ataduras.

Hasta la literatura, que parecía siempre colmar sus vacíos, comienza a agotarle. Dice ahora el narrador que, en su capacidad de convertir toda la podredumbre en literatura, sobrepasaba este mundo doloroso y miserable. Dejándolo atrás, se iba él quedando vacío. "Nada era duradero. Todo se quemaba como si a mi alrededor sólo hubiera hojarasca seca" (*Carne*, 46). ¿Dónde encontrar entonces lo perdurable, algo resistente a lo cual sujetarse en su deriva? El personaje hasta este momento se había dejado llevar por los tiempos vertiginosos. En el vórtice mismo del caos podía experimentar algo muy similar a la satisfacción. Todo giraba demasiado rápido, nada quedaba y en ello Gutiérrez creyó hallar perfecto acomodo existencial. Sin embargo, sucede que en los últimos estadíos de su periplo anda inquiriendo certezas, perennidades —¿aquello que denostara?—. No puede haber, no obstante, marcha atrás. "Corazón de piedra", sólo logra imaginar la salvación en los espacios naturales abandonados por el hombre (la playa, el campo) o en la depuración total (la infancia):

> Retirarme por ahí, a un campo, con dos o tres vacas. Ordeñarlas al amanecer y atender una huerta. Sólo eso. Lo mismo que hacía en la finca de mi abuelo cuando niño. Recuerdo muy bien los detalles de aquellos años, en los cincuenta, antes de que comenzara el caos y la diáspora. Había silencio, soledad, árboles, pájaros. Y pocas visitas. Casi nadie. Era un mundo muy pequeño […] Eso simplificaba las cosas. Ahora todo es vertiginoso. El mundo es gigantesco y caótico. Inabarcable (*Carne*, 46).

4.2. Existencia absurda entre las ruinas

El itinerario existencial de Pedro Juan, de la caída al hastío, tiene espacios concretos en La Habana contemporánea, la ciudad distópica descrita por el arquitecto Mario Coyula. Se ha mostrado cómo, cuando al comienzo del ciclo de Centro Habana el protagonista se torna contra la moralidad regente en la sociedad, es hacia los espacios habaneros más miserables hacia los que sus pasos se encaminan. Son barrios en los que proliferan las ruinas y los escombros, los edificios donde conviven millares de habaneros pobres y otros tantos "migrantes" provenientes del oriente del país, espacios donde la supervivencia se traduce en ilegalidad y marginalidad social. Mientras Pedro Juan persiste en caer, los personajes de Gutiérrez habitan y se mueven preferentemente en Centro Habana y en aquella zona de La Habana Vieja aún no restaurados, ajenos a la prosperidad que acarrea el florecimiento del turismo.[2]

Siguiendo una detallada documentación urbanística, Esther Whitfield recorre el condicionamiento histórico de los barrios en los que se produce la caída de Pedro Juan (*Cuban Currency*, 101-102). Erigido hacia finales del siglo XIX, abandonado por la clase media citadina durante la primera mitad del XX, ya en los años cincuenta los elegantes edificios y mansiones alojaban a numerosas familias, de clases baja y media, provenientes del interior del país. Elegantes comercios proliferaron entonces a la par que establecimientos destinados a la prostitución, el juego y otras actividades declaradas ilegales a partir de 1959. Centro Habana, bajo la mirada de las autoridades afanadas en construir una sociedad diferente, libre de inmoralidades y otros "males sociales", no está precisamente entre las zonas de la ciudad que inspiran algún interés en ser preservadas. La era revolucionaria llegaría, inculcando una nueva moral en sus habitantes, mientras abandonaba al deterioro los edificios. De alguna manera, descubro en estos procesos cierta perversidad metafórica: dentro del marco de la nueva vida revolucionaria, no parecía tener sentido evitar la ruina de construcciones

---

[2] Para una comprensión precisa de la decadencia urbanística habanera, es inevitable referirse a los estudios de Mario Coyula y Jill Hamberg (David Rockefeller Center for Latin American Studies en Harvard University). Fragmentos de estas investigaciones son presentados por Hamberg en "The 'Slums' of Havana".

correspondientes a un período de la historia de la nación que se deseaba borrar, para sobre sus vestigios erigir otra Cuba, socialista. Incluso podría pensarse que hasta a sus habitantes, marginales, se les prefería erradicados. Como una plaga. Reinventados en hombres y mujeres nuevos. De hecho, el primer plan de urbanización de La Habana revolucionaria, efectuado en 1963-1964, recomendaba la reducción de la densidad poblacional en las áreas centrales de la ciudad. Sin embargo, las construcciones planificadas en las afueras de La Habana no resultaron suficientes y la migración hacia la capital se mantuvo en ascenso (Scarpaci, Segre y Coyula, 153). Hacinamiento, derrumbes y suciedad continuaron caracterizando la vida cotidiana posrevolucionaria en Centro Habana.

Es este el espacio citadino que, en la opinión del "ruinólogo" Antonio José Ponte, puede considerarse como un "campo de batalla entre tugurización y estética milagrosa" (*La fiesta*, 173), es decir, entre la destrucción y una inexplicable pervivencia de las vetustas edificaciones. Y sobre la indiferencia de las autoridades ironiza Ponte en su cuento "Un arte de hacer ruinas": "Donde caía una edificación no levantaban otra. Salíamos del derrumbe del modo más barato, con la construcción de un parque, de un espacio vacío" (65). A pesar de esta situación, antes del Período Especial, los habitantes de Centro Habana podían aún agenciarse recursos para mitigar los destrozos del tiempo. Pero cuando la miseria se agudiza y la subsistencia humana deviene prioritaria, simplemente, nada puede detener la caída de estos edificios.

Si es éste el escenario escogido por Pedro Juan Gutiérrez para hacerle sitio en La Habana actual al desbarrancadero existencial de su protagonista, se impone acercarse entonces al tópico de las ruinas y su interpretación poético-existencial en la contemporaneidad cubana. Gutiérrez es pródigo en describir el desmadejamiento general de la ciudad, pero no hay asomo de futuro en sus ruinas. Derrumbes, suciedad y negligencia simbolizan el espíritu de su mundo, que es un laberinto tan incomprensible como la sociedad en su totalidad. Es ésta la descripción de la morada del protagonista, en la céntrica y destruida calle San Lázaro:

> El edificio es de 1936 y en sus buenos tiempos imitó esas moles de Boston y Filadelfia [...] En realidad conserva la fachada [...] Pero adentro se

está cayendo a pedazos y es un laberinto increíble de trozos de escaleras sin barandas, oscuridad, olor a rancio y a cucarachas y a mierda fresca. Y habitaciones añadidas, restando espacio a los pasillos y broncas y fajazones de negros [...] y allí al frente estaba el letrero viejísimo, ya casi ilegible: "Una revolución sin peligro no es Revolución. Y un revolucionario sin capacidad de asumir el riesgo no tiene decoro". [...] En la esquina había una valla nueva y enorme. Con letras bien grandes, de colores brillantes, decía: "Cuba, un país de hombres de altura", [...] No sé. Era incomprensible (*Trilogía*, 82).

Esta cita expresa el desconcierto del narrador, quien ya vive en un barrio populoso y acepta sus códigos, pero no consigue aún adoptar un desprendimiento absoluto de su pasado. Las ruinas, en su caso, no apuntan tanto a una memoria de esplendores coloniales sino a las comodidades de la vida republicana. También trasmiten la reflexión sobre el pasado inmediato, el de La Habana posrevolucionaria, pero anterior al derribo del Muro de Berlín. En la mirada hacia las ruinas que aquí propone Gutiérrez se combinan los recuerdos de dos épocas antagónicas, inmediatamente antes y después del triunfo revolucionario de 1959. Ambas son ya historia pasada.

Como demuestra el fragmento anterior, todavía en esta primera etapa de la caída de Pedro Juan se descubre perplejidad al confrontar la realidad nacional con el discurso oficial, en el cual confiara en su momento. El cinismo total, estado ideal que persigue, no domina aún al protagonista de *Trilogía*. Sin dudas es por ello por lo que, a veces, persiste en encontrar explicaciones y se le escapa alguna crítica abierta al gobierno. Aunque el retrato apocalíptico que ofrece de la ciudad ya es de por sí una denuncia contundente, Gutiérrez no calla entonces protestas explícitas:

Cada día somos más en esta isla y ya no sabemos dónde meternos. Los que mandan le dicen a eso 'hacinamiento'. Los hacinados le decimos 'vivir espurruñaos'. Los que mandan no se imaginan ni remotamente lo que significa vivir seis o siete en un solo cuarto de cuatro por cuatro metros, con un baño colectivo para cincuenta personas o más. Y si llegan a imaginarlo, de todos modos se hacen los bobos (109).

En *Trilogía*, la perspectiva sobre las ruinas está todavía investida por la abierta crítica social. Sin embargo, según avanza la obra de Gutiérrez, las ruinas devienen más que una expresión de la realidad sociopolítica, para trasmitir preferentemente una opción existencial. Es mundo decadente, que se desploma a la par que lo hacen las convicciones del protagonista. Éste no es tampoco el Pequeño Liceo de La Habana que albergaba para los personajes de Estévez todas las posibilidades futuras. Los habaneros que Gutiérrez coloca dentro de las ruinas no emplazan en ellas la utopía: ellos son quienes viven y producen las ruinas. No revelan un amor particular por su hábitat, en el que se limitan a sobrevivir. Más bien, como resultaría lógico pensar, es odio y furia lo que experimentan por sus edificios roídos y desprovistos de comodidades básicas como el servicio de agua corriente.

Hay una diferencia esencial entre los protagonistas de Gutiérrez y los tugures de Ponte. Es cierto que el autor de "Un arte de hacer ruinas" reconoce la existencia de los productores de ruinas, a quienes llama tugures, pues en su cuento crean una ciudad subterránea, con los despojos de la ciudad real que han ido devastando paulatinamente, ladrillo por ladrillo. Mientras en la superficie se desploma La Habana, Tuguria la imaginaria crece hacia abajo. Estas ruinas, como destaca Whitfield, constituyen un no-lugar peligrosamente cercano a la utopía ("Prólogo", 27). Por su parte, Gutiérrez no inventa una Tuguria subterránea, "donde todo se conserva como en la memoria" (Ponte, 73), como si se tratase de una especie de museo de la destrucción habanera. Centro Habana es desmantelada por los propios habaneros y éstos, tras los derrumbes, se quedan sin casa. No cuentan con otro espacio, con una soñada Tuguria, para rememorar lo destruido. Algunos, como Rey, Magda o la vieja Dalia, incluso mueren tras los derrumbes. Las ruinas se corresponden con su propia existencia, que se desmorona caótica y sin salidas.

Gutiérrez no tiene interés en penetrar los muros rotos en busca de un sentido al caos. Esta característica de su posicionamiento ético explica por qué no hay ensimismamiento literario en sus ruinas, descripción exhaustiva del estado de los edificios ni demora en su historia o en los destellos imaginativos que puedan las viejas paredes despertar en el habanero contemporáneo. En las ruinas hay sólo vida carcomida por el hambre. Los "arruinados" malamente habitan en las ruinas y se autodestruyen dentro de ellas —no junto ni frente ni escondidos detrás de ellas, pues son actores creando las ruinas y la suciedad que las caracteriza—. Así describe Pedro Juan la vida en su edificio:

El ascensor de nuevo está roto y la escalera oscura, sin un bombillo. Se roban los bombillos, rompen el elevador, hacen más y más entrepisos clandestinos para más y más gente y en cualquier momento el edificio se desploma [...] El consejo de vecinos intenta arreglar la cerradura de la puerta de entrada, para mantenerla cerrada. Sobre todo de noche. De madrugada la gente entra a hacer de todo en la escalera: templar, fumar mariguana, cagar, mear [...]

Aquí sólo viven negros, viejas desastrosas, un par de putas jóvenes y otras ya destruidas que fueron putas de lujo en sus tiempos, viejos borrachos, y decenas de guantanameros que emigran en oleadas y nadie sabe cómo caben veinte en un cuarto (*Trilogía*, 205).

Es interesante destacar que Pedro Juan, aunque vive en edificios a punto de derrumbe, sufre sus condiciones habitacionales y colabora con la depauperación urbana, tiende a posicionarse de algún modo como espectador del desastre. Es un punto de observación "irónicamente" privilegiado, reconoce Álvarez-Tabío, el del protagonista que domina desde su azotea la compleja diversidad habanera ("La ciudad", 103). No constituye un simple observador, a la manera de un turista o *flâneur*, pues él también vive dentro del caos. Pero, como expresa el propio Pedro Juan, le gusta "sobrevolarse" (*Trilogía*, 15), observar la ciudad y a sí mismo "de lejos", en su propia caída. No es un "mirón" totalmente externo. En uno de los relatos de *Carne de Perro* una pareja de turistas se muestran "asombrados" por la vista de una ciudad que, desde las azoteas de Centro Habana, parece "bombardeada". Pedro Juan permanece impasible. Es su vida cotidiana. De vuelta al mismo edificio donde transcurrieron "los mejores años de [su] vida", la turista norteamericana no comprende cómo los elegantes *penthouses* se han convertido en "doghouses", al decir de Pedro Juan, quien, por su parte, confiesa comprenderlo todo, comprender "demasiado" (*Carne*, 102). Pero guarda silencio, como corresponde a un buen personaje absurdo. Como sus vecinos, Pedro Juan no busca moral entre las ruinas. Persigue lo inmoral:

Fui para mi cuarto en la azotea. En Centro Habana. Es un buen lugar. Lo jodío allí son los vecinos y el baño colectivo. El baño más asqueroso del mundo, compartido por cincuenta vecinos, que se multiplican, porque la mayoría son de Oriente [...] Y en el baño la mierda llega al techo [...] Siempre hay cola. Aunque te estés cagando tienes que hacerla. Mucha gente, yo entre ellos, nunca hacemos cola: cago en un papel y lanzo el bulto de mierda a la azotea del edificio de al lado, que es más bajo. O a la calle. Da igual. ¡Un desastre! Pero es así. Uno a veces está en baja, y hay que acostumbrarse (*Trilogía*, 81).

En estas ruinas, ya se ha visto, son menos significativos los muros, las balaustradas y columnatas —a punto del colapso— que sus habitantes. Mientras Alejo Carpentier podía demorarse capítulos enteros describiendo la maravilla arquitectónica habanera o la imaginación de Lezama Lima penetraba dentro de las casas buscando los ritos domésticos de la ciudad, la mirada absurda de Gutiérrez se mueve en cambio en sentido contrario, va desde el interior de los edificios de Centro Habana —donde habita— hacia afuera. No tiene que hacer gran esfuerzo, pues el interior de las ruinas superpobladas se vuelca desordenado sobre la calle, como un desperdicio más. Los antiguos palacios y edificios elegantes no son ya expresión de una mitología fundacional. Constituyen tan sólo parte del caos contemporáneo. Tal vez por esto mismo Álvarez-Tabío reconocía en *Trilogía* las mejores descripciones de La Habana de los noventa ("La ciudad", 102). Destaca cómo la actitud indolente del protagonista se corresponde con una "mirada leve que, al perder peso e intensidad, se remonta, se despega de la ciudad", y admira como elemento singular en la obra de Gutiérrez "una devaluación del gesto de escritura de la ciudad sin precedentes en la literatura cubana" (104).

Tal singularidad es expresada también por el hecho de que la vida en estos espacios arruinados no constituye para Gutiérrez signo de una tradición habanera. Son sólo consecuencia de la pobreza y la marginalidad social. La promiscuidad y la vida a la intemperie resultan de la escasez, la sobrepoblación, la necesidad de encontrar subsistencia en las calles habaneras. Entre los personajes de Gutiérrez, además, no se puede hablar de una reconfiguración de la familia, sino, en buena medida, de su desaparición. Recuérdese que la familia de Pedro Juan se desintegra durante los primeros años del Período Especial, tan sólo le queda la madre, de quien se mantiene a una protectora distancia; y la de Reynaldo también desaparece al comienzo de *El rey*. Todo intento de otros personajes por acercarse a Rey o Pedro Juan es rápidamente abortado por los protagonistas, que prefieren quedarse solos, evitar responsabilidades: "Le tengo miedo a esa mulata" —confiesa Pedro

Juan en *Trilogía*—. "Es puta y romántica y yo le gusto. Una combinación demasiado perfecta. Y ninguno de los dos se quiere complicar. ¿Para qué buscarnos más líos? Con lo que hay ya es suficiente" (275).

El hastío que alcanza al protagonista de Gutiérrez es perceptible también a través de su desplazamiento por la ciudad. Ya se ha analizado cómo en *Animal tropical* Pedro Juan quiere deshacerse del caos estrepitoso entre las ruinas, que le sedujera al principio de su caída existencial. Su estancia de algunos meses en Estocolmo no logró convertirse en una verdadera solución y, de vuelta en Cuba, expande su indagación existencial hacia otros barrios. Si *Trilogía* transcurre casi enteramente en los más miserables rincones de Centro Habana y La Habana Vieja, en *Animal tropical* el lector descubrirá, a través del deambular del protagonista, la presencia de otros mundos habaneros. Poco a poco, la mirada va mostrando algo más que la destrucción y la miseria de Centro Habana.

El tiempo ha pasado, el turismo se ha instalado sobre la ciudad y hasta de las propias ruinas se puede sacar provecho. Gutiérrez describe en *Animal tropical* una pareja de modelos que de tan diferentes a los vecinos de su barrio son considerados por éstos como extranjeros. Pedro Juan intenta aclarar a una señora negra del lugar que los modelos son cubanos, pero pronto desiste, ella está demasiado convencida de la ilusión. El contraste entre la belleza y delicadeza de los modelos, sus ropas blancas, vaporosas, con el paisaje de fondo (negritos hambrientos, sucios y harapientos, perros sarnosos vagabundos, un contenedor de basura pudriéndose en mitad de la calle) es flagrante, obsceno. El narrador lo constata, se detiene un instante, luego sigue su camino sin ofrecer más comentarios (37). Han quedado atrás las tácitas críticas, ahora sólo observa y circula. En otra ocasión es él quien se desplaza hacia otros barrios. En El Vedado su mirada recorre espacios muy diferentes a los de su vecindario en Centro Habana. También, los habaneros del uno y del otro son distintos. Diríase que ambos municipios no se encuentran en la misma ciudad. Son, sin embargo, contiguos. Describe así El Vedado:

> [U]n sitio arbolado, tranquilo, silencioso. Bastante limpio. Pasan mujeres obesas, con aspecto de ejecutivas, usaban chaquetas, pañuelos de colores pálidos al cuello y portafolios negros. Muchos vecinos tenían autos, entraban y salían de sus garajes [...] Adolescentes bien vestidos, con as-

pecto de hijitos de papá, [...] se les veía bien alimentados, risueños, despreocupados. Algunos hacían jogging, arropados para sudar y reducir el peso excesivo de sus vientres. La gente caminaba tranquilamente bajo los árboles, muy desestresados. Algunos acompañaban a sus graciosos perritos, un poco aburridos. Los perritos olfateaban el aire al pie de los árboles, alzaban la pata y meaban un poquito. A veces se decidían y cagaban un mojoncito estreñido (*Animal*, 49).

Como en la escena de los modelos, se percibe sólo un tono triste en el fondo de cada frase de Gutiérrez. Una vez más, su personaje se limita a observar silenciosamente. Conversa con una muchacha negra, bien vestida, quien desea comprar un apartamento. Cuando el narrador le propone su propio apartamento en Centro Habana la joven se aleja ofendida, aduciendo que en aquel barrio vivían demasiados negros. Tal y como hiciera con la señora empeñada en que la pareja de modelos era extranjera, tampoco entonces el protagonista intenta alguna protesta, convencer a su interlocutora. Disfruta aún por unos instantes de la paz de aquel territorio que considera en tregua (sic) y concluye para sus adentros que afortunadamente él se sentía a gusto en su barrio conflictivo, "en la cochambre y con [sus] amigos de la negritud" (50). Centro Habana, el caos y la decadencia se asocian a lo negro. En total, condicionan la existencia escogida por el protagonista. El *solar*, como los negros y el caos, constituyen bajo la perspectiva de Pedro Juan reductos frente a los cambios de la sociedad postsoviética. ¿Otro tipo de museo? Sin dudas, el de la distopía cubana postsoviética, encerrando junto con el desfallecimiento de la cosmología de la revolución, la muerte de los muros de la ciudad e incluso la de sus habitantes. Museo, mas no eterno: todo, siempre, va a derrumbarse. Y es la inminencia de la destrucción lo que se vuelve peligro para Pedro Juan, quien va de la caída frenética a esa tentativa por mantenerse mientras se cae cada vez más, que mencionaba Kierkegaard en la ya señalada cita de *Tratado de la desesperación* (172).

En consecuencia, la toma de partido de Pedro Juan por la vida en el centro de La Habana no llega a ser lo suficientemente intensa. El Vedado representa a sus ojos el Bien del cual se aleja, pues se siente incómodo ante la falsedad que desprenden tanto aquel espacio como sus moradores, mientras Centro Habana abrigará evidentemente el mal, que en un principio abraza y del que luego siente hastío. Pero estas interpretaciones no son suficientes, para el personaje desorientado, para exaltar Centro Habana o La Habana Vieja en detrimento de otros barrios, como El Vedado o Miramar. Aunque no reprime cierto mohín al describir a estos últimos como el feudo de los nuevos ricos habaneros, su crítica no alcanza tampoco los absolutos niveles despreciativos que reviste en la prosa de Carpentier o Lezama Lima. No se molesta nunca en defender sus puntos de vista, ni ante la vecina confundida con los modelos, ni al conversar con la muchacha negra en El Vedado. Simplemente continúa su deambular por el caos citadino.

En realidad, ni La Habana en ruinas ni la rutilante parecen entusiasmarle de veras al Pedro Juan de las últimas novelas. Otros itinerarios se trazan entonces, hacia zonas también olvidadas por el éxito y la bonanza, pero un poco menos afectadas por el hacinamiento de los habaneros del centro. Como se precisó antes, el protagonista se dirige hacia territorios alejados del epicentro caótico de La Habana, específicamente la playa de Guanabo y zonas suburbanas como Guanabacoa o El Calvario. En estos barrios encuentra espacios sin dueño, ley, ni moral, desolados, en los que hasta la policía casi desaparece, y descubre en ellos una marginalidad más acorde con su nueva búsqueda existencial. Su percepción de estos barrios, determinada por el hastío que ahora le caracteriza, difiere mucho de su primera búsqueda, orientada por el caos: "Allí [en las afueras] la gente vive más distendida. En Centro Habana la gente tiene mucha rabia contenida. Furia, desesperación, agresividad. Es contagioso. Te acostumbras a vivir con los colmillos y las garras afiladas, listo para destrozar al primero que te mire mal" (*Carne*, 108). Moviéndose entre estos espacios, ilustra el parecer del arquitecto Mario Coyula, quien lamentaba que en La Habana "el ciudadano está aplastado por una chatarra amorfa que se le viene encima al caminar por las calles, y es sometido a un bombardeo continuo de colorines y música igualmente escandalosos. Esta es una ciudad enjaulada donde la gente se mueve con dificultad entre dos puntos amistosos o al menos conocidos, mientras atraviesa un territorio hostil dominado por marginales buscavidas y su reverenciado modelo de éxito a imitar, el 'maceta' [nuevo rico]" (55). El protagonista de Gutiérrez es ahora ese personaje escapando de un territorio apacible a otro. Necesita cierta distensión, que no es lo mismo que la comodidad que respira al visitar barrios como El Vedado o Miramar. En ellos critica la falsedad, mientras en Guanabacoa, El Calvario o Guanabo le satisface lo baldío, el abandono de la civilización, que, a diferencia de Centro Habana, carece de agitación. Caos estático, podría decirse. Al observar el paisaje desde la casa de su madre en El Calvario, reconoce Pedro Juan: "Me gusta este paisaje medio campestre de El Calvario. Los solares vacíos y cubiertos de hierba. Más allá la autopista sur y más lejos la enorme llanura, inútil y verde" (*Carne*, 127).

En toda circunstancia, sin embargo, Pedro Juan sigue siendo un "mirón" particular. Que sea en la barahúnda de Centro Habana o en la calma desamparada de El Calvario, es siempre alguien que observa la decadencia o lo baldío, mientras permanece dentro de los mismos. Presenciar, a un tiempo que se le vive, lo estéril, dentro y fuera de sí mismo.

4.3. Oscuridades de la isla distópica: caos, raza y nación

> Vendo libros de oratoria triunfalista.
> Vendo el arte del realismo socialista...
> Vendo servicios de santeros y doctores.
> Vendo mi escala de valores...
> Vendo inmunoensayo contra los burgueses.
> Vendo la máquina de hacer panes y peces...
> Pero no me dejes ir,
> porque te vas a arrepentir,
> cual manisero.
>
> Frank Delgado, "El pregonero", *El Adivino*

Desde las primeras páginas de *Trilogía sucia de La Habana* es expuesta la relación del protagonista con Cuba, o al menos con la nación postsoviética en que se desenvuelven sus aventuras. Su esposa Jacqueline escapa a Nueva York y el éxodo de cubanos se incrementa según avanza la crisis, mientras Pedro Juan permanece en la isla. Justifica su elección argumentando que:

> Jacqueline es demasiado fina para vivir en La Habana en 1994 [...] es un producto demasiado complicado y poco asimilable por un macho tropical y visceral como yo [...] Algo andaba mal en todo eso. O la elegancia de Jacqueline. O la vulgaridad de la gente, o la torpeza mía, porque yo todo lo veía bien y me sentía a gusto, aunque, ciertamente, la pobreza avanzaba al galope [...] Yo vivía en el mejor sitio posible del mundo: un apartamento en la azotea de un viejo edificio de ocho pisos en Centro Habana (15).

Los mismos problemas que hacen huir a buena parte de la población cubana sirven de aliciente a Pedro Juan para quedarse en la isla. De hecho, mientras se interna la nación en el desastre, el protagonista se siente más a sus anchas. El sujeto absurdo no se identifica con la imagen de una nación desarrollada y perfecta. Se reconoce en cambio pleno entre los cubanos desesperados, desnudos de ideologías y normas morales, cuerpos lanzados a la lucha por la subsistencia diaria. La distopía, bajo la perspectiva de Pedro Juan Gutiérrez, guarda las verdaderas energías de la nación, tal y como sucedía con las utopías desplegadas en la narrativa de Estévez, Paz, Padura o Prieto. Y esta distopía se encierra también dentro de la isla.

Sin embargo, su visión es antinómica a las fuerzas mayoritarias del nacionalismo insular, que han construido la cubanidad a partir de cualidades positivas: asentándola en el ideal del desarrollo contra la barbarie, del Progreso, la soberanía y lo auténtico. Vale recordar estas imágenes positivas de la nación.

En la sección anterior se estudió cómo los primeros años de la República, a principios del siglo XX, acarrearon el interés para las elites de definir a Cuba como nación civilizada. Se esbozó también la connotación que en tal proyecto alcanzó el factor racial. Con la República, los negros se convierten en ciudadanos y debió entonces encontrárseles justificación dentro de una nación que buscaba compararse a los países europeos y a Estados Unidos, mientras se distinguía de África y el resto de América Latina y el Caribe. Resultaba ya imposible obviar la presencia de esa población negra que hasta entonces no eran cabalmente personas, sino instrumentos de trabajo (*piezas de ébano* se les llamaba durante la esclavitud). Múltiples esfuerzos intelectuales se desplegaron entonces para hallarles una explicación dentro de la nacionalidad cubana.[3] Para muchos intelectuales resulta esencial comprender en qué medida podía considerarse que los negros y mestizos

---

[3] Además de la autopsia que se le hace a Antonio Maceo para comprobar que a pesar de ser mulato poseía un cerebro que justificaba su genialidad y pericia en la guerra, otros sucesos ilustran la magnitud que alcanzó a principios del siglo XX la preocupación racial entre los nacionalistas cubanos. Otro importante general mambí negro, Quintín Bandera, que a diferencia de Maceo sobreviviría a la guerra de independencia, sería presentado a la opinión púbica como el "negro bárbaro". Poco antes de terminada la guerra, en 1897, sus correligionarios injustamente le juzgan en corte marcial, siendo su pretendida degeneración, brutalidad e incapacidad para servir de ejemplo moral ante las tropas —que contradecían el ideal de pureza de la nación— argumentos de gran peso en su condena. El prestigio de Quintín Bandera fue aplastado y su presencia borrada del círculo de los patriotas veteranos. Es a este grupo de patriarcas, casi todos blancos y pertenecientes a distinguidas familias cubanas, a quienes los Estados Unidos, tras la intervención (1898-1902), entregan el relativo poder de la nación (Ferrer, *Insurgent Cuba*, 173-179). Años después, cuando en 1912 fuese brutalmente sofocada la breve revuelta promovida por el Partido Independiente de Color, que reclamaba a las autoridades republicanas tratamiento igualitario y verdadera participación de los negros en el gobierno, también los cadáveres de sus líderes Evaristo Estenoz y Pedro Ivonnet serían examinados con el fin de demostrar la inferioridad del negro, justificando de la suerte su marginalidad y alienación, su incapacidad para participar plenamente en la construcción de la nueva república civilizada. Sobre la revuelta del Partido Independiente de

pudieran también —aunque fuese excepcionalmente— ser presentados como cubanos ejemplares, o al menos, como ciudadanos "civilizados". Es el etnosociólogo Fernando Ortiz, también conocido como "Tercer Descubridor de Cuba"[4], quien, imbuido de positivismo y discípulo de Lombroso, se destacará por sus estudios acerca de lo que llama el "hampa afrocubana", responsable en su opinión de muchos males sociales:

> En Cuba toda una raza entró en la mala vida. Al llegar los negros entraban todos en la mala vida cubana, no como caídos de un plano superior de moralidad, sino como ineptos por el momento al menos, para trepar hasta él. Sus relaciones sexuales y familiares, su religión, su política, sus normas sociales, en fin, eran tan deficientes que hubieron de quedar en el concepto de los blancos por debajo de los mismos individuos de la mala vida de estos, pues para el hampa blanca no faltaban algunos lazos de unión con la masa honrada, su desadaptación no era completa, mientras que sí lo era en un principio la de los infelices negros (*Los negros esclavos*, 28).

Al analizar sus tempranas obras, entre 1906 y 1916 aproximadamente, resulta evidente que para el Fernando Ortiz de entonces los negros de Cuba no eran ciudadanos de la misma manera que sus compatriotas blancos: sus costumbres son consideradas por éste como primitivas, resultado del fanatismo y la ignorancia.[5] En estos procesos de estudio de las "barbaridades" del negro cubano, puede reconocerse la actitud "reflexiva" que la escritora Toni Morrison revelase al estudiar las representaciones del negro en la literatura norteamericana: "La fabricación del personaje de origen africano es reflexiva. Constituye

---

Color, cabe remitirse a los libros de Fernández Robaina, *El negro en Cuba*, Fermoselle, *Política y color en Cuba*, y Helg, *Lo que nos corresponde*.

[4] Como "Tercer Descubridor de Cuba" catalogó el crítico marxista Juan Marinello a Fernando Ortiz, en 1969.

[5] Esto se aprecia en las interpretaciones que hace de diferentes casos judiciales en que termina por ejecutarse a negros acusados de asesinar a personas blancas con fines litúrgicos en religiones de origen africano. Ortiz no ponía en duda la veracidad de los cargos y consideraba que estos condenados no concebían su acto como un crimen, sino como algo perfectamente moral y altruista dentro de su propia concepción ética "traída de África" (sic). A su modo de ver, las prácticas culturales y religiosas que entonces denominaba *africanas* eran incompatibles con el carácter civilizado de la nación cubana.

una extraordinaria meditación sobre sí mismo; una exploración vigorosa de los miedos y deseos que habitan la conciencia del escritor. Es una pasmosa revelación de las nostalgias, los terrores, las perplejidades, vergüenzas y magnanimidades" ("The fabrication of an Africanist persona is reflexive; an extraordinary meditation on the self; a powerful exploration of the fears and desires that reside in the writerly conscious. It is an astonishing revelation of longing, of terror, of perplexity, of shame, of magnanimity", 17). En el caso cubano, se trata del proceso de imputación al negro de toda una panoplia de comportamientos y actitudes generalmente rechazados y negados por el nacionalista. En la piel del negro se agitan entonces muchas de las espantosas oscuridades del yo nacional, haciendo de él, precisamente, todo lo contrario: el Otro.

La voluntad modernizadora de Fernando Ortiz no se limita, sin embargo, a la población negra de la isla. En 1914 aparece su libro *Entre cubanos. Psicología tropical*, que dedica al "dormido lector", de quien exige movilización intelectual y laboral.

> Laboremos, hijos de los trópicos, laboremos; que si en las jornadas de la Historia hemos de caer rendidos, no sea por el fárrago colonial que nos encorva, ni por el narcótico de abulia que nos va matando; libres de uno y otro, sea nuestra caída la de los pueblos cansados de la labor, no la de los que, aletargados, han dejado cruzar por encima de ellos el carro de la civilización [...] El trabajo produce siempre, ruido al menos. Y eso es lo que más necesita hoy el pueblo criollo; ruido que lo despierte a la vida moderna, que es la vida del trabajo y la libertad (*Entre cubanos*, 3-4).

La modernización y el Progreso, que para Ortiz resultan esenciales, no se consiguen únicamente, en su opinión, por la vía tecnológica. El cubano que él desearía ver aparecer, recuperando la pulsión utópica martiana, precisa además de la solidez de su alma nacional resistente a la dominación americana. Así, subdesarrollo y dependencia constituyen puntos cardinales en su obra. Al Progreso, en su momento, no sólo se llega con el logro de la independencia. Por eso Ortiz quiere comprender, clasificar, determinar cómo se sitúa Cuba en el mundo moderno; y para ello, precisar las coordenadas de lo cubano con respecto a lo europeo, lo africano y los mundos americanos y caribeños. Hay que hallar el espíritu nacional cubano y situarlo dentro de Occidente, lo cual —como ya se ha visto- fue también preocupación central para Carpentier y Lezama Lima. Demostrar que Hegel se había equivocado al asegurar que la eternidad era imposible en tierras americanas, que el futuro del *nuevo continente* no tenía sitio dentro de la Historia del Espíritu, la cual moría entre las estructuras y los fenómenos del *viejo mundo* donde el filósofo colocaba exclusivamente el "teatro de la Historia Universal". Era necesario revelar la trascendencia nacional, la participación de la cubanidad en el Espíritu Universal. Y para esto se impone comprender la realidad cubana, cuyos aspectos "inquietantes" debían ser analizados y resueltos.

Los años treinta se caracterizan por la grave crisis económica y la dictadura de Gerardo Machado, que se cerrarían con la revolución frustrada de 1933. La desilusión no impide, sin embargo, que los movimientos sociales se reactiven y el ideal revolucionario reaparezca, siendo nuevamente identificado como proyecto nacional. El nacionalismo, defraudado por las propuestas de la modernidad que no consiguieron llevar al país hacia el ansiado Progreso, vuelve a la búsqueda de las energías internas de la nación. Del siboneyismo al negrismo, lo cubano ya no quiere ser definido por su "civismo y cultura" sino por su raíz, la supuesta autenticidad que debía aportar solidez a la existencia insular. Pero por la reivindicación folklórica y la estéril búsqueda de purezas sólo se aboca a callejones sin salida, como llega a reconocerlo por ejemplo Carpentier al oponerse a la reimpresión de *¡Ékue-Yamba-Ó!*[6] Es así como ya en los cuarenta lo fundamental para los intelectuales preocupados por la definición nacional sería comprender la heterogeneidad racial, étnica y cultural en Cuba.

El mestizaje pareció brindar a Nicolás Guillén, a Fernando Ortiz, a Alejo Carpentier e incluso a los miembros del grupo Orígenes una solución al conflicto de la nacionalidad estancada. Aparentemente, el mestizaje conseguía resolver el problema de la heterogeneidad étnica y cultural que, si se le reconocía tal cual, tendía a ser considerada como una realidad aterradora que imposibilitaba la definición de un espíritu nacional coherente. Con las teorías del mestizaje logra insertarse esta

---

[6] "Creí conocer a mis personajes, pero con el tiempo vi que, observándolos superficialmente [...] se me habían escurrido en alma profunda, [...] en creencias y prácticas ancestrales que significaban, en realidad, una resistencia contra el poder disolvente de factores externos", explica Carpentier en el prólogo del libro, cuando al fin decidió respaldar su reimpresión en 1977 (*Ékue*, 11).

heterogeneidad dentro de alguna lógica que justifique la posición cubana en el mundo occidental. No se trata ahora de arribar a una síntesis espiritual, a la manera en que Martí definía la unidad nacional, sino de una síntesis también en lo cultural y en lo biológico. Cuando Guillén se refiere al "color cubano", ya ha escrito versos en los que exalta no sólo el gesto, el verbo y la espiritualidad del negro, sino su físico: habla de "bemba", "pasa", etc. Ortiz, por su parte, había estudiado bajo el sesgo de la criminología y el positivismo los "tipos" del negro cubano (el esclavo, el brujo, el curro) antes de llegar a la concepción de la transculturación.[7] Se van perfilando proyectos resolutivos, abiertos al porvenir, tanto por el "ajiaco" con el que Ortiz describe la mezcolanza étnica nacional como por el "color cubano" que según Guillén define a la totalidad de los cubanos, así como por el espíritu barroco que Carpentier atribuye a las culturas latinoamericanas que permite la convivencia armónica de los más diversos elementos etnoculturales, y asimismo por el concepto de "lo atlántico" a través del cual Lezama Lima y sus amigos del grupo Orígenes se explicaban, en adición a lo barroco, la heterogeneidad etnocultural. Lo cubano puede ir hacia delante, gana en futuridad.

Estas teorías cubanas aparecen además cuando las guerras ensombrecen Europa, poniendo en duda su prédica civilizadora, la marcha de la Historia, las certitudes occidentales acerca del Progreso. Las ideas que Oswald Spengler expone en *La decadencia de Occidente*, libro traducido al español por Ortega y Gasset en 1928 y ampliamente leído por la intelectualidad latinoamericana de la época, favorecieron

---

[7] Fernando Ortiz presenta en el prólogo de *Contrapunteo cubano del tabaco y el azúcar* el término *transculturación*, que metaforiza a través del ajiaco (guiso típico cubano hecho a partir de diversos vegetales y carnes). La transculturación, según Ortiz, "expresa mejor las diferentes fases del proceso transitivo de una cultura a otra, porque éste no consiste solamente en adquirir una distinta cultura, que es lo que en rigor indica la voz angloamericana *acculturation*, sino que el proceso implica también necesariamente la pérdida o desarraigo de una cultura precedente, lo que pudiera decirse una parcial *desculturación*, y, además significa la consiguiente creación de nuevos fenómenos culturales que pudieran denominarse de neoculturación" (90). Guillén, por su parte, defiende la idea de un "color cubano", símbolo del mestizaje nacional, en el prólogo del poemario *Sóngoro Cosongo*: "La inyección africana en esta tierra es tan profunda, y se cruzan y entrecruzan en nuestra bien regada hidrografía social tantas corrientes capilares, que sería trabajo de miniaturista desenredar el jeroglífico [...] Por lo pronto, el espíritu de Cuba es mestizo. Y del espíritu hacia la piel nos vendrá el color definitivo. Algún día se dirá: 'color cubano'" (92).

el surgimiento de este tipo de teorías esperanzadoras.[8] América hallaba al fin una posibilidad teórica, avalada por filósofos europeos, de incorporarse al *continuum* universal. Así, en una serie de artículos cuyo título claramente alude a Spengler, "El ocaso de Europa", publicados en 1941 en la revista *Carteles,* Alejo Carpentier hace de América la heredera del esplendor europeo que la Segunda Guerra Mundial estaba dando por terminado. Escribe entonces: "Las culturas no son gatos de siete vidas […] ¿Creéis acaso que el poderío espiritual y material de estas naciones europeas haya de ser algo inacabable ? […] ¡Hace tiempo que la antorcha de la civilización ha pasado del viejo corredor exhausto, a las manos del atlético y juvenil campeón americano!" ("Problemática", 13).

El peligro que para los nacionalistas pudo representar la misteriosa heterogeneidad cubana es conjurado gracias a las concepciones del mestizaje, llámese éste lo maravilloso, el color cubano, lo barroco o neobarroco, la transculturación, el tercer estilo o cultura atlántica. Siguiéndolos, se pueden imaginar los trazos de cierta síntesis hipotética, que instale lo incomprensible dentro de algún orden identificable, vasto y estable.

Cuando en 1959 la revolución elimina la segregación racial, la heterogeneidad étnica aparentemente deja de ser fuente de conflicto porque la diferencia se diluye en la masa que ahora es el pueblo cubano enfrentado a un enemigo común y compartiendo una tradición única, enfrascados todos en un solo futuro, bien preciso. El mismísimo mestizaje parece concretizarse solamente con el triunfo revolucionario. No es hasta 1959 cuando la blanca Mirta y el negro Calixto, personajes de la *Consagración de la primavera,* pueden hacer públicas sus relaciones y llegan a casarse. Para Carpentier y muchos otros escritores, el triunfo de la revolución significó redención y despertar del cubano nuevo, de un país real. "Rompí la placenta y nací, grité: ¡Coño,

---

[8] Según Spengler, no existía un centro fijo para la cultura universal, sólo un destino eterno. Destacaba la existencia de un ciclo inmutable para todas las culturas, ritmado por el nacimiento, la madurez, el envejecimiento y finalmente la muerte. Europa no constituía más, de tal suerte, el centro cultural y los americanos podían ya soñar con abandonar los márgenes y ocupar un día el anhelado centro. Sobre la influencia de Hegel y Spengler en el pensamiento latinoamericano del siglo XX y sobre todo en Alejo Carpentier, véanse González Echevarría, *Alejo Carpentier;* Bejel, "Cultura y filosofía de la Historia"; y Padura, *Un camino de medio siglo,* 97-142.

qué es esto! Quedé parado en dos columnas de concreto armado. Mis piernas estaban sobre la tierra" (290), exclama eufórico el negro Julián, protagonista de la novela *Adire y el tiempo roto,* publicada en 1967 por Manuel Granados. A pesar de las vacilaciones y contradicciones, de la frustración, que no le abandona ni siquiera cuando el nuevo régimen adopta una política encaminada a eliminar la discriminación racial y fomentar la unidad nacional en la vida diaria, este personaje cree al fin llegado el momento en que los de su raza integran plenamente la nación, cuando pueden considerarse cubanos, sin cortapisas. Julián también conocerá el verdadero amor de una mujer blanca durante esos primeros años de la revolución. Antes había tenido ya relaciones con otras blancas que nunca llegaron, empero, a reconocerlo como un ser humano, un igual. Pero Cira, la antigua prostituta también redimida por la revolución, queda embarazada y espera entusiasta el nacimiento de su hijo. Julián perecerá en un atentado contrarrevolucionario y este hecho podría leerse como expresión de que la incertidumbre y la desconfianza que aún abrigaba no hallaban cabida en la nueva sociedad. El niño mestizo, en cambio, representa el futuro abierto y ahora sí, al parecer, real.

Sin embargo, lo cierto es que todas estas interpretaciones teóricas, poéticas o ideológicas del mestizaje triunfante nunca consiguen corresponderse fielmente con la realidad. François Laplantine y Alexis Nouss lo enuncian:

> El mestizaje no es ni fusión ni ósmosis, sino la confrontación y el diálogo. Cuando el sincretismo provoca la abolición de las diferencias por adición, adjudicación e injerto, y no por sustracción y ablación contra el purismo, se produce una vez más la violencia de la reducción a la unidad, es el mismo proceso de integración en un todo homogéneo e indiferenciado. La multiplicidad acaba por ser derrotada, porque resulta absorbida por lo único.

> Le métissage n'est pas la fusion, la cohésion, l'osmose, mais la confrontation, le dialogue. Quand le syncrétisme procède à l'abolition des différences par addition, adjonction et greffe, et non pas par soustraction et ablation contre le purisme, c'est la même violence de la réduction à l'unité qui est à l'œuvre, le même processus d'intégration dans un tout homogène et indifférencié. Le multiple se trouve vaincu, car absorbé dans l'un (82).

La identidad cubana basada en el mestizaje no alcanza a esconder las groseras costuras con que se le arma. El mestizaje es sólo un gesto inacabado que nunca se termina ni comienza. Alguna que otra vez se atreven a reconocerlo sus teorizadores, mas sólo en parte: hasta el punto en que la indefinición y lo imprevisible del fenómeno sostienen la idea de la eternidad de lo cubano. Lo cubano recuérdese que era para Lezama, por ejemplo, "un tema escrito en lo invisible" y al mismo tiempo es perfección encerrada en la esfera dominada por la Imagen:

> Lo nuestro es lo ondulante, la brisa, una cierta indefinitud, una mezcla de lo telúrico con lo estelar [...] la más firme tradición cubana es la tradición del porvenir [...] lo cubano tiene sus catedrales y sus grandes mitos construidos en el porvenir [...] Esa imprecisión es conveniente, nos enriquece [...] Esa falta de contornos nos da una atmósfera mayor y plena (Lezama citado sin referencias por González, Reinaldo, 122-123).

El mito del mestizaje, la indefinición por la cual supuestamente se arriba a la perfección e inmortalidad, llega hasta el presente postsoviético. Ya se ha visto, en el análisis de Abel Prieto y Alexis Díaz-Pimienta, como el mestizaje constituye, en *El vuelo del gato* y *Maldita danza*, la solución a los problemas existenciales de sus protagonistas. Sin embargo, el mestizaje no puede brindar serenidad histórica porque nada está previsto ni establecido en él. El mestizaje provoca una tensión permanente. No es el vértigo carnavalesco de una sola noche. No yace en la quietud definitiva de un plato de ajiaco donde sustancias y sabores en principio completamente ajenas encuentran reconciliación, ni tras la armonía perfecta de la cantidad hechizada, no es una fiesta innombrable, tampoco la nombrable, pues no se acaba ni en rumba ni en bolero, ni son o danzón. El mestizaje, como lo cubano, es incapturable, indescriptible, imposible.

Quizás porque estas características del mestizaje son próximas a los rasgos de su ética absurda, sea Reinaldo Arenas uno de los escritores cubanos que mejor ha comprendido el fenómeno del mestizaje. Destaca en su Cecilia Valdés, su versión de la célebre mulata con frecuencia entronizada en símbolo literario de la mujer cubana (y de la cubanía), lo dramático de su condición, la oscuridad de sus orígenes más que lo celebrado y conclusivo que otros prefieren ver. Reconoce entonces que el verdadero placer de la protagonista de *La loma del Ángel*, no está en

> llegar a sitio alguno, sino en pasar, pasar corriendo. Seguir. Sabe que si se detiene invariablemente comenzarán las preguntas. ¿Eres negra o blanca? ¿Quién es tu padre? ¿Quién te mantiene? ¿Cuál es tu historia? [...] Y su historia, al menos para ella, era un enigma [...] Los demás tienen hermanos, padres, madres, alguien a quien poder odiar o amar, parecerse o renegar. Ella tiene las calles, los portales [...] Ella se tiene sólo a sí misma y por eso sabe (o intuye) que si deja de hacer ruido deja de ser (17-18).

Ruido, tartamudeo, ebriedad, intemperie, desarraigo: ¿la verdadera cubanía? Al menos desde la perspectiva absurda, es posible que sea esto lo cubano. Así también aparece en la obra de Pedro Juan Gutiérrez, para quien no es posible atar los cabos sueltos de la identidad. La irresoluble cubanía es en su existencia una presencia constante e inquietante. Su protagonista ve a sus conciudadanos abandonar la isla masivamente. En sus libros describe el éxodo de los balseros en agosto de 1994. La desesperación ciega impulsa la decisión de muchos mientras Pedro Juan, escéptico e impávido, los observa emigrar sin ni siquiera pensar en esa posibilidad para sí mismo. Él es de los que, como expresa en *Trilogía*, se quedaba porque era "incapaz de vivir demasiado lejos, a pesar de todo" (10).

Este personaje es, como el Sergio Malabre de *Memorias del subdesarrollo*, un insomne observador de la hecatombe nacional. Como el protagonista en la novela de Edmundo Desnoes, también decide quedarse en Cuba, incluso si no le encuentra sentido a la realidad que vive en la isla. Vale aquí analizar algunas coincidencias entre ambas obras. Es interesante que en la versión cinematográfica de *Memorias*, adaptada por Tomás Gutiérrez Alea en 1968, la película se inicia con una rumba callejera frenética y nocturnal. Predomina la gente negra y de repente, sin explicación alguna, alguien es asesinado. La rumba y la confusión, sin embargo, continúan y la cámara se detiene en el *close up* de una mujer negra, sudorosa y azorada, pero no se sabe si por el baile o el crimen recién perpetrado. Tras esta imagen, comienza el relato de Sergio describiendo la partida de los burgueses de La Habana de los tempranos sesenta. El país queda, al menos en apariencias, en manos de los del jolgorio, esa muchedumbre subdesarrollada que —¿casual o históricamente? — está compuesta de una mayoría negra. El protagonista Sergio anda entre esa masa sin llegar a mezclarse realmente, dejándose caer en ella a veces, cuando baja de su elegante *penthouse* en El Vedado. Asimismo haría treinta años más tarde Pedro Juan, descendiendo de su cuarto en una azotea de Centro Habana, ya no burguesa ni elegante, sino maloliente y pobre. Aun dentro de la barbarie, que es igualmente rumbera, despreocupada y mayoritariamente negra, el personaje de Gutiérrez sabe, como Sergio, que no es parte de esa masa subdesarrollada. Como ya he mencionado, el protagonista observa su propia existencia en el desastre, no es un "mirón" del todo ajeno. Pero al mismo tiempo traza la diferencia con sus vecinos. Ésta estribaría en que él "comprende" el caos. Los otros, desde su perspectiva, viven dentro del caos sin conocer las dimensiones éticas de su vida decadente. A Pedro Juan, como a Sergio, le gusta observar la ciudad en ruinas, "que se cae a pedazos" desde su azotea. La Habana está a oscuras, pero se escuchan los tambores por doquier. Entonces el protagonista de Gutiérrez recuerda "aquellas películas de exploradores en el Congo: 'Oh, los caníbales nos rodean'. Pero no. Los negros sólo celebran a la Virgen. Eso es todo. Negros de fiesta. Nada que temer" (206). Pedro Juan y Sergio sólo observan, son "mirones" del caos de un pueblo oscuro y subdesarrollado. Luego proceden a encontrarle una lógica al caos y hacerlo cosmos, configurar en el caso de Pedro Juan su cosmología absurda.

Hasta los años noventa, en la creación cubana revolucionaria proliferaron fundamentalmente dos tipos de personajes negros: el negro alienado de antes de 1959, explotado y marcado por todos los males del capitalismo, y el "Negro Nuevo". Juntos, simbolizan una obra mayor, la revolución. La perspectiva de Pedro Juan Gutiérrez aparece en los años noventa, al final de este panorama de aparente armonía, arrasando con la idílica historia de una nación que camina hacia el Progreso, racional y civilizada, cuyo mestizaje garantizaría su potencial futuro. En su narrativa aparecen muchos cubanos mulatos, incluso en algún momento llega a celebrar el mestizaje como una salvación:

> Por las tardes bebía ron, fumaba mis tabacos, seducía a alguna negra, alguna mulata. Las adoro. No voy a escribir aquí que los negros son una raza superior porque eso es fascismo inverso pero estoy convencido de que hay que mezclarse más. Provocar el mestizaje. Fabricar más mulatas

y mulatos. El mestizaje salva. Por eso me gustan las negras (*Animal tropical*, 16).

Mas la "salvación" dentro de su postura ética es como ya se ha visto negativa, conduce a la catástrofe. El narrador deja clara su preferencia por los negros y mulatos, a quienes hace corresponder con el modo de vida alejado de la moralidad tradicional que adopta como sujeto absurdo en la Cuba postsoviética.[9] Tampoco evita presentar sus contradicciones y complejos. No hay coral cubana conseguida a través del mestizaje. El racismo entre los propios negros y particularmente de los mulatos hacia los negros es presentado en diversas ocasiones:

> Las mulatas son muy racistas. Mucho más que las blancas y las negras [...] Rosaura me decía: "Jamás he tenido un novio negro. ¿Acostarme con un negro? ¡Yooo?! Ah, no. En cuanto sudan un poquito ya tienen peste. Además son muy toscos". Bueno, no es un drama. Un día fui a su casa, y su madre es muy negra. Dice que su padre era muy blanco. Hablan de todo eso en voz alta. Y ya. No hay drama en el asunto. Más bien es una comedia de enredos (*Trilogía*, 148).

La mulata Rosaura es sólo uno de los muchos personajes que, en las obras de Gutiérrez, ofrecen imágenes muy reales del alcance de los prejuicios raciales en Cuba. Pero, siguiendo al pie de la letra su programa de desprendimiento ético, el narrador debe mantenerse fiel a su voluntad de ver, en los conflictos de sus personajes, nada más que "una comedia de enredos". Lo absurdo alimenta su fascinación con situaciones aparentemente incomprensibles como ésta, en la que los propios negros y mulatos mantienen actitudes racistas, y lo hace contentarse con lo que observa, huyendo de teorías y enjuiciamientos.

A través de mulatas como Rosaura, Pedro Juan trasmite además la verdadera naturaleza y las razones de su obsesión por las mujeres negras. En los primeros libros del Ciclo de Centro Habana serán incluso las más oscuras negras quienes más intensamente despierten su apetito sexual, pues encuentra en ellas un mayor grado de barbarie. Así, una mulata, directora de un programa radial que "hablaba alemán y le gustaba pasar por elegan-

---

9 He presentado estos análisis sobre el tratamiento racial en la narrativa de Pedro Juan Gutiérrez en mi artículo "Negros, marginalidad y ética" publicado en 2005.

te y comedida" (es decir, presentando los estereotipos tradicionalmente atribuidos a las mujeres blancas y que entusiasmarían a cualquier cubano satisfecho con las normas sociales), es despreciada por el protagonista. Él considera insoportable su comportamiento "atinado y sensato" (*Trilogía*, 50). Su objetivo ya se sabe que es abandonar las normas sociales y por eso, al principio de su buscada caída, llega a decir "yo soy más o menos blanco y el sentido del deber —en esa época— me hacía perder las cosas verdaderamente importantes [...] Ah, menos mal que pude dejar atrás esa etapa de mi vida" (*Trilogía*, 21). En esta ocasión específica el asunto importante era irse a la cama con una mujer negra recién conocida. Entonces el protagonista no había abandonado lo suficiente su antigua vida, no había alcanzado aún su camino "correcto", que sólo conseguiría al confundirse con la población marginal en que se mueve.

Vivir entre los negros pobres de la Cuba de fines del siglo XX constituye la solución de Pedro Juan, quien así descubre maravillado lo que él considera como conducta modélica, que le sirve de patrón en su carrera hacia la alienación. Esta actitud tampoco es totalmente nueva en la literatura nacional. Ya Carpentier en *¡Ékue-Yamba-Ó!*, "El reino de este mundo" y *Concierto barroco* expresaba cierta fascinación por los personajes negros que con sus creencias y prácticas culturales parecían "salvar" la sociedad en crisis, regida por los blancos. También Lydia Cabrera encontró en la magia de los religiosos afrocubanos vías de rescate para la nación que supuestamente se perdía bajo la alta influencia económica, política y cultural de los Estados Unidos. Sin embargo, a diferencia de los negros de Cabrera y Carpentier, los negros de Gutiérrez no son ni mágicos ni culturalmente resistentes a la dominación extranjera. No son portadores de la utopía renovadora sino de la distopía apocalíptica. Para el protagonista, empero, constituyen una salvación personal y por eso le fascina su modo de vida. Recogidas en mi artículo "Negros, marginalidad y ética", estas ideas son retomadas y ampliadas por Whitfield, quien opone la posición irreverente de los personajes de Gutiérrez a otra corriente contemporánea a su obra, expresada por la música *timba*[10], donde los mismos espacios son identificados como nichos de auténtica espiritualidad afrocubana (116).

---

[10] Por *timba* se conoce un estilo de música bailable popular en Cuba desde finales de los años ochenta —aunque se fue constituyendo desde los setenta—, resultado de la mezcla de sonoridades provenientes por ejemplo de la salsa, la rumba, pop, *jazz*, *funk*,

Se exaltan en la obra de Gutiérrez, como presuntas características de los negros marginales, la despreocupación por el futuro, la fragilidad de sus vínculos con los valores éticos defendidos por la sociedad y cierta "alegría de vivir" que ni siquiera la penuria cotidiana consigue derrotar. El protagonista y narrador describe así el modo de vida que quiere imitar: "Cada día me parezco más a los negros del solar: sin nada que hacer, sentados en la acera, intentando sobrevivir vendiendo unos panecillos, un jabón, o unos tomates. [...] Sin pensar en qué haremos mañana, qué sucederá" (*Trilogía*, 160).

En su proyecto existencial el sexo —principalmente con mujeres negras— juega un papel esencial. Pedro Juan persigue desenfrenado el sexo de estas mujeres volcánicas, ese poderoso "olor a sudor íntimo y erótico de las negras" (270). Desde el momento en que decide dar la espalda a su vida anterior para sumergirse en la miseria y la suciedad, son las mujeres negras quienes comparten con mayor frecuencia su lecho. Se trata siempre de coitos desmesurados y cataclísmicos, en los que toda fantasía es permitida. Todo es descrito como si hacer el amor con estas mujeres no solamente representase un acto muy diferente a hacerlo con cubanas blancas, sino que constituye además un signo de la decadencia social del personaje.

En las primeras obras de Pedro Juan Gutiérrez, los negros asoman solamente para interpretar el papel de personajes alienados, desprovistos de todo conflicto existencial. Vivir en la marginalidad o caer en la delincuencia aparentan constituir hechos absolutamente naturales en las vidas de estos personajes. Cuanto se esconde tras su marginalidad, es decir, la intimidad de estos hombres y mujeres, es un mundo cerrado a la percepción de Gutiérrez. No es pues extraño que, ante el afán de blanqueamiento de personajes como Rosaura, fenómeno esencial y

---

hip-hop, música religiosa afrocubana y, por supuesto, del son cubano. Se caracteriza además por la vertiginosidad del ritmo. Aunque se destacan numerosos músicos negros dentro de la *timba* y se vincula musical y socialmente a sectores de abundante población negra —como en toda la música popular cubana—, no logro considerar la *timba* como un género fundamentalmente negro o "afrocubano". Los temas de las canciones, la imagen visual promovida, su público e incluso sus productores y músicos no forman un todo homogéneo identificado con una sola raza. La *timba* es sociológicamente importante por haberse desarrollado durante estos años de profunda crisis ideológico-política y económica, reflejando este contexto. Conviene al respecto acercarse, entre otros, a García Meralla, Hernández-Renguat (2006), Moore y Perna.

constante en la historia de las sociedades del Caribe hispánico, el narrador no encuentre la más mínima huella de problematicidad y responda con un encogimiento de hombros muy a tono con su búsqueda de amoralidad.

Sin embargo, cuando en *Carne de perro* Pedro Juan se aleja hastiado de la vida trepidante en los barrios céntricos de La Habana y busca nuevos espacios, más alejados y tranquilos donde poder reflexionar en calma, comienza también a distanciarse del desenfreno sexual y de las seductoras negras que antes le fascinaran. Aunque en este libro mantiene relaciones esporádicas con una negra, mujer casada, su voluntad secreta es mantenerse "libre de complicaciones". Un paralelismo se traza entre las mujeres negras y mulatas y los populosos municipios de Centro Habana y La Habana Vieja, cuyas calles están inundadas de sensualidad y lujuria peligrosas, en las que el protagonista se pierde, aturdido. Quien en este momento busca lo contrario, la paz, cree que lo más atinado es rehuir tanto el barrio como sus mujeres. En la playa de Guanabo, fuera de La Habana, conoce entonces a Lena, quien trabaja en una cafetería y además vive en un barrio también alejado del centro de La Habana. El narrador parece al fin dispuesto a iniciar una relación seria. Curiosamente, esta mujer melancólica que despierta sus sentimientos y no sólo lujuria es blanca. Mas en pocos días Lena desaparece de la vida del protagonista: la despiden de la cafetería y es reemplazada por una bella y joven mulata, extremadamente seductora, que no le inspira sin embargo la más mínima simpatía (107-114).

Pueden trazarse correspondencias entre el carácter irresoluto de la identidad nacional presente en la narrativa de Gutiérrez y las visiones de la nación en Reinaldo Arenas. Los cubanos de Reinaldo Arenas patalean encerrados dentro de la contradicción forjada por lo que el narrador de *El color del verano,* tras escuchar los poemas de Virgilio Piñera, llama el *país* y el *contrapaís* (144). Los personajes absurdos de Arenas se saben parte de lo oscuro (el contrapaís) pero a la vez reconocen que aún cuentan con una protección, la de una tradición cubana luminosa (el país). Describe así la isla:

> [A]trapada en una tradición siniestra, víctima de todas las calamidades políticas, de todos los chantajes, de todos los sobornos, de todos los discursos grandilocuentes, de las falsas promesas y del hambre sin tregua [...] una isla a la que su descubridor, mientras la declaraba la tierra más hermo-

sa del mundo, maquinaba los medios de acabar con ella [...] Una isla sometida a un verano infinito, a una tiranía infinita y a la estampida unánime de sus habitantes, quienes mientras aplauden las maravillas de la isla sólo piensan en cómo poder abandonarla (176-177).

Ésta es la isla en la que "las figuras y los símbolos son desplazados de sus contextos sagrados a través de las tácticas paródicas de Arenas, para convertirse en imitaciones de las metanarrativas" (Loss, *Cosmopolitanism*, 51). Es la misma isla por la que se arrastran los personajes de Pedro Juan Gutiérrez, sufriendo su caos y calor históricos y presentes, sin alcanzar a comprender por qué no se largan como los otros. Algo muy oscuro les mantiene agarrados a la isla que no comprenden pero aman y odian al mismo tiempo. Renuente a emigrar, el exilio es generalmente presentado por Gutiérrez desde el punto de vista del cubano que se queda en la isla. Es decir, de la familia destrozada, del hombre o la mujer que sufre la ausencia y la soledad, pues no le quedan parientes ni amigos, o bien del que ansía partir. Se describe, por ejemplo, la desolada existencia de Angelito el borracho, cuya familia se había dispersado completamente: "Una hija jineteó hasta que logró casarse y se fue a un pueblo de Segovia, de esposa complaciente. Otro se le fue en una balsa para Miami. La mujer de ése, cuando se vio sin marido y con un hijo adolescente, renació como la viuda alegre y comenzó a cantar y bailar en un grupo de salsa, hasta que por un golpe de suerte se vio de repente en México haciendo un programa de radio: 'Lady Salsa'" (*Trilogía*, 113-114). Las vías de escape son múltiples y, como ya se leía en la prosa de Bobes y Díaz-Pimienta, no acarrea en la era postsoviética una obligada toma de posición ideológica o política.

La isla a la deriva de Arenas o la imaginada por el Sebastián de Estévez es ya un hecho concreto en los cuentos de Gutiérrez. No es el pedazo de tierra el que va soltando amarras sino sus habitantes, diseminados por el mundo. Mas las noticias de la vida fuera de la isla que nos trae Pedro Juan Gutiérrez no son las más halagüeñas. Carlitos, "hijo del caos", un joven que se va a Miami huyendo del "infierno" y persiguiendo el sueño americano, telefonea lloroso cada día a su familia en Cuba. No consigue adaptarse a su nueva vida. Es un ejemplo de la profecía de La Condesa Descalza en *Tuyo es el reino,* pues según el autor "llevaba dentro el desespero del caos. Su corazón permanecía cercado por los barrotes" (*Trilogía*, 151). La isla, en definitiva, lo acompañaba en su huida. Algo similar le ocurre a otro personaje de la *Trilogía:* se trata de Robertico, un negro que desde hace más de diez años vive en Alemania. Allí trabaja de lunes a viernes "apretando tornillitos". De visita en La Habana con su mujer alemana y sus hijos mestizos, despliega con gran alarde su regocijo y bonanza económica. Sin embargo, no puede esconder la amargura y la melancolía que le atrapan en Europa: "Yo extraño esto como nadie se imagina [...] vivo bien, pero no es fácil. Cuando me doy dos tragos se me salen las lágrimas. No puedo hablar español ni con mis hijos. No les gusta". Mas ya no puede dar marcha atrás, reconoce que la vida en Cuba es demasiado difícil y que no se adaptaría (*Trilogía*, 156). Está aquí nuevamente la resignación, clausurando las puertas del emigrado. Jamás en ningún sitio donde sentirse completamente a sus anchas: ni en Alemania ni en Cuba.

En *Animal tropical* son extensamente confrontadas y conjugadas las calamidades del cubano dentro y fuera de la isla. Recuérdese que es en esta novela donde el protagonista intenta abandonar su existencia desordenada empujando puertas que le conduzcan a un estado más sereno y reposado. ¿Fuera de Cuba habrá aún opciones? Aterriza en Estocolmo, invitado por Agneta, una amante sueca. Mas la calma que encuentra en Suecia llegará a saturarle y se convierte pronto en aburrimiento, aún más poderoso que el hastío provocado por el desenfreno que experimentaba en La Habana. En pocos días, Pedro Juan sabe que no puede resistir la vida fuera de la isla, extraña su país y sobre todo sus mujeres. Con Agneta no halla jamás satisfacción como con sus amantes cubanas. Reaparece el espectro del inigualable sexo patriótico. Aunque el protagonista llega a reconocer que Agneta no es una amante desdeñable, estará siempre comparándola con Gloria, su amante más frecuente en La Habana. Echa de menos la perversión de la cubana y desearía encontrar las mismas características en la sueca. Entre tanto comparar, lamentarse de sus insatisfacciones sexuales, de la comida que no le apetece, de las costumbres y de los modales europeos, del silencio, el orden y la pulcritud, la estancia en Estocolmo se convierte en un suplicio. Sólo el recuerdo de Cuba brinda algún aliciente y trata de escapar escuchando música cubana, pensando en Gloria y en La Habana, frecuentando clubes y discotecas latinas o masturbándose. Nada, sin embargo, consigue mejorar su estado de ánimo depresivo. Como La Musicóloga en Madrid, Pedro Juan se reúne con los cubanos de Estocolmo, pero pronto se aburre también de ellos. Su descripción no podría ser más tétrica:

> Un poco más arriba de Radmansgatan está el bar La Habana [...] siempre hay música salsa y los negros habaneros bailando con las suecas. Entonces regreso por unos minutos a la locura. Me cuentan cómo conquistaron a sus suecas en el Malecón o en Guanabo, cómo las seducen, cómo escapan ahora para bailar un poco de casino y emborracharse con otras suecas. Jamás tienen una corona en el bolsillo. Otros simplemente les piden dinero continuamente a sus mujeres. No entienden nada de sueco. Hay uno que es blanco y antropólogo. Depresivo. No baila. Lleva cuatro años en Estocolmo. Casi no habla. Si sigue así, morirá de tristeza. "¿Por qué no regresas a Cuba?", le pregunto. Me abre los ojos aterrado y me contesta: "¡No, no, no, no!" Pienso que terminará loco o suicida. Hay uno de visita. Vive en Umea. Tampoco tiene trabajo, no entiende el idioma y se queja durante media hora. Se queja de todo. Oh, no puedo con ellos (116).

Pedro Juan mantiene la tesis de La Condesa Descalza en *Tuyo es el reino*, sobre la enfermedad de la "isla" que domina al isleño. El protagonista no consigue jamás deshacerse de su tormento, así viva en La Habana o en Estocolmo. Es indudable que tiene que volver. La aventura sueca no dura más de tres meses. El regreso no constituye solamente el reencuentro con las cosas, los ambientes y las actitudes conocidas, ni el refugiarse de nuevo en el sexo desenfrenado de las habaneras. Regresar es también hundirse en un país caótico donde vivir es cada día más difícil. No importa esto al protagonista, que lo prefiere a la vida fácil de Suecia. En el país extranjero se siente confundido y sabe que necesita la ferocidad de las calles habaneras, ellas son su razón de ser. No encuentra sitio fuera del caos.

Hacia las últimas páginas del libro Pedro Juan piensa que tal vez encuentre sosiego en otra forma de huida: escapando de la ciudad insoportable, pero no a través de los mares, sino hacia adentro. La última solución que puede imaginar es irse a vivir al campo o a playas abandonadas para alcanzar el hastío existencial que he descrito antes, como posterior etapa de su actitud absurda. Así, desde la playa de Guanabo, Pedro Juan abre *Carne de perro*, reafirmando su decisión de permanecer en el caos insular, sí, pero ya desde un ángulo tranquilo y apartado, observador que pasa sin detenerse y no cuestiona ni juzga, hombre hastiado ya de todo y de todos:

La mierda me persigue. Pero un poco más allá, a la altura del cocotero, todo seguía tranquilo. No había peste a mierda ni se oía la música, y el mar se mantenía azul y limpio, con olitas espumeantes y buen sol. [...] En fin, todo perfecto, y me dije: "¿De qué te quejas, Pedro Juan? No seas tan conflictivo, compañero. Quédate aquí en este pedacito, que está regio, como diría Sandra la Cubana, y al carajo lo demás. No trates de arreglar el mundo". Y así lo hice. Me metí en el agua y nadé un buen rato (41).

SECCIÓN TERCERA

INGRAVIDEZ

Preámbulo

> No me digas lo que tengo que hacer.
> Yo sólo quiero
> que me dejes un poquito en paz, [...]
> Igual que toda la gente,
> unos ladran y otros muerden.
> Yo vivo religiosamente
> como en la *Comedia silente*.
>
> CARLOS VARELA, "La Comedia silente", *No es el fin*

Predadores ya se ha visto que fue la palabra escogida por el expolicía Mario Conde para definir la jungla habanera ante la que se siente extranjero. También en una de sus tristes conversaciones con sus viejos amigos, reconoce que la gente joven "no quiere pertenecer" (*La neblina*, 199). Y en buena medida, no se equivocaba. Para muchos jóvenes cubanos, después de los noventa, no parece haber sistema político o comunidad que les satisfaga enteramente. Ni dentro ni fuera de la isla. No se sienten excluidos de nada porque no sabrían precisar de qué exactamente. Nunca han tenido verdadero poder. La existencia es azar y la realidad, amorfa. Por eso muchos están ahí, en una sociedad que no reconocen como suya, en plena indiferencia. Cubanos formados dentro de la revolución, postsoviéticos, globales, posmodernos... Todo lo que son y el espacio que habitan sucede en ellos casi sin darse cuenta. Suspendidos en el vacío permanecen, en esa actitud que personifica Zeta, protagonista de la novela *Cien botellas en la pared*, de Ena Lucía Portela: "[I]nmóvil, sedentaria, fija como el musguito a la piedra" (31).

Esta sección está dedicada a ellos, los que ingrávidos existen, suspendidos ante la política, la Historia, la sociedad y la economía, ante la cultura y la moral. Practican la entera suspensión del juicio por la que abogaban los seguidores del escéptico Pyrrho. Si, continuando con las reflexiones de Mario Conde, para sus contemporáneos, que son también los protagonistas de las obras de Estévez y Gutiérrez, el sentimiento de avanzar se detiene cuando al futuro se le acaba la gasolina (*La Neblina*, 201), para la mayoría de los más jóvenes, los "predadores" que llegaron a la vida social en medio de la crisis económica y social de los noventa, la idea de Progreso es bastante improbable. Para ellos no hay ni hubo nunca ni elegidos ni excluidos, ni un atraso y un avance. Carecieron siempre de "gasolina" para empujar sus proyectos. La ausencia de un plan escatológico que estructure su visión del mundo determina las diferencias esenciales que guardan con quienes sí sueñan con algo, saben o desean esperar. Aunque lo esperado sea la muerte, en el caso de los personajes absurdos.

Nacidos en los años setenta, los narradores Ena Lucía Portela *(El pájaro: pincel y tinta china, Cien botellas en una pared, Una extraña entre las piedras)*, Pedro de Jesús *(Cuentos frígidos)*, Gerardo Fernández Fe *(La falacia)*, Yohamna Depestre *(D-21)*, Wendy Guerra *(Todos se van)* y Orlando Pardo *(Boring Home)* fueron educados dentro de la cosmología de la revolución cubana. Pero ellos no vivieron el heroico entusiasmo de los años sesenta, que como se ha analizado anteriormente estaban dominados por el sentido de compromiso ideológico y de movilización defensiva contra los enemigos de la revolución cubana. El espíritu épico les es ajeno.

La ingravidez que caracteriza sus obras no debe ser comprendida, sin embargo, como propia de toda una generación. Nacer en los setenta no significa que se adopte automáticamente la ingravidez ética, aunque sí resulta sintomático que quienes la recrean literariamente nacieron en esa década. Ejemplificando tal diversidad, en la novelística de Ena Lucía Portela pueden hallarse personajes contemporáneos a los protagonistas ingrávidos de la estirpe de Zeta, que no mantienen su postura ética, como son sus amigos Linda Roth, Yadelis y Pancholo Quincatrece. Estos tres personajes, aunque comparten ciertas posiciones con Zeta, no permanecen impávidos ante el vacío. Toman conscientemente acciones encaminadas a mejorar su estado socio-económico, se enamoran de manera convencional, conservan vínculos más o menos tradicionales con algunos de sus conciudadanos, mientras Zeta está siempre inerte, flotante.

Sobre estos jóvenes escritores ha escrito el ensayista Iván de la Nuez que estos "[h]ijos de la Revolución [...] habitan en un futuro en el que [...] la Revolución [es percibida] en una zona límite" (9). Al abrir la antología significativamente titulada *Cuba y La isla del día después. Doce ensayistas nacidos con la Revolución imaginan el futuro*, De la Nuez se extiende sobre la contradictoria situación existencial de los jóvenes cubanos que como él y los narradores aquí analizados son parte del "engendro [...] que un día se llamó Hombre Nuevo" (10). Reconoce que quienes nacieron después de los años sesenta en Cuba fueron creados para vivir la utopía comunista que cotidianamente construían sus padres para, después del descalabro del sistema socialista, hallarse "conminados a imaginar y vivir un mundo diferente al prometido, [c]omo si se balancearan en una cuerda floja entre el futuro perdido y el futuro posible" (9-10). Para De la Nuez, si se siguen los parámetros de Guevara se trata entonces de sujetos "incontaminados" que no conocieron el "pecado original del capitalismo", pero que al mismo tiempo han "vivido la Revolución con el desparpajo de entender que ésta fue hecha *para* ellos [y] con la cíclica denuncia y paternalismo de sus progenitores en el poder, que no han cesado de repetirles que la Revolución no fue hecha *por* ellos" (10). No han podido por tanto encontrarle el sentido épico a la existencia. Por eso a los personajes de Portela les resulta difícil comprender a aquellos que en algún momento se entregaron a profundas ideologías:

> Qué tumulto. Qué bullicio [...] Eran unos jactanciosos. Discutían a voz en cuello, cruzaban aceros desde sus muy plurales e incluso antagónicos fanatismos, ensalzaban o despreciaban en tono apodíctico, argüían, recriminaban, contradecían, se desgañitaban, se emborrachaban. Creían vivir intensamente. Creían. Los imagino rebeldes, entusiastas, dinámicos, plenos de vitalidad, optimismo e ideas novedosas. Debió ser un momento de ilusiones (36).

Así describe la protagonista de *Cien botellas* la generación de sus padres, entonces los jóvenes que en los sesenta vivían convencidos de que en sus manos estaba la construcción de una nueva sociedad. Bajo la pluma de Portela, esos años heroicos parecen haberse escurrido en otro mundo, completamente ajeno al que ella conoce a principios del siglo XXI. No puede entender aquellos momentos cargados de exacerbadas emociones. Desde la perspectiva de la narradora, la de sus padres era una existencia seria, donde cada palabra y cada sentimiento tenían un peso cierto. La protagonista y sus contemporáneos, en cambio, desconocen la seriedad, pues todo afecto, moralidad e ideología carecen de valor para ellos, no tienen peso en su vida. La época de sus padres estaba signada por la gravedad de la existencia; la suya, por la ingravidez. La ilusión, Portela sugiere en *Cien botellas,* queda relegada a aquellas épocas pasadas.

Por su parte Nieve, en *Todos se van,* mira hacia las generaciones precedentes con el mismo anonadamiento de Portela, aunque guardando un tono lastimero que tampoco traduce la más mínima admiración por los primeros momentos de la revolución cubana. La protagonista de esta novela publicada en el 2006 por Wendy Guerra teme por su madre cuando es derrumbado el Muro de Berlín. Al describirla, confiesa su incomprensión ante una mujer devorada por la política, cansada de cargar con las ideologías pero que al mismo tiempo se sabe perdida sin ellas: "Se derrumban los muros [...] Mi madre dice que un día ella se va a derrumbar como un muro, porque no tiene fuerzas para levantar otro, ella sin muros no sabe vivir, el muro es su barricada, [...] Si llegara el capitalismo, si llegara viva a tumbarse este muro de agua habría que aprender otra manera de sobrevivir. Mi madre no lo aguantará" (249).

Nieve está preocupada por la reacción de su madre cuando los muros caen y las ideologías son reemplazadas: "No sé adónde quiere ir mi madre [...] Mi madre rechaza lo que ama. No me había dado cuenta de eso. La revolución siempre ha sido su vida y desde que tengo uso de razón está tratando de irse. ¿Pero irse adónde y por qué?" (188). Con estupor, descubre que aunque la critique, su madre no puede vivir sin la revolución, de la misma manera en que los personajes de Padura continuarán defendiendo los ideales que hoy les traen desahuciados cual fantasmas de la Historia. Sufren lo que para Nieve no parece tener importancia: la ausencia de referencias, de muros sobre los que apoyarse, tras los cuales refugiarse del caos.

Estos personajes suspendidos en la vida postsoviética carecen asimismo de la gravedad que empuja al sujeto absurdo, protagonista de los relatos y las novelas de Pedro Juan Gutiérrez, hacia los abismos de la distopía moderna. Perduraba cierta confesión de impotencia detrás de la supervivencia bestializada de Pedro Juan. Con el advenimiento del Período Especial, el protagonista se reconocía vencido y optaba primero por permanecer en el epicentro del caos, luego por alejarse de éste. Los personajes que circularán en esta sección son igualmente indiferentes al caos y al orden, a la marginalidad tanto como a la pertenencia identitaria e incluso al hastío añorado por Pedro Juan. No están ni cansados ni vencidos porque no han participado en ninguna batalla. No adoptan una actitud de permanencia. Si, como Zeta, se han quedado en un sitio único, es inconscientemente, no como resultado de una búsqueda de apaciguamiento o perdurabilidad. Se recordará que cuando el protagonista absurdo de Gutiérrez se encamina hacia el hastío, tratando incluso de neutralizar sus impulsos sexuales, es porque descubre que "[n]ecesitaba concentrar su energía en algo más perdurable" (*Carne*, 46). Para Pedro Juan era ésta "una cuestión de vida o muerte" (ibíd.), mientras para los personajes ingrávidos tal urgencia es desconocida. La "insoportable levedad del ser", descrita por Kundera, para ellos no es algo que se escoja o no soportar: por eso no tienen que huir ni traicionar, como haría la protagonista Sabina en la novela del escritor checo, o Pedro Juan en la incomprensible actualidad habanera.

No eligen su mundo, porque para ellos ningún mundo —caótico o cósmico— resulta más importante que otro. Sufrir de angustia y efectuar un acto de elección es entonces perfectamente inútil. No vale la pena interrogarse sobre la libertad humana porque en su existencia estos seres no se han fijado ni conceptos ni valores. Es el fin de la ética moderna. No encuentran: no buscan: no lo necesitan. Desaparecen las contradicciones y no es gracias a la acción de un orden estructurante (como el de Carpentier, Lezama o Piñera), ni porque éstas se multiplican infinitamente (como ocurre para los personajes de la Pentagonía), o porque se huye de ellas encontrando refugio en la marginalidad y alienación sociales (Pedro Juan Gutiérrez), sino porque las contradicciones dejan de importar. Recordemos con Kierkegaard que es solamente cuando el hombre desespera ante su imposibilidad de justificarse, cuando constata su soledad en medio de lo infinito y el caos, que se suicida, se hastía, quiere abandonarse en algo: Razón, Nada, Imagen, Revolución, Caos, Marginalidad. Pero el sujeto ingrávido no tiene intención de justificarse y por ello no se angustia, no desespera, no se hastía. Indiferente flota.

Ya Pedro Juan Gutiérrez situaba el cinismo como meta de su protagonista, considerándolo como la única posición que le aportaría la posibilidad de sobrevivir en medio del vacío y el caos característicos de la sociedad cubana post-soviética. Sin embargo, lo que para Pedro Juan e incluso el joven Reynaldo —que es contemporáneo de los personajes de Portela— constituye un estado al cual arribar, es la naturaleza misma de los protagonistas ingrávidos. Mientras Pedro Juan y Reynaldo luchan contra los sentimientos de culpabilidad, amor, compasión e identificación que todavía afloran en ellos, los seres ingrávidos dan la impresión de nunca confrontarlos. Pareciera que en su mundo no existiesen esos sentimientos.

Despunta aquí la sospecha de que, tratándose de un mundo propio, otro que no es la realidad de la sociedad cubana actual incluso si en sus calles y espacios se desenvuelven las historias narradas, no se esté de alguna manera refundando la utopía a través de la propuesta de ingravidez ética. Así se llega, en las páginas que siguen, a descubrir, en la mismísima inoperancia social de la que pueden presumir los personajes ingrávidos, la presencia de cierto impulso utópico. Es utopía, sin embargo, distante de aquellas, modernas, a las que esperaba llegarse, por ejemplo, a través de las revoluciones, y cuyos rasgos fueron examinados en la primera sección de este libro. Los cubanos representados en la obra de Depestre, Fernández Fe, Guerra, De Jesús, Pardo y Portela proponen una total reinvención de sí mismos. Pero esta reinvención no se efectúa en la realidad presente. Tampoco en el futuro. Se está más bien esbozando otra realidad, que parece de imposible fijación en un tiempo determinado. Al pretender ignorar los códigos morales y los conceptos éticos de la modernidad, estos personajes se imponen como sujetos posmodernos. Allí donde usualmente se espera la irrupción de la palabra, el discurso y las emociones, ellos dejan caer su displicencia. Así, encontraba Zeta en *Cien botellas* que su estado ideal era instalarse en lo que ella concebía como "el paraíso musulmán", que describía como "la dulce complacencia del no hacer, de vegetar" (16). En *Todos se van*, Nieve Guerra, por su parte, se convierte en un inverosímil trozo de hielo flotando frente al malecón habanero, paralizada por una nieve repentina que la mantiene suspendida entre lo real y la profundidad. La realidad, empero, es que tal posicionamiento ingrávido ante el caos revela más bien un esfuerzo utópico —posmodernamente utópico, si se quiere—, porque mientras estos sujetos se ven a sí mismos enajenados de la vida política y social, su alejamiento vehicula una muy notable radicalidad ética. El paraíso musulmán tanto como la nieve habanera, en fin de cuentas, constituyen utópicas construcciones, envuelven el deseo de encontrar maneras propias para enfrentar el caos del mundo real.

Capítulo 5: La utopía posmoderna

5.1. Modernidad y Posmodernidad: otras derivas de una isla

Una incertidumbre sin precedentes, como se explica en la Introducción, caracteriza los tiempos postsoviéticos. En el vacío causado por la ausencia de modelos escatológicos y referentes identitarios que desde los noventa domina la existencia es donde flota el sujeto ingrávido. Su posicionamiento, empero, no es exclusivamente cubano ni postsoviético, por lo que resulta posible descubrir correspondencias entre tal postura ingrávida y ciertas conceptualizaciones de la posmodernidad desarrolladas por teóricos como Jameson y Bauman.

Jameson presentó la nueva superficialidad como principal rasgo de la posmodernidad. La superficialidad posmoderna rechaza los modelos que dentro del pensamiento moderno aportan profundidad a objetos, sujetos y fenómenos. Además del modelo hermenéutico de lo interno y lo externo, Jameson reconoce otros cuatro modelos de la profundidad generalmente repudiados por la teoría contemporánea:

El modelo dialéctico de la esencia y la apariencia.
El modelo freudiano de lo latente y lo manifiesto.

El modelo existencial de la autenticidad y la inautenticidad
La gran oposición semiótica entre significante y significado.[1]

Todos estos modelos, que fundamentan principales conceptos —como los de identidad, pertenencia, comunidad— y las normas éticas propios de la existencia moderna, más que rechazados son ignorados por el sujeto ingrávido. Asimismo, pueden identificarse los personajes ingrávidos que serán analizados en estas páginas con aquellos fragmentos inconexos, ingrávidos como los "órganos flotantes" destacados por Jameson en su lectura de los proyectos arquitectónicos de Rem Koolhaas. La descripción del arquitecto, refiriéndose a su proyecto para la Grande Bibliothèque parisina, resulta aquí esclarecedora: "[L]os principales espacios públicos se definen como ausencia de edificio, vacíos excavados en el sólido de la información. Flotando en la memoria, son como embriones múltiples, cada uno de ellos con su propia placenta tecnológica" (Koolhaas citado por Jameson, *Las semillas*, 120). No hay para los personajes ingrávidos aquí analizados una estructura contenedora y estructurante —una armazón social.

También señalaba Jameson el debilitamiento de los afectos como rasgo posmoderno. Se refería con ello a la disolución del sujeto centrado, típico del capitalismo clásico y de la familia nuclear, en el mundo de la burocracia administrativa, o, podría añadirse, del actual vacío existencial. Bajo esta perspectiva, desaparece el héroe convencional cuando la posmodernidad pone fin al ego burgués, a la concepción del sujeto como un recipiente monádico cuyo exterior es un reflejo de la interioridad y, consecuentemente, a las psicopatologías de este ego. Jameson señala que conceptos como la angustia y la alienación ya no se adecuan a la existencia posmoderna (*Postmodernism*, 15). No hay espacio, entre quienes mantienen la ingravidez posmoderna, para la angustia o la desesperanza descritas en este libro a través de Kierkegaard.

---

[1] "[W]e can say that besides the hermeneutic model of inside and outside [...], at least four other fundamental depth models have generally been repudiated in contemporary theory: (1) the dialectical one of essence and appearance [...] (2) the Freudian model of latent and manifest [...] (3) the existential model of authenticity and inauthenticity [...] (4) the great semiotic opposition between signifier and signified" (*Postmodernism*, 12).

El sujeto ingrávido encarna la última etapa presentada por Kierkegaard en el movimiento existencial del hombre a través de la angustia y la desesperación. Sin apenas parar mientes en ello, los personajes ingrávidos andan distanciados del cristianismo definidor de la ética dominante en el Occidente contemporáneo. Así describe Kierkegaard tal estado, en el que Dios o la idea de que hay un sentido único para la existencia se desvanece:

> Es éste el pecado contra el Santo Espíritu [...] no hace más que arrojar lejos de sí al cristianismo, [...] La elevación de potencia del pecado se hace a la luz cuando se la interpreta como una guerra entre el hombre y Dios, en la cual el hombre cambia de táctica; su crecimiento de potencia es pasar de la defensiva a la ofensiva. Primero el pecado es desesperación, y se lucha tratando de rehuirla; luego llega una segunda desesperación, se desespera del propio pecado; también aquí se lucha rehuyéndola o atrincherándose en sus posiciones de retirada, pero siempre *pedem referens*. Después viene el cambio de táctica: aunque se hunda cada vez más en sí mismo y de este modo se aleje, sin embargo puede decirse que el pecado se aproxima y se hace de más en más decididamente él mismo [...] Dejar el cristianismo como fábula y mentira es la ofensiva. Toda la táctica anterior concedía la superioridad al adversario. Al presente es el pecado quien ataca (*Tratado de la desesperación*, 197-198).

Conjuntamente con la desaparición de la angustia, destaca Jameson la ausencia de sentimientos profundos en el sujeto posmoderno, "al no estar ya presente un yo que siente". Siguiendo a Lyotard, denomina "intensidades" al nuevo tipo de afectos propios de la conciencia posmoderna. Con ello, no está excluyendo totalmente el sentimiento de la posmodernidad, pero descubre a sus sujetos impersonales y flotando libremente (*Postmodernism*, 16).

La ausencia de *telos* histórico, también enfatizada por Jameson como rasgo posmoderno, puede ser abordada desde las propias polémicas cubanas en torno a lo posmoderno. En ellas, el neohistoricismo ha recibido particular interés. Tal vez, la prominencia de la discusión en torno a la reinterpretación histórica es fundamentada por el hecho de que las disquisiciones sobre la posmodernidad en la producción cultural cubana se inauguran desde la crítica a las artes visuales en los años ochenta. Las artes plásticas se abrieron entonces a la reinterpretación y el juego con una Historia considerada como inamovible y sagrada, en tanto se la comprendía como fundamento esencial de la cosmología de la revolución cubana.² Sin embargo, estos juegos con la historia nacional, que parecían acercar el arte cubano de los ochenta a la posmodernidad, se mantenían dentro del espectro ético de la revolución. Como ha reconocido el crítico Gerardo Mosquera, esta expresión artística proponía un cuestionamiento "dentro y por el socialismo" ("Crítica y consignas", 15). Asimismo, la propuesta de cambio social vehiculada entonces por la joven producción cultural inclinaría por ejemplo a Iván de la Nuez a considerarla moderna, más que posmoderna (Martín, 56).³

Quienes veían lo posmoderno en la producción cultural de los ochenta basaban su análisis en el uso de innovaciones formales, tales como la frecuente utilización de elementos descontextualizados y reubicados en nuevos órdenes estéticos y sociales. Aquí alternan los críticos entre la lectura de un gesto "recuperador" omnipresente en la cultura cubana y latinoamericana en general, y que es comúnmente vinculado al *kitsch* (Luis Camnitzer y Osvaldo Sánchez),⁴ o bien su interpretación como expresión de la posmodernidad. Al respecto es interesante la postura de Kevin Power, quien encontraba que en los ochenta las narrativas propias de la modernidad no estaban del todo acabadas ni tampoco se trataba cabalmente de una sociedad postecnológica. Pero, yendo más allá de lo formal en el arte, al mismo tiempo reconocía que aquellos artistas integraban ya la posmodernidad, en-

---

² Analizando el neohistoricismo en la plástica cubana contemporánea, la crítica Suset Sánchez ha destacado el humor, el pastiche, el palimpsesto y el "canibalismo" desplegados en obras que desacralizan las jerarquías y desmantelan mitos fundamentales de la nación (331-335).

³ En su libro sobre las artes, la literatura y la sociedad en los ochenta y noventa, Ana Martín Sevillano subraya el "propósito constructivo" que vincula estas obras con la modernidad y reconoce continuidad lógica y retórica entre la modernidad y la posmodernidad dentro de las artes plásticas cubanas (56).

⁴ Los artistas cubanos de los ochenta utilizarían profusamente el *kitsch* y ello ha llevado a investigadores como Luis Camnitzer a evitar definir la plástica insular contemporánea como posmoderna; prefiere utilizar el término *eclecticism of despair* (eclecticismo del desespero) (301-311), que relaciona no sólo con la cultura vernácula sino también con estrategias de supervivencia impuestas por la penuria económica en los noventa. Por su parte, el crítico Osvaldo Sánchez ha calificado el *kitsch* como "bomba estética", al considerarlo "un laboratorio para terminar con la inmovilidad funcional de los estilos como pedigrís ideológicos". Propone, en colofón a su artículo, "asumir como consigna una parodia irreverente a un lema del Partido Comunista de Cuba: *Los estilos mueren... el 'kitsch' es inmortal* ("Los estilos", 140).

tendiéndola como algo más que el mero recurrir a sus fuentes estéticas, tales como la fragmentación y el *collage*, o el interés en la *política de la diferencia* (108). Esta perspectiva me parece apropiada para analizar los fenómenos en la producción cultural postsoviética cubana, en tanto reconoce la innegable continuidad que relaciona al arte contemporáneo con la creación típicamente moderna, pero consigue al mismo tiempo destacar su radical ruptura. Coincide en este punto con la propuesta de análisis ético de la posmodernidad que explicaba en la Introducción. Si los artistas cubanos y latinoamericanos en general han podido sentirse más cómodos que sus colegas de los países industrializados sirviéndose de estas estrategias posmodernas de recuperación y reciclaje, ciertamente ha de verse en ello cierta tradición "tercermundista", una "guerrilla cultural" al decir de Osvaldo Sánchez,[5] pero debe profundizarse más y comprenderse que detrás subyace una intención nueva, posmoderna, que se descubre al preguntarse por qué escogen estos artistas ser eclécticos en su creación. Es nuevamente útil, aquí, ubicar estos debates bajo la luz de las concepciones de Foucault y Jameson en torno a la modernidad y la posmodernidad: interpretarlas como actitudes éticas y no estrictos períodos o modos estéticos.

Vale asomarse también a las reflexiones de Zigmut Bauman ante lo que él llama la "perspectiva posmoderna", que en su opinión no presupone la desaparición de los grandes problemas éticos de la modernidad, sino que abre en cambio la posibilidad de examinarlos de manera novedosa. En esta apertura residiría además el máximo aporte de la posmodernidad: "[R]omper el grueso velo del mito para llegar a la condición moral común que antecede los efectos diversificadores de la administración social de la capacidad moral" (*Ética*, 10, 22). Se trata entonces de trasladar la aventura crítica más allá del horizonte moral de la modernidad, para instalarse en los predios de cierta ética en la que campearía la existencia liberada de los preceptos morales modernos. Tal desplazamiento ético se produce evidentemente en la pro-

---

[5] "Los procesos sincréticos que nos integraron como nación y como cultura nos adiestraron en la manipulación y degradación de modelos [...] Construimos nuestra herencia con un desenfado oportunista. Ni el logos cartesiano, ni el pragmatismo yanqui, ni las epistemologías modernas lograron domeñar las dimensiones rituales de nuestra praxis. Fue esa guerrilla cultural la que nos preparó para un Postmodernismo cubano en los 80's" (Sánchez, Osvaldo, "Sincretismo", 23).

ducción cultural de los noventa. Si dentro de la plástica de los años ochenta se trataba más bien de la hábil utilización de recursos estéticos atribuidos a la postmodernidad, en los noventa ya despunta la coincidencia con la condición posmoderna en su totalidad. La certeza y la confianza en el futuro han desaparecido. "Los artistas de los noventa" —reconoce Power— han vivido a través de la metafísica del desastre y han enfocado sus carreras como un medio eficaz de existir cínicamente, aunque también críticamente" (113). La apropiación con alguna finalidad de lo extraño, lo escandaloso y lo arcaico es suplantada por la ausencia referencial.

Similares procesos se verificaron en la narrativa, que ya en los ochenta echaba mano a elementos de la estética posmoderna, como lo demuestran las tempranas obras de Senel Paz, Francisco López-Sacha, Abel E. Prieto, Marilyn Bobes, Arturo Arango, Leonardo Padura, Chely Lima, entre otros. Analizando esta renovación estética de las letras cubanas, importantes críticos como Salvador Redonet y Margarita Mateo se resistieron a reconocer la marca netamente posmoderna, tal y como ocurriera ante la plástica de los ochenta. Redonet reconocería la cohabitación de modernidad y posmodernidad en la literatura de la época ("Bis", 20). Mientras Mateo se refiere a "una ausencia de ruptura categórica o violenta entre el posmodernismo y el modernismo [que] han hecho pensar a más de un crítico que nada nuevo se esconde tras lo que consideran una mera revitalización de algunos de los procedimientos ya puestos en juego años atrás por la vanguardia histórica" (195-196). La autora incluso dedica en *Ella escribía poscrítica* un capítulo al examen de textos cubanos "clásicos" del siglo xx (Carpentier, Lezama Lima, Piñera, Cabrera Infante, Sarduy), que en su opinión utilizan "procedimientos estilísticos, actitudes y gestos que hoy son considerados representativos de la posmodernidad" (118).

No obstante esta recurrente e inevitable dificultad definitoria, Redonet —como lo hizo Power ante la plástica— encontraría que en los noventa "códigos artísticos en la actualidad atribuidos a la posmodernidad" tienen mayor intensidad que en los ochenta ("Bis", 16). No sería pues hasta los noventa cuando se llega a escribir bajo una actitud posmoderna, en el sentido de Foucault, Jameson, Bauman. Es en esta nueva narrativa donde se ubican los autores cuya obra es analizada en esta sección dedicada a la ingravidez ética.

En mi opinión, aunque estéticamente son incontestables las posiciones de la mayoría de los críticos en cuanto a la continuidad o la coexistencia de lo moderno y lo posmoderno en la creación cubana contemporánea, sí considero que se produce una ruptura radical y esencial entre una propuesta de carácter moderno y otra posmoderna. Atender sólo a sus aspectos estéticos impide reconocer esta ruptura, pero si a la obra en cuestión se le asesta la pregunta de qué visión del mundo propone, es decir, qué perspectiva ética la domina, resulta más clara la definición moderna o posmoderna. En cierto momento exhortaba Margarita Mateo a dejar a un lado la obsesión por "hallar *el* procedimiento, *la* característica o *las* técnicas que prodigiosamente permitan calificar un texto como posmoderno" y proponía "la búsqueda encaminada a aprehender la condición posmoderna como un modo esencialmente complejo de expresión de una nueva sensibilidad insular" (196).

En Zygmunt Bauman encuentro una formulación de esa "nueva sensibilidad" al decir de Mateo, pero que no es precisamente insular sino simplemente humana. Y más que sensibilidad, se trata de una ética. Como ya exponía en la Introducción, la ruptura viene propiciada por ese vivir sin ilusiones en que el sujeto no persigue ya un orden regidor y consigue inventarse una ética absolutamente desinteresada de los mitos fundamentales de la modernidad. Así escapa de los mecanismos de reciclaje moral a los que sí son vulnerables otras posturas críticas contemporáneas, todavía gravitantes dentro del pensamiento moderno. Sin embargo, el proyecto utópico que Bauman descubre en la actitud posmoderna conllevaría la creación de una "unidad moral que abarque toda la humanidad" en la cual existiría un "yo moral que ve hacia adelante" (*Ética*, 22). Los sujetos suspendidos en el vacío postsoviético cubano, si bien participan de la utopía posmoderna al dedicarse al acto tremendamente fundamental de mantenerse impávidos ante la mascarada social, no persiguen esa nueva moralidad absoluta encaminada hacia un futuro a la cual se refiere Bauman. Engendrar un futuro no orienta su existencia. Si la vida social está plagada de máscaras, ello no es fuente de problemas. Ante las máscaras no se actúa, en las obras que aquí serán analizadas, en un rencoroso proceso de desenmascaramiento, destrucción o de sustitución de la falsedad por la verdad. Hacerlo sería reinsertarse en un procedimiento moral más bien propio de la modernidad. La acción —inerte— que ellos escogen es más violenta, sin dudas, porque consiste en la inacción ante la falsedad, que es reconocida y criticada aún más si ingrávidamente se pasa ante ella, impasibles como lo hacen los personajes de Wendy Guerra, Ena Lucía Portela, Yohamna Depestre, Orlando Pardo Lazo, Pedro de Jesús y Gerardo Fernández Fe.

Capítulo 6:
Ingravidez postsoviética en la obra de Ena Lucía Portela, Pedro de Jesús, Gerardo Fernández Fe, Yohamna Depestre, Wendy Guerra y Orlando Pardo Lazo

6.1. La suspensión ética

> Y everybody lo pasará very well.
>
> Habana Abierta, "Siempre happy", *Boomerang*

Enfrascada en permanecer dentro del "paraíso musulmán", la Zeta de *Cien botellas en una pared* constituye uno de los personajes en quienes la ingravidez ética postsoviética es desarrollada con mayor coherencia. Al presentarla, Portela no sólo describe su presente suspendido en la incertidumbre, sino que muestra además la llegada a ese estado. Carece de las sólidas raigambres identitarias e ideológicas con las que sí contaron las generaciones precedentes. El carácter contingente y desteleologizado que atribuye a su existencia es esbozado a través de la sarcástica exposición de sus orígenes familiares. Huérfana de madre —una parisina que "se dedicaba a ser nativa de París [...] leía *La náusea* y se la tomaba en serio, quizás porque la leía en francés"—, Zeta dice que "nací de pie y por poco no nazco, por muchos motivos soy la viva estampa de la casualidad" (37). Su padre era gay y no supo o no pudo preocuparse por la educación de la niña —lo cual siempre ésta le agradecería—. Zeta se consideraba "una gordita inocente bajo la custodia de un padre soltero, más soltero que padre, quien aún no podía creer que todo aquello le hubiera acontecido precisamente a él, tan libérrimo, tan inestable, tan incapaz de custodiar a nadie" (37). El padre emigró a los Estados Unidos, dejando a la niña en la isla. Con estas cartas de presentación, no fortuitamente carga ella con el nombre de la última letra del abecedario, alegórica de su posición postrimera en cualquier escala de valores orientada hacia el progreso humano. Un ente suspendido en la nada. Abandonada en La Habana, Zeta sólo cuenta, en el caos de los noventa, con unos pocos amigos y con Moisés, el marido que al maltratarla trasmite su odio tan inexplicable como profundo por el género humano.

Desde que nació vive en las ruinas de un antiguo palacete habanero, La Esquina del Martillo Alegre, según lo bautizaran sus actuales habitantes (una indescriptible e innumerable población de marginales más o menos delincuentes). Partiendo de su nombre, este particular edificio es asumido por Zeta jovialmente, como una azarosa circunstancia más dentro de su ya infundada vida. Allí permanece, generalmente borracha o drogada, siempre a la espera de nada en específico, a merced de los "negocios" y las diversiones propuestos por amigos y vecinos. Asistió a la universidad arrastrada por su amiga Linda, pero sin tener la más leve inclinación por los estudios. De cualquier manera, como ella misma explica, el título universitario no le sirve para nada. Perdió, con el advenimiento del Período Especial, el único empleo que jamás tuvo, en una "oscura revista de temas agropecuarios", porque, precisa la narradora, "ya no había temas agropecuarios ni papel para imprimir la revista" (76).

El hambre es la única circunstancia que realmente afecta a su presente. Lo único que le impide instalarse cómodamente en el "paraíso musulmán". Dentro de su indiferencia, es capaz de reconocer que "[p]or esas fechas la cosa económica no marchaba del todo bien. A decir verdad, no marchaba: se había paralizado. No sé si vivíamos al borde del colapso o ya dentro de él" (76). Mas la protagonista tampoco encuentra una vía para escapar de la miseria. Toda actividad consciente encaminada hacia algún tipo de progreso, por insignificante que éste sea, carece de lógica desde su punto de vista. Siguiendo el ejemplo de sus vecinos y de muchos en La Habana del Período Especial, intenta criar un cerdo y desde el inicio de su relato considera que se trató de una "funesta iniciativa" (sic), pues se ocupa del animal como si fuese una persona. Gruñi Álvarez La Fronde, que es el nombre que le pone, enferma y muere causando gran aflicción a su dueña: "Lloré como una Magdalena, pero quizás esto fue lo mejor, porque yo nunca hubiera reunido el valor suficiente para vender o asesinar a mi mascota" (78). Es curiosa la actitud de Zeta, quien, como el Reynaldo en *El rey de La Habana*, "moría de hambre en el centro de una ciudad con varios millones de habitantes sin nadie a quien acudir en demanda de auxilio" (78), pero que, contrariamente a cualquier personaje de Pedro Juan Gutiérrez, no participa de la lucha por la supervivencia cotidiana en la que se enfrascan sus conciudadanos. Siendo joven y sana, no le parece justo vivir de limosnas —ocupación recurrente de Reynaldo—, aunque se apura en reconocer que "no es que me pareciera mal vivir de limosnas, pues lo que importa es vivir (no interesa para qué, no hay que preguntarse para qué, sólo vivir)" (79). Tampoco como prostituta logra Zeta prosperar, pues no sabía cobrar por el placer que más le gustaba: el sexo.

En definitiva, que a Zeta nada le preocupa, ni la política, la sociedad, la historia de su familia, ni su obesidad o poco agraciado físico, tampoco su propio futuro o las cotidianas agresiones de Moisés. Contra la realidad, esgrimía su propio método:

> Si Penélope tejía y destejía un tapiz, yo me aposentaba en el paraíso musulmán y tarareaba la canción de las cien botellas, esa que dice "cien botellas en una pared... / cien botellas en una pared... / si una botella se ha de caer... / noventa y nueve botellas en una pared...", luego se caía otra y quedaban noventa y ocho, luego otra y otra y así hasta el final, hasta llegar a cero. De lo más entretenido, el sonsonete era también un sortilegio para conjurar la catástrofe. Me gustaba creer que, si llegaba a cero, no ocurriría ninguna desgracia (16).

La protagonista, sin embargo, nunca llega a precisar exactamente qué sería una catástrofe para ella. No hay catástrofe ni drama en su existencia. Tampoco hay solución que tomar, porque no existen problemas que resolver. "El paraíso musulmán" identifica a Zeta como un sujeto de absoluta fijeza en flotación. Está suspendida, pero no se desplaza hacia un sitio determinado, no pretende salir de su situación. Considero entonces que, en realidad, los personajes de Ena Lucía Portela no han quedado balanceándose sobre la cuerda floja a la que se refería De la Nuez al presentar a los cubanos de esta generación. Se soltaron de ella pero, indiferentes a su entorno social, se mantienen ingrávidos en el vacío postsoviético y también, posmoderno. Encarnan así la "nueva superficialidad" descrita por Jameson.

Ya en 1998, en su primera novela, *El pájaro: pincel y tinta china*, Portela presentaba un cuarteto de personajes ajeno a todo tipo de realidad hasta entonces recreada en la literatura cubana. En La Habana de 1994 conviven Bibiana, Fabián, Camila y el evasivo, presunto narrador de la historia, Emilio H. Estos personajes, que a lo largo de la novela no hacen otra cosa que encontrarse y desencontrarse sin apenas quererlo, alrededor de un centro inexistente que es Emilio H., no conforman sin embargo un grupo marginal que la sociedad mantiene en sus bordes. Son únicamente jóvenes indiferentes a quienes ni siquiera perturba la turbulencia de los tiempos que viven. La historia sucede en agosto de 1994, cuando en La Habana se producen significativas protestas populares que conducirían a la "Crisis de los balseros", pero ellos no parecen percatarse. Ningún estigma, además, es susceptible de explicar el estatus de estos protagonistas, que se corresponde más con la enajenación que con la marginalidad, puesto que no habitan los márgenes de la sociedad sino que flotando permanecen inconscientes ante ella. Es difícil encontrar una lógica cualquiera a su alejamiento del cuerpo social, porque tal extrañamiento no está definido. Estos personajes no llegan a cuestionarse la pertinencia de las ideas de unidad o de armonía, de nación y cultura, de misión y destino, ni aquellas, tan morales, de responsabilidad, humillación o pecado. Simplemente las desconocen, completando el acto de "desacralización del horror" destacado por Nara Araújo (103) en la narrativa de Portela. La narradora se burla de quienes aún en los tiempos presentes conservan ideales, poco importa su naturaleza:

[E]ran fanáticos: neoizquierdistas, neoconservadores, [...] opuestos al aborto y a la pena de muerte y a la eutanasia, neonazis, neohippies [...]

discotequeros, vegetarianos, espiritistas, cibernéticos, *punks*, alcohólicos, ascetas, feministas, pragmáticos, homofóbicos [...] católicos, *gays* del arcoiris, neoexistencialistas, drogadictos, anticuarios, santeros, ecologistas, psicólogos, peloteros, ateos, payasos [...] Todos tenían conexiones, falsas o no, daba igual [...] Tenían respuestas, etiquetas, correligionarios, ídolos. Hablaban mirando [...] hacia el futuro con voz altisonante y entrecejo fruncido. Se sentían en su derecho, tal vez con razón. Opinaban. Creían que pensaban, creían que sentían, creían que creían. Eran escandalosamente crédulos. Fabián, quien [...] los escuchaba demasiado, comenzó a sospechar que por ese camino llegaría directo y sin problemas a ninguna parte (26-27).

Como lo evidencia este fragmento, el personaje modélico de Portela carece de identidad y afiliación comunitaria. Enjuiciar y opinar, en tales condiciones de ingravidez ética, son presentados por la novelista como gestos inocuos. Para mantenerse felizmente flotantes en el caos en el que también se encuentran inmersos muchos jóvenes cubanos en la actualidad, los personajes de Portela se arman de la ironía y el ácido sarcasmo. Zeta, por ejemplo, identifica su humor con una "risa cantarina, exuberante, frondosa como un helecho [que] se debía [...] a algo muy tonto y de algún modo parecido a la felicidad" (*Cien botellas*, 52). El humor, así comprendido, deviene instrumento reemplazante de la agencia social, que la protagonista no posee ni tampoco le interesa poseer. No se trata aquí de esquivar el sufrimiento que causaría la carencia de impacto del individuo sobre la sociedad. Esto no parece importar a la joven, quien sólo vincula su risa con la felicidad. En su caso, tal vez la felicidad pueda identificarse con el mero hecho de existir, desde las postrimerías del entramado social, entre risas a través de las cuales describirse a sí misma y a la suerte nacional. Sin embargo, la narradora insiste repetidas veces en que no se trata de una burla. Zeta, ya se ha visto más arriba, considera inocente su risa, que quienes la rodean, en cambio, desaprueban. Por causa de su risa fácilmente la catalogan de estúpida o bien como una astuta burlona. Así, un amante "holandés o sudafricano bóer" —la indiferente protagonista no sabe bien— la abofeteó creyendo que se burlaba porque, mientras él le hablaba en su lengua incomprensible ella se limitaba a "sonreírle, beatífica, para que el infeliz no se [sintiera] incomprendido" (125). También Moisés, su sádico marido, la amenaza en una escena con lanzarla por la ventana si continuaba riéndose de la difícil situación durante el Período Especial. Mientras la ciudad afuera agonizaba a causa de las penurias económicas y el desvanecimiento de las esperanzas, Zeta permanecía ora imperturbable, ora inocentemente risueña. Es entonces cuando Moisés, desesperado por su risa, estalla "dando puñetazos encima de la mesa" —costumbre que la narradora resalta, pues el dramatismo del gesto contrasta con su propia indiferencia— y le reprocha: "[Q]ue estábamos empantanados en el desastre, en la catástrofe, en la hecatombe, en el infierno, en la puta mierda [...] Que no había de qué reírse. Que riéndome parecía lo que en efecto era: una soberana imbécil" (54). Zeta, por su parte, no entiende las airadas reacciones que provoca su actitud, pues para ella se trata de una risa infundada, a la que sólo los demás dan sentido.

Dentro de la postura ingrávida que con respecto a la sociedad mantienen los principales personajes de Portela, resulta ocioso burlarse, parodiar o ironizar en torno a la vida social. Su posición coincide con la presentación del humor en la sociedad posmoderna desarrollada por Gilles Lipovetsky. En *L'Ère du Vide,* el sociólogo francés describe a un "nuevo héroe" que evita tomarse en serio a sí mismo, empeñado en desdramatizar la realidad y desentenderse de sus acontecimientos. Como la protagonista de *Cien botellas* se ríe de las severas dificultades económicas, para el sujeto contemporáneo al que se refiere Lipovetsky la adversidad es constantemente atenuada por un humor "cool" y emprendedor mientras la violencia y el peligro le rodean por todas partes ("Le 'nouveaux' héros ne se prend pas au sérieux, dédramatise le réel et se caractérise par une attitude malicieusement détachée vis-à-vis des événements. L'adversité est sans cesse atténuée par son humour cool et entrepreneur tandis que la violence et le danger le circonscrivent de toutes parts"; 202).

Puede entenderse así cómo Zeta, al describir el edificio en ruinas en que vive, reconozca sin alarmarse que La Esquina del Martillo Alegre pueda repentinamente desplomarse y frente a tal eventualidad "[haya] pensado en usar un casco de constructor, por si acaso, no vaya a ser que un día se [l]e estropee el cráneo" (31). Ante la peligrosa amenaza de derrumbe, ella no toma medidas dramáticas. Una vez más, descubrimos en Zeta un insólito personaje que ni siquiera intenta alejarse del objeto problemático, porque no lo identifica como tal. Su respuesta es la risueña permanencia. No es pues humor distanciador el suyo, porque la protagonista se ríe de sí misma, casi como si no quedara otra cosa que hacer. También, seguramente, por casualidad.

Ya en 1900 Henri Bergson destacaba que cierta insensibilidad acompañaba regularmente la risa y que la indiferencia constituía su medio natural. Pero tales insensibilidad e indiferencia no eran entonces tan absolutas como las practicadas en la actualidad por el sujeto posmoderno que pretende enajenarse de la vida social. Bergson se refería entonces a una "inteligencia pura" a la cual se dirigía lo cómico, mas dicha inteligencia no estaba aislada y debía, a su vez, mantenerse en contacto con otras inteligencias. La risa, según Bergson, precisaba de un eco, porque ocurría siempre en grupo ("Signalons maintenant, [...] l'insensibilité qui accompagne d'ordinaire le rire [...] L'indifférence est son milieu naturel [...] Le comique exige donc enfin, pour produire tout son effet, quelque chose comme une anesthésie momentanée du coeur. Il s'adresse à l'intelligence pure. Seulement, cette intelligence doit rester en contact avec d'autres intelligences [...] Il semble que le rire ait besoin d'un écho [...] Notre rire est toujours le rire d'un groupe"; 10-11).

El filósofo instaba además a determinar la utilidad de la risa, que debía responder a ciertas exigencias de la vida de la comunidad, alcanzando significación social ("Le rire doit répondre à certaines exigences de la vie en commun. Le rire doit avoir une signification sociale"; *Le Rire*, 12). Sin embargo, dentro de la ética posmoderna, carente como ya se ha mencionado de hermenéutica totalizadora, estas exigencias de sentido han desaparecido. La risa significativa ha sido sustituida por la risa vacía ("le rire vide"), según escribe Lipovetsky, quien con este término analiza un humor que, a imagen del mundo en que es incubado, se ha desustanciado, atrapado por lo que llama "la lógica generalizada de la inconsistencia mayor" ("L'humour, comme le monde subjectif et intersubjectif, se désubstantifie, happée qu'il est par la logique généralisée de l'inconstance majeure"; 207).

La risa vacía de la posmodernidad, además, es solitaria. Mientras Bergson consideraba que la risa necesitaba estar en contacto con otras inteligencias, Lipovetsky estudia un humor narcisista en el que el Yo ("le Moi") se ha convertido en el blanco privilegiado del humor y en objeto de irrisión y de autodesprecio ("C'est le Moi, qui devient une cible privilégiée de l'humour, objet de dérision et d'autodépréciation [...] Le personnage comique ne ressortit plus au burlesque [...] Le personnage burlesque est inconscient de l'image qu'il offre à l'autre [...] Au contraire, avec l'humour narcissique, Woody Allen fait rire en ne cessant jamais de s'analyser"; 207). Es así como Zeta, humorístico personaje posmoderno, ríe de sí misma, no de la sociedad. Se autopresenta como una "gorda burra con estampa de puta francesa del siglo XVIII" (*Cien botellas*, 14), de quien su amiga Linda pensaba que era "una degenerada con media neurona cuando más y que [valía] menos que una lombriz de caño sucio" (21). Pueden nuevamente vincularse las estrategias humorísticas de Portela con las consideraciones de Lipovetsky, quien escribía que mientras en la acción burlesca se es inconsciente de la imagen ofrecida a los otros, en el humor narcisista contemporáneo el sujeto no para de analizarse a sí mismo, "disecando su propio ridículo y tendiendo a sí mismo y al espectador el espejo de su Yo devaluado. Es el Ego, la conciencia de sí mismo lo que se ha convertido en el objeto del humor y no los vicios de los otros ni las acciones estrafalarias" ("en disséquant son propre ridicule, en tendant à lui-même et au spectateur le miroir de son Moi dévalué. C'est l'Ego, la conscience de soi, qui est devenu objet d'humour et non plus les vices d'autrui ou les actions saugrenues"; 207).

Al reconocer que no es el ambiente social lo que provoca la risa vacía, sino el propio sujeto, los análisis de Lipovetsky ofrecen además una perspectiva esclarecedora sobre la persistente negación de la intención burlesca en el humor de la protagonista de *Cien botellas*. Como en el resto de las obras de Portela, se verifica aquí el aparente desentendimiento de los problemas en la Cuba contemporánea. Esta actitud, manifiesta en jóvenes creadores que como Portela han optado por asumir la ingravidez ética, constituye un fenómeno singular dentro de la historia literaria nacional, donde tradicionalmente el humor ha sido utilizado como instrumento de denuncia social.

Desde mediados del siglo XIX surgiría el Teatro Bufo, primera expresión nacional teatral, que se dedicó a "pintar los tipos del país, parodiar, burlarse y ridiculizarlos" (Leal, 17). La crítica al sistema colonial y a la metrópoli española, la reivindicación nacionalista y la estructuración de la organización racial cubana eran presentadas por sus personajes típicos —el negrito, el gallego y la mulata — a través de un humor que desde entonces es considerado criollo. El espíritu del Teatro Bufo, específicamente su intención paródica y la sensibilidad popular, prevalecerían a través del tiempo como elementos de la cultura nacional. Entre los primeros escritos de Fernando Ortiz figura así una airada crítica a la estrategia humorística esencial de esta expresión teatral: el choteo. En su opinión era esta un arma contra el progreso y la civilización cubanos.

Llamándole "desgracia criolla", declaraba al choteo responsable de "la muerte civil" nacional, al impedir que fuera considerada responsablemente la realidad y se trabajase por el mejoramiento de la sociedad (*Entre cubanos,* 14). Mas sería el crítico Jorge Mañach quien en 1928 publica el ensayo "Indagación al choteo", donde lo examina en detalle. En su afán por definir —y perfeccionar— las particularidades socio-culturales del cubano, Mañach categorizó al choteo como la crónica actitud de no tomar en serio "nada de lo que generalmente se tiene por serio", desafiando las jerarquías, a las que se les pierde el respeto (51).

Como lo muestran las reflexiones de Ortiz y Mañach, dos importantes autores del nacionalismo cubano, el choteo es considerado como principal elemento socio-cultural atribuido a la identidad nacional. Históricamente se ha mantenido como la particular manera en la que el cubano consigue negociar, a través del humor, la adversidad y la inadaptabilidad, incomodidades y frustraciones, la autoridad abusiva, la marginalidad y las limitaciones a su agencia social. No desapareció jamás de la vida republicana, entre 1902 y 1959, siendo incluso un recurso regularmente utilizado por escritores hoy canónicos y entonces descontentos con su sociedad, como el sarcástico Virgilio Piñera, quien decía de sí mismo que era "un tarro de leche cortada con un limón humorístico" (citado por Lezama, *Fascinación de la memoria,* 264-265). No es entonces sorprendente que el choteo aparezca con cierta asiduidad e intensidad en la época posrevolucionaria. Sirviéndose de él muchos creadores han conseguido expresar, dentro de la isla, su inconformidad con la sociedad y el gobierno vigentes desde 1959. De manera particular, el cine cubano ha hecho del humor un casi imprescindible recurso estético.[1] El público, además, parece siempre agradecer la posibilidad catártica que este tipo de producciones ofrece. Extendida a la totalidad de la creación cultural, tal utilización social del humor alcanzó cierto auge en los años ochenta, cuando la ironía y el choteo se empleaban frecuentemente para criticar la sociedad.[2]

---

[1] A modo de ejemplo pueden citarse películas como *La muerte de un burócrata* (Tomás Gutiérrez Alea, 1966), *Se permuta* (1983) y *Plaff o Demasiado miedo a la vida* (1988), ambas del realizador Juan Carlos Tabío; o las más recientes *Kleines Tropikana* (Daniel Díaz Torres, 1997), *Nada+* (Juan Carlos Cremata, 2003), *Monte Rouge* (Eduardo del Llano, 2004) y *Juan de los Muertos* (Alejandro Brugués, 2011).

[2] Caricaturas y tiras cómicas eran publicadas en los principales órganos de prensa, mientras populares espectáculos humorísticos como los de Alejandro García *Virulo,*

Vale señalar que incluso si alguno que otro autor u obra fuese entonces censurado por las autoridades, esta utilización del humor para trasmitir la crítica social puede ubicarse dentro de un clima general de cuestionamiento y de voluntad de cambiar la realidad revolucionaria —tal y como ocurrió con el resto de la producción cultural crítica con la Cuba de los ochenta—. Se sitúan dentro de la experiencia revolucionaria, lo cual ha sido destacado por Sara Cooper en su estudio sobre el humor en la narradora y poetisa cubana Mirta Yáñez:

> La antigua estrategia de utilizar el humor para destacar la distancia entre la política oficial y la práctica real, o para ridiculizar autoproclamados aunque inmerecidos elogios, ha sido incorporada a la dialéctica revolucionaria. Antes que divertirse a costa de los ideales revolucionarios, el humor narrativo tiende a revelar y satirizar la mediocridad, el egoísmo, la arrogancia, la codicia, la hipocresía y el estancamiento.
>
> The longstanding strategy of using humor to expose the gap between official policy and actual practice, or to ridicule self-proclaimed yet undeserved praise, is thus incorporated into the revolutionary dialectic. Rather than making fun of revolutionary ideals, narrative humor tends to search out and satirize mediocrity, selfishness, selfaggrandizement, greed, hypocrisy, and stagnation (37).

Sin embargo, en la era postsoviética, las mismas armas humorísticas no siempre denuncian los problemas sociales ni pueden tampoco ubicarse dentro del ya célebre choteo cubano. Lo demuestra la protagonista de *Cien botellas,* quien con su risa injustificada no está promoviendo un cambio social. En ninguna obra de Portela el humor es desplegado para llamar la atención sobre males que deberían corregirse. No hay choteo en la actitud ingrávida que domina la narrativa de esta autora. Como se ha visto, concuerdan los estudiosos del choteo

---

diversas películas y obras de teatro atacaban directamente los problemas provocados por la agravación de la desigualdad social, de la corrupción administrativa, la burocracia, el despilfarro y la gestión ineficaz de la economía y la producción. De igual manera, Héctor Zumbado, con sus viñetas que a lo largo de los años ochenta se empeñaban en ridiculizar personajes y situaciones criticables dentro de la vida cubana de entonces, ejemplifica esta tendencia. Considérense, entre otros, sus libros *Limonada* (1979), *¡Esto le zumba!* (1981) o *Prosas en Ajiaco* (1984), todos publicados en La Habana por la editorial Letras Cubanas.

en que a través del mismo se procede a una exaltación del individuo en detrimento de la autoridad. Sin embargo, los personajes de Portela solamente se ríen de su propia impotencia e insignificancia en medio del caos habanero contemporáneo. No buscan la reafirmación individual. El choteador, insistía Mañach, reconoce la autoridad de las "cosas serias", mas no las reverencia respetuosamente (51). Por su parte, las criaturas ingrávidas en la narrativa postsoviética nunca enfrentan la jerarquía. Van más lejos: la ignoran.

De manera similar se posiciona Nieve Guerra, protagonista de *Todos se van*. Frente a los derrumbes de la Historia y la política que desolan a su madre, ya se ha explicado antes que la muchacha permanece inmóvil y perpleja. Sabe que no tiene ningún peso sobre la sociedad y, por ende, no hay razón por la cual preocuparse, esperar, protestar. "Sólo quiero escapar de la política, no soporto verme metida en todo esto. Algo me dice que no sé pelear en esas ligas" (188), confiesa. Se llega a este estado tras años de censura y autoritarismo, de silencio y susurro, de agobiante patriarcado. Esta novela de Wendy Guerra presenta la deriva de la revolución cubana a través de las miradas de Nieve y su madre. Es la perspectiva de mujeres abandonadas, varadas en una isla que todos dejan tirada a su suerte. Por cansancio permanece la madre; la hija, indiferente. Las dos, sin embargo, sufren en cada época de la revolución la incomprensión y la arbitrariedad de los hombres que dirigen los destinos de la nación, la sociedad y la familia. La autoridad en la isla es patriarcal, y a ellas las aplasta o las excluye constantemente. El machismo dentro de la sociedad cubana revolucionaria es ejercido en la novela, fundamentalmente, por el padre, primero, y luego por Osvaldo, amante de la protagonista. Ambos, cada uno a su manera, la utilizan, traicionan y maltratan, coincidiendo en prohibirle el Diario que ella mantiene. Guerra asocia machismo y censura, apuntando además hacia la desarticulación entre la realidad y el discurso político de la revolución: "No sé por qué mi padre y Osvaldo odian el Diario. La historia se repite en ciclos que regresan para recordarme que nunca he sido mi propia dueña [...] la censura aparece siempre con cada hombre que me cruzo en el camino" (224).

Escrito en forma de diario, asistimos en *Todos se van* al lento proceso de constitución del estado de ingravidez en la protagonista, a través de la sedimentación cotidiana del absurdo en su existencia. Ella personifica, como Zeta, la sórdida infancia de lo que hubiera podido ser la "Mujer Nueva". Su vida ha sido "construida" también a partir de la desarticulación familiar, directamente vinculada a la historia nacional a partir de 1959. La madre de Nieve era "hija de la patria", porque cuando sus padres se exiliaron en Miami y ella decidió permanecer en la isla, fue adoptada por las instituciones revolucionarias (145). Sin embargo, al hacerse adulta es marginada y censurada como artista porque, aunque se considera revolucionaria, critica ciertas posturas del gobierno que en su opinión desmienten el auténtico carácter de la revolución.

Mientras se repite en interminables discursos la importancia de la juventud para el futuro de la nación y se hace propaganda de los esfuerzos de la revolución por aportar una formación integral a las nuevas generaciones de cubanos, Nieve ve partir a su madre hacia Angola, enviada a una guerra absurda, y la ve volver enferma de paludismo. La estancia de la madre en Angola influyó negativamente en la evolución escolar de Nieve. Pocos días después de su regreso, todavía muy enferma, en un juicio la madre pierde la custodia de Nieve. La niña queda en manos del padre, personificación del poder arbitrario y de quien recibe continuos maltratos. Las contradicciones entre el discurso revolucionario y la realidad dominan la descripción que hace Nieve de su infancia. Así, cuando tiene que marcharse con el padre, recuerda: "Fui a la oficina de la mano de una señora que me dijo dos veces: 'La revolución no te abandonará'. No sé qué tiene que ver la revolución en esto. Mi padre me esperaba sentado en la silla del juez. La señora le dio a firmar unos papeles y me entregó como si fuera un paquete de correo [...] Mi padre ha estado muy contento todo el resto del día [...] [É]l ganó y nosotros perdimos" (39).

Como Zeta, la protagonista de *Todos se van* se cría sola y ya de adolescente deviene estudiante becada al entrar en el sistema de educación de internados, donde los estudiantes vivían la mayor parte del tiempo lejos de sus casas y, como expresa Nieve, en situación de "gregarismo". Los vínculos familiares y los conceptos morales tradicionales terminan por desaparecer bajo este sistema. A la descripción de la masificación predominante en el espíritu de esta generación se dedica todo un capítulo de la novela, en el que Nieve dice: "Nosotros, los hijos, a veces queremos olvidar los apellidos y hacemos verdaderas hazañas por volvernos uno más de aquellos que componen la larga fila de la bandeja de aluminio" (140). Con la bandeja de aluminio está aludiendo Wendy Guerra a la imagen de una fila de adolescentes, todos uniformados, esperando recibir su ración de comida, la misma para todos, en un comedor de becados.

Cierta confrontación entre Nieve y su madre surge, por ejemplo, cuando la niña tiene que asistir con su escuela a los actos de repudio contra sus conciudadanos que en 1980 habían decidido emigrar hacia los Estados Unidos por el Puerto del Mariel. La madre le prohíbe asistir a estas manifestaciones en las que violenta e injustamente se atacaba a quienes abandonaban el país, pero la niña a veces iba "sólo por cumplir" (125). En una ocasión el atacado era un conocido de su madre y ésta acude a rescatarla del acto de repudio gritando: "Vámonos de aquí, que esto no es la revolución" (126). Entre la desilusión de la madre y las exigencias sociales, Nieve se forma en un mundo absurdo. Escondiéndose para no tener que asistir a las marchas "revolucionarias", en las que poco o nada perduraba del originario espíritu de la revolución. La disyuntiva está para ella entre desobedecer a la madre o al poder, inevitablemente masculino.

El Diario, en este sentido, posibilita comprender el estado existencial que se desarrolla en Nieve y su incapacidad para entender la sociedad en que se ha formado. Su relación con el heroísmo, elemento básico de la cosmología de la revolución cubana, es complicada no solamente porque su visión de la guerra está determinada por las nocivas influencias que en su propia vida tuvo la contienda cubana en Angola, sino porque desde la infancia los de su generación han sido conminados a mantener una extraña relación con el panteón heroico revolucionario:

> Cada uno de nosotros le debe "una peseta a cada mártir", dice mi madre: al asma del Che, al cuerpo de Camilo en el mar, al que escribió con sangre antes de morir el nombre de Fidel en una pared, a los que mataron en Angola, a los que se perdieron en Bolivia, a los mambises, a todo el mundo le debemos algo. Ellos son los que hicieron todo por nosotros; nosotros no podemos hacer mucho por ellos. Creo que les debíamos todo eso mucho antes de que naciéramos (139).

La lógica del heroísmo, para los jóvenes que como Nieve y Zeta no se sienten implicados en la épica revolucionaria, parte de una posición de agradecimiento forzado. De agradecimiento por algo que no se conoce sino es a través de la retórica ideológica y los libros de Historia. Los héroes fueron quienes la hicieron en el pasado y ahora en el presente pareciera que a estos jóvenes no les han dejado nada que realizar, sólo agradecer, sin derecho a la duda. El sinsentido también cubre el sentido épico —o sus vestigios— en el presente. Confiesa la protagonista su aversión por las prácticas militares que como joven estudiante de arte estaba obligada a hacer. La incoherencia entre el discurso oficial y la realidad estalla nuevamente:

> Como no podemos estropearnos las manos trabajando en el campo porque somos el futuro artístico de la patria, decidieron cambiar los cuarenta y cinco días de "escuela al campo" por otros tantos en la Escuela de Preparación Militar [...] No soporto nada militar [...] pero si no voy me sacan de la escuela; como dice la consigna: "Cada cubano debe saber tirar y tirar bien" (148).

Definitivamente, los tiempos de la urgencia épica, característicos de los primeros años de la revolución, son parte del pasado. Ahora la joven protagonista se queja de estar encerrada en un campamento militar "aprendiendo a matar a alguien que aún no sabemos quién es" (154). Simple, esta frase guarda la esencia del sentir de su generación con respecto a aquella situación extrema de confrontación, movilización y militancia políticas en que se enmarca la vida revolucionaria de los años sesenta. Playa Girón, los atentados contrarrevolucionarios, la Crisis de los Misiles son hechos históricos descritos en los libros de texto y rememorados en los actos políticos. Son textos, no vivencias, que a sus ojos se vuelven obsoletos e incoherentes. La confrontación y la necesidad de defender la revolución se han convertido para los jóvenes de los noventa en situaciones abstractas, repetidas en proyectos escolares y discursos, simuladas en absurdas prácticas militares.

Sembrado en el vacío, el concepto moderno de heroísmo, como el de la familia, la identidad y otros tantos, tienen sus raíces suspendidas: estado de ingravidez en el que se encuentra Nieve. Cuando, en un afán por singularizarse dentro de la masa uniforme en que se convirtió su generación, la adolescente se afeita la cabeza ("para que entiendan que yo soy yo"), la madre, sorprendida, deja escapar de las manos un jarrón chino, último recuerdo de los abuelos paternos que quedaba en la casa. "Jarrón chino, porcelana china, vida escrita en chino que no entiendo", es decir, el pasado ininteligible terminó por hacerse añicos con el acto de individualización practicado por Nieve (140).

Tal y como se desmorona el pasado, también desaparecen los amigos, amantes y parientes, quienes abandonan el país poco a poco. Pérdida tras pérdida, también se configuran la soledad y la indiferencia de la protagonista. "Adónde se han llevado a todos los amigos", se pregunta Nieve (247). Aquí, se descubre además una irresponsabilidad frente a la realidad similar a la que ya expresaban los frustrados personajes de *La neblina del ayer*. Para la muchacha, los amigos no se han ido, se los han llevado. Alguien —siempre impreciso— es apuntado como culpable de tanta derelicción. Jamás la responsabilidad recae sobre sí mismos. En este punto al menos coinciden soñadores e ingrávidos de la literatura cubana postsoviética.

Al final, ni la huida representa una salida real para el sujeto ingrávido. "He dicho adiós tantas veces y para nada, aquí sigo anclada al fondo", dice la protagonista (248). Mientras los otros se marchan, Nieve —pero tampoco Zeta— no abandona el mundo absurdo en que vive. No lo necesitan porque de hecho nunca han estado afianzadas en él. Sólo han flotado. En el caso de Nieve, se trata además de mantenerse flotando e indiferente, es cierto, pero guardando la memoria. Anota todo en el Diario, que termina siendo su única compañía cuando todos se van. Muy precisamente, se llena el Diario con los acontecimientos que marcaron el colapso del bloque socialista europeo en 1989. Los hechos archivados en el Diario parecen inconexos, no configuran una narrativa. Son esos fragmentos que según Jameson constituían la única posibilidad de expresar la historia que quedaba al sujeto posmoderno. La textualidad desnuda de sentido, que sustituye a la Historia como referente, propia de la existencia moderna. Sin embargo, a pesar de la incoherencia del Diario, ahí quedan los consejos que a Nieve dicta Antonio, su segundo amante: "Respeta el pasado. No me olvides. No colabores con la desmemoria. Déjate llevar por el recuerdo aunque sea vacuo, así fue pues así nos lo dejaron entender" (271).

En estas últimas páginas se reproduce, fragmentada, la Historia sin sentido ante la cual Nieve Guerra no ha podido responder de otra manera que como hielo a la deriva a medio camino entre la realidad y la fantasía. "Invernando en [sus] ideas, sin poder desplazar[se], para siempre condenada a la inmovilidad" (285). Porque, mientras el mundo entero cambia, con el derribo del Muro de Berlín, la protagonista constata que en Cuba los sucesos son silenciados y la vida cotidiana se mantiene imperturbable, aun si son cada vez más los que abandonan la isla —como su padre, que se marchó en 1980 por el Puerto del Mariel o el novio Osvaldo, que emigra en los noventa— o bien desaparecen como perseguidos políticos —que es el caso de Antonio—. Dice entonces: "Ahora parece que son ladrillos y ladrillos al suelo, familias reencontrándose, todo vuelve [...] No me imagino cómo podemos romper aquí un muro de agua, amorfo y profundo" (250). El resto del mundo es sólido, con ladrillos que se desmoronan y nueva vida que se inaugura. En la isla, la única solución para Nieve es flotar en ese caos informe, espeso, que no se puede quebrar.

Cuando, en los últimos instantes de la novela, Nieve Guerra —que pierde todo, amigos y propiedades, pues el pobre apartamento de la madre se derrumba y la casa de Osvaldo es requisada por las autoridades tras su exilio— se aleja corriendo hacia el mar, se despoja de sus ropas y entra en las aguas heladas del diciembre habanero, da la impresión de que la joven abandonará su vida en la isla: suicidándose o tal vez, con suerte, alcanzando las costas de la Florida. Pero sucede lo inimaginable:

> "Orden, tranquilidad y silencio" sentí mientras se producía la inmersión. Luego subir, subir, para nada. Cada vez me acercaba más a la superficie, pues de allí soy. Emergí poco a poco, mirando alrededor, pero preferí sucumbir hasta que la línea de agua tapara mi cara, separando, desprendiendo mi suerte de la realidad. De repente una lluvia blanca empezó a caer sobre el mar [...] Sigo estando viva, sigo siendo nieve sobre nieve. Ahora soy una piedra de hielo con algunas algas, unos cuantos moluscos, papeles arrugados y arena dispersa. A la deriva viajo poco a poco hasta la inmovilidad total (284-285).

Vacilando entre el orden y el caos, entre la profundidad como mundo posible y la superficie como el de la vida real, la protagonista termina por quedar paralizada por la nieve, ni en un sitio ni en el otro. Viva, sin embargo. Inerte y a la deriva.

También inertes, rodeados de fragmentos incomprensibles de la Historia, están los diferentes personajes de los cuentos incluidos en *Boring Home*, de Orlando Luis Pardo Lazo. Este "libro" es peculiar en varios sentidos: en cierto modo, virtual porque no ha sido publicado por ninguna editorial tradicional, sino por el movimiento de Bibliotecas Independientes. Consistente en una red de más de cien bibliotecas instaladas desde 1998 en hogares cubanos, el objetivo de este movimiento ha sido facilitar la lectura de libros no promovidos por las instituciones oficiales. *Boring Home* es la obra ganadora del concurso "Novelas de Gaveta Franz Kafka", creado por Radio Praga (República Checa) para ofrecer la posibilidad de publicación a autores cubanos que viven en la isla y escriben para "guardar sus obras en gavetas", pues difícilmente éstas serán publicadas por las editoriales oficiales. Letras Cubanas, de hecho, había censurado *Boring Home* y en febrero del 2009 la novela debió ser presentada independientemente, bajo control policial, en las afueras de la fortaleza La Cabaña, sede de la Feria del Libro de La Habana. "Una suerte de graffiti al otro lado del muro", según definiese Pardo en "La última cena de la censura". La editorial checa Garamond publicó mil ejemplares, los cuales no han sido vendidos sino enviados a Cuba para su libre distribución. El libro es también descargable a través de varios sitios en Internet. Pardo es además bloguero, es decir, que escribe regularmente en blogs reflexiones sobre la realidad cubana que no son difundidas a través de los canales oficiales de comunicación. La virtualidad domina pues su escritura y esto se respira en los cuentos de *Boring Home*.

De gran retruécano trata Pardo esta colección de cuentos en la que la palabra se hace y deshace dentro de un mundo confuso y tedioso, La Habana contemporánea, donde andan suspendidos los personajes. Jóvenes vagando en una ciudad que se extiende en barrios desolados y a oscuras parecen totalmente inmersos en la inconsciencia. Son, por ejemplo, Nora y Sondra quienes le rentan su garaje a un cubanoamericano que vuelve a la isla esperando morir en su casa natal, hoy de alquiler y propiedad de las dos jóvenes. Habaneramente ingrávidas, ellas no sólo acogen y ayudan a morir al exiliado, sino que lo involucran dentro de la "nada" cubana. El moribundo Orlando Woolf muere consciente de estar regresando a un hogar que no existe, su casa materna que ya no lo es: *boring home*. La casa aburrida, el tedio de los días, y con ello también un juego de palabras con la novela de Guillermo Rosales, *Boarding Home* (1987).

Termina Orlando Woolf sus días en la misma Hanada, como a veces es denominada la ciudad en los cuentos de Pardo, en que deambulan Orlando, Silvia o la recurrente Ipatria. Ella es tal vez el más virtual de los seres de este libro: en su nombre, la I alusiva al mundo de la Internet, patria por la nación que ya no se tiene, la casa o *home* que ya no existe, y también quizás recordando a la protagonista de la novela *La nada cotidiana* de Zoe Valdés, que al perder la inocencia y descubrir la sociedad paradójica en que vivía, cambia su nombre de Patria por el de Yocandra. En el cuento "Ipatria, Alamar, un cóndor, la noche y yo", este personaje simbólico de la deriva y la indiferencia propias del sujeto ingrávido vive junto al narrador extrañas aventuras nocturnas en las que también se descubre, como gotas suspendidas, el pasado cargado de Historia. Ipatria es una de las raras chilenas que permaneció en Cuba incluso después de la restauración de la democracia en Chile y el fin de la Guerra Fría. Vegeta en la zona de Alamar, que hasta hacía sólo poco más de una docena de años le estaba reservada a los refugiados políticos chilenos, tal y como existía por ejemplo otra zona de residencia para los soviéticos. Su zona era "páramo" aún más desierto que el resto del ya desértico Alamar, en opinión del narrador, quien también describe este barrio en ruinas como un "cementerio obrero" (88). En Alamar yacen los vestigios del socialismo. Allí donde el sinsentido y la nada prevalecen, "solitarios a dúo en [...] la Siberia cubana" (99), se mueven los protagonistas de este cuento, entre lo oscuro, los ruidos populares y los fragmentos caóticos de la Historia. Ipatria la recita alocada: el arribo de Salvador Allende al poder, el golpe de Estado de 1973, la persecución y el asesinato de muchos chilenos (su madre entre ellos), el éxodo de su padre y ella junto a otros tantos militantes hasta aterrizar en Cuba, La Habana, aquel rincón de Alamar. El narrador no le encuentra lógica a lo que la muchacha cuenta y por eso mismo ni siquiera cuestiona esa Historia. Se le vive con el cuerpo, desgarrado y hambriento, a través del amor imposible entre los protagonistas.

La Historia —o su inutilidad— figura igualmente en el centro de otro cuento, "Wunderkammer", donde Ipatria y el narrador se dedican a quemar contenedores de recortes de periódicos que secretamente había coleccionado el padre de éste, durante cincuenta años —los mismos que entonces cumplía la revolución en el poder—. Muerto al fin, pueden entrar en su habitación, cuyo acceso les había estado negado durante aquellas cinco décadas, y descubren la extraña colección a la que se había dedicado el padre: la "medieval cámara de las maravillas. O cualquiera que sea el nombre del acto paterno de narrar por corte y compilación" (177). Los periódicos y la información que conservan permitirían hilvanar la historia de la Cuba revolucionaria en que viven, pero a los protagonistas de Pardo esto les deja indiferentes. Recordar carece de sentido:

> Aquellos ripios ya no tenían, para nuestra generación, ni siquiera un valor documental. Esas líneas discontinuas eran la prehistoria analfabeta del mundo. Tedium vitae reconcentrado, mimesis mala: una parodia no tan simpática como patética, cuyo mejor destino sería su conversión en ceniza, peste y vapor de agua [...] Todas tranquilamente trocables en dióxido de carbono y vapor de agua: titulares transparentes, ingrávidos, más gaseosos que graciosos, como el supuesto sentido de aquella galería curada por mi padre durante cincuenta años (175, 177).

La quema indiscriminada es el único acto posible frente a los periódicos —o frente a la Historia. Y se hace sin rabia ni triunfalismo inquisitoriales. Es la simple conversión de la Historia en humo, materia ingrávida. Termina sin embargo el cuento con la sugerencia, en voz del narrador, de que el "acto de cremación" al que se dedican Ipatria y él entre también, tal vez, dentro de los actos paternos de narración (177). Quemar la Historia, aniquilar el mito sería otra narración o ficción. Es una utopía, postsoviética y posmoderna. Porque el humo existe. La Historia quemada no desaparece de veras, queda suspendida sobre todas las cosas y las gentes. Peor, es respirada. La retahíla de frases incoherentes de la Ipatria chilena arman su locura, que es su existencia. Sólo morir puede salvar de la Historia. Porque las palabras insensatas, las cenizas suspendidas en el aire, la peste olida, el vapor de agua condensado en lluvia, la nieve sobre Nieve con su diario flotando en el mar del malecón son todavía la Historia, aun en forma de fragmentos ingrávidos en el presente posmoderno.

El sujeto ingrávido sólo consigue hacer desaparecer el *telos* histórico. Pero el pretender desentenderse completamente de la Historia es uno de aquellos gestos identificables como posmodernamente utópicos. La pervivencia del impulso utópico en la vida posmoderna resultaba evidente para Jameson:

> Si uno cree que el deseo utópico está en todas partes, y que alguna libido freudiana individual o preindividual se amplía y completa con un reino de deseo social, en el que el anhelo de unas relaciones colectivas trasfiguradas no es menos poderoso y omnipresente, entonces, apenas podrá sorprender que este particular inconsciente político haya de identificarse in-

cluso allí donde se le desacredita y denuncia con más apasionamiento [...] lo que está en todas partes es tan bueno como lo que no está en ninguna parte (*Semillas del tiempo*, 58).

La indiferencia ante la sociedad es expresión de una utopía. En los personajes aquí presentados, el permanecer inconexos y flotantes es una idea de relación colectiva, basada esta vez en el ideal de la no relación. La suspensión ética es la respuesta del sujeto ingrávido ante la situación actual de la sociedad cubana, donde la parálisis política y económica hace de la isla una especie de inquietante marasmo. Nada parece moverse hacia ningún sitio. Muchos cubanos no piensan ya en el Progreso, ni en escapar del subdesarrollo, como se soñaba mientras la revolución representaba un proyecto viable de la modernidad. Ya ni siquiera consiguen ver la decadencia, que se ha vuelto estable a través de más de un decenio de Período Especial. ¿Adónde van los cubanos de la isla hoy en día? Los jóvenes escritores estudiados en esta sección sostienen la irresolución.

Sus personajes "están", pero se pretenden intrascendentes. Esta pretensión es la marca de su utopía, pues sí hay trascendencia para estas criaturas suspendidas en el vacío postsoviético. Su trascendencia radica, precisamente, en el hecho de estar ahí. Es decir, estar —aun indiferentes—, pero dentro del mundo cubano de los noventa, en la América Latina contemporánea, tras la Guerra Fría y el desmoronamiento del imperio comunista en Europa del Este. Sus cuerpos, simplemente, flotan dentro de esos mundos. Pero lo hacen ahí; ese "ahí" constituye el elemento que remite a la trascendencia dentro de la propuesta ontológica de Badiou, para quien una situación es "tener lugar" (*L'être*, 32-33). Estos personajes presuntamente desubicados existen, entonces, en situación: flotan en situación, deviniendo de tal suerte inasibles para el poder tradicional.

6.2. Cuerpos ingrávidos

"No pasa nada, es tan sólo mi cuerpo", piensa el Orlando Woolf de "Boring Home", al rozar por descuido el cuerpo de su joven anfitriona Nora, pocos días antes de ser masturbado por ésta. Inmediatamente después del caritativo acto de la joven, Orlando se quita la vida, cumpliendo con el objetivo que lo llevara de Hialeah (Florida) al Vedado (La Habana) (163). El cuerpo, o más bien la carne, es cuanto parece importar a los personajes ingrávidos. Son sólo cuerpos que no trasmiten otra cosa que el mismísimo hecho de existir. El cuerpo es suficiente y no requiere de discursos y argumentos que hacen del sujeto una identidad fija y conceptualizable. El cuerpo, en definitiva, es —como explica Jean-Luc Nancy cuando lee a Freud— "*ausgedehnt*, extensión de la efracción que es la existencia, extensión del ahí, del lugar de efracción a través del cual el ser puede aparecer en el mundo" ("Il est exposant/exposé: ausgedehnt, extension de l'effraction qu'est l'existence. Extension du là, du lieu d'effraction par où ça peut venir du monde"; *Corpus*, 24). Los cuerpos, según entran en la danza de los personajes ingrávidos, no expresan una relación directa con la sociedad dentro de la cual inevitablemente se mueven. Sería, sin embargo, un error considerarlos en absoluta abstracción del entramado social. El hecho de que no ofrezcan referencia explícita a la Cuba contemporánea, ni que vehiculen críticas sociales como sí puede hacerlo bajo otras plumas el ejército de homosexuales, prostitutas, travestis, negros, delincuentes y otros representantes de la marginalidad posrevolucionaria que han inundado la literatura desde los años ochenta, no significa que estos cuerpos ingrávidos se hallen fuera de lo social. Reconoce también Nancy:

> No hay cuerpo que no esté vinculado a la red de significación, no hay "cuerpo libre", flotando sin sentido. Yo respondo que *es el propio sentido el que va a flotar, para terminar o para comenzar, en su límite:* y este límite *es el cuerpo*, no como simple y pura exterioridad al sentido, no como cualquier "materia" intacta, intocable, hundida en la más espesa inmediatez [...] tampoco entonces, para terminar como "el cuerpo", sino más bien como *EL CUERPO DEL SENTIDO*.
>
> [I]l n'y a pas de corps qui ne sois déjà nouée au réseau de la signification, il n'y a pas de "corps libre", flottant hors-sens. Je réponds que *c'est*

> *le sens même qui va flotter, pour finir ou pour commencer, sur sa limite:* et cette limite *est le corps*, non pas comme une pure et simple extériorité au sens, non pas comme on ne sait quelle "matière" intacte, intouchable, enfoncée dans l'immédiateté la plus épaisse [...] non pas donc, pour finir comme "le corps", mais bien comme *LE CORPS DU SENS* (*Corpus*, 23-24, destacado por el autor).

Es entonces el cuerpo que no expresa un sentido oculto, trascendental. No es el cuerpo que para Virgilio Piñera, por ejemplo, revelaba al tocar otro cuerpo que sólo en ese acto estaba lo real, mientras la vida social era sustentada por la Nada esencial. No es cuerpo en armonía cósmica, armando la coral absoluta del sistema poético lezamiano, donde la cópula es considerada "el más apasionado de los diálogos [...] el apoyo de la fuerza frente al *horror vacui*" ("Interrogando a Lezama Lima", 24). Tampoco son éstos los cuerpos del caos de las páginas de Reinaldo Arenas, protestando, a través de su lascivia y homosexualidad, contra el orden social. No están en los mundos ingrávidos cuerpos que se pierden en revoluciones ni que escapan de ella, ni cuerpos prohibidos por la uniformidad y el sacrificio políticos. Son sólo cuerpos en los que reside —no se exhibe ni se traduce— el sentido de la vida —o su sinsentido.

Los personajes ingrávidos no reconocen límites en la exploración corporal. Desde Ipatria y Orlando hasta Zeta, pasando por Nieve, los tres protagonistas de *El pájaro: pincel y tinta china*, y otros personajes que serán presentados en este capítulo, la existencia parece resumirse a multiplicar el goce y el dolor corporales, preferiblemente a través del sexo. La recurrencia al sexo era también notable en obras de Marilyn Bobes, Leonardo Padura e incluso en *El vuelo del gato*, de Abel Prieto; sin mencionar la narrativa de Pedro Juan Gutiérrez, cuyos personajes parecen necesitar del sexo como del aire. Sin embargo, mientras para estos escritores el desenfreno es subrayado como tal, volviéndose cualidad o defecto, para aquellos otros que escriben la ingravidez postsoviética cubana tanto sexo no produce la menor emoción ni suscita el más mínimo juicio. Éste es su carácter distintivo: es sexo despojado de valor. Únicamente así puede comprenderse ese dejar arrastrarse en un sexo caótico que sólo en apariencias puede emparentarse al masoquismo y el sadismo, dominante en una novela como *La falacia*, de Gerardo Fernández Fe. A través de sus relaciones sexuales con

M., una mujer carente de nombre, rostro y personalidad, y sin otra descripción que su manera de entregarse al sexo, el protagonista repta por la ciudad y termina por desaparecer en la oscuridad de un túnel, *leitmotiv* de la novela: "He entrado [dice] al túnel y ya a nadie puedo dirigirme: primero porque estoy solo, luego porque en nadie creo. Sólo yo sé de mi goce, también de mi vacío" (111). El sexo aquí se aleja de todo proyecto reproductivo, de incuestionable provecho social o al menos cósmico, como aquel coito ciclónico que en *Paradiso* envuelve a Ynaca Eco y José Cemí, bajo el dominio de la Imagen. El orgasmo, según Lezama, devenía entonces ese instante en el que "el mundo hipertélico alcanza su visualidad por la unión de su protón y su metáfora" y Cemí, al final, disfruta de "un tiempo protometafórico" (343). Del sexo de los ingrávidos no nace la utopía ni la distopía. No tiene consecuencias: ni explícitas ni secretas. No lo sustenta la misma dinámica social que puede descubrirse en escritores como Padura, Estévez, Paz o Abel E. Prieto. Con su obra, ellos reaccionaron contra postulados que, desde los "duros" años sesenta y setenta, habían fijado oficialmente la manera en la que la vida sexual de los cubanos de la isla debía ser conducida. Por ejemplo, en las conclusiones del primer congreso de Educación, en 1971, se exhortaba a:

> Promover una concepción de lo que significa el amor en la formación de la pareja humana y los motivos que deben unirla, no con un criterio meramente biológico, sino con una idea de la plenitud humana que incluya la admiración recíproca y la estimación profunda, en función de valores vitales y estéticos, pero por valores sociales, políticos y morales fundamentalmente (13).

La llamada *literatura de la revolución* condenaba el sexo "inútil", que no se inscribe dentro de una dinámica perpetuadora de la nueva sociedad socialista. El erotismo desapareció casi totalmente de la producción literaria de la época. Sólo se le acordó entrada cuando, en una relación heterosexual, reafirmaba la fuerza del héroe siempre invencible. Este infatigable gran macho revolucionario, "machista-leninista", como le llamase con sorna Zoé Valdés en *La nada cotidiana* (59), abunda en la obra de autores de la *narrativa de la violencia* como Manuel Cofiño, Luis Rogelio Nogueras o Jesús Díaz. Deteniéndonos en este último, su Carlos Pérez Cifredo, en *Las iniciales de la tierra*, representa al héroe siempre dispuesto a exhibir, casi como otra proeza revolucionaria, su habilidad sexual y amorosa con las mujeres. También se ha celebrado el ascetismo sexual del Hombre Nuevo, en novelas como *La última mujer y el próximo combate*, de Cofiño. Allí el amor es subordinado a la causa revolucionaria. Desprovista de sexo, la relación de los revolucionarios Bruno y Mercedes contrasta con la pasión diabólica entre Nati, *femme fatale*, y el contrarrevolucionario Siaco. Para oponerse a esta rígida percepción los escritores comenzaron a referirse, a partir de los ochenta, abiertamente al sexo, el erotismo y la homosexualidad. Destacan novelas y cuentos que entonces provocaron agitadas polémicas, como *Fiebre de Caballos* y *Máscaras* de Leonardo Padura, y los cuentos "El lobo, el bosque y el hombre nuevo" de Senel Paz y "¿Por qué llora Leslie Caron?" de Roberto Urías.[3]

Por otro lado, para los personajes de Pedro Juan Gutiérrez entregarse al desenfreno sexual constituía un modo de apartarse de la productividad y la moral propias de la cosmología de la revolución. Guillermina de Ferrari destaca esta función "escapista" del sexo y la importancia que a los ojos del narrador del Ciclo de Centro Habana reviste la esperma gastada —en vano— en masturbaciones y —desperdiciadas— lejos de los ovarios de sus compañeras sexuales (190). Según De Ferrari, el semen "malgastado" simboliza además la masculinidad frustrada del protagonista, que en el Período Especial no puede asumir el rol para el cual, como Hombre Nuevo, estaba programado (191). En el ambiente de mujeres que prostituyéndose garantizan la supervivencia del hogar y de hombres como Pedro Juan y Reynaldo, la imagen de un Carlos Pérez Cifredo en *Las iniciales de la tierra* es impensable. No sólo no podría fungir ya como proveedor familiar, tampoco le estaría permitido exigir fidelidad y su *performatividad* sexual depende en buena medida del hambre sufrida. Finalmente, en los tiempos de miseria que corren no es conveniente utilizar su esperma con fines reproductivos, para crear o agrandar la familia. Pedro Juan, con furia o hastío, lamenta esta situación.

Los protagonistas absurdos de Gutiérrez se olvidan de sí mismos dentro del sexo. El deseo, como el hambre, funciona en su narrativa

---

[3] Merece en esta problemática remitirse al texto "Los 80 y las lógicas de la complejidad", incluido por Víctor Fowler en su libro *Historias del cuerpo*.

como energía vital: lógica insensata contra la insensatez de la sociedad. Perdura a través del deseo la circulación energética y el mundo sigue en marcha. En modo alguno se llega, a pesar del caos que caracteriza lo absurdo, al estancamiento propio del estado ingrávido. Sólo el inmovilismo absoluto lograría atentar realmente contra el poder, lo que supondría la interrupción del Progreso social. Reconocía Baudrillard que "[e]sta obligación de liquidez, de flujo, de circulación acelerada de lo psíquico, de lo sexual y de los cuerpos es la réplica exacta de la que rige el valor de cambio: es necesario que el capital circule, que no tenga un punto fijo, que la cadena de inversiones y reinversiones sea incesante, que el valor irradie sin tregua" (*De la seducción*, 38).

Al sujeto ingrávido, en cambio, el apremio por la fluidez no parece acecharle. La seducción y la energía sexual repartidas socialmente desaparecen de su actividad. El sexo no cumple otra función que aquella que la sensación física produce en los cuerpos; y al poder social, en esta corporeidad, se le hace caso omiso. El deseo tradicional, aquel que persigue la apropiación y el alcance del goce erótico y/o amoroso, ya no domina las relaciones sexuales. Quedan sólo los cuerpos hambrientos o no, que ya sin deseo consecuente se enroscan, se duelen, se acarician o lastiman. Puede en este punto recordarse la indiferencia de las protagonistas de Portela y Guerra ante las agresiones físicas. Sin que puedan ser consideradas masoquistas —pues con su actitud no esconden juegos de poder— Zeta, Camila y Nieve viven experiencias sexuales donde sus "compañeros" masculinos "abusan" —si se les juzga de una manera convencional— de ellas. En su comportamiento, estas muchachas no denotan ni aceptación ni repudio hacia los hombres que las maltratan. Ellas no perciben el maltrato de manera positiva o negativa, pues lo consideran como un simple acto físico o un accidente.

Es con desenfado total como los escritores de la ingravidez muestran toda una serie de actos corporales que dentro del imaginario tradicional occidental son considerados grotescos e inmorales. Voyerismo, masoquismo, sadismo, homosexualidad, promiscuidad, perversión, a todas estas prácticas se entregan sin aspavientos o miedos, celebraciones o culpas sus protagonistas. Ni siquiera puede ser interpretada como transgresora esta sexualidad desenfrenada, porque sus enajenados practicantes desconocen las fronteras morales que sus acciones supuestamente violan. Sólo quien está consciente del poder que pudiera ser ejercido a través del cuerpo leería estas prácticas como situaciones de victimización, culpabilidad o perversidad. No es tal el caso de los protagonistas suspendidos en el vacío cotidiano, quienes se conciben a sí mismos fuera de los movimientos del poder, ajenos a toda negociación social, pues han anulado sus vínculos morales con la sociedad.

Como Foucault establece que el poder configura y transita el cuerpo del sujeto (*Il faut défendre* 27), así en el cuerpo de Zeta, Nieve o Camila se descubren las marcas de su tiempo y su espacio socio-político, tales como las penurias sufridas bajo el Período Especial, ciertos elementos propios de su cultura y la historia de su país, o determinados roles y estereotipos femeninos y sexuales en tanto que jóvenes mujeres cubanas. Estas muchachas no pueden refutar estas expresiones de la facticidad del sujeto, pero a lo que sí se niegan es a utilizar conscientemente sus cuerpos dentro de cualquier juego que implique una relación de poder o fluidez productiva. Lo reconoce así Helen Hernández-Hormilla en su amplio estudio sobre narrativa femenina en los noventa: "La descripción del coito, del cuerpo femenino y masculino, su uso como centro temático, la presencia de la masturbación y de modelos no canónicos como el sadomasoquismo y el erotismo lésbico, apuntan [...] hacia una imagen de mujer en la que se superan los tradicionales modos de concebir su sexualidad" (189). Además, los personajes de esta literatura se estarían sustrayendo a su condición de individuo, pues sólo así pueden dejar de existir para el poder, que según las teorías de Foucault es lo que constituye al cuerpo humano como individuo. Son cuerpos escasamente seductores. Si alguna vez Zeta, por ejemplo, es deseada sexualmente, es porque la confunden con su amiga, la escritora Linda Roth. Tampoco en los difíciles días del Período Especial, consigue prostituirse debidamente, porque no sabe cómo tarifar su cuerpo. Se trata de un cuerpo ajeno a toda circulación útil. Recrea la singular concepción en torno a cuestiones de género manifestada por la autora, quien en el cuento "Una extraña entre las piedras" (1999) hacía exclamar a su protagonista, Djuna: "Ser mujer, como ser hombre, animal, vegetal, mineral o extraterrestre, es una fatalidad y no una elección. Se es mujer pese a todo y sin esfuerzo, sin responsabilidad" (115). Djuna es inconsecuente e ilógicamente mujer, cubana, lesbiana y emigrada.

Por su parte, M, la protagonista de *La falacia* de Gerardo Fernández Fe, persigue la precariedad, "excepto ante la carne", como precisa el narrador: "Se refugiaba en lugares de la no-fundación, donde nada resalta, nada nace, donde no se funda más que la sequedad y lo oscuro;

lugares propensos —diría la utilidad— a violaciones verbales o físicas, a *actitudes de moralidad dudosa*" (45, destacado por el autor). No se hallarán estos cuerpos en La Guarida, La Isla, el Pequeño Liceo de La Habana, heterotopías celebradas por Senel Paz y Abilio Estévez. Al cuerpo del sujeto ingrávido se le encuentra en otras ruinas —no coloniales ni republicanas—, sino en las ruinas de lo soviético en la era postsoviética cubana, de las que ya nada parece que podrá crecer.

El protagonista masculino de *La falacia* existe sólo en el mundo erótico-sexual de M. Ambos, tan falaces, alejados de la moral y la erotismo tradicionales, entretienen relaciones donde dolor y placer trenzan la búsqueda del propio cuerpo, al que se llega de hecho casi por casualidad. De un modo muy básico, el cuerpo lo más cuerpo posible, carne que siente y nada más. Sin pretensiones, porque al final M desaparece en medio de la procesión de San Lázaro, en El Rincón, las afueras de La Habana. Como cuerpo que es, más que individuo particular, se deshace en la multitud: "El cuerpo de M se adentraba en otros cuerpos desconocidos, se igualaba; ella, que había sido tan diferente" (108). El protagonista intenta perseguirla en vano. La novela se cierra entonces con un túnel, espacio de la "inidentidad", como expresa el narrador (17). Dentro del túnel se halla el sujeto que ha abandonado todo y todos, carente de sujeción y referentes, pero que tampoco se dirige a sitio alguno. Flota en la oscuridad del túnel:

> He dejado la familia, los amigos, he abandonado a H [su esposa], que aún no sabe de mi abandono. Soy un traidor. Ningún lugar en esta ciudad merece mi atención. Perdí todos mis resortes. Ya nadie me espera porque a nadie iré. Sólo pienso en M, en su cuerpo pedestre. Pudiera gritar, pero nadie me escucharía; sólo serviría para comprobar que tartamudeo, y eso ya lo sé (111).

Ingravidez dentro del túnel. Es lo que le queda a él, una vez que ve a M "diluirse en lo oscuro" (112). Sin resortes que impulsen hacia algo que agarrar. Ningún abrazo espera. En lo oscuro, sólo cuerpos. O la memoria de éstos. Memoria que es fragmento, pues no hay *telos* histórico posible. Queda claro, con la desaparición de M, que tampoco el sexo es salvación. No la hay. Es el abandono sin llegar a ninguna parte.

La suspensión es su único estado vital: en fin de cuentas M, disolviéndose en lo oscuro, "sabe bien dónde está y adónde se dirige" (109).

La misma ingravidez se percibe en los personajes de Pedro de Jesús, específicamente en el cuento "El retrato". Gabriel y Héctor son una pareja de homosexuales (sus nombres tal vez rinden homenaje a los protagonistas de la Pentagonía de Reinaldo Arenas). Ana es pintora y conoce a Jorge, un taxista. Entre los cuatro personajes se entretejen confusas relaciones sexuales. Poder y seducción asoman una que otra vez pero, como conclusión, el narrador sólo permite que sobreviva la relación establecida entre Gabriel y Héctor. Desde el principio al final del cuento, a través y a pesar de las diferentes cópulas que pueden establecerse entre los personajes, lo que importa solamente es que existen Héctor y Gabriel, que "el primero es bello [y que] el segundo posee al primero" (73, 97). Tal perdurabilidad se justifica por las ideas que estos amantes desarrollan en torno al deseo. En su Manuscrito (sic) apunta Gabriel: "'¿Qué es la creencia? Lo que no existe. Lo que existe es la necesidad de la creencia'" (82). No hay espacio para el amor, entonces. Cabe preguntarse ¿qué sustenta la relación? La acción y los gestos responden: "—Deseo hacer el amor otra vez —insiste Héctor... Ninguno de los dos desea al otro. '¿Qué es el deseo? Una creencia. Algo que no existe. Lo que existe es la necesidad del deseo'" (82).

Hay sólo cuerpos y la necesidad de desear, que no se manifiesta explícitamente en la sociedad. No se puede, de tal suerte, legitimar relación de poder alguna ni facilitar la fluidez social o el enjambre comunitario. En el cuento de Pedro de Jesús terminan por no resultar significativos ni Ana ni Jorge. Sólo el deseo, que es Héctor para Gabriel, pero que tampoco existe, como expresara el narrador. No hay ni siquiera pretensión de conocer al otro. Gabriel recibe al amante "[a]távico y simple como el deseo", y por sus movimientos "sabe" lo que Héctor, "el hombre desconocido", hace. Así puede concluirse: "Sólo existen ellos dos, Héctor y Gabriel. Ana jamás se encontrará con Jorge; Jorge nunca se encontró con Héctor" (96).

6.3. Ciudad flotante

> Dunas, entre restos de empresas, donde comienza el mar, donde oscuras terminan las huellas de los patos, una-bo-te-lla-ro-ta, ciudad vacía lo que fue el adentro, fruta repletada, entre restos de empresas, donde comienza el mar, donde oscuras terminan las huellas de los patos...
>
> Juan Carlos Flores, "La Resaca", *Distintos modos de cavar un túnel*

Gerardo Fernández Fe recalcaba la predilección de su personaje M por los espacios que llama de la "no-fundación". Básicamente, la novela se estructura a partir del recorrido que trazan los personajes a través de una Habana en situación casi póstuma. Algunos de los sitios en los que los protagonistas se entregan a sus intensas y muy singulares prácticas sexuales son los viejos cines malolientes y de baja reputación. También, otro espacio muriente escogido por la pareja es la Facultad de Filosofía e Historia de la Universidad de La Habana. La decadencia de este sitio se entiende porque, en tiempos postsoviéticos, ¿qué valor queda para la Historia? ¿de qué ha servido la filosofía marxista? Asimismo, acuden los amantes a los vestigios del restaurante habanero Moscú, víctima a mitad de los ochenta de un devastador incendio. Antes de 1959 El Moscú fue El Montmartre, uno de los más famosos cabarés capitalinos. En tiempos postsoviéticos, el antiguo restaurante representa el abandono del mundo material y de la cosmología que acompañaba al desaparecido sistema socialista. Describe el narrador sus ruinas:

> El fin de la lluvia resultó la ruina del restaurante Moscú, casualmente incendiado por esos días [...] los restos de maderos de Cáucaso, la escalera que antes estuvo alfombrada en rojo escarlata —ahora acceso a roedores— [...] los aparatos de la refrigeración que en su tiempo tanto habían acondicionado el ambiente al modo de las dachas del Norte. En cada esquina, excrementos, el olor de la orina, preservativos resecos por el sol, algún que otro fragmento de algodón abandonado por cualquiera de los cuerpos menstruantes poseídos en tantas noches de abandono. No quedaba más por recorrer. El olor del salitre se confundía con los otros perfumes, secos, ya no con los vapores del salmón y la salianska (47).

La Habana recreada en esta novela es explícitamente postsoviética y en ella flotan, como cuerpos sólo sexuales, sus personajes, que se indagan corporalmente, perdiéndose en la carne. Tumbados contra las ruinas del restaurante Moscú no son los protagonistas quienes hacen el amor o cualquier otra ritualidad que así pueda llamarse. Allí habrá sólo dos cuerpos —"el cuerpo de la hembra" y "el cuerpo del macho", repite el narrador—. Entre los escombros de un sistema, una ciudad, una cosmología, los cuerpos —no los individuos— ejecutan sodomía "sin antes haber procurado humedades ficticias con su saliva" (48-49). Se escogen para estas prácticas los sitios oscuros y sucios. No con la intención de Gutiérrez de sucumbir en ellos para expresar su caos, como salvación, sino como mera exploración de sí mismos. Cuerpos sexuales y sucios como los ambientes en que se les coloca. Los cuerpos de la traición y la engañifa: falaces dentro de la falacia, que en la novela cubre los espacios habaneros. Así, el jardín zoológico, que simboliza el paso de los tiempos de bonanza a los de la crisis, de la esperanza a la falacia, habitado por las bestias, allí donde sólo el cuerpo manda, es uno de estos sitios elegidos por los amantes:

> [P]refería el Zoológico, una zona que había pasado de lugar de la fundación, donde se vendían confituras y se celebraban cumpleaños infantiles, a lugar de la expoliación. El Zoológico encarna la imagen fiel de la decadencia de esta ciudad. El jubileo de las fiestas sindicales, la calma de los almendros, la gracia de las ardillas resueltas, se agazaparon en la memoria. Ahora cobija a los amantes furtivos, los exabruptos, la anarquía. Sitio también del fisgoneo, del solo (45-46).

Vinculando los lugares de la no-fundación están también los túneles, a los cuales Fernández Fe dedica un espacio primordial en *La falacia*. Comienza de hecho la novela con comentarios acerca de la fascinación del protagonista por los túneles. "Zonas de indistinción", los llama, y con ello ya revela la perspectiva que guardan estos personajes sobre los procesos de identificación (17). Lo oscuro, dentro del túnel, funciona como espacio de tránsito entre las "inidentidades", que se corresponden geográficamente con las diferentes regiones de la ciudad. El protagonista se adentra en los túneles, que lo acercan, confiesa, al miedo en la infancia y a la muerte en la adultez. Al final, éste concretiza su abandono y su traición dentro de un túnel que bien puede ser el del sexo, el de la muerte (en un accidente automovilístico) o el de su vida oscura ya sin la presencia de M.

Hacia la Habana del Este lleva uno de los túneles descritos por Fernández Fe, cuya novela fue de hecho escrita en Alamar. Dentro del municipio Habana del Este, el distrito de Alamar es en mi opinión una de las áreas habaneras en las que más fácilmente se reconoce la ingravidez ética. Los fundamentos a esta aseveración pueden hallarse en la historia de la comunidad. Aunque en los años cincuenta ya la burguesía de entonces planeaba convertir esta área en un importante emplazamiento suburbano, no es hasta los años setenta cuando realmente se desarrolla el distrito de Alamar, dentro de Habana del Este. En el contexto de la nueva sociedad revolucionaria, el espacio suburbano alojaría ahora a la masa obrera, en grandes edificios caracterizados por su uniformidad y —en opinión generalizada— bajo nivel estético.[4] Resultaba sin embargo notoria en Alamar la ausencia de centros cívicos, espacios comunitarios para la recreación y la cultura que motivasen la integración de la juventud —que eran los hijos de los obreros— y la desconexión entre los edificios. Se corresponde con estas características de Alamar el trabajo de la narradora Yohamna Depestre, quien reside allí desde la infancia. Ella titula su libro de cuentos *D-21*, designación de un edificio específico en Alamar, pero que puede también ser cualquiera, como cualquiera pueden ser sus personajes anónimos, enajenados.

Alamar es ciudad dormitorio, que muchos habaneros consideran "deprimente" (Scarpaci, Segre y Coyula, 219-220). Con la llegada de la crisis económica, en los años noventa, tal situación se exacerbó dada la carencia de recursos para desarrollar estructuras y proyectos comunitarios y asegurar el mantenimiento de los edificios. Paulatinamente, muchos de estos edificios cayeron en una ruina prematura, pues habían sido construidos apenas en los años setenta y ochenta. Además,

---

[4] La mayoría de los edificios de Alamar fueron construidos bajo el sistema de microbrigadas. Creadas a partir de 1971 por Fidel Castro, las microbrigadas estaban integradas por trabajadores que dejaban su empleo original para dedicarse a la construcción; quedaban sus tareas cubiertas por sus compañeros, quienes además les ayudaban en la construcción durante los fines de semana, como forma de "trabajo voluntario". Los apartamentos así construidos pertenecían al colectivo de trabajadores, quienes decidían de común acuerdo a qué compañeros eran éstos destinados. Los microbrigadistas y quienes más se destacaban en el trabajo voluntario eran prioritarios en la elección (Scarpaci, Segre y Coyula, 217-218).

la crisis del transporte urbano terminó por aislar a los habitantes de Alamar, quienes con mucha dificultad podían acceder a las ofertas recreativas y comerciales que La Habana ofrecía desde sus centros tradicionales: Vedado, La Habana Vieja y Centro Habana. La sofisticada y "dolarizada" Miramar, en el extremo oeste de la ciudad, quedaba por completo —en lo geográfico y lo económico— fuera del alcance de las familias proletarias de Alamar.

Alamar se desmorona como lo hizo el Muro de Berlín. Su gente, sin embargo, está todavía ahí, flotando en el vacío que ha quedado tras el colapso de Europa del Este. Hombres y mujeres nuevos —como pretendía Ernesto Guevara, de origen humilde, nacidos muchos después de 1959— han quedado suspendidos entre los edificios tan "nuevos" como ellos, pero ahora derruidos, inhóspitos, grises ya sin la posibilidad de tener unos toques de pintura... o de utopía. El decaimiento de los edificios de Alamar es diferente al de las ruinas de los inmuebles coloniales y prerrevolucionarios, del otro lado del túnel. Alamar era la planeada "ciudad del futuro" en los años setenta. Pero hoy el mañana se ha vuelto presente y la utopía se extravió en el caos. El vacío postsoviético está dentro de todos, los seres y sus casas. Sin embargo, aun dentro de esta parálisis, la creación emerge, portando las características de un mundo de seres ingrávidos.

Yohamna Depestre, al final de su volumen de cuentos que recrean vidas anónimas en los edificios anónimos de Alamar, incluye una "Nota" ilustrativa de la situación actual de esta parte de La Habana. La reproduzco casi íntegramente, por su puntual expresividad, que devuelve la sensación de mareo y desasimiento propia de sus personajes. La ingravidez ética que encarnan parece "natural" dentro del ambiente enrarecido de Alamar:

> Podría sospecharse que los cuentos no son verídicos, pero están narrados con toda fidelidad porque el D-21 existe. Es un edificio de la zona 7, de Alamar. Los bloques que lo constituyen están pintados de un blanco desteñido, las ventanas son de un carmelita, que puede ser un rojo o también un blanco desteñido [...] No se diferencia de muchos, por eso para su mejor ubicación les digo que:

> El D-20 no sabe de su localización, por eso ni pregunte, tampoco al D-19, que queda al lado del D-20. El D-8 no lo conoce aunque queda frente a él, separados por una calle muerta que comunica con otras calles

muertas, que al unirse forman un laberinto. Podrías pensar tú que es el D-8, pero este se diferencia del D-21 porque sus ventanas delanteras son de bloques y las de nuestro edificio son de tablillas. Tiene (D-21) una franja gris hecha de cemento, no como la del edificio de al lado (No anoto el número porque nadie me lo supo decir) (72).

La descripción de Depestre nos ofrece un paisaje "desteñido", donde los colores, la materia y las emociones se disuelven unos en otros, produciendo la vaguedad característica de las situaciones recreadas en los cuentos de *D-21*. La autora presenta un laberinto de calles muertas donde no sólo es difícil distinguir los edificios, sino que también los personajes permanecen ingrávidos en esa desolada y asoladora indefinición. Éstos ni siquiera consiguen hallar su espacio vital. Resulta en este sentido ejemplar el cuento "Abikú", donde la protagonista asesina a los miembros de su familia "por unas cuantas losas más, exactamente por 845,1 cm de losas, no por las 7 pobres que cubrían mi cama. Y eso que 7 es el número de la suerte" (7). El *abikú* en la santería, que es la religión cubana de origen yoruba, es identificado como "el niño que tiene un espíritu que se lo lleva pronto [muere] y vuelve para llevarse a otro de la familia" (Cabrera, Lydia, 23). Ésta puede ser la única justificación "lógica" a sus actos, regidos si se mira bien por una lógica implacable, numérica. Pero la suerte no es en el mundo dispuesto por Depestre calculable, ni con números (que ni para distinguir los edificios indistinguibles de Alamar sirven) ni con *patakíes* (las leyendas de la santería supuestamente inexistente en la sociedad socialista). Depestre recrea las condiciones de hacinamiento familiar que se vive en muchos hogares habaneros. La forzada convivencia impide a la protagonista pensar, dice, y esto reactiva sus instintos asesinos. Sin embargo, no hay juicio emitido acerca del hacinamiento. Pedro Juan Gutiérrez, por ejemplo, introducía algunas reflexiones al respecto, intentando explicar cómo y por qué mucha gente podía vivir en esas condiciones. No alcanzaba sin embargo a comprenderlo y seguía su deambular, portando la contradicción dentro de sí, como fundamento de su posición absurda ante la vida. Yohamna Depestre, desde otra perspectiva, no se inquieta por posibles explicaciones. Lo que importa a su protagonista es que tiene sólo 7 losas que dentro de la distribución familiar la hacen insignificante. No queda entonces más remedio que apoderarse del espacio, hacerlo suyo, "como un animal sagrado", aunque sea entre sus propios excrementos, ya en la cárcel donde purga su condena (9). Al final, Depestre se encarga de introducir nuevas asociaciones a la ingrávida confusión. En "Abreviatura" deja al lector en nuevos laberintos cuando explica: "D-21: Translocación parcial de los cromosomas del grupo D con el 21. Trisonomia 21. *Síndrome de Down*" (73).

Los jóvenes creadores se han inventado poéticas particulares para expresar Alamar, inexpresable a través de cualquier retórica o lógica tradicionales. Se preguntaba Duanel Díaz: "¿[C]ómo escribir poesía en Alamar? ¿cómo inscribir Alamar en la poesía?" (*Palabras*, 210). Destacaba entonces la ausencia de raíces histórico-culturales de Alamar, que desde su perspectiva impide experimentar nostalgia por un pasado glorioso, como pueden todavía sentir los habitantes de otros barrios habaneros, incluso en Centro Habana según se ha visto en la narrativa de Pedro Juan Gutiérrez. Evidentemente, no existe una tradición lírica anterior a 1959 para Alamar. Mas ésta no ha parecido necesaria para grandes poetas como Ángel Escobar y Juan Carlos Flores y los miembros del colectivo OMNI-Zona Franca, cuya reconocida obra es indisolublemente vinculada a este espacio habanero.[5] Puede decirse que los creadores de Alamar se inventan su propia tradición —y ésta sería la respuesta que propongo a Duanel Díaz— a partir del gris de sus edificios baratos, de lo amorfo de su historia y su presente, a través de la misma desconexión con aquel futuro que al ser construido el barrio se suponía que ellos iban a encarnar. Hoy este futuro ha sido abortado, pero Alamar sobrevive con un alma propia.

También en Alamar son colocados algunos de los personajes de *Boring Home*, de Orlando Pardo Lazo. Particularmente Ipatria, como ya se ha explicado, vive su deriva en este espacio cubierto con las "ruinas" —al menos simbólicas— del pasado soviético cubano. Pardo adiciona a los lugares ya descritos por Depestre la memoria de la historia reciente. El vacío gris contiene los vestigios de aquellos momentos casi olvidados de la vida solidaria, antiimperialista y socialista de los setenta y ochenta en Cuba:

> Atravesé la cancha de baloncesto arrasada de la escuela 'XI Festival'... el terreno de béisbol enyerbado junto al paradero de los camellos. Y atra-

---

[5] En torno a la poética de Escobar y Flores, véase el artículo "Finding a Way in Alamar", de Kristin Dykstra.

vesé el ghetto desertado por los chilenos a finales de los ochenta [...] Sólo inmigrantes ilegales, llegados desde el Santiago cubano, residían ahora allí. Sin luz ni gas ni teléfono ni documentos de identidad. A la espera de la delación que los regresara a su provincia natal para, como muelles, reorganizar las huestes familiares y reinstalarse en la capital: entre buches de prú y toques de batá (92).

Jugando con las palabras, Pardo extiende la confusión entre pasado y presente, en el pantanal histórico-social y urbanístico de Alamar. A los camaradas chilenos, los refugiados de la dictadura de Pinochet que allí habitaron hasta los años noventa, han seguido ahora los "inmigrantes", indocumentados, procedentes del oriente del país. El barrio "futurista", ejemplo de una nación cargada de ideología, con la vista puesta en el desarrollo, ha sido sustituido, en acto de prestidigitación histórica, por la ciudadela abandonada por el progreso tanto económico como moral, reconquistada ahora por la barbarie y la pobreza. También, los terrenos de escuelas con nombres alegóricos a los grandes momentos de la revolución, XI Festival Mundial de la Juventud y los Estudiantes, celebrado con toda pompa en La Habana de 1978, ahora son solares yermos, cercanos a la estación del metrobús. Popularmente bautizados como *camellos,* estos vehículos, híbridos de buses con grandes camiones, fueron inventados en Cuba, en 1994, para paliar la crisis del transporte. Transportaban hasta doscientos veinte pasajeros hacinados, pero para los habitantes de Habana del Este éste era el único transporte público disponible. Mientras el Pedro Juan o el Reynaldo de Gutiérrez pueden caminar por la ciudad, los personajes de Pardo y Depestre han de viajar en camellos para alcanzarla. Estos extraños vehículos fueron parte de su gris rutina. Yohamna Depestre los utilizaba en su intento por dar localización a los ilocalizables edificios de Alamar. Escribe en su "Nota": "Para que no se pierda, definitivamente, parándose frente a él (D-21) del lado izquierdo, el M-1 [metrobús] tiene su tercera parada viniendo del paradero y del lado derecho, la cuarta y quinta, caminando un poco, yendo hacia la avenida de los cocos" (72).

La ingravidez no es, sin embargo, endémica de Alamar. Ya en *La falacia* se la descubre en varias zonas de la capital, siempre y cuando lo confuso reine. La narrativa de Orlando Pardo mantiene esta constante y la ingravidez llega incluso a los barrios burgueses, aparentemente "claros", como El Vedado, adonde va a morir el protagonista de "Boring Home". Aparece en esta historia un término también recurrente en otros cuentos de Pardo: "La Hanada". Así llama a la ciudad natal el moribundo cubanoamericano en su diario, una vez que comienza a dejarse vencer por su contagioso hastío: "Comencé a deprimirme opíparamente. Comía y dormía cada un par de horas. Después lo vomitaba todo y me desvelaba hasta el amanecer. 'La Hanada' [...] era una tableta Prozac importada de la prehistoria políticofarmacéutica de este planeta" (163). Residual, fantasmagórica, "amorfo recipiente que adopta la forma del gas contenido y nunca al revés" (16) como en un hipotético siglo XXII verán La Habana los protagonistas de "Todas las noches la noche", otro cuento de Pardo. Es ésta también la ciudad donde Silvia y Orlando, "en Campos de girasoles para siempre", se reúnen porque "querían flotar en la nata de una época aburrida, y semejante delirio les parecía entretenidamente genial. Ellos querían hundirse en el tiempo cero de los años dos mil" (70). En camello transitan los amantes, entre el hastío de Lawton y Guanabacoa, otros dos desolados barrios habaneros, alejados del centro. Así se describe el "desamparo de Lawton":

> Para Orlando, sentarse en el parquecito de la calle B era la más cruenta manera de experimentar el horror. En Lawton siempre iban hasta allí, entre flamboyanes y gorriones abatidos por el sol nacional. Era un área agujereada por los refugios en tiempos de paz, pocetas antiaéreas inundadas por décadas de lluvia y fermentación. Una manzana arrasada por el incivil combate de los vecinos contra sus bancos, faroles y caminitos. Más los serpeantes ríos de brujería albañal. Más el óxido y el comején de sus cachumbambés y columpios. Más los pinos raquíticos por el exceso de luz cubana. Más Silvia recién llegada en camello desde Guanabacoa, con la mirada desenfocada de tanto Lawton (69).

El parque de la espera de los amantes ya no es territorio de los niños, la esperanza y la alegría, sino de seres que "agradecidos de dios, de la carencia crónica de dios, de tener aquel banquito aburrido donde leer y amarse entretenidamente y, con suerte, de mes en mes y de milenio en milenio, resistir en privado la experiencia cruenta y amable de tanto público horror" (71). Lo amorfo no es sólo un producto de la devastación naturalmente provocada: ese sol que aniquilaba hasta los cuerpos dolientes en la *Pentagonía* de Reinaldo Arenas. No es únicamente desprendimiento del naufragio histórico-político y económico, de la negligencia de las autoridades, sino también del vandalismo de los habaneros. Sol, salitre, óxido, comején, hambre, supersticiones y desidia: todos contribuyendo a la ruina de La Hanada. El parque derruido y borroso es uno de los sitios predilectos de la pareja de jóvenes, que "hacia allí se dirigían [...], mediodía tras mediodía. A hacer nada. A mirarse. A matar el tiempo y el perenne estado de nervios en que sobrevivían los dos [...] Sin historia ni tiempo, Orlando y Silvia sin apellidos, sin pasado ni futuro: criaturas de un puro presente reconcentrado, boqueando al aire preso de la ciudad. Y nada les parecía más excitante que ese día a día sin reglas ni consecuencias" (71).

Hanada: villa en la nada y para la nada donde los personajes flotan en su enrarecido aire, como la ingrávida Zeta aletargada en su "paraíso musulmán". La protagonista de Portela lo instala, se recordará, en La Esquina del Martillo Alegre, un caótico edificio en ruinas ubicado en El Vedado. Es también a una mansión del Vedado donde va a morir el cubanoamericano Orlando Woolf en el cuento "Boring Home"; y el protagonista de *Animal tropical* comparaba el ambiente relajado y burgués de sus parques y avenidas con la catastrófica Centro Habana. En muchas representaciones de El Vedado se percibe la calma y el orden. Sin embargo, Portela, al colocar La Esquina del Martillo Alegre en El Vedado, contradice estas apreciaciones, introduciendo una visión poco explorada literariamente de este barrio habanero. Una de las raras excepciones es aquella Casa del Mirador, antigua quinta devenida pobre cuartería, en cuyo laberinto encontrase refugio el estudiante acorralado por la policía del dictador Machado, en la novela "El Acoso". Pintaba Carpentier entonces un viejo edificio maltratado en el que conviven —ya en los años treinta— familias negras, pobres artesanos, gente miserable. Pero más frecuente resultan las imágenes del Vedado como vecindario rico, o bien aquellas otras, omnipresentes en la prosa de Guillermo Cabrera Infante, donde se recrea un mundo de brillante y sonora actividad nocturna en los cincuenta. Lo reconoce la propia Portela, quien expresa que "por optimismo o por hábito, hay personas que se hacen ideas extrañas acerca del Vedado" (*Cien botellas*, 62). Esto no lo desmienten ciertos palacetes y edificios, testimonios de su noble pasado durante la primera mitad del siglo XX. Mas la zona ha perdido mucho de su lustre de antaño y anda hoy muy lejos de constituir un municipio homogéneo. Apagones y restricciones económicas han convertido el relumbrante

Vedado en un sitio donde apenas pueden advertirse las huellas de aquellos tiempos de ilustre farándula. Perviven, es cierto, algunas reliquias de su época patricia: unas raras familias que permanecieron en la isla al triunfo de la Revolución y habitan aún en las mansiones de sus antepasados, unos pocos teatros y cines puntualmente en sombras y vacíos, y clubes y hoteles a los que tiene acceso sólo una muy minoría que puede darse el lujo de derrochar su dinero, rodeados de tribus de risueños turistas. También, en ciertas áreas, se reproduce la supuestamente extinta burguesía nacional, gracias a los nuevos ricos que se instalan en ellas. Sin embargo, no todas las calles del Vedado respiran el sosiego y bienestar que presentara Gutiérrez en *Animal tropical*. Hay sitios, como la ciudadela descrita por Portela, que poco se distinguen de la cuartería de la calle San Lázaro donde habita el personaje Pedro Juan. Quizás, el único matiz diferenciador entre estos dos espacios literarios esté dado por el hecho de que en El Vedado que nos muestra la autora habitan gentes de muy variado origen social, mientras que, para Gutiérrez, Centro Habana constituye un espacio completamente sumido en la marginalidad. La heterogeneidad del Vedado es explicada por Portela: "El Vedado estaba repleto de ciudadelas y se veía cualquier cosa, desde la hija del latifundista que se había negado a emigrar hasta el bandolero ex convicto que planeaba atropellar a la hija del latifundista para robarle los cuadros y las lámparas. Era ya la mezcolanza, el ajiaco, el carnaval" (*Cien botellas*, 62).

Al pormenorizar la historia de la Esquina del Martillo Alegre, se ofrecen incluso elementos que ayudan a explicar su decadencia. Fue una gran casona, residencia hacia los años veinte de algún poderoso oligarca. Tras esfumarse su propietario sin dejar rastro alguno si no es un Cadillac en el garaje y una criada negra, el palacete queda abandonado a los azares de la historia nacional. Luego radicó allí la sede de un club esotérico llamado El Xilófono. Cuando, en 1961, el imaginario Partido Pitagórico que lo respaldaba "cayó en desgracia" (seguramente suprimido por el gobierno revolucionario recién llegado al poder y que se vuelve monopartidista por esa fecha), el palacete se convirtió en propiedad estatal y sirvió de "casa de huéspedes gratuita, más o menos de beneficencia, para individuos relacionados con el cine" (36-37), cuya descripción ya fuera expuesta al presentar la visión de Portela sobre los cubanos de los años sesenta. Eran tiempos de gran exaltación que coincidían con "los años duros" y con la primera gran crisis económica de la era revolucionaria. Según Zeta, de "esta época entre famélica y bohemia, datan los tres topónimos más célebres de la Esquina: para los exactos, Villa Miseria; para los irónicos, Beverly Hills; para la gente del barrio, La Cueva de las Putas y los Maricones" (37). A esta época seguiría la de la estricta censura, los "años grises", o el "decenio negro", según apunta la narradora, siempre irónica. La era del desengaño, que era el precio que pagarían aquellos intelectuales por haber alimentado locas ilusiones: "Poco a poco, entre prescripciones y persecuciones, estalinismo puro y duro según papá, se disolvió la comparsa. Los del cine se fueron mudando a otras casas y a otros países" (41-42). Y es entonces cuando el caserón alcanza su grado de desastre máximo: entregado al olvido, en el inmueble encuentran refugio nuevos habitantes:

> Muchos de ellos con acento oriental y desconocedores de los usos urbanos, aportaron una nueva fauna, insólita en el paisaje citadino: gallinas, pavos, palomas, jicoteas, un cerdo, un chivo con una campanita colgada del pescuezo, una jutía y una especie de megaterio, cruza de mastín con rinoceronte, que ladra y muerde y se cree el sabueso de los Baskerville. Todas esas criaturas hacen pipí y caca donde mejor les parece, como si habitaran en la floresta. Para decirlo de un modo romántico: el solar huele a jungla, a naturaleza agreste, a salvajismo (42).

Historial tan agitado, reflejo de las sacudidas económicas y políticas de la nación, puede relacionarse con el estado del edificio. Éste es a su vez identificado con lo barroco, esa habanera confusión estilística que autores y críticos persisten en explicar, aduciendo intrincados linajes tejidos en frenético mestizaje. Se trata, por ejemplo, de aquel "tercer estilo", que Carpentier exponía en las páginas de *El Acoso*. Allí, el perseguido descubre un paisaje del Vedado en el que se revolvían "lo californiano, gótico o morisco, [...] partenones enanos, templos griegos de lucetas y persianas, villas renacentistas entre malangas y buganvilias [...] se asistía, de portal en portal, a la agonía de los últimos órdenes clásicos usados en la época" (222). Portela, como el gran novelista, describe también los estrafalarios elementos de La Esquina del Martillo Alegre, dominada por

> un gusto muy amplio, muy abarcador, ese que inspira la felicidad de respirar bajo un tejado colonial, entre vitrales neogóticos, arcadas románicas,

balaústres barrocos, rejas art nouveau y columnatas griegas de distintos órdenes. El observador más o menos entendido en arquitectura se rasca la cabeza: no logra explicarse cómo es que faltan el minarete mudéjar, la cúpula bizantina y la pirámide egipcia (32).

Como Zeta y su propia historia familiar, La Esquina es un caos habitacional creado por el caos de la Historia. Describe Portela el estado de ruina en que vive: "[E]l techo se filtra y suelta boronilla, pedazos de estuco. También hay grietas en los muros. Grietas verticales, de las peligrosas. En temporada ciclónica el agua entra por todos lados (excepto por la pila, claro)" (31-32). Se descubre además aquí algo parecido al fenómeno de "tugurización" destacado por Antonio José Ponte. "La ciudadela crece hacia adentro, se torna densa, una colmena, un avispero", exclama la protagonista, para quien es difícil determinar cuántos inquilinos tiene La Esquina del Martillo Alegre:

> Sin contar a los habitantes del antro, una partida de borrachos irredentos que anidan en el portal entre sus propios orines y vómitos […] contar a la población flotante, una recua de tíos, primos, sobrinos, cuñados y suegros también con acento oriental y costumbres campestres […], en la actualidad, si no me falla la cuenta, el palacete consta de cuarenta y cuatro moradores, la mayoría de los cuales están poseídos por la fiebre de las construcciones […] Día a día se multiplican los tabiques, divisorias, mamparas, biombos, nichos, bañitos, un apartamento en el garaje, dos en la azotea, un palomar y sospecho de algún que otro pasadizo secreto […] Hay días en que parece a punto de explotar como un siquitraque o un partido pitagórico […] ellos clavan y clavan, siguen clavando, no paran de clavar (45-46).

La innovación pseudo-arquitectónica y la carpintería alcanzan niveles tales que es de esta situación de donde proviene el topónimo La Esquina del Martillo Alegre. Sin embargo, al describir su espacio en permanente desorden, Zeta sortea las trampas del juicio y la explicación, siendo fiel a su idea de "que no hay nada que entender […], que las cosas son como son y ya" (33). Esta complacencia en el desastre, desprovista de entusiasmo, coincide con la actitud de los protagonistas de Orlando Pardo. Es aquella del casi divertido habanero que observa la decadencia de su ciudad sin pretender juzgarla, disfrutando de la ingravidez que le proporciona. Puede en este punto recordarse a Orlando y Silvia, que en "Campos de girasoles para siempre" entretenidamente se aburrían en un tétrico parque, casi desprovisto de bancos donde sentarse.

Tanto Portela como Pedro Juan Gutiérrez vuelcan en sus obras sólo la ciudad de hoy en día, procurando evadir —como ya se ha explicado— las alusiones políticas y las posibles explicaciones sociales. Esta actitud sostiene la diferencia entre sus protagonistas y el Mario Conde de Padura, quien en su posición "positiva" se pregunta por qué los delincuentes son delincuentes y hasta pretendió en algún momento "salvarlos" de la marginalidad. Conde no convive con los marginales, mientras los personajes de Portela y Gutiérrez sí lo hacen... aunque a distancia. Consiguen este alejamiento al no hacer protagonista de sus textos al verdadero habitante de las ruinas en las que tanto se regodean. Es decir, aquel que carece realmente de opción, para quien vivir en la miseria no representa ninguna elección moral (como es el caso del protagonista de Gutiérrez) ni tampoco una feliz casualidad o alegre destino (según la indolente Zeta). Sólo a veces, algunos personajes supuestamente representativos del cubano que en realidad vive en las pobres cuarterías ganan cierto relieve en sus obras. Pero no hay despliegue detallado de su psicología. Portela consigue detener su atención —lo cual no quiere decir que alcance a descifrar sus propios conflictos— sobre los amigos negros de Zeta, los muy estereotipados, Yadelis y Pancholo Quincatrece, una bella jinetera y un simpático delincuente. Tan escasa deferencia es tal vez justificada, en la obra de Portela y Gutiérrez, por la voluntad de permanecer indiferentes al medio que les rodea. Zeta y Pedro Juan son observadores de un mundo al que no pertenecen completamente. Mientras uno "cae" en él y ya anda buscando el modo de escapar hacia ambientes bucólicos, ella —quien también terminará abandonándolo para irse a vivir al elegante *penthouse* de Linda Roth— ha permanecido siempre encerrada en su habitación. Allí dentro, Zeta sobrevive al desastre de su edificio, desde los tiempos en que sus habitantes no eran ni siquiera esa tribu ruidosa, maloliente, campesina, "bárbara" en fin de cuentas. De hecho, no los conoce, los adivina al percibir sus martillazos y vocinglería a través de los endebles tabiques. Sospecha sus vidas pero no sabe nada de ellos: "En cuanto a los vecinos, nunca se sabe. Ninguno de ellos trabaja. Me parece que se dedican a toda clase de trapicheos, aunque en realidad no lo sé ni quiero saberlo. Creo que mientras menos uno sepa, mejor" (41).

Las miradas de Pedro Juan y de Zeta, desde sus espacios en medio de la decadencia, amenazados ambos por el derrumbe que planea sobre los habaneros y sobre la sociedad cubana contemporánea, son similares a la mirada de Sergio Malabre en *Memorias del subdesarrollo*. Tal vez el primer gran mirón de La Habana posrevolucionaria, el protagonista de la novela de Edmundo Desnoes inauguraba en los años sesenta el extrañamiento y la incredulidad no sólo frente al nuevo proceso político, sino ante un proyecto existencial, la cosmología de la revolución. Vuelve con fuerza en el cuento "Boring Home", donde Pardo introduce explícitas analogías entre Malabre y Orlando Woolf, el viejo cubanoamericano que va a morir a La Hanada. Observando la ciudad a través de prismáticos, desde la azotea de su casa que ya no lo es, Orlando reconoce que su propio aburrimiento, su "bodrio en vano" lo asemejan con el protagonista de *Memorias*. La vista que descubre es la misma: "[C]omo en el libro de Edmundo Desnoes, esta ciudad todavía parece una escenografía de bagazo o cartón. Una Troya de tramoya, madera preciosa y hueca. O rellena con guata bendita y aserrín de manualitos populares de ideología" (162). Desde las alturas del Vedado y Centro Habana y en el cuartucho en la Casa del Martillo Alegre observan un mundo que no comprenden ni pretenden comprender Sergio, Orlando, Pedro Juan y Zeta. Como si el eco de *Memorias del subdesarrollo* se resistiese a la extinción, vuelve al presente postsoviético la voz de Sergio, extraviado en los días de la Crisis de los Misiles:

> Por la calle pasan la máquinas y la gente se ve pequeña. No oigo nada de lo que dicen. No me interesa tampoco. Me lo puedo imaginar. ¿Qué significa todo esto? [...] ¿Qué sentido tienen los techos, el mar, la ropa tendida, la gente caminando por la calle, los edificios viejos, los edificios nuevos, los niños jugando, las palmas y los álamos verdes? (*Memorias*, 57).

Similar y otra, a la vez, es la posición de los personajes de Yohamna Depestre. Éstos no gozan de "genial aburrimiento" (*Boring Home*, 160) ni observan sin comprender y con algún deje de desprecio a los habitantes de Alamar. Sus protagonistas viven allí y son algunos de esos destructores urbanos. La bestialidad no es en sus cuentos deseada como lo fuere para Pedro Juan o Reynaldo. Parecen bestias innatas. La asesina de "Abikú", por ejemplo, se caracteriza por una bestialidad tan ingrávida como la que define a Zeta, Camila, Fabián, Orlando, Ipatria, Nieve... Pero también difiere de estos personajes. Tal diferencia estriba en que, dentro de la misma suspensión en el vacío, los protagonistas de Portela, Wendy Guerra y Orlando Pardo observan impávidos el caos, mientras que los de Depestre son el caos.

Finalmente, la ingravidez compartida hace de todos ellos, los personajes de Pardo, Guerra, Portela, Fernández Fe y Depestre, seres ajenos a la ciudad. La Habana en que flotan carece de caminos por los cuales adentrarse en busca de alguna certeza. No van ni hacia el centro ni se alejan de éste. No dan sus protagonistas pasos hacia sus barrios civilizados o caóticos, desordenados o tranquilos. No cuentan con un sentido de pertenencia a la ciudad. Así resulta explícito en la novela *El pájaro: pincel y tinta china*: "Sabe que la ciudad [...] no tiene espíritu. Ese es un invento de los poetas, una prosopopeya voluntariosa que venimos repitiendo desde hace más de veinte siglos [...] No es fácil, lo sé, sustraerse a una creencia de semejante envergadura, pero lo cierto es que la ciudad no protege ni condena, no juzga ni aconseja, está simplemente ahí" (148).

No hay pues sitio adonde ir. Sólo flotar en el vacío de La Hanada.

6.4. ¿CUBA? O LA CUBANÍA EN SUSPENSIÓN...

Si los personajes ingrávidos experimentaban la ciudad como un recipiente sin forma capaz de contener cualquier material ideológico y social, toda economía y afecto, cabe preguntarse si vivir sin la isla no es también una característica de su posición ética. Vivir sin la isla, sin Cuba como elemento determinante de la existencia, fue también la propuesta de Iván de la Nuez en *El mapa de sal:* "Vale la pena experimentar una reconstrucción de nuestra conciencia geográfica y dejarse llevar hasta la intemperie del vasto espacio del mundo, antes que permanecer en el idilio doméstico de la Isla, la Identidad, la Patria Absoluta y Mayúscula" (107).

De una forma u otra, con regocijo o dolor, la nación, circunscrita a la isla, ha tenido en la obra de los escritores utópicos y distópicos una posición esencial. Es dentro de la isla donde solamente puede vivir el personaje satisfecho consigo mismo o que persigue esta satisfacción, sea a través de la utopía o la distopía. Siempre, en la narrativa analizada en las anteriores secciones, hemos encontrado al "cubano estoico" dentro de su isla y a su opuesto, el "cubano muerto" del exilio. Todos estos personajes parecen expresar que sólo en la isla se alcanza la cubanía absoluta, profunda y real. Tal y como diera a entender aquella señora que, recalcando un patético abolengo aristocrático y autoproclamándose cubana "desde hace tres siglos", hacía de su decisión de permanecer en Cuba el verdadero acto de patriotismo, en las páginas de *La novela de mi vida* (153). Hasta ahora, el acuerdo parece unánime: cuando se asume la isla, no hay escapatorias, se la vive enteramente, lo cubre todo como una fatalidad.

Mas queda algún espacio —mínima fisura— abierto a la sospecha. Podría intentarse, entonces, romper con el maleficio —o la bendición— de "la maldita circunstancia del agua por todas partes" (Piñera, "La isla en peso", 25), frase devenida imagen de la comúnmente incontestable fatalidad insular. Y preguntarse, haciendo eco a la propuesta teórica de Iván de La Nuez: ¿Por qué tendría el imaginario de una isla que permanecer perpetuamente encadenado a la condición insular? ¿Será posible ser cubanos sin angustiarse ni desesperar de insularidad?

Infierno o paraíso, tal vez Cuba no sea más que Cuba, el país en el que se nace o se habita, casi azarosamente, porque no es seguro que alguna identidad consiga justificar la nacionalidad. ¿Qué es? ¿Cómo se define la cubanidad? ¿Se puede permanecer en la isla sin sentir la euforia de una irreal plenitud o la aguda claustrofobia; o podrá vivirse fuera de ella sin llorar con puntualidad, diariamente, su ausencia o considerarse "salvado" de su presunto terror?

Arenas ofreció en su momento una solución: desaparecer la isla, separarla de su base gracias al incesante roer de sus habitantes. Parte a la deriva la Cuba de *El color del verano* y termina hundiéndose en el fragor de su propio caos. En tiempos presentes, Wendy Guerra trae una imagen cercana a la de Arenas. Pero ya se ha visto que su protagonista no se hunde ni tampoco alcanza la superficie. Se mantiene flotando congelada, como metáfora de una isla presentada bajo una perspectiva ingrávida.

Lo que puede encontrarse en la narrativa construida a partir de la posición ingrávida que se estudia en la tercera sección de este libro es el vivir cubanamente sin el mito de la cubanía. Pero los mitos, ya precisaba Jean-Luc Nancy, son esenciales a la forja y el sostén de la comunidad:

> Esto no sólo significa que la comunidad es un mito, que la comunión comunitaria es un mito. Esto significa que el mito, que la fuerza y la fundación míticas, son esenciales a la comunidad, y que no puede entonces haber comunidad fuera del mito. Allí donde hubo mito, si hubo tal cosa o si podemos saber lo que eso quiere decir, hubo, necesariamente, comunidad. Y recíprocamente.

> Cela ne signifie pas seulement que la communauté est un mythe, que la communion communautaire est un mythe. Cela signifie que le mythe, que la force et la fondation mythiques sont essentielles à la communauté, et qu'il ne peut donc pas y avoir de communauté hors du mythe. Là où il y a eu mythe, s'il y a eu quelque chose de tel ou si nous pouvons savoir ce que cela veut dire, il y a eu, nécessairement, communauté, et réciproquement ("La communauté", 145).

Obviando el mito, se llega a obviar también la comunidad, o al menos en su forma tradicional. Si alguna comunidad se posa sobre los seres ingrávidos, sería fundada en la incomunicación o lo inasible que los engloba, el aire enrarecido, la sustancia gaseiforme que les rodea y conforma, como ese ambiente de La Hanada descrito por Orlando Pardo. ¿Mito original? El mito que podría constituirse a partir de la indiferencia ante los mitos, y de paso, las fundaciones y los proyectos. ¿Qué proyecto en fin para esta comunidad de cubanos en suspensión? El de no encaminarse a ningún sitio, el de la no dirección ni sentido, del flotamiento indiferente. ¿El destino? Ya diluido en el ahora. Destino y proyecto son, según Étienne Balibar, elementos sustentadores de la ilusión identitaria. Los particulares modos en los que podrían interpretarse los conceptos de destino y proyecto bajo una perspectiva de ingravidez ética armonizan con la disolución identitaria en que existen los seres ingrávidos.

Los personajes de Portela, por ejemplo, son cubanos por casualidad, como por azar nacieron, según lo narrase Zeta en *Cien botellas*. No solamente desconocen el mito que los funda —lo cual podría conducirlos a buscarlo como es el caso de los protagonistas lezamianos y de sus seguidores más contemporáneos—, sino que ni siquiera perciben la presunta existencia de un vacío dejado por la ausencia de tal mito. No habiendo ningún espacio que llenar, flotan en su situación cubana. No tienen tampoco necesidad de subvertir el mito, que es la empresa asumida por Pedro Juan dentro de su proyecto de conformación distópica nacional. El mito tampoco ha de ser negativo. Carece de signo.

Tal vez es la inmovilidad intrínseca y absoluta de estos personajes suspendidos en lo amorfo la que les ahorra el temor o la euforia ante los caminos. Se recordará el pánico de los habitantes de La Isla recreada por Abilio Estévez en *Tuyo es el reino*, cuando los caminos que surcaban su mundo desaparecen. El peligro a la desorientación no asusta en cambio a los seres ingrávidos, para quienes es ésta —la desorientación ni siquiera confesada— la forma natural de existir. Los protagonistas de *El pájaro: pincel y tinta china* se mueven por la ciudad sin rumbo, sin denotar relación particular con los espacios que recorren. Igualmente, los amantes en *La falacia* no experimentaban el espacio alrededor más que como un mapa inexpresivo sobre el cual desplegaban su deseo corporal. No hay apego especial a la isla, la nación y sus signos.

Asimismo, abandonar la isla, para el personaje ingrávido, no constituye una huida justificada por la realidad nacional. Djuna, la protagonista de "Una extraña entre las piedras" confiesa que "[n]o tenía problemas políticos ni económicos demasiado serios; [...] emigraba como los pájaros, por razones de clima" (99). No se sufre en su exilio neoyorkino ni incomunicación ni desamparo. No añora la isla ni se siente incompleta por haberla abandonado.

También es desprovista de su pesada carga melancólica y culpable la vuelta del exiliado. Utilizada por ejemplo por Leonardo Padura para realzar el valor de cierta esencia insular, aparece en la prosa de Orlando Pardo como otro gesto inútil. Es el caso del cubanoamericano Orlando Woolf, quien vuelve a morir a La Habana, que se le convierte en Hanada. Ni el viaje constituye una aventura temeraria y épica, ni su sentido parece relevante. Todas las estructuras políticas, ideológicas y culturales que sustentaban la división entre el "Aquí" y el "Allá", tan persistentes en la narrativa nacional, se desvanecen en la aburrida realidad habanera del moribundo. De hecho, su opción de ir a morir a La Habana es presentada en el cuento "Boring Home" sin la menor rimbombancia dramática, como una acción sin sentido, banal.

Finalmente, vale atender a las preguntas sugeridas por el título de este cuento y del libro. ¿Hay algún hogar posible? ¿En la isla? ¿En Miami? ¿En la nada de La Hanada? La respuesta es seguramente tan "aburrida" como esa realidad. E ingrávida. Pero formularse preguntas, recuérdese, no es actividad frecuente entre los sujetos ingrávidos.

Apuntes del final

> No es fácil, es lo mismo con lo mismo.
>
> Reina María Rodríguez, *Variedades de Galiano*, 174

La incertidumbre, que desde las primeras páginas de este libro he presentado como elemento esencial de la crisis postsoviética cubana, impregna de tal manera la vida nacional que parece imposible imaginar que en algún momento llegue a abandonarse este estado. Sin embargo, fuera de la isla, las expectativas ante lo que ocurrirá a los cubanos en los próximos años se vuelve acuciante. Así, en abril del 2010, una serie de discusiones en torno a la contemporaneidad cubana se organizó bajo el título "Futuros cubanos" en Brown University, Providence. Invitada desde Cuba, la poetisa Reina María Rodríguez desplegó su muy lúcida aunque triste perspectiva acerca de la actualidad nacional y la situación de sus intelectuales. Abrió su exposición confesando que se sentía en cierto modo extrañada, aventurando incluso el calificativo de "esquizofrenia" para definir la rara sensación de hallarse al unísono en mundos muy diferentes. Su extrañeza provenía de ver cómo la realidad cubana, que es su apremiante cotidianeidad en la isla, se ha convertido en importante tema de discusión para académicos e intelectuales en el mundo entero. "¿Soy real o soy una imagen?", recuerdo que Rodríguez se preguntaba.

Puedo comprender la sensación de la poeta, incluso si su cotidianeidad dista mucho de la mía. Ella en la isla, suspendida yo en diásporas sucesivas de América a Europa y de Europa a América. Mientras escribo desde estos desplazamientos, las fuerzas humanas del cubano que vive en la isla son absorbidas por la necesidad de hallar soluciones inmediatas a la subsistencia diaria. Escaso aliento resta para una posible reflexión sobre la existencia. Sin embargo, la vida del cubano insular asediado por las vicisitudes económicas y la incertidumbre continúa, siendo ésta el principal objeto de mi estudio en este libro. A pesar de las distancias, la "esquizofrenia" a la que Reina María Rodríguez hacía referencia en los dieciochescos salones de Brown late de cierta manera en mi propio escribir y en mis investigaciones en torno a la contemporaneidad cubana. Nace de mi condicionamiento como mujer cubana, nacida en los años setenta, negro sujeto diaspórico, pero fluyendo en un repetido ir y venir entre La Habana, París y los Estados Unidos. En el espacio y el tiempo de estas travesías se armaron mi lectura y mi relato, aquí volcados.

Mi perspectiva ética ha traído a este libro el análisis de las fluctuaciones entre lo moderno y lo posmoderno en la narrativa cubana contemporánea, a partir de las interpretaciones que sobre la actitud posmoderna desplegaran Bauman, Foucault y Jameson, fundamentalmente. Sin embargo, llegados a las conclusiones, cabría especular si los itinerarios teóricos entre modernidad y posmodernidad antes presentados no podrán en el futuro hallar nuevos caminos a través de la reciente formulación de conceptos como el de la *altermodernidad* El término figura como tema central de la Tate Trienal de Londres 2009, donde la hipótesis del fin del posmodernismo y la emergencia de un altermodernismo global fue discutida por los artistas e intelectuales participantes. Su curador y principal instigador de este concepto, Nicolas Bourriaud, considera los tiempos presentes propicios para la recomposición de una nueva modernidad. La obsolescencia del posmodernismo, esa "filosofía del duelo, largo y melancólico episodio dentro de nuestra historia cultural"("Altermodern", s/n), quedaría señalada por el uso del prefijo *alter* en el nuevo concepto. ¿Otra modernidad? Según Bourriaud, la adopción de la altermodernidad obedece a la necesidad actual de escapar tanto al círculo cerrado entre lo global y lo local, como a la oposición binaria entre globalización y tradición. Su esencia, continúa el curador, reside en la experiencia de la errancia en el espacio, el tiempo y a través de diferentes medios expresivos. Mas vale preguntarse si, a pesar de su renuncia de lo posmoderno, puede concebirse la altermodernidad como una propuesta teórica al encuentro de la utopía posmoderna estudiada en la última sección de este volumen Los elementos a partir de los cuales Bourriaud organiza el concepto de altermodernidad pueden ser hallados en la narrativa ingrávida de autores como Ena Lucía Portela, Orlando Pardo, Yohamna Depestre o Wendy Guerra. Se percibía en sus cuentos y novelas esa pretensión de existir suspendidos en lo amorfo, ajenos a las fórmulas y los sistemas, indiferentes —no en oposición— a polaridades y definiciones.

La lectura de esta narrativa producida dentro de la isla en tiempos postsoviéticos por escritores formados dentro de la cosmología de la revolución cubana, enfocándola a partir de tales presupuestos, posibilita relacionarla con la producción literaria contemporánea en Hispanoamérica. Pienso en la inmediata sensación de proximidad que se siente entre los textos del español Agustín Fernández Mallo, entusiasta lector de Bourriaud, la narrativa ingrávida presentada en este libro y, a su vez, algunas obras latinoamericanas contemporáneas. Exponiendo sus "nuevas sensibilidades", el chileno Alberto Fuguet, voz fundadora del grupo narrativo McOndo, describía en los noventa a los jóvenes creadores latinoamericanos como "[l]ocales, globales y desconectados" ("Magical Neoliberalism", 73).

A una América imaginaria, otra. ¿McOndo contra Macondo o McOndo después de Macondo? En el fondo, ni una cosa ni la otra. Más bien, nuevamente, el impulso utópico posmoderno —o la altermodernidad— también reconocible en la narrativa ingrávida cubana. Exaltando una narrativa que se veía a sí misma como "más aterrizada", los compiladores de *McOndo* sonreían irónicos ante el vuelo de Remedios   pero, concluyendo el prólogo de aquel libro, se felicitaban por haber alcanzado al fin la magia, la que rezumaba de la simultaneidad tecnológica propia de la globalización actual: "Hemos crecido pegados a los mismos programas de televisión, admirado las mismas películas y leído todo lo que se merece leer, en una sincronía digna de considerarse mágica. Todo eso trae [...] una similar postura ante la literatura [...] Esta realidad no es gratuita. Capaz que sea hasta mágica" ("Presentación", 18). Hay un tono de autosatisfacción en las palabras de Alberto Fuguet y Sergio Gómez cuando, por ejemplo, reconocen en la MTV Latina un medio integrador de las juventudes latinoamericanas. Despunta aquí además ese nuevo proceso ideológico que Fredric Jameson ha llamado la *razón cínica* definiéndola como una especie de "ideología desprovista de fundamento ideológico", característica de los tiempos presentes, que describe la ambición utópica posmoderna (229). Estas prácticas exponen la alabanza del hoy sin ataduras pasadas y desconectado del futuro. Traen un mundo colocado detrás —no después— del mundo moderno y sus revoluciones, en intemporal ingravidez.

Ya a veinte años de McOndo, en pleno apogeo de Facebook y Twitter, el mexicano Jorge Volpi, dejados atrás los robustos alardes del *Manifiesto Crack* sabe que "no podemos leernos como un rompecabezas latinoamericano, porque ese rompecabezas es una ilusión; no hay nada que construir con ellos [...] Ahora los vínculos son fluidos, líquidos, nunca estáticos" (177-178). A su percepción se acerca esta *utopía, distropía e ingravidez* que mantengo en donde la lectura ética de obras y autores no alcanza a formular identidades fijas. Son sólo expresión de la existencia de los cubanos en sus mundos concretos.

Con estas lecturas he buscado la isla para espiar su desvanecimiento como esencia. Cuba, en estas páginas, es un laboratorio poscolonial, posmoderno, posindustrial, postsoviético y posguerra fría, flotando en algún sitio impreciso, que es su humanidad.

West Hartford (Connecticut), junio del 2012

BIBLIOGRAFÍA e ÍNDICE

BIBLIOGRAFÍA

ABREU ARCIA, Alberto. *Los juegos de la escritura o la (re)escritura de la Historia*. La Habana: Casa de las Américas, 2007.
— *Virgilio Piñera: un hombre, una isla*. La Habana: Unión, 2002.
ACANDA, Jorge Luis. "Recapitular la Cuba de los noventa". *La Gaceta de Cuba*, 3 (2000): 60.
ACOSTA, Leonardo. *Música y épica en la novela de Alejo Carpentier*. La Habana: Letras Cubanas, 1981.
AÍNSA, Fernando. *De la Edad de Oro a El Dorado*. México: Fondo de Cultura Económica, 1992.
ALFONSO, Equis. "Arenas de soledad". *Habana Blues*. WEA, 2006. CD.
— *RevoluXion*. Unicornio, 2007. CD.
ALONSO, Carlos. "La escritura fetichizadora de Antonio José Ponte". *Revista de Estudios Hispánicos*, XLIII.1 (2009): 93-108.
ALONSO ESTENOZ, Alfredo. "Tema homosexual en la literatura cubana de los 80 y los 90: ¿renovación o retroceso?". Ponencia presentada en el congreso LASA, Miami, marzo de 2000. Web revisada el 13 de junio de 2012.
ÁLVAREZ-BRAVO, Armando. "Órbita de Lezama Lima", en Pedro Simón (ed.) *Recopilación de textos sobre José Lezama Lima*. La Habana: Casa de las Américas, 1970. pp. 42-67.
ÁLVAREZ-TABÍO, Emma. *Invención de La Habana*. Barcelona: Casiopea, 2000.
— "La ciudad en el aire", en Iván de la Nuez (ed.), *Cuba y el día después. Doce ensayistas nacidos con la Revolución imaginan el futuro*. Barcelona: Mondadori, 2001, pp. 83-105.

Anderson, Benedict. *Imagined Communities*. London-New York: Verso, 1983.
Anderson, Thomas F. *Everything in Its Place. The Life and Works of Virgilio Piñera*. Lewisburg: Bucknell UP, 2006.
Arango, Arturo. *Reincidencias*. La Habana: Abril, 1989.
Araújo, Nara. *Diálogos en el umbral*. Santiago de Cuba: Oriente, 2003.
Arcos, Jorge Luis. *Desde el légamo. Ensayos sobre pensamiento poético*. Madrid: Colibrí, 2007.
Arenas, Reinaldo. *El asalto*. Miami: Universal, 1991.
— *La loma del Ángel*. Miami: Universal, 1995.
— *Antes que anochezca*. Barcelona: Tusquets, 1996.
— *Celestino antes del alba*. Barcelona: Tusquets, 2000.
— *El palacio de las blanquísimas mofetas*. Barcelona: Tusquets, 2001.
— *Otra vez el mar*. Barcelona: Tusquets, 2002.
— *El color del verano*. Barcelona: Tusquets, 2010.
Arendt, Hannah. *On Revolution*. New York: Penguin Books, 2006.
Arrufat, Antón. *Virgilio Piñera: entre él y yo*. La Habana: Unión, 1994.
Badiou, Alain. *L'Être et l'Evénement*. Paris: Éditions du Seuil, 1988.
— *Logiques des Mondes*. Paris: Éditions du Seuil, 2006.
— "The Crisis of Negation: An Interview with Alain Badiou". *Continent*. 1.4 (2011): 234-238.
Balibar, Étienne. "La forma nación", en Immanuel Wallerstein y Etienne Balibar, *Raza, nación y clase*. Madrid: IEPALA, pp. 135-168.
Baquero, Gastón. "Tendencias de nuestra literatura". *Ensayo*. Salamanca: Fundación Central Hispano (col. Obra Fundamental), 1995.
Barbería, Lorena, Souza Briggs, Xavier de y Uriarte, Miren. "The End of Egalitarianism? Economic Inequality and the Future of Social Policy in Cuba", en Jorge I. Domínguez, Omar Everleny Pérez Villanueva y Lorena Barbería (eds.), *The Cuban Economy at the Start of the Twenty-first Century*. Cambridge: Harvard UP-David Rockefeller Center for Latin American Studies, 2004, pp. 297-316.
Barnet, Miguel. *Biografía de un cimarrón*. La Habana: Instituto de Etnología y Folklore, 1966.
— "La historia como identidad", en Diana García (ed.), *Cuba: cultura e identidad nacional*. La Habana: Unión, 1995.
Barquet, Jesús. "Del gato Félix al sentimiento trágico de la vida", en Ottmar Ette (ed.), *La escritura de la memoria. Reinaldo Arenas:*

textos, estudios y documentación. Madrid-Frankfurt am Main, Iberoamericana /Vervuert, 1996, pp. 70-71.
BAUDRILLARD, Jean. *De la seducción*. Madrid: Cátedra, 1981.
— *La ilusión del fin o La huelga de los acontecimientos*. Barcelona: Anagrama, 1993.
BAUMAN, Zigmut. *Socialism: The Active Utopia*. New York: Holmes y Meier Publishers, 1976.
— *Postmodernity and its Discontents*. New York: New York University Press, 1997.
— *Ética posmoderna*. Madrid: Siglo XXI, 2005.
BECERRA, Eduardo. Prólogo. *Líneas aéreas*. Madrid: Lengua de Trapo (col. Nueva Biblioteca), 1999.
BÉHAR, Ruth. "My Habana". *The Chronicle of Higher Education*. 7 de septiembre de 2009. Web revisada el 12 de junio de 2012.
BÉJAR, Eduardo C. *La textualidad de Reinaldo Arenas*. Madrid: Playor, 1987.
BEJEL, Emilio. "Cultura y filosofía de la Historia (Spengler, Carpentier, Lezama Lima)". *Cuadernos Americanos*, XL.6 (1981): 75-89.
— *Gay Cuban Nation*. Chicago-London: Chicago UP, 2001.
BENÍTEZ ROJO, Antonio. *La isla que se repite*. Barcelona, Casiopea, 1998.
BERENGER HERNÁNDEZ, Carmen y FOWLER CALZADA, Víctor. *José Lezama Lima. Diccionario de citas*. La Habana: Abril, 2000.
BEVERLEY, John. *Testimonio. On the Politics of Truth*. Minneapolis-London: University of Minnesota Press, 2004.
BIRKENMAIER, Anke. *Alejo Carpentier y la cultura de surrealismo en América Latina*. Madrid-Frankfurt am Main: Iberoamericana/Vervuert, 2006.
BOBES, Marilyn. "Pregúntaselo a Dios" y "En Florencia, diez años después". *Alguien tiene que llorar otra vez*. La Habana: Unión, 2001, pp. 1-15 y 86-95.
BORGES-TRIANA, Joaquín. *Concierto cubano. La vida es un divino guión*. Barcelona: Linkgua, 2009.
BOURRIAUD, Nicolas. "Altermodern". *Altermodern. Tate Triennal*. London: Tate Publishing, 2009, s/n.
— "Altermodern: A Conversation with Nicolas Bourriaud". *Art in America*. Por Bartholomew Ryan. 17 de marzo de 2009. Web revisada el 14 de junio de 2012. http://www.artinamericamagazine.com/news-opinion/conversations/2009-03-17/altermodern-a-conversation-with-nicolas-bourriaud/.

Breton, André. *Entretiens (1913-1952)*. Paris: Gallimard, 1973.
— *Manifestes du surréalisme*. Paris: Gallimard, 1999.
Bronfman, Alejandra. *Mesures of Equality. Social Science, Citizenship, and Race in Cuba, 1902-1940*. Chapel Hill-London: The University of North Carolina Press, 2004.
Buckwalter-Arias, James. *Cuba and the New* Origenismo. Suffolk-Rochester: Tamesis, 2010.
Bueno, Salvador. *Historia de la literatura cubana*. La Habana: Editora del Ministerio de Educación, 1963.
Caballero, Rufo. "Los recodos de la tempestad (Cuarenta años de una imagen)", en Andrés Isaac Santana (ed.), *Nosotros, los más infieles. Narraciones críticas sobre el arte cubano (1993-2005)*. Murcia: CENDEAC, 2007, pp. 196-207.
Cabrera, Lydia. *Anagó. Vocabulario lucumí (El yoruba que se habla en Cuba)*. Miami: Universal, 1986.
Cairo, Ana. "La década genésica del intelectual Carpentier (1923-1933)". *Anuario Imán*, II (1985): 368-405.
Camnitzer, Luis. *New Art of Cuba*. Austin: University of Texas Press, 1994.
Camus, Albert. *El hombre rebelde*. Buenos Aires: Losada, 1978.
— *El mito de Sísifo. Ensayo sobre el absurdo*. Buenos Aires: Losada, 1953.
Carpentier, Alejo. "El Acoso". *Novelas y relatos*. La Habana: Unión, 1974, pp. 180-300.
— "El camino de Santiago". *Novelas y relatos,* La Habana: Unión, 1974, pp. 303-58.
— "El reino de este mundo". *Novelas y relatos,* La Habana: Unión, 1974, pp. 49-186.
— "Habla Alejo Carpentier", en Salvador Arias (ed.), *Recopilación de textos sobre Alejo Carpentier*. La Habana: Casa de las Américas, 1977, pp. 15-55.
— *Ensayos*. La Habana: Letras Cubanas, 1984.
— *Los pasos perdidos*. Madrid: Cátedra, 1985.
— *La consagración de la primavera*. La Habana: Letras Cubanas, 1987*a*.
— *Conferencias*. La Habana: Letras Cubanas, 1987*b*.
— *¡Ékue-Yamba-Ó!* Madrid: Alianza Editorial, 1989.
— *El siglo de las luces*. La Habana: Unión, 1993.

- *Concierto barroco*. San Juan: Editorial de la Universidad de Puerto Rico, 1994.
CASAMAYOR, Odette. "Incertidumbre resplandeciente. Breve incursión en la narrativa escrita durante la década del 90 en la Isla de Cuba". *Caravelle. Cahiers du monde hispanique et luso-brésilien*, 78 (2002): 179-196.
- "Piñera y Lam: inusitadas aproximaciones". *La Gaceta de Cuba*, 5, septiembre-octubre de 2004: 22-26.
- "Negros, marginalidad y ética". *La Gaceta de Cuba*, 1, enero-febrero de 2005: 66-68.
CASAUS, Víctor. "El género testimonio y el cine cubano", en Ambrosio Fornet (ed.), *Cine, literatura y sociedad*. La Habana: Letras Cubanas, 1982, pp. 85-108.
CASTRO, Fidel. "Guía del pensamiento político-económico de Fidel". *Diario Libre*, 48, 1959 (cit. por H.-M. Enzensberger, *El Interrogatorio en La Habana y otros ensayos*. Barcelona: Anagrama, 1985, p. 70).
- *Palabras a los intelectuales*. La Habana: Ediciones del Consejo Nacional de Cultura, 1961.
"Censo de Población y Viviendas de la República de Cuba". Oficina Nacional de Estadísticas. Web revisada el 13 de junio de 2012. http://www.one.cu/.
Ciclo de conferencias "La política cultural del período revolucionario: memoria y reflexión". *Centro Cultural Teórico Criterios*, 2007. Web revisada el 13 de junio de 2012..
COFIÑO LÓPEZ, Manuel. *La última mujer y el próximo combate*. La Habana: Casa de las Américas, 1971.
COOPER, Sara. "Irreverent Humor in Postrevolutionary Cuban Fiction: The Case of Mirta Yáñez". *Cuban Studies*, 37 (2006): 33-55.
CORNEJO-POLAR, Antonio, "Mestizaje e hibridez: los riesgos de las metáforas. Apuntes". *Revista Iberoamericana*, julio-sept. 1997, LXIII (180): 341-344.
COYULA, Mario. "El trinquenio amargo y la ciudad distópica: autopsia de una utopía". *Archipiélago*, 56 (2011): 52-55.
CRUZ-MALAVÉ, Arnaldo. *El primitivo implorante. El sistema poético del mundo de José Lezama Lima*. Atlanta, Georgia: Rodopi, 1994.
- "Lecciones de cubanía: identidad nacional y errancia sexual en Senel Paz, Martí y Lezama Lima". *Cuban Studies*, 29 (1998): 129-154.

CHANAN, Michael. *Cuban Cinema*. Minneapolis-London: University of Minnesota Press, 2004.

Cuban Hip-hop: desde el principio. Dir. Vanesa Díaz. 2006. DVD.

"Declaración del primer congreso nacional de Educación y Cultura". *Casa de las Américas*, XI (65-66), marzo-junio de 1971: 10-16.

DELGADO, Frank. "El pregonero". *El Adivino*. Universal Latino, 2002. CD.

DELGADO, María Cristina. "La vida no es tan real". *Unión*, 9 (1990): 64-69.

DEPESTRE CORCHO, Yohamna. *D-21*. La Habana: Letras Cubanas (col. Pinos Nuevos), 2004.

DERRIDA, Jacques. *Dar la muerte*. Barcelona: Paidós, 2006.

DESNOES, Edmundo. *No hay problema*. La Habana: Ediciones R, 1964.

— *Memorias del subdesarrollo*. La Habana: Uneac, 1965.

— "El mundo sobre sus pies". *Punto de vista*. La Habana: Instituto del Libro (col. Cocuyo), 1967, pp. 99-108.

DÍAZ, Desirée y SANCRISTÓBAL, Cicero. "Leonardo Padura y Mario Conde: de semejanzas, persecuciones y metáforas". *Revolución y Cultura*, 3 (1998): 42-44.

— "La mirada de Ovidio. El tema de la emigración en el cine cubano de los 90". *Temas*, 27 (2001): 37-52.

DÍAZ, Duanel. *Límites del origenismo*. Madrid: Colibrí, 2005.

— *Palabras del trasfondo. Intelectuales, literatura e ideología en la Revolución cubana*. Madrid: Colibrí, 2009.

DÍAZ, Jesús. "Encuesta generacional". *Gaceta de Cuba*, V.50 (1966): 8.

— *Las iniciales de la tierra*. Caracas: Monte Ávila, 1992.

DÍAZ-PIMENTA, Alexis. *Maldita danza*. Barcelona: Alba, 2002.

DIEGO, Eliseo. "Sobre Celestino antes del alba". *Casa de las Américas*, VIII.45 (1967): 162-166.

DOMÍNGUEZ, Jorge I. "Cuba's Economic Transition: Successes, Deficiencies and Challenges". *The Cuban Economy at the Start of the Twenty-first Century*. Cambridge, Mass.: Harvard UP, David Rockefeller Center for Latin American Studies, 2004, pp. 17-48.

DOPICO, Ana. "Picturing Havana. History, Vision, and the Scramble for Cuba", *Neplanta: Views from the South*, 3.3 (2002): 451-493.

"Dossier Proyecto Paideia". *Cubista Magazine*, 2004. Web revisada el 13 de junio de 2012.

DYKSTRA, Kristin. "Finding a Way in Alamar". *Review: Literature and Arts of the Americas*, 44.1 (2011): 29-38.

East of Havana. Dir. Jauretsi Saizarbitoria, Emilia Menocal. Denver and Delilah Productions, 2006. DVD.

ECKSTEIN, Susan. "Transnational Networks and Norms, Remittances, and the Transformation of Cuba", en Jorge I. Domínguez, Omar Everleny Pérez Villanueva y Lorena Barbería (eds.), *The Cuban Economy at the Start of the Twenty-first Century*. Cambridge, Mass.: Harvard UP, David Rockefeller Center for Latin American Studies, 2004, pp. 319-352.

EPPLE, Juan Armando. "Leonardo Padura Fuentes. Entrevista". *Hispamérica*, 71 (1995): 49-66.

ESPINOSA, Carlos. *Virgilio Piñera en persona*. La Habana: Unión, 2003.

ESTÉVEZ, Abilio. *Tuyo es el reino*. Barcelona: Tusquets, 1997.

— *Los Palacios distantes*. Barcelona: Tusquets, 2002.

FERMOSELLE, Rafael. *Política y color en Cuba: la guerrita del 12*. Madrid: Colibrí, 1998.

FERNANDES, Sujatha. *Cuba Represent! Cuban Arts, State Power, and the Making of New Revolutionary Cultures*. Durham-London: Duke UP, 2006.

FERNÁNDEZ FE, Gerardo. *La falacia*. La Habana: Unión, 1999.

FERNÁNDEZ ROBAINA, Tomás. *El negro en Cuba (1902-1958)*. La Habana: Ciencias Sociales, 1994.

FERRARI, Guillermina de. "Embargoed Masculinities: Royalty, Friendship and the Role of the Intellectual in the Post-Soviet Cuban Novel". *Latin American Literary Review*, 35: 69 (2007): 82-103.

— *Vulnerable Status. Bodies of Memory in Contemporary Caribbean Fiction*. Charlottesville-London: Virginia UP, 2007.

FERRER, Ada. *Insurgent Cuba. Race, Nation and Revolution, 1868-1898*. Chapel Hill- London: The University of North Carolina Press, 1999.

FERRER, Jorge. "Una escaramuza en las líneas de la Guerra Fría (ya finalizada ésta)". "Dossier Proyecto Paideia". *Cubista Magazine*, 2004. Web revisada el 13 de junio de 2012.

FLORES, Juan Carlos. *Distintos modos de cavar un túnel*. La Habana: Unión, 2003.

FORNET, Ambrosio. *Las máscaras del tiempo*. La Habana: Letras Cubanas, 1995.

- "La critica bicéfala: un nuevo desafío". *La Gaceta de Cuba,* 1 (2002): 20-25.
- "Dossier: Para una reflexión colectiva". *La Jiribilla. Revista digital de cultura cubana,* 19-25 de noviembre de 2005. Web revisada el 13 de junio de 2012.

FORNET, Jorge. *Los nuevos paradigmas. Prólogo narrativo al siglo* . La Habana: Letras Cubanas, 2006.

FOUCAULT, Michel. "Des espaces autres (conférence au Cercle d'études architecturales, 14 mars 1967)". *Architecture, Mouvement, Continuité,* 5, octubre de 1984: 46-49. Web revisada el 13 de junio de 2012.
- *Il faut défendre la société. Cours au Collège de France (1975-1976).* Paris: Gallimard/Le Seuil (col. Hautes Études), 1997.
- "Qu'est-ce que les Lumières". *Philosophie. Anthologie.* Paris: Gallimard (col. Folio), 2004, pp. 857-881.

FOUCHET, Max Paul. *Wifredo Lam.* Barcelona-París: Polígrafa-Éditions Cercle d'Art, 1976.

FOWLER, Víctor. *La maldición. Historia del placer como conquista.* La Habana: Letras Cubanas, 1998a.
- *Rupturas y homenajes.* La Habana: Unión, 1998b.
- *Historias del cuerpo.* La Habana: Letras Cubanas, 2001.

FUENTE, Alejandro de la. *A Nation for All. Race, Inequality, and Politics in Twentieth-Century Cuba.* Chapel Hill-London: The University of North Carolina Press, 2001.

FUENTES, Norberto. "La yegua". *Condenados de Condado.* Barcelona: Seix Barral, 2000, pp. 45-50.

FUGUET, Alberto y GÓMEZ, Sergio. "Urgentes, desechables y ambulantes". *Cuentos con walkman.* Santiago de Chile: Planeta, 1993, pp. 11-16.
- "Presentación del País McOndo". *McOndo.* Barcelona: Mondadori, 1996, pp. 9-18.
- "Magical Neoliberalism". *Foreign Policy.* julio-agosto 2001: 66-73.

GARCÍA ESPINOSA, Julio. "Por un cine imperfecto". *Un largo camino hacia la luz.* La Habana: Unión, 2000, pp. 9-30.

GARCÍA MERALLA, Emir. "Hágase la timba". *Temas,* 39-40 (octubre-diciembre 2004): 49-59.

GARCÍA VEGA, Lorenzo. *Los años de Orígenes.* Caracas: Monte Ávila, 1978.

GELLNER, Ernst. *Naciones y nacionalismo.* Trad. de Javier Soto. Madrid: Alianza Editorial, 1983.

Genette, Gérard. *La littérature au second degree*. Paris: Seuil, 1982.
Goldmann, Lucien. "Introduction aux premiers écrits de Georg Lukács", en Georg Lukács, *La théorie du roman*. Paris: Gallimard, 1995, pp. 158-162.
— *Le Dieu caché. Étude sur la vision tragique dans les Pensées de Pascal et dans le théâtre de Racine*. Paris: Gallimard, 1997.
González, Reinaldo. *Lezama Lima: el ingenio culpable*. La Habana: Letras Cubanas, 1988.
González Cruz, Iván. *Diccionario: vida y obra de José Lezama Lima*. Valencia: Generalitat Valenciana, 2000.
González Echevarría, Roberto. *Alejo Carpentier: el peregrino en su patria*. México: Universidad Autónoma de México, 1993.
Granados, Manuel. *Adire y el tiempo roto*. La Habana: Casa de las Américas, 1967.
Guerra, Félix. *Para leer debajo de un sicomoro. Entrevistas con José Lezama Lima*. La Habana: Letras Cubanas, 1998.
Guerra, Wendy. *Todos se van*. Barcelona: Bruguera, 2006.
Guevara, Ernesto. "El socialismo y el hombre en Cuba". *Obras (1957-1967)*. La Habana: Casa de las Américas, 1970. Vol. 2, pp. 367-384.
Guillén, Nicolás. "Prólogo a Sóngoro Cosongo", *Obra poética I, 1922-1958*. Ed. de Ángel Augier. La Habana: Letras Cubanas, 2002.
Gutiérrez, Pedro Juan. *Trilogía sucia de La Habana*. Barcelona: Anagrama, 1998.
— *El rey de La Habana*. Barcelona: Anagrama, 1999.
— *Animal tropical*. Barcelona: Anagrama, 2000.
— *Carne de perro*. Barcelona: Anagrama, 2003.
Habana Abierta. *Boomerang*. EMI Latin, 2006. CD.
Habana: el nuevo arte de hacer ruinas. Dirs. Florian Borchmeyer y Matías Hentschler. Raros Media, 2006. DVD.
Hamberg, Jill. "The 'Slums' of Havana", en Anke Birkenmaier y Esther Whitfield (eds.), *Havana beyond the Ruins. Cultural Mappings after 1989*. Durham-London: Duke UP, 2011, pp. 73-105.
Hasson, Lilianne. "Memorias de un exilado. Interview de Reinaldo Arenas", en Ottmar Ette (ed.), *La escritura de la memoria. Reinaldo Arenas: textos, estudios y documentación*. Madrid-Frankfurt am Main: Iberoamericana/Vervuert, 1996, pp. 35-63.

HELG, Aline. *Lo que nos corresponde. La lucha de los negros y mulatos por la igualdad en Cuba (1886-1912)*. La Habana: Imagen contemporánea, 2000.

HERNÁNDEZ BUSTO, Ernesto. "Recuerdos (cubanos) de una vida dañada". *Letras Libres*, 67 (julio 2004): 37-40.

HERNÁNDEZ HORMILLA, Helen. *Mujeres en crisis. Aproximaciones a lo femenino en las narradoras cubanas de los noventa*. La Habana: Acuario, 2011.

HERNÁNDEZ-RENGUANT, Ariana. "Havana's Timba. A macho sound for black sex", en Deborah Thomas y Kamari Clarke (eds.), *Globalization and Race. Transformations in the cultural production of blackness*. Durham-London: Duke UP, 2006, pp. 249-278.

— "Writing the Special Period: An Introduction" y "Multicubanidad", en Ariana Hernández-Renguant (ed.), *Cuba in the Special Period. Culture and Ideology in the 1990s*. New York: Palgrave MacMillan, 2009, pp. 1-18 y 69-88.

HERNÁNDEZ-SALVÁN, Marta. "A Requiem for a Chimera: Poetics of the Cuban Post-Revolution". *Revista de Estudios Hispánicos*, XLIII: 1 (2009): 149-170.

HOBSBAWM, Eric J. *Nations and nationalism since 1780. Programme, myth, reality*. New York: Cambridge UP, 1995.

HOPENHAYN, Martin. *Aventuras de la modernidad en América Latina*. México: FCE, 1994.

HOWE, Linda S. *Transgression and Conformity: Cuban Writers and Artists after the Revolution*. Madison: University of Wisconsin Press, 2004.

HUYSSEN, Andrea. *En busca del futuro perdido. Cultura y memoria en tiempos de globalización*. México: FCE, 2002.

ICHIKAWA MORÍN, Emilio. *La escritura y el límite*. La Habana, Letras Cubanas, 1998.

JAMBRINA, Jesús. "Sujetos *queer* en la literatura cubana: hacia una (posible) genealogía homoerótica". Ponencia presentada en el congreso LASA, Miami, marzo 2000. Web revisada el 13 de junio de 2012.

JAMESON, Fredric. *Postmodernism, or The Cultural Logic of Late Capitalism*. Durham: Duke UP, 1991.

— *Las semillas del tiempo*. Madrid: Trotta, 2002.

— *Archeologies of the Future. The Desire Called Utopia and Other Science Fictions*. London-New York: Verso, 2005.

JESÚS, Pedro de. "El retrato". *Cuentos frígidos (Maneras de obrar en 1830)*. La Habana: Unión, 2000, pp. 73-97.
KIERKEGAARD, Søren. *El concepto de la angustia. Una sencilla investigación psicológica orientada hacia el problema dogmático del pecado original*. Buenos Aires: Espasa Calpe, 1940.
— *Tratado de la desesperación*. Buenos Aires: Santiago Rueda, 1941.
KUNDERA, Milan. *La insoportable levedad del ser*. Barcelona: Tusquets, 1996.
LAPLANTINE, François y NOUSS, Alexis. *Le métissage*. Paris: Flammarion (col. Dominos), 1997.
LEAL, Rine. *La selva oscura. De los Bufos a la neocolonia*. La Habana: Arte y Literatura, 1982.
LEANTE, César. "Confesiones sencillas de un escritor barroco", en Salvador Arias (ed.), *Recopilación de textos sobre Alejo Carpentier*. La Habana: Casa de las Américas, 1977, pp. 57-70.
LEENHARDT, Jacques. Entrevista por Eva Corredor. *Diacritics*, VII: 3 (1977): 64-72.
— *Wifredo Lam*. Paris: HC Éditions, 2009.
LÉVINAS, Emmanuel. *Totalidad e infinito*. Salamanca: Sígueme, 2002.
LEWIN, Moshe. *The Soviet Century*. Ed. de Gregory Elliot. London-New York: Verso, 2005.
LEZAMA LIMA, José. "Coloquio con Juan Ramón Jiménez". *Analecta del reloj: ensayos*. La Habana: Orígenes, 1953.
— *Tratados en La Habana*. Las Villas: Universidad Central de Las Villas, 1958.
— *La cantidad hechizada*. La Habana: Unión, 1970.
— "Interrogando a Lezama Lima", en Pedro Simón Martínez (ed.), *Recopilación de textos sobre José Lezama Lima*. La Habana: Casa de las Américas, 1970, pp. 11-41.
— "El 26 de Julio", en Ciro Bianchi Ross (ed.), *Imagen y posibilidad*. La Habana: Letras Cubanas, 1981, pp. 19-22.
— "Confluencias", en Abel E. Prieto (ed.), *Confluencia*. La Habana: Letras Cubanas, 1988, pp. 415-429.
— *Oppiano Licario*. Ed. de César López. Madrid: Cátedra, 1989.
— *Paradiso*. La Habana: Letras Cubanas, 1991.
— *Fascinación de la memoria. Textos inéditos de José Lezama Lima*. Ed. de Iván González Cruz. La Habana: Letras Cubanas, 1993.
— "La pintura y la poesía en Cuba (Siglos XVIII y XIX)", "En la muerte de Amelia Peláez" y "Recuerdos: Guy Pérez de Cisneros", en Leo-

nel Capote (ed.), *La visualidad infinita*. La Habana: Letras Cubanas, 1994, pp. 66-106, 170-171 y 278-293, respect.
— *Cartas a Eloísa y otra correspondencia (1939-1976)*. Ed. de Iván González Cruz. Madrid: Verbum, 1998.
— *Poesía completa*. Ed. de César López. Madrid: Alianza, 1999.
LIPOVETSKY, Gilles. *L'Ère du vide. Essais sur l'individualisme contemporain*. Paris: Gallimard (Folio Essais), 1993.
LOSS, Jacqueline. *Cosmopolitanisms and Latin America. Against the Destiny of Place*. New York: Palgrave Macmillan, 2005.
"Amateurs and Professionals in Ena Lucía Portela's Lexicon of Crisis", en Anne Lambright y Elisabeth Guerrero (eds.), *Unfolding the City in Latin America*. Minneapolis: Minnesota UP, 2007, pp. 251-267.
— *Dreaming in Russian: The Soviet Cuban Imaginary*. Austin: University of Texas Press, 2013.
LOSS, Jacqueline y PRIETO, José Manuel. *Caviar with Rum: Cuba-USSR and the post-Soviet Bloc*. New York: Palgrave, 2012.
MAÑACH, Jorge. "Indagación al choteo", en Jorge L. Arcos (ed.), *Ensayos*. La Habana: Letras Cubanas, 1999, pp. 43-84.
MARTÍ, José. "El Plato de Lentejas". *Obras completas*. Vol. 3. La Habana: Editorial Nacional de Cuba, 1963, pp. 26-30.
— "Mi raza". *Obras completas*. Vol. 2, pp. 298-300.
MARTÍN SEVILLANO, Ana B. *Sociedad civil y arte en Cuba: cuento y artes plásticas en el cambio de siglo (1980-2000)*. Madrid: Verbum, 2008.
MATEO PALMER, Margarita. *Ella escribía poscrítica*. La Habana: Letras Cubanas, 2005.
MEDIN, Tzvi. *Cuba. The Shaping of Revolutionary Consciousness*. Boulder-London: Lynne Rienner Publishers, 1990.
MENÉNDEZ, Aldo D. "Art Attack: the Work of ARTECALLE", en Coco Fusco (ed.), *Corpus Delicti. Performance Art of the Ameritas*. London-New York: Routledge, 2000, pp. 275-280.
MOLINERO, Rita. "El arte de la fuga", en Rita Molinero (ed.), *Virgilio Piñera. La memoria del cuerpo*. San Juan: Plaza Mayor, 2002.
MÓNICA, Lizabel. "La Generación 0". *Noria*, 3 (2011): 2-3.
MONREAL, Pedro. "Las remesas familiares en la economía cubana". *Encuentro de la cultura cubana*, 14 (1999): 49-62.

MOORE, Robin D. *Music and Revolution. Cultural Change in Socialist Cuba*. Berkeley-Los Angeles-London-Chicago: University of California Press-Center for Black Music Research, 2006.

MORO, Tomás. *Utopía*. Madrid: Edimat Libros, 2008.

MORENO FRAGINALS, Manuel. *El Ingenio. Complejo económico social cubano del azúcar*. Barcelona: Crítica, 2001.

MORRISON, Toni. *Playing in the Dark. Whiteness and the Literary Imagination*. New York: Vintage Books, 1993.

MOSQUERA, Gerardo. "Crítica y consignas". *La Gaceta de Cuba*. nov. 1988: 26 (cit. por Desiderio Navarro, *Las causas de las cosas*. La Habana: Letras Cubanas, 2007, p. 15).

— "La plástica cubana en un nuevo siglo", en Jurgen Harten y Antonio Eligio *(Tonel)* (eds.), *Kuba o.k. Aktuelle Kunst aus Kuba. Arte actual de Cuba*. Dusseldorf-La Habana: Städtische Kunsthalle Dusseldorf-Centro de Desarrollo de las Artes Visuales, 1990, pp. 12-17.

NANCY, Jean-Luc. *La communauté désoeuvrée*. Paris: Christian Bourgois, 2004.

— *Corpus*. Paris: Métailié, 2006.

— *Identité. Fragments, franchises*. Paris: Galilée, 2010.

NAVARRO, Desiderio. *Las causas de las cosas*. La Habana: Letras Cubanas, 2006.

NUEZ, Iván de la (ed.). *La balsa perpetua*. Barcelona: Casiopea, 1998.

— *Cuba y el día después. Doce ensayistas nacidos con la Revolución imaginan el futuro*. Barcelona: Mondadori, 2001a.

— *El mapa de sal. Un poscomunista en el paisaje global*. Barcelona: Mondadori, 2001b.

ORTEGA, Julio. "Aproximaciones a Paradiso", en Pedro Simón Martínez (ed.), *Recopilación de textos sobre Lezama Lima*. La Habana: Casa de las Américas, 1970, pp. 191-218.

— "*Los años duros* de Jesús Díaz". *Cuadernos Hispanoamericanos*, 260 (1972): 391-399.

— "Prólogo" a José Lezama Lima, *El reino de la imagen*. Ed. de Julio Ortega. Caracas: Biblioteca Ayacucho, 1981, pp. IX-XXIX.

ORTIZ, Fernando. *Contrapunteo cubano del tabaco y el azúcar*. La Habana: Ciencias Sociales, 1983.

— *Entre cubanos. Psicología tropical*. La Habana: Ciencias Sociales, 1986.

— *Los negros esclavos*. La Habana: Ciencias Sociales, 1987.

OTERO, Lisandro. "Los años duros". *Casa de las Américas*, 38 (1966): 116-117.

OXFORD, Lori. "Havana's Opposing Spaces: Utopia/Dystopia in Two Novels by Pedro Juan Gutiérrez". *Todo sobre Pedro Juan. Sitio oficial del escritor cubano Pedro Juan Gutiérrez*. Web revisada el 13 de junio de 2012.

PADURA FUENTES, Leonardo. *Un camino de medio siglo: Carpentier y la narrativa de lo real maravilloso*. La Habana: Letras Cubanas, 1994.

— *Máscaras*. La Habana: Unión, 1997.

— *La novela de mi vida*. Barcelona: Tusquets, 2002.

— *José María Heredia: la patria y la vida*. La Habana: Unión, 2003.

— *La neblina del ayer*. Barcelona: Tusquets, 2005.

— "La consagración de la primavera y la Guerra Civil española". 2008. Web revisada el 5 de junio de 2012. http://palmeral-pensamientos.blogspot.com/2008/03/la-consagracin-de-la-primavera-y-la.html.

— *El hombre que amaba los perros*. Barcelona: Tusquets, 2009.

PARDO LAZO, Orlando Luis. *Boring Home*. Praga: Bibliotecas Independientes de Cuba, 2009.

— "La última cena de la censura", en Claudia Cadelo (ed.), *Octavo cerco*. 15 de febrero de 2009. Web revisada el 14 de junio de 2012.

— "Entrevista a Orlando Luis Pardo Lazo", en Claudia Cadelo (ed.), *Octavo cerco*, 22 de marzo de 2009. Web revisada el 14 de junio de 2012.

PASCAL, Blaise. *Pensées*. Ed. de Léon Brunschvicg. Paris: Le livre de poche, 1993.

PAZ, Senel. "El lobo, el bosque y el hombre nuevo". *Unión*, XII (1991): 27-37.

PÉREZ CINO, Waldo. "Sentido y paráfrasis". *La Gaceta de Cuba*, 6 (2002): 23-28.

PÉREZ DE CISNEROS, Guy. "Luces de Cuba: en torno a la pintura cubana", en Luz Merino Acosta (ed.), *Las estrategias de un crítico. Antología de la crítica de arte de Guy Pérez de Cisneros*. La Habana: Letras Cubanas, 2000, pp. 221-223.

PERNA, Vicenzo. *Timba, the Sound of the Cuban Crisis*. Ashgate: Aldershot, 2005.

PIMIENTA, Alexis Díaz. *Maldita danza*. Barcelona: Alba, 2002.

PIÑERA, Virgilio. *Cuentos fríos*. Buenos Aires: Losada, 1956.

— "Cada cosa en su lugar". *Lunes de Revolución*. 14 de diciembre de 1959: 11-12.

- "Un testimonio del primero de mayo". *Casa de las Américas*, 1 (1960): 32.
- *Pequeñas maniobras*. La Habana: Ediciones R, 1963.
- *Una broma colosal*. La Habana: Unión, 1988.
- "Distancias". *Albur. Número especial dedicado a Virgilio Piñera*. III (1990).
- *La carne de René*. Ed. de Antón Arrufat. La Habana: Unión, 1995.
- "La isla en peso". *La Isla en peso*. Ed. de Antón Arrufat. Barcelona: Tusquets, 2000, pp. 37-49.

PHAF, Ineke. *Novelando La Habana: ubicación histórica y perspectiva urbana en la novella cubana de 1959 a 1980*. Madrid: Orígenes, 1990.

POGOLOTTI, Graziella. *Polémicas culturales de los 60*. La Habana: Letras Cubanas, 2006.

PONTE, Antonio José. *Un seguidor de Montaigne mira La Habana. Las comidas profundas*. Madrid: Verbum, 2001.
- "Un arte de hacer ruinas". *Un arte de hacer ruinas y otros cuentos*. México: FCE, 2005, pp. 56-73.
- *La fiesta vigilada*. Barcelona: Anagrama, 2007.
- "El asesino de Trotski, en una feria de La Habana". *Diario de Cuba*, 28 de marzo de 2011. Web revisada el 4 de junio de 2012.

PORTELA, Ena Lucía. *El pájaro: pincel y tinta china*. La Habana: Unión, 1998.
- "Una extraña entre las piedras". *Una extraña entre las piedras*. La Habana: Letras Cubanas, 1999, pp. 91-122.
- *Cien botellas en una pared*. La Habana: Unión, 2003.
- "Con hambre y sin dinero". *Todo sobre Pedro Juan. Sitio oficial del escritor cubano Pedro Juan Gutiérrez*. 2 de febrero de 2003. Web revisada el 20 de junio de 2012.

POVEDA, José Manuel. "Elegía del retorno". *Proemios de cenáculo*. La Habana: Ministerio de Educación (Dirección de Cultura), 1948, pp. 75-78.

POWER, Kevin. "Cuba: una historia tras otra", en Kevin Power (ed.), *While Cuba Waits: Art in the Nineties*. Santa Mónica (CA): Smart Art Press, 1999, pp. 101-115.

PRIETO, Abel E. *El vuelo del gato*. La Habana: Letras Cubanas, 1999.

QUIJANO, Aníbal. *Modernidad, identidad y utopía en América Latina*. Quito: El Conejo, 1990.

Quintero Herencia, Juan Carlos. *Fulguración del espacio: letras e imaginario institucional de la Revolución Cubana, 1960-1971*. Rosario: Beatriz Viterbo, 2002.

Quiroga, José. "Homosexualities in the Tropic of Revolution", en Daniel Balderston y Donna Guy (eds.), *Sex and Sexuality in Latin America*. New York: NYU Press, 1997, pp. 133-152.

— *Cuban Palimpsests*. Minneapolis-London: University of Minnesota Press (Cultural Studies of the Americas Series), 2005.

Redonet Cook, Salvador. "Para ser lo más breve posible", en Salvador Redonet (ed.), *Los últimos serán los primeros*. La Habana: Letras Cubanas, 1993, pp. 5-31.

— "Bis repetia placet (Palimpsesto)", en Salvador Redonet (ed.), *Para el siglo que viene: (Post)Novísimos narradores cubanos*. Zaragoza: Prensas Universitarias de Zaragoza-Cátedra José Martí, 1999, pp. 11-23.

— (ed.). *El ánfora del diablo (Novísimos cuentistas cubanos)*. La Habana: Extramuros, 1999.

Río, Francis del. "Soy bandolero". *Sentimiento*, 2004. CD.

Rodríguez, Reina María. *Variedades de Galiano*. La Habana: Letras Cubanas, 2008.

Rodríguez, Silvio. "Aunque no esté de moda". *Al final de este largo viaje*. EGREM, 1968. CD.

Rodríguez Monegal, Emir. "El mundo laberíntico de Reinaldo Arenas", en Julio E. Hernández Miyares y Perla Rozencvaig (eds.), *Reinaldo Arenas: alucinaciones, fantasía y realidad*. Glenview: Scott, Foresman y Co, 1990, pp. 5-13.

Rojas, Rafael. *José Martí: la invención de Cuba*. Madrid: Colibrí, 2000*a*.

— *Un banquete canónico*. México: FCE, 2000*b*.

— *Tumbas sin sosiego. Revolución, disidencia y exilio del intelectual cubano*. Barcelona: Anagrama, 2006.

— *El estante vacío*. Barcelona: Anagrama, 2009.

— "El mar de los desterrados". *La Habana elegante*. Segunda Época. 46 (otoño-invierno 2009). Web revisada el 16 de enero de 2012.

— "Entre fronteras". *Revista de Estudios Hispánicos*, XLIII: 1 (2009): 171-188.

— *La máquina del olvido. Mito, historia y poder en Cuba*. México: Taurus, 2012.

Rozenvaig, Perla. "Reinaldo Arenas. Entrevista". *Hispamérica*, 28 (1981): 41-48.
Saínz, Enrique. *La poesía de Virgilio Piñera: ensayo de aproximación*. La Habana: Letras Cubanas, 2001.
Salgado, César Augusto. *From Modernism to Neobaroque. Joyce and Lezama Lima*. Lewisburg: Bucknell UP, 2001.
— "De *Nadie Parecía* a *Here Comes Everybody*: Lezama, Gaztelu, Joyce y el secularismo origenista". Ponencia presentada en el Congreso Latin American Studies Association (LASA). Hotel Marriot Marquis, San Francisco, 25 de mayo de 2012.
Sánchez, Osvaldo. "Sincretismo, Postmodernismo y Cultura de resistencia", en Jurgen Harten y Antonio Eligio *(Tonel)* (eds.), *Kuba o.k. Aktuelle Kunst aus Kuba. Arte actual de Cuba*. Dusseldorf-La Habana: Stadtische Kunsthalle-Centro de Desarrollo de las Artes Visuales, 1990, pp. 18-26.
— "Los estilos mueren... el kitsch es inmortal", en Andrés Isaac Santana (ed.), *Nosotros, los más infieles. Narraciones críticas sobre el arte cubano (1993-2005)*. Murcia: CENDEAC, 2007, pp. 129-140.
Sánchez, Suset. "El vagar del canon: la voluntad neohistoricista en el arte cubano de los noventa", en Javier Panera Cuevas (ed.), *Barrocos y neobarrocos. El infierno de lo bello*. Salamanca: Fundación Salamanca Ciudad de Cultura, 2005, pp. 321-342.
Scarpaci, Joseph L., Segre, Roberto y Coyula, Mario. *Havana. Two Faces of the Antillean Metropolis*. Chapel Hill-London: The University of North Carolina Press, 2002.
Schaer, Roland. "L'Utopie, l'espace, le temps, l'histoire", en Lyman Tower Sargent y Roland Schaer (eds.), *L'Utopie. La quête de la société idéale en Occident*. Paris: Bibliothèque nationale de France-Fayard, 2000, pp. 16-19.
Scribner, Charity. *Requiem for Communism*. Cambridge-London: The MIT Press, 2003.
Serra, Ana. *The "New Man" in Cuba*. Gainsville: University Press of Florida, 2007.
Soto, Francisco. *Conversación con Reinaldo Arenas*. Madrid: Betania, 1990.
— *Reinaldo Arenas*. New York: Twayne Publishers, 1998.
Trousson, Raymond. *Voyage aux pays de nulle part. Histoire littéraire de la pensée utopique*. Bruxelles: Éditions de l'Université des Bruxelles, 1975.

URÍAS, Roberto. "¿Por qué llora Leslie Caron?", en Salvador Redonet Cook y Francisco López Sacha (eds.), *Fábula de ángeles*. La Habana: Letras Cubanas, 1994, pp. 52-55.

VALDÉS, Zoe. *La nada cotidiana*. Barcelona: Emecé, 1995.

VARELA, Carlos. *Jalisco Park*. CCPC/SGAE, 1989. CD.

— *Monedas al aire*. Graffiti Music, 1992. CD.

— *Como los peces*. Graffiti Music, 1994. CD.

— *Nubes*. Grafitti Music, 2000. CD.

— *No es el fin*. Grafitti Music, 2009. CD.

VARELA, Félix. *El Habanero. Papel político, científico y literario*. La Habana: Editorial de la Universidad de La Habana, 1945.

VITIER, Cintio. "Notas finales", en José Lezama Lima, *Paradiso*. Madrid: Unesco-Colección Archivos, 1988, pp. 461-536.

VOLPI, Jorge. *El Insomnio de Bolívar. Cuatro consideraciones intempestivas sobre América Latina en el siglo XXI*. México: Debate, 2009.

WEST, Alan. *Tropics of History. Cuba Imagined*. Westport, CT-London: Bergin y Garvey, 1997.

WHITFIELD, Esther. *Cuban Currency. The Dollar and "Special Period" Fiction*. Minneapolis/London: University of Minnesota Press, 2008.

— "Prólogo", en Antonio J. Ponte, *Un arte de hacer ruinas y otros cuentos*. México: FCE, 2005, pp. 9-30.

YÁÑEZ, Mirta. *Todos los negros tomamos café*. La Habana: Arte y literatura, 1976.

YUDICE, George, FRANCO, Jean y FLORES, Juan (eds.), *On the Edge: The Crisis of Contemporary Latin American Culture*. Minneapolis-London: University of Minnesota Press, 1992.

ZAMBRANO, María. *La Cuba secreta y otros ensayos*. Ed. de Jorge Luis Arcos. Madrid: Endymion, 1996.

ZÉNDEGUI, Ileana C. *La narrativa postmoderna del escritor cubano Reinaldo Arenas (1943-1990)*. Lewinston, Queenston, Lampeter: The Edwin Mellen Press, 2004.

ZIZEK, Slavoj. *In Defense of Lost Causes*. London-New York: Verso, 2008.

— *Violence. Six Sideways Reflections*. New York: Picador, 2008.

ÍNDICE

A

absurdo 29, 190, 194, 197, 213, 219-222, 297
  héroe absurdo 197, 204
  hombre absurdo 197, 222
  pensamiento absurdo 77, 193, 196, 199
altermodernidad 322, 323
Álvarez-Tabío, Emma 63, 139, 140, 142, 148, 229, 230, 327
Anderson, Benedict 148
Angola, guerra de 45, 46, 284, 285
angustia existencial 29, 38, 39, 107, 108, 109, 110-114, 124, 131, 188, 190, 199, 200, 202, 204, 205, 220, 261, 267
Arango, Arturo 93, 95, 116, 270
Arango y Parreño, Francisco de 150
Arcos, Jorge Luis 98, 100, 105, 328, 338, 344
Arenas, Reinaldo 15, 16, 29, 39, 49, 95, 163, 183, 187, 189, 190-201, 203, 205, 206, 208-210, 211, 213, 215, 219, 243, 249, 250, 294, 300, 308, 317, 327, 328, 329, 335, 342-344
  Antes que anochezca 192, 193, 195, 328
  Celestino antes del alba 95, 187, 190, 191, 195-197, 200-202, 205, 209, 328, 332
  El asalto 187, 195, 328
  El color del verano 15, 163, 187, 195, 196, 205, 206, 209, 210, 221, 249, 317, 328

El palacio de las blanquísimas mofetas 187, 190, 191, 201, 202, 207, 208, 209, 328
La loma del Ángel 244, 328
Otra vez el mar 187, 190, 191, 201, 203, 328
Pentagonía 187, 189, 190-192, 195-197, 201, 202, 214, 261, 300, 308
Arendt, Hannah 33, 70, 81, 90, 91, 108, 198, 328
Arrufat, Antón 42, 97, 99, 102, 328, 341
arte cubano 160, 268, 269, 330, 343
atlántico, lo (concepto) 161, 240
Avellaneda, Gertrudiz Gómez de 195

B

Badiou, Alain 20, 34, 39, 50, 61, 216, 292, 328
Balibar, Étienne 156, 157, 318, 328
balseros 48, 164, 168, 169, 244
   Crisis de los balseros 49, 168, 276
Baquero, Gastón 49, 97, 155, 156, 328
barbarie 143, 236, 245, 246, 307
Barnet, Miguel 86-88, 90, 328
   Biografía de un cimarrón 87, 328
barroco 74, 80, 139, 140, 141, 143, 240, 241, 311, 337
Baudelaire, Charles 21, 22
Baudrillard, Jean 35, 47, 63, 64, 118, 119, 297, 329
Bauman, Zygmunt 24, 25, 36-38, 70, 85, 265, 269-271, 322, 329
becas, sistema educativo 284, 285
Benítez Rojo, Antonio 174, 180, 329
Benjamin, Walter 61
Bergson, Henri 279
Berlín
   Potsdamer Platz 12, 51, 52
   Berlín, muro de 15, 28, 40, 45, 46, 50-52, 54, 59, 138, 227, 260, 287, 304
bestialidad 187, 197, 199, 218, 314
   monstruosidad 192, 197, 199, 204-206, 209, 210
bildungsroman 88, 94, 102, 103, 196
Bloch, Ernst 70
blog 23, 30, 37, 289
   bloguero/bloguera 17, 289

Bobes, Marilyn 16, 26, 44, 59, 116, 163, 165, 175-177, 180, 250, 270, 294, 329
  Alguien tiene que llorar 59, 329
Borchmeyer, Florian y Matías Hentschler 137, 335
  El nuevo arte de hacer ruinas (documental) 137
Bourriaud, Nicolás 322, 323, 329
Breton, André 73, 74, 77, 330

C

Cabrera Infante, Guillermo 49, 125, 270, 309
  La Habana para un infante difunto 125
Cabrera, Lydia 49, 247
Cabrera, Raymundo 154
Camus, Albert 29, 77, 188-190, 194, 197, 199, 219, 222, 330
carnaval 80, 91, 143, 160, 195, 208, 209, 310
Carpentier, Alejo 16, 27, 30, 49, 60, 62, 63, 68, 69, 72-86, 95, 97, 100-104, 106, 108, 109, 115, 125, 139-144, 148, 155, 156, 174, 180, 189, 206, 208, 230, 233, 239, 240, 241, 247, 261, 270, 309, 311, 327, 329, 330, 335, 337, 340
  Concierto barroco 76, 78, 80, 82, 84, 208, 247, 329, 331
  ¡Écue-Yamba-Ó! 148, 239, 247, 331
  El Acoso 309, 311, 330
  El recurso del método 75, 76, 78, 84
  El siglo de las luces 76-79, 82, 84, 102, 108, 139, 144, 208, 331
  La consagración de la primavera 82, 83, 102, 108, 109, 125, 140, 174, 330, 340
  Los pasos perdidos 78, 82, 108, 109, 114, 330
  Viaje a la semilla 76
Caso Padilla 41, 82
Castro, Fidel 31, 40, 41, 45, 49, 50, 71, 85, 86, 157, 195, 220, 303, 331
  Palabras a los intelectuales 41, 85, 86, 331
Cecilia Valdés, personaje literario 243
censura 17, 42, 63, 104, 118, 191, 195, 282, 283, 289, 311, 340
Césaire, Aimé 156
choteo cubano 132, 280, 281, 282, 338
cine cubano 281, 331, 332
  cine incómodo 43
cinismo 37, 125, 183, 215, 227, 262

Cofiño, Manuel 16, 295, 296, 331
 La última mujer y el próximo combate 296, 331
Consejo de Ayuda Mutua Económica (CAME) 46
cosmología 18, 21, 27, 48, 62, 100, 116, 158, 296, 301, 302, 314
cosmología de la revolución 32, 33, 37, 47, 50, 62, 85, 86, 90, 116, 123, 128, 130, 131, 193, 213, 222, 232, 258, 267, 285, 323
 crisis de la cosmología de la revolución 34
Coyula, Mario 225, 226, 233, 303, 331, 343
cubanidad 87, 116, 119, 132, 136, 141, 147, 148, 151, 152, 154-159, 161-167, 170, 176, 178, 180, 236, 238, 239, 243, 244, 316, 317, 332
 lo cubano 147, 240, 243
cubanoamericano 71, 164, 289, 308, 309, 314, 319

D

De Ferrari, Guillermina 219, 296
delincuencia 46, 48, 92, 123, 124, 184, 215, 218, 248, 274, 293, 313
demoníaco, lo 111, 148, 205-207, 208, 221, 222
Depestre, Yohamna 16, 29, 30, 37, 39, 53, 258, 262, 272, 303, 304-307, 314, 315, 323, 332
 D-21 53, 258, 303-307, 332
Derrida, Jacques 19, 107, 332
desesperación existencial 29, 38, 49, 109, 111, 174, 188, 190, 199, 200, 204-206, 213, 215, 219-221, 232, 233, 244, 261, 267, 337
Desnoes, Edmundo 16, 71, 83, 93, 244, 314, 332
 Memorias del subdesarrollo (novela) 83, 244, 314, 332
 No hay problema 71, 332
Díaz, Jesús 16, 43, 49, 60, 88, 90, 91, 93, 94, 104, 113, 114, 165, 295, 339
 Las iniciales de la tierra 43, 60, 61, 93, 94, 102, 113, 295, 296, 332
Díaz-Pimienta, Alexis 16, 26, 59, 116, 163, 165, 178, 179, 243, 250
 Maldita danza 59, 178, 243, 332, 340
Diego, Eliseo 49, 95, 97
distopía 26, 28, 29, 185-187, 189, 195, 197, 205, 218, 232, 235, 236, 247, 261, 295, 316
Dístopía 21
divisas extranjeras 33, 47, 48, 183

dólar estadounidense
  legalización del dólar 46

E

El Puente, ediciones 41, 90
épica 60, 84, 87, 89, 93-95, 101, 106, 153, 158, 258, 259, 286
  épica revolucionaria 82, 285
escatología moderna
  crisis de la escatología moderna 35
Escobar, Ángel 306
Estévez, Abilio 16, 17, 26, 30, 36-39, 59, 62, 63, 116, 118, 123, 127, 132-137, 139, 142-145, 147, 159, 160, 162, 163, 165, 168, 169, 180, 184, 185, 210, 213, 228, 236, 250, 258, 295, 299, 318, 333
  Los palacios distantes 26, 59, 135, 142-145, 184
  Tuyo es el reino 26, 39, 59, 132, 133, 137, 142, 145, 147, 159, 163, 168, 169, 250, 252, 318, 333
Estocolmo 223, 231, 251, 252
exilio 15, 17, 47, 49, 119, 120, 142, 150, 151, 157, 163-166, 168-175, 180, 190, 235, 244, 250, 288, 289, 290, 298, 316, 319, 342
  diáspora cubana 30, 46, 47, 49, 116, 119, 120, 147, 164-166, 167, 175, 224

F

familia 15, 29, 110-112, 124, 132, 141, 145, 148, 168, 187, 191, 200, 206, 215, 217, 230, 237, 250, 266, 274, 275, 283, 284, 286, 296, 299, 305
fe 22, 27, 68, 71, 73, 74, 79, 99, 104, 105, 115, 116, 123, 125, 132, 187, 194, 197, 205, 220
Fernández Fe, Gerardo 16, 17, 29, 37, 39, 258, 262, 272, 294, 298, 301-303, 315, 333
  La falacia 258, 294, 298, 299, 302, 307, 318, 333
Fernández Mallo, Agustín 323
Ferrer, Jorge 44, 45, 51, 153, 236, 333
Flores, Juan Carlos 301, 306
Florit, Eugenio 49, 173
Fornet, Ambrosio 35, 36, 41, 87, 94, 102, 114, 119, 164, 331, 334
Fornet, Jorge 31, 35, 36, 62, 119
Foucault, Michel 21, 22, 25, 33, 34, 44, 80, 119, 127, 133, 136, 143, 194, 269, 270, 298, 322, 334

Fowler, Víctor 31, 43, 44, 88, 128, 296, 329, 334
Fresa y chocolate 17, 127, 129, 137
frustración social 42, 111, 112, 121, 122, 124, 127, 130, 147, 153, 199, 242
Fuentes, Norberto 16, 88, 113
Fuguet, Alberto 54, 323, 334

G

García Espinosa, Julio 43, 334
García Marruz, Fina 97, 98, 105
Gellner, Ernest 148, 149, 157, 335
Generación 0 30, 338
glasnost 45, 53, 126
globalización 51, 159, 322, 323, 336
Goldmann, Lucien 18-21, 27, 28, 62, 73-75, 97-99, 103, 106, 335
Gombrowicz, Witold 156
Gómez, Sergio 323
González Echevarría, Roberto 72, 75, 76, 78, 80, 83, 84, 174, 241, 335
Granados, Manuel 16, 242
  242, 335
Guerra Fría 40, 51, 54, 290, 292, 333
Guerra, Ramiro 154
Guerra, Wendy 16, 29, 30, 37, 258, 260, 272, 283, 285, 315, 317, 323
Guevara, Ernesto (Che) 36, 37, 41, 60, 61, 88, 89, 124, 129, 259, 304, 335
Guillén, Nicolás 41, 49, 239, 240, 335
  color cubano (concepto) 240, 241
Gutiérrez Alea, Tomás 17, 127, 128, 129, 244, 281
  Memorias del subdesarrollo (película) 244
Gutiérrez, Pedro Juan 16, 17, 28, 36-38, 127-129, 184-187, 189, 191, 193, 194, 197-199, 213-216, 218, 219, 221-228, 230, 231-233, 235, 244-250, 258, 260-262, 275, 281, 294, 296, 302, 305, 306, 307, 310, 313, 335, 340, 341
  Animal tropical 222, 223, 231, 246, 251, 309, 310, 335
  Carne de perro 215, 221, 223, 229, 249, 252, 335
  El rey de La Habana 186, 214, 215, 219, 230, 275, 335
  Trilogía sucia de La Habana 184, 185, 215-217, 221, 222, 224, 227, 229,-231, 235, 244, 246-248, 250, 251, 335

H

Habana
  Alamar (distrito) 53, 290, 303-307, 314, 333
  Centro Habana (municipio) 29, 135, 137, 184, 215, 217, 223, 225,
      226, 228-235, 245, 246, 249, 296, 304, 306, 309, 310, 314
  El Calvario (barrio) 221, 222, 233, 234
  El Vedado (barrio) 139, 231-233, 245, 308, 309, 310
  Guanabacoa (municipio) 223, 233, 308
  Guanabo, playa de 233, 249, 252
  Habana del Este (municipio) 303, 307
  Habana Vieja (municipio) 140, 225, 231, 233, 249, 304
  hacinamiento 132, 216, 227, 233, 305
  La Timba (barrio) 178, 179
  Lawton (barrio) 308
  Miramar (distrito) 139-141, 233, 304
  ruina 26, 63, 119, 121, 135, 137-139, 141-145, 159, 166, 184, 216,
      220, 225-231, 233, 245, 274, 278, 290, 299, 301, 302, 304, 306,
      309, 313, 335, 341, 344
  urbanismo 139, 307
hambre 137, 186, 219, 221, 228, 249, 274, 296, 309, 341
hastío existencial 109, 175, 176, 213-215, 223, 225, 231-233, 251, 252,
    261, 296, 308
Hegel, Georg Wilhelm Friedrich 75, 239, 241
Heras León, Eduardo 16, 88, 113
Heredia, José María 150, 151, 170, 173, 176, 340
Hernández Busto, Ernesto 44, 45, 336
héroe 27, 28, 77, 102, 103, 204, 266
  héroe revolucionario 60, 88, 89, 94, 128, 136
heroísmo 27, 29, 34, 37, 60, 61, 69, 74, 79, 80, 86, 89, 92, 94, 106, 259,
    285, 286
  heroísmo racional 60, 69
  heroísmo trágico 27, 69
heterotopía 119, 121, 124, 127, 130, 131, 133, 135-139, 141, 143, 162,
    184, 190, 299
  heterotopía moderna 136
hip hop cubano 53

Historia
  cansancio histórico 62, 117, 124
  indiferencia ante la Historia 23, 24
Hobsbawn, Eric 151
Hombre Nuevo 16, 41, 88, 93, 94, 122-124, 129, 130, 259, 296
homosexualidad 17, 41, 69, 88, 89, 111, 127, 128-130, 133, 136, 144,
       166, 167, 170, 191-193, 195, 197, 202-206, 293, 294, 296, 297,
       300, 327
  lesbiana 298
Hopenhayn, Martin 34, 61, 96, 336
humanismo 26, 27, 60, 69, 98, 197
  humanismo moderno 61, 97, 122, 124, 152
  humanismo racionalista 62
humor 92, 268, 277-282

I

incertidumbre 19, 22, 25, 30, 35, 37, 38, 39, 50, 54, 114, 115, 135, 242,
       265, 273, 321, 322
  incertidumbre postsoviética 22, 63
indiferencia 21, 22, 207, 257, 261, 274, 276, 278, 287, 291, 292, 297,
       313, 323
ingravidez ética 21-24, 26, 29, 30, 53, 258, 260-262, 265-267, 270,
       273, 276, 277, 278, 280, 282, 283, 286, 287, 291, 293-295, 297,
       299, 300, 303-306, 307, 309, 312, 314-319, 323, 324
  sujeto ingrávido 29, 261, 265, 266, 287, 290-292, 297, 299
insularidad 64, 65, 149, 151, 155, 157, 159, 163, 316
Internet 17, 23, 289, 290
ironía 277, 281

J

Jameson, Fredric 22-25, 50, 54, 128, 265-267, 269, 270, 276, 287, 291,
       322, 323, 336
Jesús, Pedro de 16, 17, 29, 37, 43, 94, 113, 114, 258, 272, 300, 339

K

Kant, Immanuel 18, 21
Kierkegaard, Søren 38, 39, 107, 109, 114, 190, 199, 204-208, 215, 218,
       220-222, 232, 261, 266, 267, 337

kitsch 268, 343
Koolhaas, Rem 266
Kundera, Milan 21, 261, 337
kunstlërroman 196

L

Lam, Wifredo 161, 162, 331, 334, 337
Leenhardt, Jacques 19, 337
Lévinas, Emmanuel 163, 165, 167, 337
Lezama Lima, José 16, 26, 27, 30, 39, 40, 42, 49, 62, 63, 68, 69, 95, 96-98, 100-106, 110-113, 115-118, 131, 136, 137, 139, 140-145, 148, 155-157, 159-161, 166, 168, 174, 189, 190, 205, 208, 230, 233, 239, 240, 243, 261, 270, 281, 294, 295, 327, 329, 331, 332, 335, 337, 339, 343, 344
  hipertelia 130, 155
  Oppiano Licario 99, 103, 111, 113, 337
  Paradiso 97, 99, 100, 102, 104-106, 111, 112, 132, 137, 140, 141, 142, 143, 148, 161, 168, 190, 208, 295, 337, 339, 344
  sistema poético 98, 101, 103, 130, 142, 294
Lipovetsky, Gilles 278, 279, 280, 338
López-Sacha, Francisco 116, 270
Lukàcs, Gyorgy 18, 23
Lyotard, Jean-F. 59, 267

M

Maceo, Antonio 155, 236
Machado, Gerardo 140, 239
machismo 17, 283, 295
macho 93, 178, 235, 295, 302, 336
Madrid 173, 178, 179, 251, 328, 329, 330-333, 335-339, 341-343, 344
Mañach, Jorge 49, 72, 281, 283, 338
maravilloso, lo 73-76, 79, 100, 241
marginalidad 29, 48, 123, 190, 217, 224, 225, 230, 233, 236, 246, 247, 248, 261, 276, 281, 293, 310, 313, 331
Mariel, éxodo del 42, 46, 164, 170, 192, 285, 288
Martí, José 152, 153, 157, 167, 240, 332, 338, 342
masculinidad 89, 94, 95, 124, 296
Mateo Palmer, Margarita 31, 39, 270, 271

McOndo 323, 324, 334
Mercader, Jaime Ramón 117, 118, 125-127
mercado negro 48
metrobús o camellos (transporte) 306-308
Miami 17, 140, 158, 164, 173, 192, 250, 284, 319, 327, 328, 330, 336
modernidad 21, 22, 24, 25, 27, 33, 59, 60, 67, 68, 72, 74, 98, 104, 124, 148, 152, 194, 238, 239, 262, 268-271, 292, 322, 336
  actitud moderna 21, 22, 24, 80, 194
  héroe moderno 22, 81
  república moderna 154
  revoluciones modernas 70, 81, 108, 198
  sujeto moderno 21, 22, 33
More, Thomas 69
Morrison, Toni 237, 339
Moscú, restaurante habanero 301, 302
mujer cubana 172, 175, 243, 322
  Mujer Nueva 284
Música Cubana Alternativa (MCA) 26

N

nación
  identidad nacional 142, 147, 148, 156, 158, 165, 167, 249, 281, 328, 332
nacionalismo 49, 69, 104, 117, 149-153, 236, 238-281, 335
Nancy, Jean-Luc 293, 317
negro cubano 17, 48, 76, 79, 80, 92, 94, 131, 148, 152, 153, 162, 171, 232, 236-242, 245-249, 251, 252, 309, 311, 322, 333, 336, 344
  mestizaje 131, 132, 239, 240-243, 245, 246, 311
  mulato/mulata 94, 153, 155, 175, 177, 178, 230, 236, 243, 245, 246, 249, 280, 336
  Negro Nuevo 245
  personaje negro 78, 136
  población negra cubana 48, 236, 238, 248
Nueva Trova 26, 44
Nueva York 108, 141, 192, 235
Nuez, Iván de la 31, 44, 51, 164, 166, 259, 268, 316, 327

O

Ochoa, Caso 45
OMNI-Zona Franca 53, 306
Orígenes, grupo 31, 97, 98, 102, 104, 118, 155, 156, 160-162, 239, 240
  neo-origenismo 62
  origenismo 96, 105, 332
Ortega, Julio 141, 168, 339
Ortega y Gasset, José 240
Ortiz, Fernando 49, 104, 237, 238-240, 280, 281, 339

P

Padura Fuentes, Leonardo 16, 17, 26, 27, 36-39, 43, 59, 62, 63, 75, 78, 92, 116-118, 121-127, 131, 139, 151, 163, 165, 170, 173, 177, 180, 183-185, 213, 236, 241, 260, 270, 294-296, 313, 319, 332, 333, 340
  El hombre que amaba a los perros 59, 117, 125-127, 340
  Fiebre de caballos 296
  La neblina del ayer 59, 63, 118, 121, 123-126, 130, 136, 183, 257, 287, 340
  La novela de mi vida 59, 125, 151, 170, 172, 173, 316, 340
  Máscaras 39, 59, 116, 296, 340
PAIDEIA, colectivo 43, 44, 45
Pardo Lazo, Orlando L. 16, 17, 29, 30, 37, 39, 53, 258, 262, 272, 288, 289, 291, 306-308, 312, 314, 315, 318, 319, 323, 340
  Boring Home 17, 53, 258, 288, 289, 293, 306, 308, 309, 314, 319, 340
Pascal, Blaise 18, 103, 335, 340
patriotismo 17, 69, 152, 157, 316
Paz, Senel 16, 17, 26, 40, 43, 59, 62, 63, 116, 123, 127, 128, 130, 137, 142, 163, 167, 270, 296, 299, 332
Peláez, Amelia 160, 161, 338
Pensamiento Crítico, revista 41, 91
perestroika 45, 53, 126
Pérez de Cisneros, Guy 160, 161, 338, 340
Período Especial en Tiempos de Paz 31, 35, 45, 50, 118, 130, 183, 219, 226, 230, 261, 274, 275, 278, 292, 296, 298

Piñera, Virgilio 16, 27, 29, 30, 39, 40, 42, 49, 62, 63, 68, 69, 95, 96, 97, 98, 99, 100-106, 110, 115-117, 133, 134, 139, 145, 155, 156, 159-163, 189, 190, 192, 195, 197, 210, 249, 261, 270, 281, 294, 316, 327, 328, 331, 333, 338, 340, 341, 343
  Cuentos fríos 102, 156, 340
  La carne de René 99, 102
  Pequeñas maniobras 98, 99, 102, 104, 105, 190, 197, 341
policíaco
  novela policíaca 27, 117
  saga policíaca 17, 116, 121
Ponte, Antonio José 16, 26, 30, 37, 44, 63, 116, 125, 126, 137-139, 226, 228, 312, 327, 341, 344
  Un seguidor de Montaigne mira La Habana 139, 341
Portela, Ena Lucía 16, 17, 29, 30, 36, 37, 39, 219, 257-260, 262, 272, 273, 276-278, 280, 282, 283, 297, 309-313, 315, 318, 323, 338, 341
  Cien botellas en una pared 257-260, 262, 273, 277, 278, 280, 282, 309, 310, 318, 341
  El pájaro: pincel y tinta china 258, 276, 294, 315, 318, 341
  Una extraña entre las piedras 258, 298, 318, 341
Portocarrero, René 136, 160-162
posmodernidad 19, 22-25, 37, 39, 44, 52, 62, 194, 265, 266-271, 278, 279, 291, 322, 324, 329
  conciencia posmoderna 22, 267
  existencia posmoderna 23, 266
  posmodernismo 22, 270, 322
  sujeto posmoderno 37, 54, 267, 279, 287
Poveda, José Manuel 154, 341
Prieto, Abel E. 16, 17, 26, 37, 40, 59, 62, 116, 123, 127, 130, 132, 243, 270, 294, 295, 337
  El vuelo del gato 16, 26, 40, 59, 127, 130, 132, 243, 294, 341
Prieto, José Manuel 53
Primer congreso nacional de Educación y Cultura 41, 82, 295, 332
Proceso de rectificación de errores y tendencias negativas 45, 95
progreso social 21, 22, 26-28, 36, 69, 75, 76, 93, 95, 101, 108, 109, 123, 128, 131, 144, 152, 154, 186, 187, 194, 208, 213, 218, 223, 236, 238-240, 245, 258, 292, 297
  crisis de la idea de Progreso 35
  progreso moderno 28, 38

prostitución 41, 46, 48, 127, 128, 135, 225, 242, 275
Pyrrho 258

Q

Quiroga, José 31, 64, 129, 342

R

racismo 17, 121, 152, 171, 246
  discriminación racial 242
  prejuicios raciales 48, 246
real maravilloso, lo 75, 78, 79, 139, 155, 340
Redonet Cook, Salvador 41, 92, 270, 342, 344
remesas 46, 48, 338
República Democrática Alemana (RDA) 51
Revolución, literatura de la 27, 28, 60, 69, 97, 101, 103, 104, 113, 295
  novela de la revolución 83, 84, 93
ricos, nuevos 233, 310
risa 277, 279, 282
  risa vacía 279, 280
Rodríguez, Reina María 44, 321, 322
Rojas, Orlando 43
Rojas, Rafael 31, 32, 43-45, 49, 64, 69, 88, 104, 126, 152, 168, 342
Rosales, Guillermo 289

S

Salgado, César 99, 104-106, 111, 343
Sánchez, José M. (Yoss) 60
santería 75, 160, 305
Sarduy, Severo 49, 270
sexualidad 145, 172, 185, 222, 248, 251, 252, 275, 294-297, 299, 303
  ascetismo sexual 296
  coito 248
  desenfreno sexual 80, 223, 249, 296
  erotismo 145, 295, 296, 298, 299
  masoquismo 294, 297
  orgasmo 178, 295
  sadismo 294, 297
  sexo patriótico 251

Sísifo, mito 77, 78, 82, 85, 101, 109, 189, 330
sistema socialista, colapso 16, 18, 19, 39, 159
solar 132, 135, 217, 232, 248, 311
Spengler, Oswald 240, 241, 329
Stalin, Joseph V. 117, 118, 125, 126
subdesarrollo 39, 50, 69, 121, 122, 151, 154, 158, 238, 292
súbito, lo 208
suicidio 204, 209, 216, 221
surrealismo 73-75, 77, 97, 100, 155, 329

T

Tabío, Juan Carlos 127, 160, 281
Teatro Bufo 280
telos histórico 22-24, 54, 76, 78, 85, 97, 124, 136, 267, 291, 299
testimonio, literatura 86, 87, 89, 94
timba, música 247, 248, 334
tolerancia 26, 127, 128, 167
trágico
   apuesta trágica de sentido 75, 97, 98
   héroe trágico 101, 207
   personaje trágico 99
   sujeto trágico 98, 101, 190
transculturación 240, 241
Trotski, Leon 117, 118, 125, 126, 341
turismo internacional 31, 46, 47, 140, 225, 229, 231

U

Unidades Militares de Apoyo a la Producción (UMAP) 41, 63
Unión Soviética (URSS) 47, 53, 91, 117, 126
utopía 27, 35, 63, 6-70, 72, 78, 82, 84-86, 107, 118, 119, 124, 125, 127, 130, 141, 145, 147, 153, 154, 156-158, 186, 195, 197, 199, 205, 228, 247, 259, 262, 291, 292, 295, 304, 316, 323, 331, 341

V

vacío existencial 16, 20, 24, 29, 54, 257, 265, 266, 298, 304, 315
Valdés, Zoe 290
Varela Morales, Félix 150
Vega Serova, Anna Lydia 53

violencia
  divina violencia 61, 90
  narrativa de la violencia 16, 60-62, 88-91, 93, 100, 116, 128, 295
  violencia revolucionaria 61, 89
visión del mundo 19, 21, 26, 28, 30, 59, 155, 258, 271
  visión del mundo absurda 188
  visión del mundo racionalista 85
Vitier, Cintio 97, 98, 100, 105, 155, 344
Volpi, Jorge 324, 344

W

Wendy, Guerra
  Todos se van 258, 260, 262, 283, 284, 335
Whitfield, Esther 31, 138, 219, 225, 228, 247, 335, 344

Y

Yáñez, Mirta 92, 282, 331, 344

Z

Zambrano, María 118
Zizek, Slavoj 61, 185, 216-218, 344